JN437206

AMERICAN

ECONOMY

미국경제론

김남두 · 옥규성

도서출판 두남

머리말

식민지에서 독립한 이후 지난 두 세기 반 동안 미국은 주어진 자연적 여건을 적극적으로 활용하면서, 제도적·기술적 혁신과정을 통하여 급속한 경제성장과 산업발전을 거듭해 왔으며, 20세기 이후 세계질서의 중심국가로서의 국제적 위상을 유지하고 있다. 이 책은 미국경제의 전개과정과 국제적 위상을 뒷받침하는 법적 제도적 기초와 자연환경과 인구구성 등을 살펴보고, 경제성장 과정에서 겪었던 위기를 극복하기 위하여 그들이 취하였던 정책대응 그리고 주요 산업부문별 발전과정과 경쟁구조를 검토한다.

현재의 아메리카 대륙에는 수만 년 전에 이미 유라시아 대륙에서 건너온 황인종들이 선주민으로서 나름대로의 문명을 이루고 있었다. 아메리카 대륙은 15세기 말 인도로 가는 항로를 찾아 항해 중이던 일단의 유럽인들에게 발견되었으며, 특히 이 신대륙의 북부인 북아메리카 대륙은 17세기 초 유럽인들의 본격적인 이민과 개척이 시작되면서 큰 변화를 맞이하였다. 신대륙 발견 이후 500여 년 동안 유럽과 아프리카 및 아시아 즉 구대륙으로부터 수천만 명의 이민자들이 신대륙으로 건너왔으며, 이민자들이 건설한 식민지들 중 북아메리카 동부의 13개 식민지들은 18세기 후반 영국으로부터 독립하여 미합중국이라는 연방형태의 민주공화국을 건설하고 아메리카의 선주민과 그들이 쌓았던 문명을 밀어내고 구대륙의 문명과도 차별되는 새로운 문명을 이루어냈다.

미국은 개인 개인의 창의와 자유의지를 존중하고 자유로운 시장에서의 경쟁을 중시하는 경제체제를 바탕으로 빠르게 경제를 발전시켜 왔다. 미국의 영토확장과 개발과정에서는 이주민으로서 그리고 개척자로서의 프런티어 정신이 중요하였으며, 너른 경작지와 기후적 지리적 요인도 긍정적인 영향을 미친 것으로 지적된다. 개인의 창의적 아이디어와 사유재산권을 존중하는 미국식 자본주의는 과학기술과 산업기술 혁신을 촉진함으로써, 18세기 영국에서 시작된 산업혁명이 19세기 후반에는 미국에서 제2차 산업혁명을 가져왔으며, 미국은 그 후에도 세계 산업기술혁신을 주도하여 왔다. 한편 그 기간 동안 유럽에서는 심각한 전쟁 참화를 겪었으나, 신대륙의 미국은 경제건설에 집중할 수 있었다.

대체로 20세기 초반 제1차 세계대전을 거치는 시점에서 미국은 영국을 넘어서는 세계 최고의 산업생산과 자본축적 및 산업기술 능력을 갖춘 국가의 지위를 차지하였으며, 제2차 세계대전 이후 미국은 시장경제와 자유무역을 중심으로 하는 국제경제 질서를 형성하고 유지하는 중심국가로서의 위상을 유지하여 왔다. 미국의 국제적 위상은 21세기에도 크게 변하리라고 예상되지 않는다. 급부상하는 중국과 통합된 EU의 위상, 인도 러시아 브라질 인도네시아 등 거대 신흥시장 국가의 등장으로 미국의 국제적인 위상이 상당히 낮아지리라는 일부 전망도 나오고 있으나, 세계질서의 유지자로서 미국의 위치를 대체할 국가의 등장을 기대하기는 향후 상당 기간 어렵다 할 것이다.

이 책은 미국, 멕시코와 캐나다를 포함하는 북미지역 전체의 경제와 협력을 다룬 「북미지역경제」의 저자들이 미국경제를 보다 집중적으로 다루는 대학교재가 필요하다는 판단아래 미국경제의 전개과정과 경제체제 및 정책 그리고 주요 산업의 경쟁력을 설명할 수 있는 본질적인 요인들을 보다 일관된 흐름으로 체계적으로 설명하려는 의도로 집필하였다.

이 책의 구성은 네 개의 부로 구성하되, 제I부에서는 미국 경제발전의 기초를, 제II부에서는 경제성장 과정에서 겪었던 위기와 위기 극복과정을, 제III부에서는 경제제도와 경제정책을, 그리고 제IV부에서는 주요 산업부문의 발전과정과 경쟁구조 및 산업성과를 평가하고자 한다.

제I부에서는 미국 경제발전을 가능케 한 법적 제도적 자연적 기초를 학습한다. 영국 식민지에서 벗어나 독립 국가를 형성하는 과정과 특히 강력한 연방국가로서

미국을 뒷받침하는 연방헌법의 주요 내용과 의미를 살펴본다. 그리고 제2장에서는 경제활동의 기본이라 할 수 있는 인구와 영토 및 자원 등 생산요소적 측면을 학습한다. 노동공급과 관련하여서는, 인구의 증가요인과 구성을 알아본다. 선주민 즉 아메리카 인디언과의 관계, 유럽으로부터의 이민유입, 흑인노예 그리고 그 후의 다양한 외국인들의 이민과정을 거쳐 형성된 미국인구의 구성을 살펴본다. 제3장에서는 국민경제활동을 위한 지리적 공간을 의미하는 영토의 자연적 성질을 검토한다. 국토의 확장과정과 새로운 영토의 신속한 개척을 가능케 한 프런티어 정신 그리고 토지의 이용과 천연자원의 부존상황 등을 알아본다.

제II부 제3장에서는 건국초기부터 시작된 공업화 정책의 내용과 급속한 경제성장의 과정을 개괄하고, 그 과정에서 당면한 미국경제의 체제적 위기 혹은 경제적 금융적 위기의 내용과 그에 대한 미국정부의 개혁적 대응 노력을 검토해 본다. 특히 남부와 북부의 산업구조의 차이 및 노예제에 대한 입장 차이에 기인한 연방분할의 위기로 빚어진 남북전쟁과 그 후 급속한 산업발전의 내용을 살펴본다. 제4장에서는 소득불균등에 따른 유효수요의 부족과 주식시장의 거품붕괴로 촉발된 1930년대의 대공황과 같은 국가적 위기상황을 극복하기 위한 그들의 대응을 학습한다. 제5장에서는 20세기 후반 미국경제가 겪은 심각한 경제적 침체와 인플레이션의 수렁에서 벗어나기 위하여 그들이 모색한 정책 혁신내용을 살펴본다.

제III부에서는 미국의 경제체제와 경제정책 그리고 거시경제 상황을 검토한다. 제6장은 먼저 미국 경제체제의 특징으로서 자유시장경제의 의미, 자유기업주의와 시장경쟁의 촉진 그리고 정부규제의 범위와 논거 등을 살펴본다. 제7장에서는 거시경제의 안정적인 성장을 위해 미국이 취하는 재정정책과 금융통화정책 수단과 정책기조를 평가한다. 제8장에서는 미국의 대외통상정책의 기조변화와 무역제도를 알아본다. 제10장에서는 미국의 거시경제상황과 국제적 위상 및 산업구조를 살펴본다.

제IV부에서는 주요 산업의 발전과정과 경쟁구조를 살펴본다. 농업과 석유산업 등 기초적인 산업과 자동차, 전기, 통신서비스, 항공운송서비스, 보건의료서비스 등을 대상으로 산업부문별 수요와 공급구조 및 수요와 공급이 시장가격변화에 반응하는 정도, 시장참여자의 행동 그리고 정부정책과 산업의 국제경쟁력을 검토해 본다.

이 교재가 이런 모습으로 출간될 수 있도록 배려해 주신 도서출판 두남의 전두표 사장님께 감사드리며, 편집과정에서 조언을 아끼지 않으신 남풍우 교수님과 이승구 상무님 그리고 편집팀 직원들께 큰 감사를 드린다. 원고정리와 교정작업을 도와준 고상인 학생의 노고에도 감사한다.

이 책에 남아 있을 모든 오류와 내용의 미진함은 전적으로 저자들의 몫이며, 앞으로 독자들의 지도와 편달을 받아 시정하고 개선해 나갈 것임을 밝혀둔다.

2017년 2월

공저자를 대표하여

김 남 두

대 목 차

제I부 경제발전의 토대

제II부 경제성장, 위기와 개혁

제III부 경제체제와 경제정책

제IV부 주요 산업의 발전과정과 경쟁구조

차 례

제I부 경제발전의 토대

제III부 경제성장, 위기와 개혁

제III부 경제체제와 경제정책

제IV부 주요 산업의 발전과정과 경쟁구조

제 I 부

경제발전의 토대

- 새로운 대륙을 기회의 땅으로 -

제1장

미국독립과 연방주의

1492년 콜럼버스의 항해와 신대륙 발견, 17세기 이후 유럽인의 신대륙 이민과 유럽인에 의한 신대륙 식민지의 형성과정을 거쳐 성장한 북미대륙 동부의 13개 식민지들은 18세기 중엽 영국에 대한 조세저항과 독립선언과 독립전쟁 과정을 통하여 18세기 후반 아메리카 대륙에서 가장 먼저 독립을 쟁취하였다.

종주국인 영국으로부터 독립한 13개 식민지들은 당초의 느슨한 연합국가보다는 더 안전하고 완전한 통일국가가 필요하다는 판단아래 연방헌법을 제정하여 미합중국 즉 미국이라는 견고한 연방국가를 형성하였다. 미합중국 연방헌법에 바탕을 두는 강력한 연방국가 체제는 그 후 미국의 강력한 국가건설과 경제발전의 제도적 기초로 기능하였다.

1. 신대륙 최초의 독립국가 : 미합중국

1.1 영국식민지의 우위

① 신대륙 발견과 북아메리카 지역에 대한 탐험

유럽인의 신대륙 발견은 이탈리아 출신 항해사 크리스토퍼 콜럼버스(Christopher Columbus)가 스페인의 두 군주들(Ferdinando of Aragon 국왕과 Isabella of Castile 여왕)의 재정적 후원을 받아 이루어진 '새로운 인도항로 발견을 위한 항해' 과정에서 1492년 10월 바하마군도의 산살바도르(San Salvador) 섬에 도착한 것으로 간주된다[1].

신대륙 즉 아메리카 대륙의 북부를 처음 탐험한 유럽인은 북유럽인(Norse)으로 알려져 있다. '붉은 털의 에릭(Eric the Red)'이라는 이름의 아이슬란드 사람이 985년경에 그린란드로 건너와 정착촌을 이루었으며, 그의 아들 레이프 에릭(Leif Eric)이 1001년 캐나다 동북부의 뉴펀들랜드 연안을 탐험하면서 겨울을 그곳에서 지낸 것으로 추측되는 당시의 북유럽인의 주거유적이 1963년에 뉴펀들랜드 북부의 랑스오메도(L'Anse aux Meadows)에서 발견되었다. 이는 북유럽의 바이킹들이 북아메리카의 대서양 연안을 탐험한 것을 의미하지만, 북아메리카 대륙에 대한 계속적인 탐험과 개척으로 이어지지 않았다.

콜럼버스 자신은 세 번의 항행에서 지금의 미국 본토 땅을 탐험하지는 않았으며, 1513년 후안 폰세 데 레온(Juan Ponce de Leon)이 이끄는 탐험대가 콜럼버스가 설치한 스페인 영유지를 출발하여 현재의 플로리다 오거스틴(Augustine, Florida) 근처에 도착함으로써 북아메리카 대륙에 대한 최초의 탐험을 시작했다. 스페인은 1522년에 멕시코 지역에 있던 아스텍 왕국을 정복함으로써 신대륙에서 그들의 위치를 더욱 공고히 했으며, 그 후로 계속되는 탐험으로 유럽인들에게 아메리카에 대한 지식을 넓혀주었다. 스페인 탐험가 에르난도 데 소토(Hernando de Soto)는 1539년 쿠바의 아바나를 떠나 플로리다에 상륙하여 보물과 부를 찾아 미국의 남서부를 탐험하면서 미시시피 강에 이르렀으며, 프란시스코 코로나도(Francisco Coronado)는 1540년 신비의 '치볼라의 황금의 7개 도시(Seven Cities of Gold, Cibola)'를 찾아 멕시코를 떠나 그랜드 캐니언과 캔자스까지 탐험하였다.

영국과 관련하여서는 1497년 캐보트(John Cabot)라는 베니스 출신 항해사가 영국 국왕 헨리 Ⅶ세의 사명을 띠고 항해를 하여 뉴펀들랜드에 도착했으며, 캐보트의 항해는 후일 북아메리카 지역에 대한 영국의 영유권 주장의 토대로 이용되었다. 또한 그의 항해는 풍요로운 어장으로서 조지 뱅크스의 항로를 개척하였으며, 유럽의 어부, 특히 포르투갈의 어부들이 고기를 잡기 위해 이곳을 정기적으로 찾

1) 스페인 군주들은 콜럼버스가 이 항해에서 발견한 땅의 총독이 되며 그 직책과 권리는 그 자손들에게 전승한다는 등의 내용을 담은 산타페 계약(Capitulations of Santa Fe)을 통하여, 아시아로 통하는 새로운 항로를 찾기 위한 항해를 재정적으로 지원하였으며, 콜럼버스는 산타마리아, 니냐, 핀타 등 3척의 배와 90여명의 승무원으로 항해를 시작하였다. 콜럼버스는 그가 도착하였던 곳을 아시아의 어느 지역이라고 생각했으며 그 후 이 지역을 서인도제도(West Indies)라고 했으며 아메리카 대륙의 원주민들을 인디언(Indians)이라 부르게 되었다.

는 계기가 되었다.

프랑스는 북 아메리카 지역을 통한 새로운 항로 즉 북서통로(Northwest Passage)를 찾기 위하여 이탈리아 출신 항해사 지오바니 다 베란자노(Giovanni da Verrazano)를 1524년 보냈고, 1534년에는 자크 까르띠에(Jacques Cartier)를 현재의 캐나다 동부해안을 탐험하도록 했다. 1608년에는 샹플랭(Samuel de Champlain)이 세인트로렌스 강 유역을 탐험하고 인디언들과 모피교역을 시작하였으며 퀘벡 지역을 개척하는 계기가 되었다.

한편 네덜란드 동인도회사는 영국인 헨리 허드슨(Henry Hudson) 선장을 고용하여 현재의 뉴욕 주 허드슨 강을 항행하였으며, 현재의 뉴욕에 해당하는 지역을 뉴 암스테르담으로 명명하고 올바니 지역을 탐사하였다.

② 영국의 식민지 정책

스페인 정복자들이 멕시코, 카리브 해, 그리고 페루의 식민지로부터 가져온 부는 유럽 다른 나라들의 관심을 자극했으며, 영국도 신세계 진출에 대하여 관심을 갖기 시작했다. 영국보다 먼저 신대륙 진출에 관심을 보였던 국가로는 스페인, 프랑스, 네덜란드 등을 들 수 있다.

스페인은 전투준비를 갖춘 무장한 군인들을 통하여 원주민을 잔인하게 정복하고 현지인의 재물을 탈취하였다면, 프랑스의 탐험은 상업적 이익과 함께 기독교를 전파한다는 종교적 목적도 함께 추구하였다. 반면 네덜란드는 동인도회사 등을 통하여 상업적 이익의 추구에 집중하였다. 특히 프랑스는 1530년대부터 현재의 캐나다 동부인 세인트로렌스 만 연안을 탐험하고 1541년 퀘벡 지역에 최초의 프랑스 식민지를 설치하였으며, 그 후 오대호 연안의 수로를 발견하고 미시시피강 하구의 뉴올리언스까지 진출하였다. 1603년에는 뉴 프랑스 회사가 설립되었으며 샹플랭의 원정대가 북미지역에서 적극적으로 식민지를 개척하였다.

다른 나라의 식민지 정책과는 달리, 당시의 영국 정부는 북아메리카 대륙으로의 이민과 식민지 개척을 정부가 직접 주관하지 않고 주로 이윤추구를 동기로 하는 민간업자들이 식민사업을 주선하도록 특허회사(charter company)를 인정하였다. 특허회사는 영국정부로서는 해외시장 즉 식민지를 확보한다는 국가적 목표에도 기여하고 동시에 사업가 개개인에게는 경제적 이익을 추구할 수 있도록 허용된 주주들(보통 상인과 부유한 지주들)이 세운 회사였다. 왕은 그들이 회사를 세우기 위해 자금을 조달할 때 경제적 권리뿐만 아니라 정치적 권위도 허가하거나 보장해 주었다.

영국인들이 신대륙 정착에 성공하고 후일 북 아메리카 식민지가 빨리 성장할 수 있었던 것은 민간인 주주들의 영리추구를 허용한 영국의 특허회사제도와 이를 적극적으로 활용한 모험적인 식민사업가들의 활동 덕분이라 할 수 있다.

③ 버지니아 회사와 제임스타운

아시아로 통하는 북서항로를 찾기 위한 활동에 대한 논문을 쓴 험프리 길버트(Humphrey Gilbert)는 엘리자베스 여왕으로부터 1578년에 아직 다른 유럽국가들이 영유권을 주장하지 않았던 신세계의 '만 지역'에 식민지를 건설할 수 있는 특허를 받았다. 길버트는 5년 후 식민 건설에 본격적으로 착수하였다가 항해 도중 바다에서 실종되었고, 그의 이복동생인 월터 롤리(Walter Raleigh)가 식민지건설에 대한 일을 이어받았다. 1585년 롤리는 노스캐롤라이나 연안의 로어노크 섬(Roanoke Island)에 영국 최초의 북미 식민지를 건설했으나 이 식민지는 그 후 포기되었다.

그로부터 20년 후 영국인들이 신대륙에 식민지건설을 다시 시도하였다. 런던에 소재한 버지니아 회사(Virginia Company of London)가 추진한 최초의 영국 이민자들은 1607년 제임스타운(Jamestown)이라는 식민지를 건설하였다. 제임스 I 세가 부여한 버지니아 회사 특허(The First Charter of Virginia, 1606)를 토대로 해서 1607년에 약 100명의 이민이 체사피크 만에 도착하였으며 그들은 스페인인들과의 충돌을 피해 제임스 강 하구로부터 약 60km 상류에 정착하였다.

농업과 안정적인 생활보다는 황금을 찾는 데 더 관심이 많은 모험가들의 집단인 이들은 황무지에서 완전히 새로운 생활을 시작하기에는 그 기질이나 능력이 부적합했다. 이들은 정착민 간의 싸움, 굶주림 그리고 인디언들의 습격에도 불구하고 존 스미스(John Smith) 선장의 지도에 힘입어 첫 해를 무사히 넘겼지만, 1609년에 스미스 선장이 영국으로 돌아가서 없는 1609~1610년의 겨울 동안에 많은 정착민들이 질병으로 죽고, 1610년 5월까지 살아남은 사람은 겨우 60명이었으며, 그해 그들은 제임스 강을 좀 더 올라간 지점에 헨리코 타운(Henrico Town, 현재 리치먼드)을 건설하였다.

그로부터 오래지 않아 버지니아의 경제에 획기적인 변화가 찾아왔다. 1612년에

존 롤프(John Rolfe)[2)]가 서인도제도로부터 들여온 담배 씨앗을 아메리카 토착식물과 교배하여 유럽인의 취향에 맞는 신품종을 개발하는 데 성공했다. 버지니아산 담배는 1614년에 런던에 도착했으며 그 후 10년이 지나 담배는 버지니아의 주요 소득원천이 되었다. 그 이전 시기에 담배는 스페인 식민지역에서만 생산되어 스페인이 세계 담배무역을 독점하고 있었다.

버지니아 경제의 성장에도 불구하고, 많은 이민자들은 질병과 인디언들의 습격으로 사망하였다. 1607~1624년에 약 1만 4,000명이 버지니아로 이주했으나 1624년 시점에서 그곳에 살고 있는 사람의 수는 겨우 1,132명에 불과했던 것으로 알려졌다. 영국 왕이 위촉한 위원회의 건의에 따라 영국왕은 버지니아 회사를 해체하고 그것을 왕립회사로 만들었다.

④ 플리머스 청교도와 메이플라워 맹약

16세기 영국 청교도들은 기존교회를 내부에서 개혁하려고 하였지만, 국민분열과 국왕의 권위저하를 가져올 수 있다는 우려 때문에 개혁은 성공하지 못하였다. 영국에서 국교회를 개혁할 수 없다고 판단한 급진성향의 청교도 분리주의자 집단은 1607년 네덜란드 당국으로부터 피난처를 제공받아 네덜란드의 레이던으로 이주하였다. 그러나 캘빈 파의 네덜란드인들은 영국인들에게 주로 저임금의 노동직에만 종사하도록 하였고, 이에 불만을 품은 영국 청교도의 일부 사람들은 신대륙으로 떠났다.

1620년 일단의 레이던 청교도들이 버지니아 회사로부터 토지소유 허가를 받아서, 101명의 남녀와 어린이가 메이플라워호를 타고 버지니아를 향해 떠났으나 폭풍을 만나 목적지와는 다른 뉴잉글랜드 케이프코드의 플리머스(Plymouth, Cape Cod)에 도착했다. 그들은 어느 정부의 관할구역에도 속하지 않는 자유로운 곳에 왔다고 믿었고, 그들의 지도자들이 초안한 정식 합의문서인 '정당하고 동등한 법'인 메이플라워 맹약(Mayflower Compact, 1620. 11. 11)을 만들었다. 플리머스에 도착한 청교도들은 겨울 동안 정착촌을 건설하기 시작하여 많은 사람들이 추위와 질병으로 죽었으나, 이웃에 살던 인디언들이 옥수수 재배법을 가르쳐 주어, 이듬해 가을에는 풍족한 옥수수를 수확할 수 있었고, 모피와 목재의 교역을 늘려나갔다.

2) 인디언 연합체 Powhatan Confederacy 추장의 딸인 Pocahontas의 남편으로 유명한 인사.

⑤ 언덕 위의 도시 건설과 매사추세츠만 식민지

1630년 찰스 I세로부터 식민지건설을 허가하는 특허장을 받은 새로운 이민자들이 매사추세츠만 연안에 도착했다. 대부분은 청교도들이었으며 그들의 지도자인 존 윈드롭(John Winthrop)은 신세계에 '언덕 위의 도시'(city upon a hill)를 건설하겠다고 공언하고 도시건설에 착수했다.

'매사추세츠만 식민지'는 뉴잉글랜드 전체의 발전에서 중요한 역할을 하게 된다. 윈드롭이 이끈 청교도들에게 주어졌던 특허장에 의하면 식민지를 다스릴 권한은 영국이 아닌 '매사추세츠만 식민지'에 있었다. 특허장의 규정에 따라 청교도 소속이어야 하는 '자유인'으로 구성된 지방집회(General Courts, 뉴잉글랜드 식민지시대에 입법권과 사법권을 가짐)에게 통치권한이 부여되었다. 이렇게 해서 뉴잉글랜드 식민지에서는 청교도들이 지배적인 정치세력이 되었으며 식민지 지사의 선출권한은 지방집회가 가지고 있었다. 그리고 존 윈드롭은 그 다음 한 세대 동안 지사직을 맡았다.

이 무렵 신세계가 제공하는 땅과 자유를 찾아 점차 많은 이민자들이 유럽에서 신대륙으로 이주해 옴에 따라 뉴햄프셔와 메인 연안에도 다른 정착촌들이 생겨나기 시작했다.

⑥ 네덜란드 동인도회사와 뉴 네덜란드

네덜란드 동인도 회사에 의해 고용된 헨리 허드슨(Henry Hudson)은 1609년에 현재의 뉴욕 시와 그의 이름을 딴 허드슨 강 일대의 땅을 탐험하였으며, 그 후 네덜란드인의 항해와 탐험으로 이 지역은 뉴 네덜란드로 명명되었다. 이 지역에 대한 네덜란드의 소유권 주장과 초기정착의 토대가 마련되었다. 네덜란드인의 최초 관심은 모피무역이었다. 네덜란드인들은 모피가 나오는 접근로를 통제하기 좋은 곳에 위치한 '이로키 인디언'과 친밀한 관계를 맺었다.

1617년 네덜란드의 정착민들은 허드슨 강과 모호크 강(Mohawk River)이 합류하는 지점, 지금의 올바니(뉴욕 주 주도)에 요새를 건설하였다. 1620년대 초 맨해튼 섬에도 네덜란드인들의 정착이 시작되었다. 이 섬은 1624년에 현지의 인디언들로부터 24달러를 주고 샀다고 전해지는데 당시에는 뉴 암스테르담으로 명명되었다.

⑦ 캘버트 일가의 메릴랜드

1632년 캘버트 일가(Calverts)는 영국 왕 찰스 I세로부터 포토맥 강 이북의 땅을 개발할 수 있는 특허를 얻어 지금의 메릴랜드 지역에 정착하였다. 이 특허장은 비개신교 교회의 설치를 명백히 금지하지 않았기 때문에 캘버트 일가와 같은 가톨릭 신도들이 그곳에 정착하도록 권장했다.

메릴랜드 지역 최초의 타운인 세인트메리 읍은 1634년 포토맥 강이 만나는 체사피크 만 어귀에 건설되었다. 캘버트 일가는 영국에서 종교적 박해에 직면하게 된 가톨릭 신도를 위한 피난처를 마련하는 한편, 재산증식에도 관심이 있었다. 이를 위해서 영국 정부와의 마찰을 피하기 위해서 개신교도들의 이민도 권장함으로써, 미국에서 종교적 자유의 요람으로 평가되는 곳이 되었다.

그 밖에도 스웨덴의 한 무역회사가 델라웨어 강 연안에 최초의 정착지를 설치하려고 시도했다. 그러나 그들의 정착지를 만들 확실한 방안이 없었던 스웨덴 사람들의 타운은 네덜란드인 정착지에 흡수되었고, 후에 이 땅은 펜실베이니아와 델라웨어로 발전했다.

1.2 식민지와 영국의 대립

① 식민지의 자치권

아메리카 식민지에 대한 영국정부의 통제는 심하지 않았으며, 식민지는 상당한 자치권을 가진 것으로 평가된다. 버지니아 회사의 특허장의 경우 정부의 완전한 권한을 그 회사에 부여하였으며, 다만 영국정부는 그 회사의 본부를 영국에 둘 것을 권고하였다. 따라서 아메리카 식민지들은 자기들이 영국 왕에게 종속되는 존재라고는 생각하지 않았으며 오히려 자기들은 런던당국과 느슨한 관계만을 갖는 영국 자체와 비슷한 국가연합체 또는 여러 주의 모임이라고 생각했다.

시민의 정치적 자유를 쟁취한 영국인의 전통을 이어받은 아메리카의 영국령 식민지인들은 자유의 개념을 버지니아 헌장에 삽입하였다. 이 헌장은 식민지에 사는 영국인들이 '마치 영국에서 태어나서 살고 있는 것처럼' 모든 자유와 선거권을 행사할 수 있다고 규정하고 있다. 그래서 그들은 대헌장과 관습법의 혜택을 누릴 수 있게 되어 있었다.

뉴잉글랜드지역에서는[3] 다른 식민지보다 더 높은 자치가 이루어졌다. 1620년 메이플라워호로 플리머스에 상륙한 식민지 개척단원을 의미하는 필그림들(Pilgrims)은 메이플라워 맹약에서 자치정부의 정신을 밝혔다[4]. 필그림들이 자치정부 제도를 확립하기 위한 법적 토대는 없었지만, 메이플라워 맹약 하에 플리머스의 정착민들은 다년간 외부의 간섭 없이 자기들의 일을 처리해나갈 수 있었다. 후일 매사추세츠만 회사가 자치권한을 부여하는 특허장을 가지고 아메리카로 왔을 때에도 똑같은 상황으로 발전하였으며, 식민지에 거주하는 사람들에게 완전한 자치권한이 부여되었다.

한편 뉴욕과 조지아 두 곳은 자치정부의 규정을 두지 않았다. 뉴욕은 네덜란드로부터 획득하여 찰스 II세가 동생인 요크 공(후일 제임스 II세)에게 준 땅이었으며, 조지아는 일단의 '신탁인'들에게 주어진 식민지였기 때문이다. 이 두 식민지의 경우에도 주민들이 식민지의 입법기관에 자기들의 대표를 선출할 권리를 강력하게 요구하였기 때문에 식민지 당국에서는 그러한 권리를 부여하였다.

② 뉴잉글랜드 영 설치

북아메리카의 영국 식민지의 자치제도는 17세기 후반 위기를 맞았다. 1670년대 들어 영국이 해외 식민지에서 중상주의 제도를 시행하기 위해 설치한 왕립위원회는 매사추세츠만 식민지가 영국정부의 정책에 저항하므로 매사추세츠만 특허장을 취소하려 하였다.

1685년 제임스 II세는 뉴잉글랜드 영(Dominion of New England)을 설치하고, 남으로 뉴저지까지의 식민지를 그 관할 하에 두고 이 지역 전체에 대한 국왕의 통제권을 강화하는 안을 승인했다. 그리고 영국 왕이 임명한 식민지 지사인 앤드로스 경(Sir Edmund Andros)은 행정명령으로 세금을 부과하는 등 가혹한 조치들을 단행하고 저항하는 사람을 탄압했다.

---

3) 미국 동북부의 메인, 뉴햄프셔, 버몬트, 매사추세츠, 로드아일랜드, 코네티컷 등 6개 주를 포괄하는 지역이다. 영국의 탐험가 존 스미스(John Smith, 1580~1631)선장이 1616년 출간한 책자에서 자신이 탐사한 지역을 뉴잉글랜드(New England)라고 부른 데서 비롯되었다.

4) '메이플라워 맹약'에서는 "우리의 질서를 보다 잘 유지하고, 우리의 식민지를 보다 잘 보존하기 위한 문민정체로 뭉치기 위해 …… 그리고 이로써 이 식민지의 전반적인 이익을 도모하는 데 가장 잘 어울리고 편리하다고 생각되는 …… 평등한 법률, 조례, 법령, 헌법 및 관직을 제정하며 ……"라고 명시하고 있다. 부록 1-1 참조.

③ 명예혁명과 식민지의 자치정신

명예혁명(Glorious Revolution, 1688~1689)으로 제임스 II세가 퇴위되자, 식민지 사람들은 반란을 일으켜 앤드로스 지사를 투옥했다. 새로운 특허장에 의하여 매사추세츠와 플리머스는 1691년에 처음으로 '매사추세츠만 국왕직할 식민지'로 합병했으며, 뉴잉글랜드 영에 포함되었던 다른 식민지들도 자치정부를 부활시켰다. 명예혁명은 아메리카 식민지에 또 다른 긍정적인 영향도 미쳤다. 1689년의 권리장전(English Bill of Rights)[5)]과 신교자유법(Toleration Act, 관용령)[6)]은 기독교인들의 신앙생활의 자유를 확인하고 국왕의 통치권한을 제한하였다.

그리고 식민지의 자치정신을 고양한 다른 요인으로서 존 로크(John Locke)의 '민간자치 정부에 관한 제2의 논문'(The Second Treatise of Civil Government, 1690)은 신수한 왕권이 아닌 국민과의 계약에 토대를 둔 통치이론을 개진한 것으로, 삶과 자유와 재산에 대한 자연권을 부여받은 인민은 정부가 자연권을 침해할 경우 반항할 권리가 있다고 주장하였다.

18세기 초 아메리카 식민지의 정치는 17세기 영국 국내정치를 방불케 하였다. 명예혁명은 영국에서 의회의 우위를 확인하는 것이었는데 영국의 이런 상황을 파악한 식민지 의회들은 이를 자기들의 권리라고 주장하였으며, 18세기 초에 이르러 식민지의회들은 영국의회가 가졌던 권한과 비슷한 두 권한을 갖게 되었다. 하나는 조세와 지출에 대해 투표할 수 있는 권한이며, 다른 하나는 식민지 의회가 지사의 제안을 단순히 따르는 것이 아니라 의회가 먼저 주요 사항을 제시할 수 있는 권한이다. 식민지의회는 영국 왕이 임명한 지사의 권력을 견제하고 의회의 권한과 영향력을 확장할 수 있는 다른 조치들을 입법하는 권리를 행사했다.

이러한 상황에서 지사와 의회 간의 잦은 충돌은 식민지 사람들을 깨우치는 계기가 되어 아메리카 식민지 사람들과 영국 사람들의 이해가 충돌하게 되었다. 영국은 식민지의회가 하는 일을 대수롭지 않게 보았지만, 식민지의회의 행동들은 선례와 원칙이 되고 후일 아메리카 식민지 헌법의 일부가 되었다.

---

5) 명예혁명 이후 1689년 12월 16일 '신민(臣民)의 권리와 자유를 선언하고 왕위계승을 정하는 법률'이라는 이름의 의회제정법이 공포되었는데, 이를 지칭하며 영국 절대주의를 종식시키고 의회정치 확립의 기초가 되었다. 영국의 권리장전은 영국 헌정에서 뿐만 아니라 미국 독립선언, 버지니아 권리장전, 프랑스 인권선언에도 큰 영향을 미쳤다.

6) 영국에서 명예혁명의 결과 비국교도(非國敎徒)인 개신교도들에게 어느 정도의 신앙상 자유를 인정한 법령이다.

④ 프랑스-인디언 전쟁 후 대립 심화

프랑스와 영국은 18세기에 유럽과 신대륙 그리고 인도와 동남아 지역에서 연속적으로 전쟁했다. 영국과 프랑스 사이의 '7년 전쟁' 기간 동안, 북아메리카 대륙에서는 프랑스군과 인디언이 연대하고, 영국군과 식민지 민병대가 함께하는 전쟁(프랑스-인디언 전쟁, French-Indian War)이 진행되었다.

1754년 '7년 전쟁' 초기에 프랑스는 북아메리카에서 우세한 위치에 있었다. 프랑스는 캐나다와 5대호 주변의 인디언 부족들과 강력한 유대관계를 맺고 있었으며, 미시시피 강을 차지하여 강을 따라 연결되는 요새와 교역소를 설치하였기 때문에 캐나다의 퀘벡에서 미시시피 강 하구의 뉴올리언스까지 획을 그어 큰 반달 모양의 방대한 영토를 차지하고 있었다. 그러나 영국의 우세한 전략과 유능한 지도력에 힘입어 7년 전쟁은 영국의 승리로 끝났다. 1763년에 체결된 파리강화조약으로 프랑스는 캐나다 전부와 5대호 그리고 미시시피 강 상류지역을 영국에게 넘겨주었다. 결과적으로 영국은 북미대륙에서 스페인이 점유한 플로리다를 제외한 미시시피 강 동쪽의 거의 모든 지역을 차지하게 되었다.

이 전쟁의 결과 북미지역에서 중요한 국가였던 프랑스의 위상은 크게 약화되고 영국 식민지 영토는 배 이상으로 늘어났으며, 영국은 식민지 통치에 더 많은 관심을 기울이기 시작했으며 결국 식민지와 영국 사이의 마찰이 증가하게 되었다. 영국에게는 새 영토의 방위와 행정에는 많은 비용과 인력이 필요했으며, 신대륙의 너른 식민지 영토를 방어하고 식민지의 서로 다른 주민들 사이의 다양한 이해관계를 조정하고, 필요한 행정비용을 균등하게 나눌 수 있도록 식민지를 다시 조직하는 것이 필요했다. 식민지 초기에는 개신교 계통의 영국인이 대부분이었으나, 이제는 프랑스어를 사용하는 퀘벡 지역의 가톨릭 신자 그리고 기독교인으로 교화된 수많은 인디언을 포함하게 되었다.

그러나 영국의 간섭 없이 독립적으로 일을 처리하는 데 익숙해진 아메리카 식민지들은 이제 프랑스의 위협이 제거된 마당에 더욱더 많은 자유를 요구하였다. 따라서 새로운 제도를 실시하고 아메리카 식민지에 대한 통제를 더 강화하기 위해서 영국은 자치에 길들여져 간섭을 마다하는 식민지 사람들과 싸워야만 했다.

1.3 식민지의 조세저항

영국과 아메리카 식민지는 버지니아의 제임스타운에 최초의 영구적인 정착촌이 건설된 지 1세기 반이 더 지난 1763년에 이르러서야 분명히 갈라서기 시작했다. 식민지들은 급속도로 늘어난 정착민을 위해 보다 많은 땅이 필요하였으므로, 식민지의 경계선을 미시시피 강까지 확대할 권리를 요구하고 나섰다. 영국정부는 새로운 땅을 찾아 이동해 가는 정착민들과 인디언들 간의 전쟁을 우려하여 식민지에게는 토지를 천천히 주어야만 한다고 생각하였다. 정착민들이 서부의 새로운 곳으로 이동하는 것을 제한하는 것은 영국정부가 기존 정착지에 대한 통제를 확실하게 할 수 있는 방법이기도 하였다.

1763년의 '영국 왕 포고령'(Royal Proclamation of 1763)은 앨러게니 산맥, 플로리다, 미시시피 강 및 퀘벡 사이의 모든 서부 영토를 아메리카 원주민들을 위한 땅(Indian Reserve)으로 따로 보존하기로 하였다. 이를 통해 영국 왕은 식민지 13주가 주장하는 서부 영토에 대한 모든 권리를 일소하려고 하였으며, 이에 대하여 식민지사람들은 서부 땅에 정착할 수 있는 가장 기본적인 권리를 고압적으로 무시해 버리는 처사라고 영국에게 저항했다.

그리고 식민지 사람들이 심각하게 반발하였던 문제는 제국을 뒷받침하기 위해 필요한 자금을 조달하려는 영국정부의 재정정책이었다. 식민지에서 세금을 염출하기 위하여 영국이 추구하였던 일련의 조세제도 즉 설탕조례, 통화조례, 숙영조례, 인지조례 등이 도입되자 식민지의 항거는 보다 격렬해졌다.

① 설탕조례

이 새로운 조세제도의 제1단계는 영국령 식민지 이외의 지역으로부터 수입되는 럼주와 당밀에 대하여 엄청난 세금을 부과하던 1733년 '당밀조례'(Molasses Act)를 1764년 '설탕조례'(Sugar Act)로 대체하는 일이었다.

'설탕조례'에 따라 부과되는 관세와 이를 실시하기 위한 조치는 뉴잉글랜드의 상인들을 경악케 했다. 그들은 소액의 관세만을 지불한다 해도 자기들의 사업이 방해받게 될 것이라고 주장하고 나섰다. 상인, 입법기관 및 읍회가 일어서서 이 법에 항의했으며, 식민지의 변호사들은 '설탕조례'의 서문에서 '대의권이 없는 과세'의 의도를 처음으로 발견했다. '대의권이 없는 과세에 반대'(No Taxation without Representation)라는 슬로건은 많은 아메리카 식민지 사람들을 모국인 영국에 반대하는 기치 하에 모여들게 했다.

② 통화조례

1764년 후반 영국의회는 '앞으로 영국 왕의 식민지에서 발행되는 지급증권이 법화가 되는 것을 막기 위해' 통화조례(Currency Act)를 제정했다. 식민지는 영국과의 무역에서 적자를 계속하고 있었으므로, 항상 경화가 부족했기 때문에 이 조치는 식민지 경제에 심각한 통화부족에 따른 경제활동 위축이라는 부담을 가중시켰다.

그리고 식민지 사람들이 영국에 강력히 반대할 수밖에 없었던 것은 통화조례와 함께 숙영조례(Quartering Acts)가 시행되었기 때문이다. 1765년 통과된 숙영조례는 식민지들이 영국군 부대에게 식량과 숙사를 제공하거나 아니면 영국군 부대가 여관이나 비어 있는 건물을 사용할 수 있게 하는 것이었다.

③ 인지조례

새 식민지 체계를 구축하는 마지막 조치는 1765년 인지조례(Stamp Act)로 모든 신문, 접는 인쇄물, 팸플릿, 면허장, 임대증서 또는 기타 법률문서에 수입인지를 붙이도록 규정하는 조례였다. 이 조례는 아메리카 식민지를 "방어하고, 보호하고, 안전을 위해" 사용될 재원을 확보하려는 목적을 가지고 있었다. 이 조례는 사업을 하는 모든 사람에게 추가적인 부담이었으며, 심지어 아메리카에서 가장 강력하게 자기 생각을 분명히 말할 수 있는 집단들인 언론인, 변호사, 목사, 상인 및 사업가들에게 적대감을 불러일으켰다. 이윽고 주요 상인들이 이에 항거하기 위해 수입거부협회를 조직했고, 거물급 인사들이 폭력적인 수단을 통해 인지조례에 항의하기 위해 비밀결사인 '자유의 아들(Son of Liberty)'이라는 단체를 조직하자, 1765년 여름에 영국과의 교역이 급격히 줄어들었다.

매사추세츠로부터 사우스캐롤라이나에 이르기까지 인지조례는 무효라고 선언되었으며, 폭도들이 '재수 없는' 세관원들을 사직하도록 강요하고, 인지를 찢어 버리는 사태로 발전했다. 버지니아 식민지 의회는 그해 5월에 '대의권 없는 과세는 식민지의 자유에 대한 위협'이라고 비난하는 일련의 결의안을 통과시켰다. 버지니아 식민지 의회는 '버지니아 주민은 영국인으로서의 권리를 갖는다. 따라서 오직 그들의 대표에 의해서만 과세될 수 있다'고 선언했다. 식민지 입장에서는 실제로 영

국 하원에 보낼 의원을 선출하지 못한다면 '의회에 대한 대의권이 없는 것'이라 주장하였다[7].

영국의회는 식민지 사람들의 이러한 주장을 받아들이려 하지 않았지만, 영국 상인들은 아메리카 식민지 사람들의 불매운동이 가져올 영향을 두려워하여 인지조례를 폐기하는 쪽으로 기울었고 영국의회는 1766년에 인지조례를 폐기하고 설탕조례도 수정하였다. 하지만 식민지에 대한 영국의 통제를 지지하는 사람들을 무마하기 위해 영국의회는 이러한 조치에 이어 '선언적 제정법'(Declaratory Act, American Colonies Act, 1766)을 통과시켰다. 이 법률은 '모든 종류의 사건에서' 식민지를 구속할 수 있는 법률을 제정할 수 있는 의회의 권한을 주장하는 것이었다.

④ 타운센드 법령

1767년 영국의 재무장관 찰스 타운센드(Charles Townshend)는 새로운 재정계획을 작성하라는 요청을 받았다. 아메리카와의 교역에 부과되는 관세를 보다 효율적으로 징수함으로써 영국인의 세 부담을 줄이려고 하였던 그는 세관관리를 강화하고, 동시에 식민지 사람들이 영국에서 수입하는 종이, 유리, 납 및 차에 대한 관세를 부과할 것을 제안하였다. 이른바 '타운센드 법령(Townshend Acts)'이라는 이 법령들은 인지조례와 같은 내국세는 형평에 어긋나지만 식민지 사람들이 수입해 가는 상품에 부과되는 세금은 합법적이라는 전제를 토대로 한 것이었다. 타운센드 법령은 부분적으로는 식민지의 지사·법관·세관 관리 및 아메리카에 주둔하고 있는 영국군을 위해 사용할 재원을 얻기 위해 안출된 것이었다.

1.4 독립선언과 독립전쟁

1760년대 이후 아메리카 식민지들과 영국사이의 자치권과 경제적 이익을 둘러싼 조세저항과 대립은 1770년대 중반 무력충돌과 독립전쟁의 과정을 거쳐, 1783

7) 이러한 생각은 '사실상의 대의권'에 대한 영국의 원칙과 상충하는 것이었다. 영국의 이 원칙에 따르면 의회의 각 의원은 비록 자기의 선거기반이 해당 선거구의 극소수의 재산 소유자로 구성되어 있지만, 그는 국가 전체의 권익을 대표한다는 것이다. 따라서 모든 주민은 의회의원을 선출하는 재산 소유자들과 이해관계를 같이한다는 근거에서 나머지 모든 사람도 '대표를 내보내고' 있는 것으로 볼 수 있다는 것이었다.

년 영국은 식민지의 독립을 인정함으로써, 미국은 신대륙에서 최초로 독립된 국가를 형성하게 되었으며, 이는 이후 신대륙의 여타 식민지들의 독립 움직임을 가속시켰다.

① 보스턴 학살

타운센드 법령에 대응하여 필라델피아의 변호사 존 디킨슨(John Dickinson)은 '어떤 펜실베이니아 농부의 편지'(Letters of a Pennsylvania Farmer)라는 글에서, 영국의회가 대영제국의 통상을 규제할 권리를 가졌다 하더라도 식민지에서 세금을 거둘 목적으로 과세할 권리는 없다고 주장했다. 새 법령의 시행으로 보스턴에서는 폭력사태가 발생했으며, 이 법령위반 사건에 대응하여 세관관리를 보호하기 위해 영국군 2개 연대가 파견되었다.

1770년 3월 5일 보스턴 시민과 영국군 병사 간의 반목은 또다시 폭력사태로 번졌다. 영국군의 악의 없는 눈싸움이 군중들의 공격으로 발전했고, 싸움이 끝났을 때는 3명의 보스턴 시민이 눈 위에 쓰러져 죽어 있었다. 이 사건은 '보스턴 학살'(Boston Massacre)이라고 불리게 되었고, 영국의 냉혹성과 폭정의 근거라고 극적으로 묘사되었다.

이러한 반항에 직면한 영국의회는 1770년에 전략적 후퇴노선을 택하여, 차에 대한 과세를 제외한 모든 타운센드 관세를 폐기했다. 차(茶)는 식민지에서 극소수 사람들만이 마시는 사치품이었다. 대부분의 사람들이 볼 때 영국의회의 조치는 식민지 사람들이 큰 양보를 얻어 낸 것을 의미했으며, 영국에 대한 저항운동은 대체로 가라앉게 되었다. '영국 차'에 대한 식민지사람들의 수입금지는 계속되었다.

② 보스턴 차 폭동과 영국의 강압적 법령

'영국 차'에 대한 식민지의 수입금지로 동인도회사가 재정적으로 어려운 상황에 빠지게 되자 1773년 영국정부는 아메리카 식민지에 수출되는 모든 차에 대한 독점권을 동인도회사에 부여했다. 영국정부는 또한 동인도회사로 하여금 지금까지와는 달리 차를 식민지의 도매업자를 거치지 않고 소매업자들에게 직접 공급할 수 있도록 했다.

1773년 12월 16일 밤 모호크 인디언으로 변장한 일단의 사람들이 새뮤얼 애덤스의 지휘 하에 보스턴 항구에 정박 중이던 영국 상선에 승선하여 거기에 실려 있

던 차를 바다로 내던져 버리는 '보스턴 차 폭동'(Boston Tea Party)이 일어났으며, 영국은 위기를 맞았다. 만약 영국정부가 이 폭동을 벌하지 않고 그대로 넘어갈 경우 의회는 아메리카 식민지에 대해 통제권을 갖지 못하고 있다는 것을 시인하는 결과가 될 수 있었다. 영국의회는 새로운 법률로 이에 대응했는데, 식민지 사람들은 이 법을 '강압적 또는 용납할 수 없는 법령'(Intolerable Acts)이라고 불렀다.

첫째 법령인 보스턴 항령은 바다에 버린 차에 대한 배상이 이루어질 때까지 보스턴 항을 폐쇄하는 조치였다. 이는 보스턴 시가 바다에 접근하지 못하도록 막는 경제적 재난을 의미했다. 기타 법령들은 지방 당국에 제한을 가했으며, 지사의 동의 없이 열리는 대부분의 읍 회의를 금하는 것이었다. 또한 숙영조례는 영국군 부대를 위해 적당한 숙사가 필요할 경우에 민간인 주택을 지방 행정당국이 제공하도록 요구하는 것이었다.

'퀘벡법'은 퀘벡 주의 경계를 넓혔으며, 프랑스인 주민들이 종교적 자유와 자기들의 법적 관습을 누릴 수 있는 권리를 보장했다. 식민지 사람들은 이 법령에 반대했다. 왜냐하면 이 법령이 서부 영토에 대해 옛 특허장이 부여한 권리를 무시함으로써 가톨릭 신자들이 지배하는 퀘벡 주가 자기들이 북부와 북서부 밖으로 진출하지 못하게 만들 우려가 있기 때문이다. 퀘벡 법은 징벌조치로서 통과된 것은 아니었지만 아메리카 사람들은 이 법을 강압적 법령들과 같은 부류로 간주하게 되어, 이 모든 법령들이 '강압적 법령'으로 알려지게 되었다.

③ 제1차 대륙회의

이런 상황에서 1774년 9월 5일 아메리카 식민지 대표들이 '아메리카 식민지의 불행한 사태에 대한 협의를 위해' 필라델피아에서 이른바 '제1차 대륙회의'(First Continental Congress)'가 열렸다. 이 회의에는 각 지방의회가 적어도 1명의 대의원을 보냈다. 대륙회의의 가장 중요한 성과는 '대륙협회'(Continental Association)를 조직한 것이다. 대륙협회는 무역 거부운동(boycotts)의 부활, 세관 출입물품 기장의 검열, 협정을 위반한 상인의 명단 공개, 그들의 수입품 몰수, 그리고 검약과 산업을 장려하는 위원회 설치 등을 규정하였다. 독립파 지도자들이 이끈 대륙회의는 변호사 등 전문직을 가진 계층, 남부의 대농장주, 그리고 많은 상인들로부터 지지를 얻어냈다. 대륙협회는 주저하는 사람들에게 이 운동에 합세하도록 압력을 넣고 이 운동에 적대적인 사람들을 처벌하였다. 또 전쟁수행 물자를 모으고 군대를 동원하기 시작함으로써, 여론을 부추겨 독립혁명의 열의를 불러일으켰다.

17~18세기의 영국의 정치적 혼란과 마찬가지로, 아메리카 식민지 사람들의 독립전쟁(American Revolutionary War, 1775~1783)도 '생명과 자유와 부에 대한 양도할 수 없는 권리'를 부르짖는 중산층이 등장함으로써 가능했다. 그러나 8년간이나 지속된 독립전쟁의 촉발은 1775년 영국군이 매사추세츠 콩코드의 식민지군 무기보급소를 공격하여 식민지 민병대와 충돌하면서 발생한 총격사건이었다. 이 총기사건을 계기로 전쟁이 시작되었다.

④ 콩코드 전투

보스턴에 주둔하던 영국군 수비대의 주요 임무는 보스턴 차사건 이후 매사추세츠 만 지역을 벌하기 위한 '강압적 법령들'을 식민지에서 시행하는 일이었다. 매사추세츠 식민지 사람들이 콩코드에서 화약과 군사 장비를 모으고 있다는 소식을 접한 수비대 사령관 게이지(Thomas Gage, 매사추세츠 총독) 장군은 이들의 탄약을 몰수하기 위해 강력한 분견대를 파견했다. 이 영국군 부대는 1775년 4월 19일 렉싱턴 마을에서 70명의 식민지 민병대(Militias, Minutemen)[8]와 충돌하여 여기에서 사상자가 발생했다[9].

이를 계기로 영국군은 콩코드로 진격했고, 식민지인들은 대부분 탄약을 다른 곳으로 가져갔지만 영국군은 남아 있는 탄약을 파괴해버렸다. 다른 지방에서 동원된 식민지 민병대들이 참여한 콩코드에서의 충돌로 영국군 사상자가 증가하자, 영국군은 보스턴으로 퇴각하고 퇴각 과정에서 미들섹스 지방의 민병대가 영국군 병사들에게 총격을 가했는데, 이 일련의 전투에서 영국군 병사들은 약 삼백 명의 사상자와 실종자가 발생하고 식민지 민병대도 93명이 인명 피해가 발생하였다.[10]

⑤ 제2차 대륙회의와 독립전쟁 및 내부 분열

렉싱턴과 콩코드의 전투 이후인 1775년 5월 10일 필라델피아에서는 제2차 대륙

8) 그들을 Minutemen이라고 부르는 것은 그들이 순식간에 싸울 태세를 갖추었기 때문이다.
9) 에머슨(Ralph Waldo Emerson)은 이 충돌사건을 "전 세계에 들린 총성"(shot heard round the world)이라고 Concord Hymn(콩코드 찬가, 1837)에서 말했는데, 이 표현은 미국독립전쟁을 시작하는 첫 번째 총격이라고 언급되곤 한다.
10) 'Battles of Lexington and Concord' (www.wikipedia.org).

회의(Second Continental Congress)가 열렸다. 이 회의는 5월 15일에는 전쟁을 의결하고, 식민지 민병대들을 규합하여 조지 워싱턴(George Washington)을 아메리카 총사령관으로 임명했으며, 여러 아메리카 원정대에게 가을까지 북쪽의 캐나다로 진격하도록 명령하여 영국군대와 식민지 원정대 사이의 무력충돌이 잦아졌다.

무력충돌에도 불구하고 아메리카 식민지 내부에서는 극단적인 독립파와 영국과의 조속한 화해를 희망하는 온건파가 분열되어 있었다. 온건파인 존 디킨슨은 1775년 7월 '올리브가지 청원서'(Olive Branch Petition)로 알려진 화해의 청원서를 기초하여 영국 왕에게 어떤 합의가 도출될 때까지 더 이상의 적대적인 행동을 하지 않도록 탄원했다. 그러나 영국 왕 조지 Ⅲ세는 청원을 받아들이지 않고 1775년 8월 23일에는 아메리카 식민지가 반란상태에 있다고 선언하는 포고령을 발표했다.

영국은 남부의 식민지들이 노예제도에 의존하고 있으므로 영국에 충성할 것으로 기대했었다. 실제로 남부 식민지의 많은 사람들은 영국에 대한 식민지의 반란이 대농장주에 대한 노예들의 봉기를 유발하지나 않을까 두려워했다. 1775년 11월 노스캐롤라이나 지사인 조시아 마틴(Josiah Martin)도 노스캐롤라이나 주민들에게 영국 왕에 대한 충성을 종용했으며, 이에 1,500명이 호응하기도 했으나 영국군 지원군이 도착하기도 전에 독립군에게 패퇴하고 말았다. 그 후 영국 군함이 1776년 6월초 사우스캐롤라이나 찰스타운까지 내려와서 포격을 가했으나, 사우스캐롤라이나의 식민지 군대는 영국 군 공격에 대비할 시간적 여유가 있었으며 6월말까지 영국군을 격퇴했으며, 영국군은 그 후 2년여 동안 남부로 내려오지 못했다.

⑥ 독립선언

제2차 대륙회의는 1776년 5월 10일 영국으로부터 분리·독립을 요구하는 결의안을 채택하고, 6월 7일 버지니아의 헨리 리(Richard Henry Lee)가 "이 연합식민지들은 자유롭고 독립의 국가들이고, 영국에 대한 모든 충성으로부터 벗어나야 하며, 식민지들과 영국과의 모든 정치적 관계는 전적으로 해지되며 마땅히 그렇게 되어야 한다."고 선언하는 결의안(Lee's Resolution)을 제출하였다.

대륙회의는 버지니아의 토머스 제퍼슨(Thomas Jefferson) 등을 기초위원으로 '5명 위원회'가 정식으로 구성하여 독립선언문의 초안을 작성하도록 하였다.[11] 미

---

11) John Adams of Massachusetts, Benjamin Franklin of Pennsylvania,

합중국(United States of America)의 대표자 56명이 서명하여 1776년 7월 4일 채택된 '독립선언문'(The Declaration of Independence)은 비단 새 나라의 탄생을 공표할 뿐만 아니라 장차 전 세계를 통해 활력적인 힘이 될 인간자유의 철학을 개진하고 있었다.

이 독립선언문은 프랑스 및 영국의 계몽적 정치철학을 인용하고 있었으며, 특히 존 로크의 '민간자치정부에 관한 제2의 논문'의 인용이 돋보인다. 로크는 영국인의 전통적인 권리에 대한 개념을 모든 인류의 자연권으로 보편화했다. 독립선언문에서 제퍼슨은 로크의 통치철학의 원칙을 아메리카 식민지의 상황에 직접 연결시키고 있다. 아메리카 독립을 위해 싸우는 것은 우리의 체질에도 맞지 않고 우리의 법률에 의해 인정되지 않은 관할에 우리를 복종토록 하는 외세와 결탁한 왕의 정부가 아닌, 인민의 동의에 토대를 둔 정부만이 삶과 자유와 행복의 추구에 대한 자연권을 확보할 수 있기 때문이라고 선언하였다[12].

⑦ 프랑스-아메리카의 동맹과 프랑스 참전

프랑스는 아메리카 사람들이 내세우는 대의를 열성적으로 지지했다. 프랑스의 지성인들은 봉건주의와 특권에 반기를 들고 있었다. 그러나 프랑스 왕정은 이념적인 이유 때문이 아니라 지정학적인 이유로 아메리카 식민지 사람들을 지원했다. 프랑스 정부는 7년 전쟁에서 영국에게 패배한 이유로 영국에 대한 보복을 하고자 했다. 1776년 파리에 파견된 벤저민 프랭클린(Benjamin Franklin, 1776~1785년 대사 재임)의 재치와 책략과 탁월한 지성은 프랑스의 파리에서 높이 평가되었고, 프랑스의 원조를 얻어내는 데 주요한 역할을 했다.

프랑스는 1776년 5월 전쟁 물자를 실은 14척의 배를 보내 아메리카를 지원하였다. 실제로 아메리카 군이 사용한 대부분의 화약이 프랑스로부터 원조된 것이었다. 영국군이 뉴욕 사라토가에서 패퇴하자, 프랑스는 예전의 적대국이었던 영국을 심각하게 약화시켜 7년 전쟁(프랑스-인디언 전쟁)으로 전도된 세력균형을 회복할 기회로 생각하였다. 1778년 2월 6일 아메리카와 프랑스는 우호통상조약을 체결하였는데, 이 조약으로 프랑스는 아메리카를 국가로 인정하고 무역상의 양허를 제의했으며, 나아가 프랑스와 아메리카는 군사동맹조약을 체결하고, 영국과의 전쟁에

Thomas Jefferson of Virginia, Robert R. Livingston of New York, Roger Sherman of Connecticut 등 5명임.

12) 원문 내용은 부록 1-2를 참조.

돌입하였다. 아메리카 식민지에 대한 프랑스의 군사적 지원과정에 스페인과 네덜란드도 함께 함으로써, 영국은 주요한 동맹국이 없는 상황에서 사실상 세계적인 전쟁을 치루는 셈이었다.

미국 독립전쟁에서 미국이 승리하는데 프랑스의 지원과 참전은 결정적으로 중요했던 것으로 평가된다. 1780년 7월 프랑스의 루이 16세는 로샹보 백작(comte de Rochambeau)을 총사령관으로 하는 6,000명의 원정군을 아메리카에 파병했다. 그리고 프랑스 군대는 영국의 해상운송을 괴롭혔으며, 버지니아의 영국군 증원과 재보급을 막았다. 총 1만 8,000명에 달하는 프랑스와 아메리카의 육군과 해군은 여름 내내 그리고 가을에 들어서서도 콘월리스(Charles Cornwallis) 장군 휘하 영국군의 공격을 따돌렸다.

미국은 이 전쟁을 마무리한 파리협정에서 많은 영토를 취득했지만, 프랑스가 얻은 영토는 거의 없었다. 프랑스는 영국에 대한 보복을 얻었으며 미국이라는 새로운 동맹국과 새로운 무역 파트너를 얻었으며, 전쟁지원을 위한 정부부채가 누적되어 왕정에 큰 부담이 되었고 이는 결국 1789년 프랑스 대혁명의 중요한 원인으로 작용하였다.

⑧ 독립국가 인정

1781년 10월 19일 버지니아 요크타운에서 포위당한 영국군의 콘월리스 장군은 8,000명의 군인들과 함께 투항했다. 콘월리스의 패배로 전쟁이 바로 끝난 것은 아니었지만, 새로 들어선 영국정부는 1782년 초 파리에서 아메리카와 강화협상을 결정했으나, 전쟁은 그 후로도 거의 2년을 더 끌었다.

아메리카 식민지 측의 협상대표는 벤저민 프랭클린, 존 애덤스(John Adams) 및 존 제이(John Jay) 등이었으며, 1783년 4월 15일 대륙회의는 최종적으로 타결된 강화조약을 승인했고 영국과 아메리카 식민지는 9월 3일 이 조약에 서명했다. 이 전쟁을 마무리하는 강화조약으로서 파리조약은 13개 식민지들 전체의 독립과 자유와 주권을 인정하고, 이들에 대해 영국이 서쪽으로는 캐나다까지, 남쪽으로는 플로리다에 이르는 영토를 부여하도록 규정하고 있다. 플로리다는 스페인에게 돌려주었다.

식민지들이 마침내 '자유롭고 독립적인 주들'이 되었다. 이 주들을 하나의 국가로 묶는 일이 아직 남았다.

⑨ 왕당파와 독립파

오늘날 미국은 독립전쟁이 아메리카 대륙에서 일어난 혁명(American Revolution)이었다고 말하지만, 중요한 측면에서 내란이기도 했다. 미국 내의 왕당파(Royalists, Tories)는 독립전쟁에 반대하여 독립파에 대항해서 무기를 든 자도 많았고, 왕당파의 수는 많게는 50만 정도로 추산되는데, 이는 아메리카 식민지 전체 인구의 20%에 해당된다.

왕당파들의 동기는 무엇인가? 왕당파이건 독립파이건 아메리카의 교육받은 모든 사람은 인간의 자연권(생득권)과 제한된 정부에 관한 존 로크의 이론을 받아들였다. 그래서 왕당파도 독립파와 마찬가지로 인지조례나 강압법 제정과 같은 영국의 행동을 비난했다. 왕당파 사람들은 폭력은 오히려 폭정을 초래할 것이라고 믿었기 때문에 평화적인 항의 형식을 추구하기를 원했다. 또한 그들은 독립을 하게 되면 영국의 중상주의 체계의 일부로서 얻을 수 있는 경제적 혜택을 상실하게 되리라고 생각했다.

왕당파의 다수는 농부, 기술공 및 소매상인들이었다. 대부분의 영국 관리들이 영국 왕에게 충성한 것은 결코 놀라운 일이 아니었다. 청교도 사회인 뉴잉글랜드에서 부유한 상인들은 영국 국교회의 목사와 마찬가지로 왕당파로 남는 경향이 있었다. 또한 왕당파에는 (영국으로부터 자유를 약속받은) 일부 흑인, 인디언, 기간계약제 하인 및 독일계 이민도 포함되었는데, 독일계 이민은 주로 영국 왕 조지 Ⅲ세가 독일계이기 때문에 영국 왕을 지지했다. 왕당파의 수는 각 식민주마다 달랐다. 뉴욕 주 인구의 반은 왕당파였던 것으로 추산되었는데, 여기에는 귀족문화가 있었으며 독립전쟁 중 내내 영국군의 점령 하에 있게 되었다. 사우스캐롤라이나와 노스캐롤라이나에서는 오지의 농민들이 왕당파였으나, 해안지대의 대농장주들은 독립전쟁을 지지하는 경향이 있었다.

독립전쟁 중 대부분의 왕당파들은 별다른 피해를 입지 않았지만, 약 1만 9,000명의 왕당파는 영국이 제공한 무기와 군용품으로 전투에 참여했다. 파리강화조약으로 아메리카 의회는 왕당파로부터 몰수한 재산을 되돌려 주어야 했다. 예컨대, 펜실베이니아의 윌리엄 펜의 후계자들과 메릴랜드의 조지 캘버트의 후계자들은 관대한 해결을 얻어 낼 수 있었다. 독립파와 왕당파 간의 반목이 유난히 심했던 사우스캐롤라이나와 노스캐롤라이나에서는 왕당파들의 재산이 몰수되고 많은 자산이 중류층 농민들에게 분할됨에 따라 사회혁명이 일어났다. 벤저민 프랭클린의 아

들인 윌리엄 프랭클린(William Franklin)과 당대의 가장 훌륭한 미국 화가인 코플리(John Singleton Copley)를 포함하여 약 10만 명의 왕당파가 미국을 떠났으며, 그들 대부분은 캐나다에 정착했다.

몇몇 주에서는 왕당파에 속했던 사람이 공직을 갖지 못하도록 했으나 다시 미국으로 돌아온 사람들도 있었다. 독립전쟁 후의 수십 년 동안 미국인들은 왕당파에 관한 일을 잊으려 했다. 코플리를 제외하고는 대부분의 왕당파는 미국역사에서 지워진 사람이 되었다.

2. 연방헌법

영국으로부터 독립한 북아메리카의 13개 식민지는 1776년 독립을 선언하고 1783년 영국이 독립을 인정함으로써 각기 별개의 독립된 국가가 되었다. 대륙회의에서 독립선언을 하면서 13개 식민지는 이들은 연합국가의 형태를 구성하였지만 그후 독립전쟁의 수행과정에서 효율적인 국가 운영에 많은 문제점을 노정하였다.

이에 강력한 중앙정부와 효율적인 국가발전을 요구하는 연방주의자들의 목소리는 결국 연방헌법을 제정하였으며, 연방헌법은 그 후 연방국가로서의 강력한 미합중국을 뒷받침하는 제도적 기초가 되었으며, 미국 산업발전과 경제부흥을 위한 중요한 기반이 되었다.

2.1 연방헌법과 수정조항

① 연합헌장과 연합정부

영국에 반기를 든 북아메리카의 13개 식민지는 1776년 독립을 선언하고 협력하여 전쟁을 하였다. 13개 식민지들의 대표자 회의였던 대륙회의(Continental Congress)는 그들의 결속을 위하여 1777년 연합헌장(Articles of Confederation and Perpetual Union)을 제정하여 미합중국(United States of America)이라는 연합국가 그리고 연합회의(Congress of the Confederation)라는 중앙정부를 모색하였다.

연합헌장에 대한 비준은 1781년 초에 완료되었는데, 이때까지는 대륙회의가 독립전쟁과 식민지의 독립과정을 수행하였으며, 비준완료 이후에는 연합회의가 연합

국가의 중앙정부가 되었다. 그러나 이 중앙정부는 이 과정에서 일어난 일련의 사태에 효과적으로 대처하지 못하였고, 독립전쟁 과정에서 유럽국가와 은행에서 빌린 빚을 상환하고 또 전쟁물자조달을 위하여 발행한 전쟁채무를 갚을 돈도 없고 세금을 거둘 권한도 없었다. 그리고 이 연합국가의 단결력이 약하여 향후 발생할 수 있는 국제전쟁에 견디거나 심지어는 국내반란에조차 견디기 어렵다는 우려가 나오고 있었다. 워싱턴, 해밀턴과 참전 군인들을 중심으로 새로운 강력한 정부를 뒷받침할 헌법의 제정을 요구하는 소리가 높아졌다.

② 헌법제정회의

헌법제정회의(Constitutional Convention)는 1787년 5월 펜실베이니아 필라델피아에서 소집되었고 55명의 대표들이 참여하였다. 워싱턴을 의장으로 하는 헌법제정회의에 참여한 '건국의 아버지들'(Founding Fathers of the USA, The Fathers)[13]은 연방국가의 기본법인 미합중국 헌법 즉 연방헌법(Constitution of the United States, Federal Constitution)을 제정하였다. 미국 연방헌법은 1788년 13개 주(州)에 회부되어 그 중에서 9주가 비준을 완료하여 발효되었으며, 1789년 3월 4일 조지 워싱턴 대통령의 취임과 함께 미합중국의 연방정부가 출범하였다.

미합중국 연방헌법은 전문과 7개 조로 구성되어 있다. 헌법 전문은 국민주권의 원칙과 보다 완전한 통일국가를 형성한다는 목표를 제시하고 있다. "우리 합중국 인민들은 더욱 완전한 연합을 형성하고 정의를 확립하고 국내안녕을 확보하고, 공동방위를 도모하며, 국민복리를 증진시켜 우리들과 우리들의 자손만대에 자유의 혜택을 확보하기 위하여 이 미합중국 헌법을 제정하고 확립한다."고 선언하고 있다. 연방헌법의 본문은 연방국가의 권력구조 즉 정부형태와 연방제의 성격 등에 관한 내용을 중심으로 구성되었다. 제1조 연방의회, 제2조 대통령과 행정부, 제3조 연방사법부, 제4조 주와 연방과의 관계, 제5조 헌법 수정절차, 제6조 국가최고법규의 규정, 제7조 비준에 의한 발효의 규정 등을 담고 있다.

---

13) 미국 건국의 아버지들은 미국 독립전쟁에 참여하거나 독립선언서에 서명하거나 특히 연방헌법의 제정에 공헌한 지도적인 사람들을 총칭하는 말이다. 대표적인 인사는 벤저민 프랭클린(Benjamin Franklin), 조지 워싱턴(George Washington), 존 애덤스(John Adams), 토마스 제퍼슨(Thomas Jefferson), 존 제이(John Jay), 제임스 매디슨(James Madison) 그리고 알렉산더 해밀턴(Alexander Hamilton) 등이다.

미합중국 연방헌법은 주권재민의 정치철학에 기초한 민주공화국 체제하에서 정부는 3권 분립으로 정부권력의 균형과 견제장치를 갖춘 독창적인 헌법으로 평가되고 있을 뿐만 아니라, 헌법발효 후 230여 년 동안 단 한 번의 헌정중단 사태를 겪지 않았다는 점에서 매우 실용적인 헌법으로 인정되고 있다.

③ 수정조항과 권리장전

1788년 제정된 미국헌법의 본체는 오늘날까지도 전혀 수정 없이 보존되어 세계에서 가장 오래된 헌법으로 간주되고 있지만, 시대의 변천에 맞추어 현재까지 27개의 새로운 조항이 추가되었는데 이 추가 조항을 수정헌법(Amendments to the Constitution) 혹은 수정조항이라 부른다.

수정조항은 1788년에 제정된 연방헌법 제5조의 규정, 즉 헌법수정에 관한 규정에 의거하여 연방정부와 주정부 모두의 행동을 통하여 발의와 비준을 거쳐야 한다. 헌법 수정안의 발의는 두 가지 방법으로 가능하다. 하나는 연방 상원과 하원에서 각각 2/3 이상의 찬성으로 발의하는 방법이고, 다른 하나는 전체주의 2/3 이상의 주 의회가 요구하여 헌법수정을 발의하기 위한 헌법회의를 소집하는 방법이다. 헌법수정 안이 비준되는 방법은 다음과 같다. 전체주의 3/4 이상의 주 의회가 비준하거나 혹은 헌법회의에 의하여 비준된다. 수정조항은 모든 의도와 목적에 대하여 유효하며 헌법의 일부로서 효력을 발생한다.

수정조항 중 특히 1789년에 발의되어 1791년 함께 비준되고 발효된 수정헌법 제1조부터 제10조까지를 미국의 권리장전(Bill of Rights)이라 부른다[14]. 연방헌법이 주로 의회나 대통령, 대법원 등 국가기구에 대해서 언급한 것에 반하여, 최초의 수정헌법 10개 조항은 오로지 기본적인 인권에 대한 내용을 담고 있다.

---

14) 건국 후 미국에서 가장 먼저 권리장전을 도입한 주는 버지니아인데, 1776년 6월 12일에 채택된 버지니아 주 헌법에는 "모든 인간은 태어나면서부터 평등하고 자유롭고 독립적인 존재이며, 생득적인 여러 권리를 가진다. 이러한 권리 중에서 재산을 취득 소유하고 행복과 안녕을 추구 획득하는 수단을 누리면서, 생명과 자유를 향유하는 권리는 어떤 사회조직 속에 놓인다 하더라도 어떤 계약으로도 빼앗기거나 박탈당하지 않는다."고 명기되었다. 버지니아 주 헌법의 권리장전은 후에 미국 연방헌법과 미국 여러 주의 헌법 및 1789년 프랑스의 '인권선언', 1948년의 UN총회에서 채택된 '세계 인권선언'의 모체가 되었다.

표 1-1 수정헌법의 주요 내용

조항	내용	발의/비준시점	기타
제1조	종교 언론 출판의 자유와 집회 청원의 권리	1789 / 1791.12.15	권리장전
제2조	무기휴대의 권리		
제3조	군대숙영을 위한 사유재산의 무단 사용 금지		
제4조	수색 및 체포 영장		
제5조	형사 사건에서의 권리		
제6조	형사소추에서 공정한 재판을 받을 권리		
제7조	민사 사건에서 공정한 재판을 받을 권리		
제8조	보석금, 벌금 및 형벌		
제9조	인민이 보유하는 권리		
제10조	주와 인민이 보유하는 권한		
제11조	주를 상대로 하는 소송	1794.3.5/ 1795. 2.7	
제12조	대통령 및 부통령의 선거	1803.12.12./ 1804. 9.27	
제13조	노예 제도 폐지	1865.2.1/ 1865. 12.18	남북전쟁 후 재건 수정조항
제14조	시민권	1866.6.16/ 1868.7.28	
제15조	흑인의 선거권 부여	1869.2.27/ 1870.3.30	
제16조	연방의 소득세 징수권한	1909.7.12/ 1913.2.25	
제17조	연방 상원의원의 직접 선거	1912.5. 16/ 1913.5.31	
제18조	금주법	1917.12.18/ 1919.1.29	
제19조	여성의 선거권 부여	1919.6.4 / 1920.8.6	
제20조	대통령과 연방의회 의원의 임기	1932.3.2 / 1933.2.6	
제21조	금주법 (제18조)의 폐기	1933.2.2 / 1933.12.5	
제22조	대통령 임기의 제한	1947.3.21/ 1951.2. 6	
제23조	컬럼비아특별구(DC)에서의 선거권	1960.6.16/ 1961.4.3	
제24조	인두세 등에 의한 선거권 제한 금지	1962.8.27/ 1964.1.23	
제25조	대통령의 직무수행불능과 승계	1965.7.6/ 1967.2.10	
제26조	18세 이상인 시민의 선거권	1971.3.23/ 1971.7.1	
제27조	의원 세비 변경의 제한	1789 / 1992.5.5	

최근에 도입된 수정헌법은 1971년 7월 1일에 확정된 제26조로 이것에 의해서 그 당시 21세 이상이라고 되어 있던 미국국민의 선거권이 "18세 이상"으로 개정되었다. 가장 최근에 비준된 제 27조는 200여 년 전인 1789년에 제안되어 1992년 5월 7일에 확정된 것으로서 "상원의원과 하원의원의 보수를 변경하는 어떤 법률도

한 번의 하원의원 선거가 이루어지기 전에는 발효될 수 없다"라고 규정함으로써, (대부분의) 현직 의원들이 현 임기 중 자신들이 받을 세비를 인상하는 법률을 만들지 못하도록 하였다. 오늘날 주목받고 있는 헌법수정 움직임은 ERA(남녀평등 수정헌법, Equal Rights Amendment)로서 "어떠한 형태의 여성차별도 금지한다."는 새로운 조문을 추가하려고 하는 운동이다. ERA는 이미 35개 주로부터 비준을 받았으며, 3개 주에서 비준을 더 받으면 정식으로 '수정 제28조'가 성립되지만, 그 가능성은 매우 낮은 것으로 평가되고 있다.

2.2 정부형태와 3권 분립

연방정부는 각자 독자적인 권능을 가지는 입법·사법·행정의 3부로 나누어 정부 권력의 독점을 예방하고 있다. 소위 3권 분립의 원칙이다. 또한 3부는 각각의 고유한 권한을 가지지만, 아래 [그림 1-1]에서 보는 바와 같이 상호 간의 견제기능을 통하여 독주와 오류의 가능성을 축소하고 조정하는 제도적 장치를 마련해 놓고 있다.

① 연방정부와 대통령

연방정부의 행정권은 대통령에게 속하며 대통령은 선거로 선출된다. 초대 대통령은 독립전쟁의 영웅인 조지 워싱턴(George Washington)을 선출하여 미합중국 연방정부가 1789년 정식으로 발족하였다. 새로운 연방국가의 최고 책임자로서 워싱턴을 추대한다는 것은 헌법제정회의가 시작되었을 때 사실상 이미 결정되어 있었다. 대통령의 호칭은 벤저민 프랭클린이 제시한 '위대한 합중국 대통령 각하(His Mightiness the President of the United States)'를 줄여 'Mr. President'라 부르기로 했다. 연방정부 출범 당시의 임시 수도는 뉴욕이었으며, 후일 워싱턴D.C.로 이전했다[15].

---

15) 미합중국의 수도는 흔히 워싱턴이라고 불리고 있으나, 태평양 연안에 있는 워싱턴 주와 구별하기 위해서 워싱턴 D.C.(District of Columbia) 또는 D.C.로 불린다. 50개의 주와는 별도로 특별구 제도가 실시되고 있어 Federal City 또는 Federal District라고도 불린다. 컬럼비아(Columbia)라는 이름은 아메리카를 아름다운 여성에 비유하여 의인화한 옛 이름이다. 초대 대통령 워싱턴은 1790년에 이곳을 수도 예정지로 결정하였으며, 버지니아 주와 메릴랜드 주로부터 각각 100제곱마일(약 259㎢)의 토지를 양도받아 프랑스인 건축기사 피에르 랑팡(Pierre Charles L'Enfant)의 설계에 의해서 건설된

대통령은 내각멤버들을 임명하며, 이들은 연방상원 인준청문회(confirmation hearings)를 거쳐 인준을 받아야 한다. 내각 멤버들은 집단으로 행정부를 구성하는 각 정부 부처(department)의 장관직을 맡는다. 정부 부처 외에도 대통령 직속기관으로 백악관에는 ① 대통령 경제자문위원회(CEA), ② 환경품질위원회(CEQ), ③ 국가경제위원회(NEC), ④ 국가안보위원회(NSC), ⑤ 행정국(Office of Administration), ⑥ 관리예산국(OMB), ⑦ 국립AIDS정책국, ⑧ 국립약품통제정책국, ⑨ 과학기술정책국, ⑩ 여성지원국, ⑪ 대통령의 해외정보자문위원회, ⑫ 미국통상대표부(USTR) 등의 조직이 설치 운용된다.

부통령은 대통령과 함께 선거로 선출되며, 가장 큰 임무는 대통령이 사망, 사직 등의 이유로 그 직을 수행할 수 없을 때 대통령직을 맡도록 대비하는 것이며[16], 부통령은 연방상원의 당연직 의장으로서 활동하며 연방상원에서 가부동수인 사안에 대하여 캐스팅보트(Casting Vote)를 한다.

② 연방의회

연방의회(U.S. Congress)는 상원(Senate)과 하원(House of Representatives)으로 구성된다. 상원은 각 주에서 2명씩 상원의원(senator)을 선출하여 100명의 상원으로 구성되며, 상원의원의 임기는 6년이며, 매 2년마다 1/3씩 선출한다. 조세법을 제외한 모든 법안이 상원에 상정될 수 있다. 미국 부통령은 당연직 상원의장이 되며 그는 상원에서 의결권은 없지만, 가부 동수일 경우 캐스팅보트를 한다. 하원은 인구비례에 의하여 선출되는 임기 2년인 435명의 하원의원으로 구성된다.

따라서 주의 크기에 관계없이 모든 주가 동등하게 상원의원 2명을 선출하는 점과 인구비례에 의하여 하원의원을 선출하는 것은 미국식 연방주의의 전통과 성격을 나타내는 것으로 볼 수 있다. 연방의 상원은 각 주에 동등한 위상을 부여하며, 연방 하원은 개별 주의 주민 수를 반영하므로 연방 하원에서 각 주는 인구수에 따라 비중과 위상이 서로 다르게 나타난다.

전형적인 계획도시였다. 그리고 워싱턴 DC가 정식으로 수도가 된 것은 10년 후인 1800년 2대 대통령 존 애덤스 때였다. 그 후 1846년에는 버지니아 주로부터 양여 받은 부분을 버지니아 주에 되돌려주었으며, 특별구 제도가 실시된 것은 1871년부터다.

16) 미국역사상 2000년대 초반까지 45명의 부통령 중 9명이 부통령임기 중 대통령직을 승계하였으며, 부통령들 중 4명은 그 후의 대통령선거에서 자력으로 대통령직에 선출되었다.

③ 연방법원

연방의 사법부는 연방대법원과 연방항소법원 및 연방지방법원으로 구성되며, 모든 연방법원의 판사는 종신직이다. 연방대법원(U.S. Supreme Court)은 연방대법원장(chief justice)과 8명의 대법원 판사(justices)로 구성되며, 연방법에 관한 최종심의 법원이며, 헌법재판소가 따로 없는 미국의 경우 연방대법원은 위헌심판도 담당한다. 대법원 판사는 대통령이 임명하고 상원의 인준을 받아야 한다.

또한 15개의 항소법원(U.S. Courts of Appeals)은 12개 지역을 각각 담당하는 연방항소법원과 3개의 특별사안을 다루는 연방항소법원(연방순회, 군사, 퇴역군인)으로 구분된다. 그리고 전국에 94개 연방지방법원(U.S. District Courts)을 두고 있다.

④ 미국연방정부 3부의 상호견제 관계

연방정부의 3부는 위와 같이 헌법이 규정한 고유한 기능과 권한을 가지지만, [그림 1-1]과 같이 각부는 다른 부를 상호견제할 수 있는 장치를 마련함으로써 일방의 독주와 오류 가능성을 축소하려 하고 있다.

⑤ 연방정부의 권한

연방의회에 위양된 권한의 예시목록(위탁권한; 열거된 권한, enumerated powers)은 다음과 같다.

- 주간통상 및 외국과의 통상에 대한 규제
- 전쟁의 선포
- 시민권을 규정하는 법의 제정
- 화폐의 주조
- 우편체제의 통제
- 특허권 및 저작권에 대한 규제
- 하급법원의 설치
- 군대의 설치와 지원

위에 열거된 연방의회의 권한 외에도, 연방의회는 이른바 탄력적 조항(elastic clause)으로 불리는 제1조 제8항(연방의회의 권한 규정) 제18절에 규정된 “암묵적

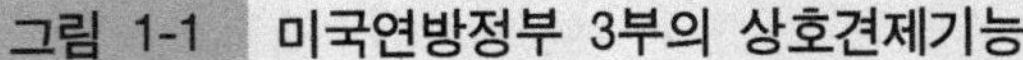
그림 1-1 미국연방정부 3부의 상호견제기능

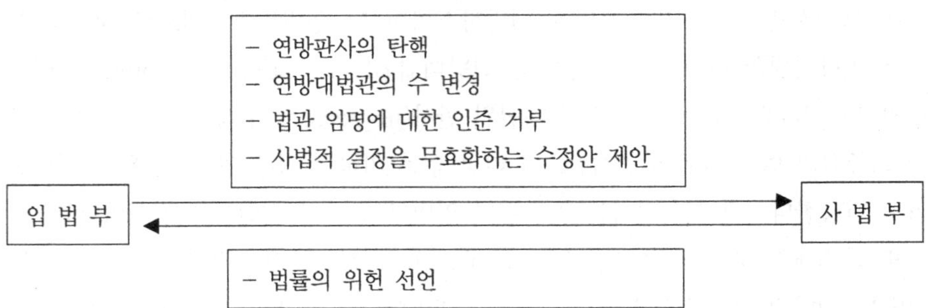

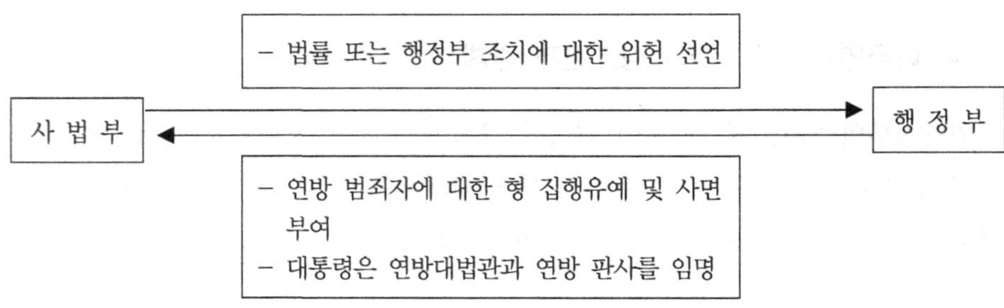

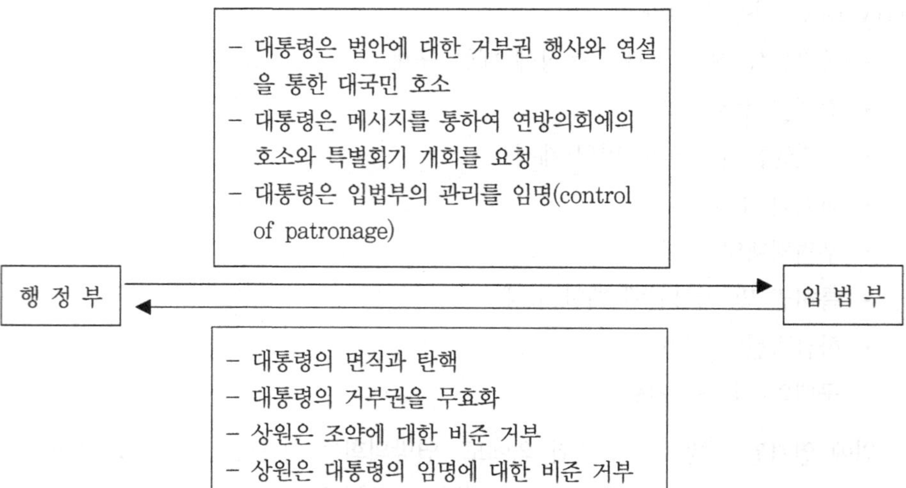

인 권한(implied powers)"을 가진다. 이는 위에 열거된 권한을 수행하는 데 필요하면서도 적절한 모든 법률을 입법할 수 있는 권한을 의미하며, 강력한 연방정부를 추진할 때의 근거로 활용된다.

그리고 연방정부가 해서는 안 되는 즉 금지된 권한도 있는데, 그 내용은 다음과 같다.

- 출정영장(writ of habeas corpus)의 정지
  출정영장은 구속적부 심사를 위하여 피구속자를 법정에 출두시키는 영장이다.
- 어떤 주의 항구에 대하여 상업 및 조세상의 특혜 부여
- 특정한 법률에 따른 충당 이외의 방법으로 재무성에서 자금 인출
- 수출에 대한 세금의 부과
- 연방 관리로 있는 사람이 연방의회의 동의 없이 외국정부로부터 선물 수수

⑥ 주정부의 권한

주정부에 부여된 권한은 주정부가 연방헌법에 따라 연방정부에 위양하고 남은 권한 즉 위양하지 않은 권한, 잔여권한(residual powers) 혹은 유보된 권한이라 할 수 있다. 연방헌법 제1조 제8항에 열거되어 있는 연방정부에 부여된 권한 외의 권한은 원칙적으로 주정부에 계속 남는다는 의미이다[17].

- 투표권의 규제
- 공공교육제도의 유지
- 결혼 및 이혼 법의 제정
- 기업을 규정하는 법의 제정
- 교통법의 제정
- 주내 통상(intrastate commerce)의 규제

수정헌법 제10조에 따르면, 연방정부에 위양되지 않았고 또한 연방헌법에서 주정부의 권한으로서 금지하지 않은 모든 권한은 주정부 혹은 국민들에게 부여된다.

---

17) 예를 들어 민병대(militia)는 독립전쟁 당시 특히 매사추세츠 식민지가 영국군과의 전투에서 큰 활약을 한 전력인데, 이를 '연방의 권한(군대의 조직)'에 전부 포함시키면 각 주의 반발이 클 것이기 때문에, 미합중국 헌법에는 "단, 각 주는 민병대의 장교를 임명하고, 합중국 의회가 정하는 규율에 따라 민병을 훈련하는 권한을 보유한다."고 명시적으로 규정하였다. 이런 것들은 명백한 '잔여권한'이다. 그리고 가령 헌법에 명기되어 있지 않더라도 그 자체가 잔여권한임을 증명하고 있다는 견해가 강하다.

⑦ 연방과 주 모두에 관련된 권한

연방정부와 주정부가 모두 가지는 권한이 있다. 즉 공유하는 중요한 권한으로는 조세, 자금차입, 형법의 제정, 은행들의 허가, 공공목적의 재산보유(토지수용, eminent domain) 등을 들 수 있다.

그리고 연방정부도 주정부도 어느 쪽도 입법할 수 없도록 되어 있는 사항으로는 권리박탈법안(bill of attainder)의 입법, 소급처벌법(ex post facto laws)의 입법, 귀족 칭호의 수여 등을 들 수 있다.

⑧ 주정부의 3권 분립

미합중국 50개 주는 연방정부처럼 각각의 주 헌법(State Constitution)을 가지며, 입법-사법-행정부 간의 권력분립을 가진다. 위와 같은 위상 속에서 각 주는 주지사가 이끄는 행정부, 주 의회 및 주 법원이 주 관할사항을 취급한다. 주의 법은 형법과 민법을 포함하여 기업, 노동, 교육, 자선 등 다양한 업무를 규정하고 있다. 주 정부보다 낮은 차원에는 시(city)정부와 카운티(county)정부가 있다.

주지사(governor of the state)는 주 정부의 최고 책임자이며, 역사적으로 주지사들이 연방정부의 최고 책임자인 합중국 대통령으로 선출되는 경우가 많았다. 프랭클린 루스벨트, 지미 카터, 로널드 레이건, 빌 클린턴, 조지 부시 대통령은 각각 뉴욕, 조지아, 캘리포니아, 알칸소 및 텍사스 주지사를 역임하였다.

주 의회도 연방의회와 같이 상원과 하원의 양원체제를 가지는데 네브래스카 주는 단원제로 운용되고 있다. 주의 사법부는 각 주의 민사 및 형사 관련 법규에 따라 관련 소송을 다루는 3심의 주 법원체제를 갖추고 있다.

3. 연방주의와 연방우위

3.1 연합주의와 연방주의

독립전쟁과 미합중국을 형성하는 과정에서 중앙정부와 식민지(주정부)가 각각 가지는 권한과 위상에 대한 견해 차이를 반영하는 두 개념이 대립하였다. 연합주의와 연방주의가 그것이다.

연합주의(con-federalism)는 독립선언 후부터 연방헌법이 제정되기 이전의 몇 년간의 상황을 반영한다. 연합헌장 하에서는 대부분의 권한이 13개의 독립성이 강한 주정부에 남아 있었으며, 중앙정부에 해당하는 연합회의는 각 주와 국민에 대한 실질적인 권한이 매우 적었으며 효율적인 국가기능을 수행하지 못하였다.

연방주의(federalism)는 연방헌법에 의하여 강력한 연방정부가 형성됨으로써 제도적으로 시현되었다. 각 주는 권한의 일부를 연방정부에 위양함으로써 이를 근거로 연방정부는 보다 효과적인 기능과 역할을 수행하게 된다.

3.2 연방우위의 확립

연방헌법에 의하여 미합중국이 하나의 연방(union)을 형성함으로써 각 주는 그 권한의 일부를 연방정부 혹은 중앙정부 (federal, central, or national government)에 위양하게 되며, 이 권한을 근거로 연방정부는 강력한 기능과 역할을 담당하게 된다.

연방에 연방헌법이 있듯이, 개별 주는 최고법률로서 주 헌법을 가진다. 미합중국은 연방주의에 기반하고 있으므로 주 헌법도 자연히 연방헌법의 규제를 받게 된다. 다시 말해 주 헌법의 제정은 미합중국(연방)의 승인을 받아야 하며, 연방헌법에 저촉되는 점이 있으면 성립될 수 없다. 그렇지만 연방헌법도 버지니아 주의 헌법 등을 기초로 하여 제정된 것이므로 그 규제를 받고 있는 50주의 헌법은 거의 대동소이한 구성과 내용으로 되어 있다.

연방헌법에 의한 강력한 연방정부의 실현 즉 소위 연방우위(federal supremacy)의 확립은 건국 초기 연방주의자들의 집권과 연방대법원의 판결에 크게 힘입었다. 특히 1801~1835년까지 대법원장을 역임한 연방주의자 존 마셜(John Marshall)의 공헌으로 연방정부의 위상과 연방법원의 기능이 크게 강화되었다[18].

---

18) 마셜의 대법원장 재직기간 동안, 대법원은 헌법상의 문제와 관계되는 50건의 중요한 결정을 내렸다. 마셜의 유명한 판결 중의 하나는 '마버리 대 매디슨 사건'(Marbury v. Madison, 1803)인데, 그는 이 사건에서 연방의회나 주 의회가 제정한 어떤 법률이라도 대법원은 이를 심사할 수 있다는 권한을 확립해 놓았다. 또 마셜은 오랫동안 논쟁거리였던 '헌법에 의해 부여된 연방정부의 묵시적 권한'이라는 문제를 다룬 '매컬로크 대 메릴랜드 사건(McCulloch v. Maryland, 1819)'에서 헌법이 연방정부에게 부여한 명시적인 권한뿐만 아니라 묵시적 권한도 부여한다고 해석하여, 제2차 국립은행 설립에 대한 입법권한을 옹호했다.

3.3 고전적 연방주의와 협조적 연방주의

연방국가인 미국에서 연방헌법이 우선한다는 점에서 이론이 없겠지만, 실제 연방정부와 주정부 사이의 구체적인 협력형태와 역할분담은 시대적인 상황과 집권당의 성향에 따라 다른 모습을 보인다. 이를 지칭하는 두 개념이 고전적 연방주의와 협력적 연방주의이다.

고전적 연방주의(classical federalism)의 개념에 의하면, 연방정부와 주정부는 애당초 별개의 것이므로, 각각 자기책임 하에 재원을 확보하여 정책을 운용한다. 최근의 전통은 공화당 정부의 입장이라 할 수 있다.

협조적 연방주의(cooperative federalism)는 미합중국이라는 하나의 연방국가 내의 연방정부와 주정부는 상호 관련되어 있으므로 협력하여 국가를 운영해야 한다는 입장으로서, 특히 연방정부가 지출의 상당부분을 주정부에 양여 하고, 이에 상응하여 재정적 지원을 받은 주정부는 연방정부의 정책기조에 따르는 협조적인 방향으로 정책을 운영함으로써, 국가전체의 운영을 한 방향으로 협력하여 끌어가는 연방주의를 말한다. 주로 민주당 행정부, 특히 1930년대 프랭클린 루스벨트 행정부 이후 협조적 연방주의가 강화되어 온 것으로 평가된다.

부록 1-1

The Mayflower Compact

On Sept. 6, 1620, the Mayflower, a sailing vessel of about 180 tons, started her memorable voyage from Plymouth, England, with about 102 pilgrims and about 30 crew aboard, bound for Virginia to establish a private permanent colony in North America. Arriving at what is now Provincetown, Mass., on Nov. 11 (Nov. 21, new-style calendar), 41 of the passengers signed the famous "Mayflower Compact" as the boat lay at anchor in that Cape Cod harbor. A small detail of the pilgrims, led by William Bradford, assigned to select a place for permanent settlement, landed at what is now Plymouth, Mass., on Dec. 21 (n.s.).

The text of the compact follows:

In the name of God, Amen. We, whose names are underwritten, the Loyal Subjects of our dread Sovereign Lord, King James, by the Grace of God, of Great Britain, France and Ireland, King, Defender of the Faith, &c.

Having undertaken for the Glory of God, and Advancement of the Christian Faith, and the Honour of our King and Country, a voyage to plant the first colony in the northern Parts of Virginia; do by these Presents, solemnly and mutually in the Presence of God and one of another, covenant and combine ourselves together into a civil Body Politick, for our better Ordering and Preservation, and Furtherance of the Ends aforesaid; And by Virtue hereof to enact, constitute, and frame, such just and equal Laws, Ordinances, Acts, Constitutions and Offices, from time to time, as shall be thought most meet and convenient for the General good of the Colony; unto which we promise all due Submission and Obedience.

In Witness whereof we have hereunto subscribed our names at Cape Cod the eleventh of November, in the Reign of our Sovereign Lord, King James of England, France and Ireland, the eighteenth, and of Scotland the fifty-fourth. Anno Domini, 1620

부록 1-2

The Declaration of Independence

On April 12, 1776, the legislature of North Carolina authorized its delegates to the Continental Congress to join with others in a declaration of separation from Great Britain; the first colony to instruct its delegates to take the actual initiative was Virginia on May 15. On June 7, 1776, Richard Henry Lee of Virginia offered a resolution to the Congress to the effect "that these United Colonies are, and of right ought to be, free and independent States. . . ." A committee consisting of Thomas Jefferson, John Adams, Benjamin Franklin, Robert R. Livingston, and Roger Sherman was organized to "prepare a declaration to the effect of the said first resolution." The Declaration of Independence was adopted on July 4, 1776. Most delegates signed the Declaration August 2, but George Wythe (Va.) signed August 27; Richard Henry Lee (Va.), Elbridge Gerry (Mass.), and Oliver Wolcott (Conn.) in September; Matthew Thornton (N.H.), not a delegate until September, in November; and Thomas McKean (Del.), although present on July 4, not until 1781 by special permission, having served in the army in the interim.

In Congress, July 4, 1776

The unanimous Declaration of the thirteen United States of America

When in the Course of human events it becomes necessary for one people to dissolve the political bands which have connected them with another, and to assume among the powers of the earth, the separate and equal station to which the Laws of Nature and of Nature's God entitle them, a decent respect to the opinions of mankind requires that they should declare the causes which impel them to the separation.

We hold these truths to be self-evident, that all men are created equal, that they are endowed by their Creator with certain unalienable

Rights, that among these are Life, Liberty and the pursuit of Happiness.—That to secure these rights, Governments are instituted among Men, deriving their just powers from the consent of the governed.—That whenever any Form of Government becomes destructive of these ends, it is the Right of the People to alter or to abolish it, and to institute new Government, laying its foundation on such principles and organizing its powers in such form, as to them shall seem most likely to effect their Safety and Happiness. Prudence, indeed, will dictate that Governments long established should not be changed for light and transient causes; and accordingly all experience hath shewn that mankind are more disposed to suffer, while evils are sufferable, than to right themselves by abolishing the forms to which they are accustomed. But when a long train of abuses and usurpations, pursuing invariably the same Object evinces a design to reduce them under absolute Despotism, it is their right, it is their duty, to throw off such Government, and to provide new Guards for their future security.—Such has been the patient sufferance of these Colonies; and such is now the necessity which constrains them to alter their former Systems of Government. The history of the present King of Great Britain is a history of repeated injuries and usurpations, all having in direct object the establishment of an absolute Tyranny over these States. To prove this, let Facts be submitted to a candid world.

He has refused his Assent to Laws, the most wholesome and necessary for the public good.
He has forbidden his Governors to pass Laws of immediate and pressing importance, unless suspended in their operation till his Assent should be obtained; and when so suspended, he has utterly neglected to attend to them.

He has refused to pass other Laws for the accommodation of large districts of people, unless those people would relinquish the right of Representation in the Legislature, a right inestimable to them and formidable to tyrants only.

He has called together legislative bodies at places unusual, uncomfortable, and distant from the depository of their Public Records, for the sole purpose of fatiguing them into compliance with his measures.

He has dissolved Representative Houses repeatedly, for opposing with manly firmness his invasions on the rights of the people.

He has refused for a long time, after such dissolutions, to cause others to be elected; whereby the Legislative Powers, incapable of Annihilation, have returned to the People at large for their exercise; the State remaining in the mean time exposed to all the dangers of invasion from without, and convulsions within.

He has endeavoured to prevent the population of these States; for that purpose obstructing the Laws for Naturalization of Foreigners; refusing to pass others to encourage their migrations hither, and raising the conditions of new Appropriations of Lands.

He has obstructed the Administration of Justice, by refusing his Assent to Laws for establishing Judiciary Powers.

He has made Judges dependent on his Will alone, for the tenure of their offices, and the amount and payment of their salaries.

He has erected a multitude of New Offices, and sent hither swarms of Officers to harass our people, and eat out their substance.

He has kept among us, in times of peace, Standing Armies without the Consent of our legislatures.

He has affected to render the Military independent of and superior to the Civil Power.

He has combined with others to subject us to a jurisdiction foreign to our constitution, and unacknowledged by our laws; giving his Assent to their Acts of pretended Legislation:

- For quartering large bodies of armed troops among us:
- For protecting them, by a mock Trial, from punishment for any Murders which they should commit on the Inhabitants of these States:
- For cutting off our Trade with all parts of the world:
- For imposing Taxes on us without our Consent:
- For depriving us in many cases, of the benefits of Trial by Jury:
- For transporting us beyond Seas to be tried for pretended offences:
- For abolishing the free System of English Laws in a neighbouring Province, establishing therein an Arbitrary government, and enlarging its Boundaries so as to render it at once an example and fit instrument for introducing the same absolute rule into these Colonies:
- For taking away our Charters, abolishing our most valuable Laws and altering fundamentally the Forms of our Governments:
- For suspending our own Legislatures, and declaring themselves invested with power to legislate for us in all cases whatsoever.

He has abdicated Government here, by declaring us out of his Protection and waging War against us.

He has plundered our seas, ravaged our Coasts, burnt our towns, and destroyed the lives of our people.

He is at this time transporting large Armies of foreign Mercenaries to complete at the works of death, desolation, and tyranny, already begun with circumstances of Cruelty & Perfidy scarcely paralleled in the most barbarous ages, and totally unworthy the Head of a civilized nation.

He has constrained our fellow Citizens taken Captive on the high Seas to bear Arms against their Country, to become the executioners of their friends and Brethren, or to fall themselves by their Hands.

He has excited domestic insurrections amongst us, and has endeavoured to bring on the inhabitants of our frontiers, the merciless Indian Savages, whose known rule of warfare, is an undistinguished destruction of all ages, sexes and conditions.

In every stage of these Oppressions We have Petitioned for Redress in the most humble terms: Our repeated Petitions have been answered only by repeated injury. A Prince, whose character is thus marked by every act which may define a Tyrant, is unfit to be the ruler of a free people.

Nor have We been wanting in attentions to our British brethren. We have warned them from time to time of attempts by their legislature to extend an unwarrantable jurisdiction over us. We have reminded them of the circumstances of our emigration and settlement here. We have appealed to their native justice and magnanimity, and we have conjured them by the ties of our common kindred to disavow these usurpations, which would inevitably interrupt our connections and correspondence. They too have been deaf to the voice of justice and of consanguinity. We must, therefore, acquiesce in the necessity, which denounces our Separation, and hold them, as we hold the rest of mankind, Enemies in War, in Peace Friends.

We, therefore, the Representatives of the United States of America, in General Congress, Assembled, appealing to the Supreme Judge of the world for the rectitude of our intentions, do, in the Name, and by Authority of the good People of these Colonies, solemnly publish and declare, That these United Colonies are, and of Right ought to be Free and Independent States; that they are Absolved from all Allegiance to the British Crown, and that all political connection between them and the State of Great Britain, is and ought to be totally dissolved; and that as Free and Independent States, they have full Power to levy War, conclude Peace, contract Alliances, establish Commerce, and to do all other Acts and Things which Independent States may of right do.—And for the support of this Declaration, with a firm reliance on the protection of Divine Providence, we mutually pledge to each other our Lives, our Fortunes and our sacred Honor.

제 2 장

인구 영토 자원

영국인들이 정착을 위하여 북아메리카 대륙으로 유입된 것은 콜럼버스가 신대륙을 발견한 후 110여년이 지난 17세기 초 제임스타운을 건설하기 시작한 때부터이다. 그 후 북미 식민지와 미국의 경제성장 과정에서 영국, 스페인, 아일랜드, 프랑스, 독일 등 유럽인들은 물론 아프리카인, 아시아인 등 소위 구대륙으로부터 수천만 명의 이민들이 400여 년 동안 들어왔다.

21세기 들어서도 미국은 세계에서 이민유입이 가장 많은 국가이며, 자연증가와 이민유입을 합친 인구 증가율이 OECD국가 중 가장 높은 국가이다. 장기간 지속된 미국인구의 빠른 증가는 급속한 영토의 확장, 농토개간, 경제발전에 필요한 노동력을 공급할 수 있는 밑바탕이었다. 구대륙으로부터의 이민유입 과정에서는 흑인의 강제납치, 비인간적 대우와 인신매매, 강제노동의 문제를 야기하였다. 그리고 유럽인과 원주민이었던 인디언과의 마찰, 인디언에 대한 미국정부의 가혹하고도 적대적인 행위들은 유럽인 후예 중심의 미국 문명 건설과정에서 저지른 큰 과오로 지적된다.

그리고 국민경제활동 공간인 영토의 확장과정, 기후 및 천연자원의 부존과 자원개발 그리고 환경보존을 위한 미국민들의 노력과 성과를 알아본다.

1. 이민유입과 인디언

1.1 인구증가

미국 상무부 통계국의 인구통계에 의하면, 1630년 5천명이었던 미국 식민지의 인구는 식민지경제의 발전과정에서 빠르게 증가하여, 미국이 독립하여 정부가 실시한 첫 번째 10년 인구조사(decennial census)를 시행한 1790년 약 393만 명을 기록하였다. 이는 기간 중 매년 5.77%씩 그리고 매 10년마다 75%씩 증가한 것을 의미한다.

이렇게 빠른 미국인구의 증가는 유럽에서와 같은 대규모의 전쟁이나 식량기근에 따른 인구감소가 미국에서는 발생하지 않았으며 무엇보다도 유럽과 아프리카 등지로부터의 이민유입이 지속되었던 점이 주요 요인이었다.

미국인구는 유럽인의 이주가 시작되던 17세기 초기기간은 말할 것도 없이, 그 후 300여 년간 빠른 증가세를 지속해 왔다. 즉 18세기와 19세기 200년간 연평균 2.94%의 증가율을 기록하면서, 1700년 25.1만 명이던 미국인구는 1900년 7,600만 명으로 약 300배나 증가하였다.

표 2-1 미국의 인구 추이

연도	인구(천명)	연 평균 증가율(%)
1630	5	---
1640	27	18.4
1650	50	6.3
1700	251	3.3
1750	1,171	3.1
1790	3,929	3.1
1800	5,308	3.1
1850	23,192	3.0
1900	75,995	2.4
1950	150,697	1.4
2000	281,425	1.3
2010	309,876	1.0

자료: US Census Bureau(1975), *Historical Statistics of the United States: Colonial Times to 1970*, (Bicentennial Edition), 1975.
-----, *Statistical Abstract of the United States*.(various years).

20세기 들어 증가율은 낮아졌으나, 여타 국가에 비하여 여전히 높은 수준을 유지하였고, 21세기의 첫 10년 기간에도 연평균 1%의 인구증가율을 나타내고 있다. 대부분의 OECD국가들이 연 0.5% 내외의 인구증가율이거나 인구감소를 겪고 있는 상황을 감안하면, 미국의 연 평균 1% 인구증가율은 매우 이례적인 경우라 할 수 있다.

1.2 이민유입

신대륙의 탐험과 식민지 건설은 기본적으로 영국 등 유럽인과 일부 흑인노동자의 유입으로 이뤄졌으며, 영국식민지에서 민주주의적 국가로 독립하고 연방공화국으로 출범한 이후에도 구대륙으로부터의 이민유입은 계속 증가되었다. 민주주의 정치체제와 민간의 자유로운 사업활동을 보장하는 새로운 국가인 미국의 경우, 독립한 이후 계속되는 영토의 확장과 빠른 경제성장으로 추가적인 노동과 자본이 지속적으로 요구되고 있었기 때문이다.

이러한 상황은 장기간의 대규모 이민유입을 초래한 근본적인 요인으로 작용하였다. 아래 표에서 보는 바와 같이 10년 기간으로 구분해 볼 때, 1820년대에 10년간 14만 명이었던 이민자는 1900~1910년의 10년간 약 880만 명까지 증가하였다.

표 2-2 미국의 이민 유입

(단위 : 천 명)

기간	이민자 수	기간	이민자 수
1821~30	144	1921~30	4,107
1831~40	598	1931~40	528
1841~50	1,713	1941~50	1,035
1851~60	2,598	1951~60	2,516
1861~70	2,315	1961~70	3,322
1871~80	2,812	1971~80	4,399
1881~90	5,247	1981~90	7,256
1891~00	3,688	1991~00	9,081
1901~10	8,795	2001~10	10,755
1911~20	5,736	2011~15	5,008

자료: US Census Bureau.

1914년 제1차세계대전과 1930년대의 대공황 그리고 제2차세계대전 기간에는 불가피하게 이민유입 규모가 감소하였으나, 제2차 대전 이후 미국으로의 이민유입은 다시 빠른 속도로 증가해왔다. 1980년대 이후에는 다시 1900년대 초반의 높은 수치에 근접하는 수준으로 이민자가 늘어났으며 1990년대에는 1천만 명이 넘는 사상최고 수준으로 이민이 유입되었다.

1.3 유럽인과 인디언의 관계

신대륙으로 이주해온 백인들과 원주민 인디언과의 초창기 관계는 협력과 충돌이 불안하게 섞인 관계였다. 백인들이 정착촌을 형성하고 발전하는 과정에서 식민지 사회가 커지면서 그들 사이의 관계도 변하였다. 처음에는 인디언들과 비교적 좋은 관계가 유지되었으나, 다른 한편으로는 점차 그리고 오랫동안 좌절과 작은 충돌이 연속적으로 일어났다.

해안선에 가까운 백인 마을의 서쪽에 살고 있던 인디언 부족들과 유럽인들은 서로 낯설지 않았다. 인디언들은 처음에는 유럽 정착민들과의 교역으로 혜택을 받았다. 칼, 도끼, 무기, 요리도구, 낚시 바늘 그리고 기타 많은 물건들이 그것이다. 먼저 교역을 한 인디언들은 교역을 하지 않았던 인디언들에 비하여 상당히 유리한 위치에 서게 되었다. 유럽인들의 요구에 응하여 이로키 족과 같은 부족들은 17세기에 모피교역에 더 주력했다. 그러나 백인 정착민들이 가지고 온 질병과 토지 소유욕은 인디언들의 생활방식에 문제를 일으키기도 했다. 백인 정착민들이 식민지 변경의 삼림지대로 이동해 옴에 따라 인디언들이 피해를 입게 되었다. 인디언들에게는 차츰 사냥감인 야생짐승이 줄어들었고, 이는 인디언들이 굶주리느냐 혹은 백인과 전쟁을 하느냐, 아니면 서쪽으로 이동하여 거기에 살던 다른 인디언부족들과 충돌하느냐의 어려운 선택을 해야만 했다.

1622년 버지니아에서 일어난 인디언과의 첫 번째 큰 마찰에서 제임스타운에 새로 온 선교사 등 347명의 백인이 살해되었다. 1630년대 코네티컷 지역에서 백인의 정착을 막으려는 인디언들과 백인 간의 피쿼트 전쟁(Pequot War)에서는 인디언 500여명이 죽었으며, 1675년 매사추세츠 타운을 공격한 필립왕의 전쟁((King Phillip's War)으로 이어졌으며 많은 인디언들은 죽거나 포로로 잡혀 노예가 되었다.

뉴욕과 펜실베이니아 북부의 온타리오 호와 이리 호 일대에서 살던 이로키 부족 인디언은 백인 진출에 저항하였으며, 5개 부족 인디언들이 연합하여 '호데노사우

니', 즉 '이로키 연맹'을 조직했다. 이 연맹체는 1600년대와 1700년대 동안 강력한 인디언 세력이었다. 그들은 영국인들과 모피 교역을 했고, 아메리카의 지배권을 차지하기 위한 1754~1763년의 영국과 프랑스 간의 전쟁에서는 영국 편을 들었다. 이 연맹체는 미국 독립전쟁 때까지는 강력한 세력으로 남아 있었다.

1.4 인디언의 강제이주

미국영토가 서부로 확장되어 감에 따라, 백인 정착민들은 이 땅의 원래 주민인 인디언들과의 충돌이 잦아졌다. 이와 관련하여 19세기 초 가장 저명한 인물은 첫 서부인 대통령이 된 잭슨(Andrew Jackson)이다. 1812년 영미전쟁 당시 테네시 주 민병대 사령관이던 잭슨은 앨라배마 남부에 파견되어 이곳에서 크리크 부족 인디언들의 봉기를 무자비하게 진압했으며, 크리크 부족들은 그들 땅의 약 3분의 2를 미국정부에 할양했다. 후에 잭슨은 스페인령 플로리다의 은신처에 있던 여러 무리의 세미놀 부족(크리크 부족의 분파) 인디언들을 내쫓았다.

1820년대 먼로 행정부의 전쟁장관 캘하운(John C. Calhoun)은 남서부 지역에 살던 인디언 부족들을 미시시피 강 서쪽 지역으로 이주시키려는 정책을 추구했으며, 1829년 취임한 잭슨 대통령도 이 정책을 계속했다. 1830년 의회는 동부지역의 인디언 부족들을 미시시피 강 서쪽으로 수송하는 자금을 제공했다. 1834년에 지금의 오클라호마 주에 인디언 보호구역(Indian Reservation)이 설정되었다. 인디언 부족들은 잭슨의 두 번에 걸친 임기 동안(1829~1837)에 미국정부와 94개에 달하는 조약을 체결하여 수백만 헥타르에 달하는 그들의 땅을 미국정부에 할양했고, 많은 인디언 부족들이 조상으로부터 물려받은 고향 땅에서 철거당했다.

이 불행한 역사에서 가장 터무니없는 일이 벌어졌던 것은 체로키 부족과 관련된 것인데, 노스캐롤라이나 주와 조지아 주에 있는 그들의 영토는 1791년 이래 정부와의 조약에 의해 보장되어 왔었다. 동부지역 인디언 부족들 중에서 가장 진보적이었던 체로키 부족은 1829년에 그들의 땅에서 금이 발견됨으로써 비극적인 운명으로 맞게 되었다. 1835년 잭슨 행정부의 묵시적인 승낙 아래 체로키 부족들은 오클라호마까지의 길고도 잔인한 여행을 강요당했다. "눈물의 길(Trail of Tears)"이라고 알려진 고난에 찬 이 여정에서 많은 인디언들이 질병과 궁핍 속에서 죽었다.

2. 인구구성과 흑인

2.1 건국초기 인구구성

독립 후 최초로 실시된 1790년 인구조사 결과에 따르면, 인종구성은 유럽에서 온 백인 317만 명(80.7%)과 비백인 76만 명(19.3%)으로 5분의 4는 유럽에서 5분의 1은 아프리카에서 온 것으로 파악되었다. 흑인과 마찬가지로 백인의 이민 통계수치도 그리 확실하지는 않았지만 학자들은 성씨(surname)로 볼 때, 유럽에서 온 이민자 중에서 잉글랜드 이민자의 비율은 60.9%, 스코틀랜드 8.3%, 아일랜드 9.7%, 독일 8.7%, 네덜란드 3.4%, 프랑스 1.7%, 스페인 0.7%, 기타 분류불가 6.6% 등으로 추정하였다[1].

잉글랜드, 스코틀랜드, 아일랜드를 모두 합친 영국(British Islands)이 78.9%를 점하는 것으로 나타났다. 따라서 북미 식민지의 경제발전 과정에서 영국의 법규와 관행들이 많이 사용되고 정착된 것은 크게 놀라운 일이 아니라 할 수 있다.

2.2 흑인노예 유입

식민지 시대 흑인노예들은 주로 서아프리카 항구를 떠나 신대륙으로 팔려왔으나, 아프리카대륙 내부 곳곳에서도 신대륙으로의 이동을 위하여 아프리카인들은 노예로 거래되었다. 마다가스칼이나 잔지바르에서도 노예로 팔려(slave trade) 서부해안의 항구로 강제 이주되어 결국 신대륙으로 실려 갔다. 현대 미국에 사는 아프리카 사람들의 조상들은 사하라사막 이남의 대부분 지역에서 왔다 할 수 있다.

1501년부터 1865년까지 기간 동안 약 1,000~1,500만 명의 아프리카 노예들이 신대륙으로 이동(대서양 노예무역)된 것으로 추정되며, 이 중에서 약 6%에 해당하는 60~90만 명이 북미 13개 식민지로 무역된 것으로 Robert Fogel과 Stanley Engerman(1974)은 보고하고 있다[2].

그 과정에서 초기의 흑인 노예들 특히 남부지역의 플랜테이션 농업의 노예들에 대한 인신매매와 강제노동 등 비인간적 처우는 아메리카 선주민 즉 인디언에 대한

---

1) Jonathan Hughes and Louis P. Cain(1998), *American Economic History*, 5th ed. Addison-Wesley, p.43(chapter 3)

2) Robert Fogel and Stanley Engerman(1974), *Time on the Cross: The Economics of American Negro Slavery*.

미국정부의 부당한 정책과 함께 미국의 국가발전 과정에서 남긴 큰 역사적 과오로 지적되고 있다.

3. 경제활동 공간의 확장

독립전쟁에서 승리하여 영국으로부터 독립국가로 인정받은 미국은 1783년 대서양에서 미시시피 강에 이르는 땅(88.9만 제곱마일=230.2만㎢)을 영국으로부터 할애받아 이를 미국영토로 확보하였다. 그 후 미국은 프랑스 멕시코 스페인, 러시아 등으로부터 매입하거나 전쟁을 통하여 영토를 확장하여, 현재 미국의 영토는 약 354만 제곱마일(약 916만㎢)로 독립당시의 4배 정도 확장되었다.

영토의 확장과 서부 개척에 따른 이민과 정착민 증가는 새로운 주들의 연방 가입으로 이어져 독립당시의 13개 주는 1950년대 말 50개 주로 증가하였다.

3.1 북서부영지법

독립 당시 당초 13개 식민지 외의 영토, 즉 영국으로부터 추가적으로 할양받은 영토인 서부공유지에 대한 법적 지위와 관련한 입법과정에서 각 주는 서로 다른 입장을 보이면서 대립하였다. 영국과의 독립전쟁으로 인해 각기 독립을 선언한 조지아, 노스캐롤라이나, 사우스캐롤라이나, 버지니아, 코네티컷 그리고 매사추세츠 등 6개 주는 과거에 영국 국왕으로부터 부여받았던 특허장에 준거하여 서부공유지에 대한 영유권을 계속 주장하였다. 이에 반해 메릴랜드, 델라웨어, 펜실베이니아, 뉴저지 그리고 로드아일랜드 등 5개 주는 서부에 대한 영유권을 주장할 근거가 없다고 보고, 연합회의가 서부 공유지에 대한 관할권을 행사하도록 촉구하였다.

이런 상황에서 당시의 중앙정부였던 연합회의의 결정으로 시행된 서부공유지 불하 과정에서는 최소단위가 1제곱마일(78.3만 평)로[3] 정해짐으로써 투기업자나 토지회사에만 불하되고 일반정착민은 공개입찰에 참여하지 못하여 불법 정착민이 되는 경우가 증가하였다. 불법정착민과 이로 인한 무질서 상황을 극복하기 위하여, 정착기간 중에는 주 정부보다는 연합회의 차원에서의 적절한 조치가 필요하다는 판단에 따라, 연합회의는 향후 서부공유지의 지위에 대한 기본지침으로서 북서

3) 1제곱마일 2.59㎢, 1㎢ = 100헥타르 ≒ 247.1에이커 ≒ 33만 평.

부영지법(The Northwest Ordinance)을 1787년 제정하여 공포하였다.

이 법의 주요 내용은, ① 연합회의가 임명한 관리가 이곳을 통치하며, ② 자유민 성년남자가 5천 명에 이르면 그들의 대표자(의원)를 선출할 수 있고, ③ 지역의회는 연합회의에 대표를 파견할 수 있으며, ④ 궁극적으로 지역인구 6만 명에 이르면 기존의 주와 동등한 조건으로 연합에 가입할 수 있고, ⑤ 정착민에게 신앙의 자유, 권리장전의 보호, 공공교육 등을 보장하며, ⑥ 전 지역에 노예제를 금지하도록 하였다.

미국독립 후 영국으로부터 할애받은 서부공유지를 비롯한 새로운 영토의 확장과 정착민의 증가로 신생 주의 연방가입이 계속되었다. 1792년 켄터키와 1796년 테네시가 연방에 가입하고 19세기 초 프랑스로부터 매입한 지역 중에서 루이지애나가 1812년 연방에 가입하였으며, 그 후 미시시피 강 동쪽의 인디애나(1816년), 미시시피(1817년), 일리노이(1818년), 앨라배마(1819년), 메인(1820년), 미주리(1821년) 등 6개 주가 연방에 가입함으로써 미국국경이 크게 확장되었다.

19세기 중엽에는 아칸소(1836년), 미시간(1837년), 플로리다(1845년), 텍사스(1845년), 아이오와(1846년), 위스콘신(1848년), 캘리포니아(1850), 미네소타(1858년), 오리건(1859년), 캔자스(1861년), 웨스트버지니아(1863년), 네바다(1864년), 네브래스카(1867년), 콜로라도(1876년), 사우스다코타(1889년), 노스다코타(1889년), 워싱턴(1889년), 아이다호(1890년), 와이오밍(1890년), 유타(1896), 몬태나(1899년) 등 중서부의 주들이 연방에 가입하여, 19세기 말까지 미합중국은 45개 주로 확대되었다.

20세기 들어 오클라호마(1907년), 애리조나(1912년), 뉴멕시코(1912년), 알래스카(1959년) 및 하와이(1959년)가 가입함으로써 현재와 같은 50개 주로 구성된 미합중국을 형성했다. 워싱턴 D.C.(Washington, District of Columbia)는 어떤 주의 영역에도 포함되지 않으면서 연방정부의 수도로서 역할을 했다.

3.2 영토의 확장과정

미국은 독립 이후에도 타국으로부터 영토를 매입하거나 전쟁과 조약을 통해 할양받거나 외국 스스로 미국 연방가입을 자원하는 경우 등이 있어, 2세기 동안 미국의 영토가 독립당시의 약 4배로 증가하였다. 이러한 영토 확장이 가능하였던 것은 그럴만한 기회가 주어졌다는 행운도 있었으며 동시에 미국국민과 정부의 적극적인 영토확보 노력이 함께하였기 때문이다.

첫 번째의 대규모 영토증가는 독립 직후인 1803년 프랑스 나폴레옹 정부로부터 미시시피 강 서쪽의 광대한 토지(당시 미국 영토의 93%)를 1,125만 달러에 구입하여 영토를 배증한 일이다(Louisiana Purchase). 당시 프랑스는 유럽에서의 전쟁 수행 등으로 아메리카 대륙의 땅에 대한 관리와 보호에 관심이 적었기 때문에 미국은 비교적 쉽게 구입할 수 있었다.

그 후 미국은 영토를 둘러싼 전쟁과 구매를 통하여 영토를 확장하였다. 특히 멕시코의 일부였던 텍사스 공화국의 자발적인 합병요청을 받아들인 1845년의 미 연방정부의 결정(Texas Annexation)과 멕시코와의 전쟁을 통해 캘리포니아 등을 취득한 1848년의 영토 확장(Mexican Cession)은 93만 평방마일에 달하였으며, 1867년 러시로부터의 720만 달러에 구입한 알래스카(Alaska Purchase) 역시 약 60만 평방마일의 광대한 영토였다.

영토매입 당시에 야당의원들은 행정부의 영토확장 조치를 비난하여 상원의 비준을 수년간 미루기도 하였으나, 결국은 사후적으로 미국의 영토로 인정되었으며 현재 세계가 보고 있는 바와 같이 이 지역들은 미국의 주요 산업발전과 자원생산의 보고로 평가되고 있다.

그림 2-1 미국 영토 확장

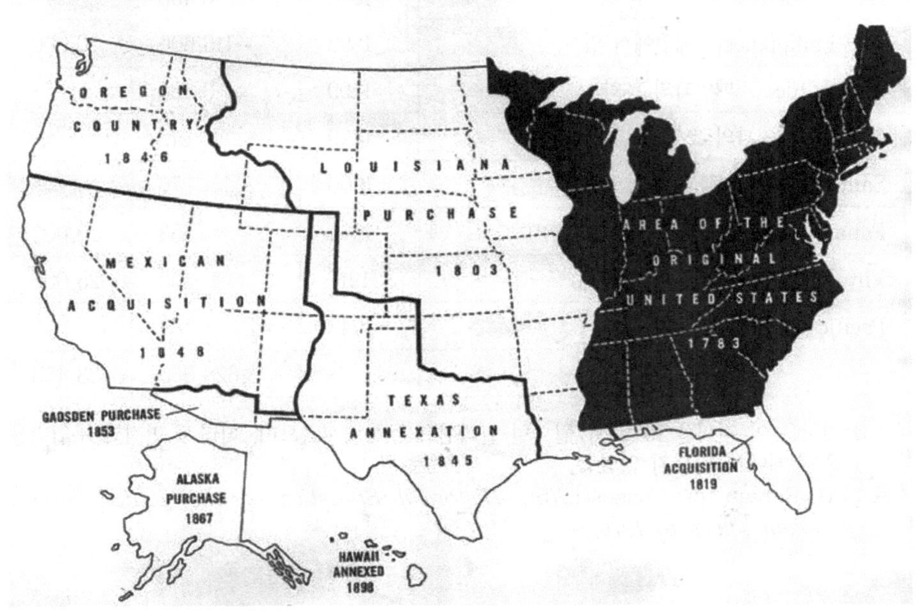

〈표 2-3〉은 미국의 영토(육지와 호수 포함) 확장 내용 즉 취득경위, 시기, 당시의 구입가격 등을 나타내고 있다. 이 중에서 필리핀은 1946년 국립국가가 되었으므로, 전체 면적과 전체 구입비용에는 포함되지 않았다. [그림 2-1]은 미국 영토 확장을 지도에 나타내고 있다.

표 2-3 미국의 영토취득 및 확장

지역	취득연도	면적 (평방마일)	구입비용 (천 달러)
독립당시 13개 주	1790	888,685	–
Louisiana Purchase(프랑스에서 현금 구매)	1803	827,192	11,250
Florida(스페인과의 평화적인 조약)	1819	58,560	50,000
기타지역(스페인과의 조약)	1819	13,443	–
Texas Annexation(합병)	1845	390,144	–
Oregon 지역(영국과의 조약)	1846	285,580	–
Mexican Cession(영토할양, 전쟁 후 조약)	1848	529,017	15,000
Gadsden Purchase(멕시코와 평화 조약)	1853	29,640	10,000
Alaska Purchase(러시아에서 구매)	1867	586,412	7,200
Hawaii Islands 합병	1898	6,450	–
The Philippines(스페인에서 양여)[1)]	1898	115,600	20,000
Puerto Rico(스페인과의 조약)	1899	3,435	–
Guam(스페인과의 조약)	1899	212	–
Samoa(영국 독일과의 조약)	1900	76	–
Panama 운하지역(파나마와의 조약)	1904	553	10,000
Virgin Islands(덴마크에서 구입)	1917	133	25,000
Pacific Islands(UN 신탁통치)	1947	8,489	–
총계	–	3,628,066	83,450

주 : 1) 미국은 이 지역을 1946년 7월 4일 필리핀으로 독립시켰으며, 따라서 면적과 구입비용은 총계에 포함되지 않았음.

자료 : US Bureau of Census(1975), *Historical Statistics of the United States, Colonial Times to 1970.*

3.3 프런티어 정신

미국인의 활동영역은 서쪽으로 확대되어 갔으며, 미국동부 즉 대서양 연안의 여러 사정은 새로운 지역으로의 이주와 개척을 재촉하고 있었다. 특히 북동부의 뉴잉글랜드 지방은 값싼 곡물을 충분히 생산해 낼 수 없었으며, 틀에 잡힌 생활을 벗어나고자 동부의 주민들은 해안지대의 좁은 농장과 마을을 버리고 내륙의 광대하고도 기름진 땅을 찾아 떠났다. 또한 해안지대의 대농장 주인들로부터 가혹한 지배를 받았던 주민들도 서부로 이주하여 새로운 기회와 자유를 찾으려 하였다.

① 변경의 확장

새로운 기회를 찾아 이주민들은 새로운 땅으로 이동함으로써 미국 사람들의 생활영역의 한계는 확장되었다(expansion of frontier). 남부의 농민들은 더 넓은 농지를 찾아 서쪽으로 이주했으며, 동부에서는 마을 전체가 이주하여 중서부의 비옥한 농토에 새롭게 정착하기도 했다.

노스캐롤라이나와 버지니아 주의 내륙정착지에서는 해안지방의 시장으로 통하는 도로와 운하가 없어 어려움을 겪었던 주민들과, 해안지대의 대농장주들의 정치적 지배로 고통을 겪어 온 주민들 역시 서부로의 이주를 원했다. 그리하여 1800년까지 미시시피 강과 오하이오 강 유역은 커다란 변방지역이 되고 있었으며, 이주민들은 "오하이오! 우리는 간다. 오하이오 강을 타고 우리는 간다!"라는 노래를 즐겨 불렀다.

변방은 미국식 생활방식을 형성하는 데 많은 역할을 하였다. 흔히 서부에 정착한 사람들은 거칠고 독립적인 성격에다 정부의 지배나 간섭에 강하게 반발하는 것으로 묘사된다. 그러나 실제로는 정부의 도움을 많이 받았다. 정부가 건설한 컴벌랜드 파이크(Cumberland Pike, 1818년)나 이리 운하(Erie Canal, 1825년) 같은 국립 도로와 수로는 새로운 정착민들이 서쪽으로 이주하고 훗날 서부의 농산물을 동부의 시장에 내다파는 데 도움을 주었다.

변화무쌍한 시대답게 일확천금을 노리는 계획들이 난무했다. 금융에 통달한 사람들은 하루아침에 많은 돈을 벌었지만, 동시에 다른 많은 사람들이 저축했던 돈을 날리고 말았다. 그럼에도 미래에 대한 비전과 외국인투자가 결합되고 금의 발견과 미국의 공적자금이 투입되어 국가는 대규모로 철도를 건설하고 공업화를 위한 기초를 다질 수 있었다.

② 자립 모험 도전 마찰 다양성

유럽인의 신대륙 이주, 식민지 건설, 미국의 건국 및 발전과정에서 가장 중요한 원동력은 미국인들의 프런티어 정신이라 할 수 있다. 기존의 질서와 관습 및 선례(先例)가 개인의 자유와 창의를 억압하고 구속한다고 생각한 많은 유럽인들이 모험과 용기로 무장하고 미지의 신대륙으로 이주했다. 그 후 대서양 연안에서 식민지를 건설하고 정착하는 과정에서도 그들은 동부 해안에서 내륙이나 서부로 새로운 기회의 땅을 찾아 위험을 무릅쓰고 개척의 길로 계속 나아갔다.

초기에 유럽에서 이주한 정착민들은 유럽의 본국에 대한 애착이 있었고, 또 다음 정착민들이 연안지대 정착지에 애착을 가졌다면, 미시시피 강 유역에 진출한 개척민들은 독립심이 훨씬 강하고 동부보다는 새로운 변방인 서부에 더 큰 관심을 가졌다.

프런티어를 향한 '거친 서부로의' 이동은 결과적으로 개인의 자유와 책임의식을 고무시켰고 정치적·경제적 민주주의를 발전시켰다. 이러한 과정 속에서 형식과 명분보다는 현실과 힘을 중시하는 실용주의적인 사회분위기가 형성되어 갔으며 각자의 행동은 거칠게 되기 쉬웠다. 또한 기존 질서보다는 진보적이고 창의적인 개인의견을 존중하고 중앙정부의 권위보다는 지방의 자치정신을 중시하는 풍조가 조성되고 있었다.

정착민들이 황야로 들어가 사냥꾼이 되고 농부가 되기도 했다. 오두막 대신 유리창문과 굴뚝이 있고 편안한 통나무집을 지었다. 옹달샘 대신 우물을 팠다. 부지런한 정착민들은 수목을 베어 내고 농토를 만들고, 나무를 태워 잿물을 만들었으며 그루터기는 썩도록 내버려 두었다. 그들은 자기들이 먹을 곡식, 채소 및 과일을 가꾸고, 숲 속에서 사슴과 야생 칠면조를 사냥하고 벌꿀을 채취했으며, 가까운 시내에서 낚시질을 하고, 소와 돼지를 길렀다. 토지 투기꾼들은 값싼 땅을 많이 사 가지고 있다가 땅값이 오르면 다른 사람에게 팔아넘기고 더욱 먼 서부로 옮겨갔다.

농부들의 뒤를 따라 의사, 변호사, 상인, 간행물 편집인, 전도사, 기계공 및 정치인들이 이주해 갔다. 하지만 농부들이 그 사회의 튼튼한 토대가 되었다. 그들이 한 곳에 정착할 때에는 거기서 오래 살면서 그들의 자녀들도 그곳에 남아 살기를 바라면서, 큰 헛간과 튼튼한 벽돌집이나 목조 가옥을 지었다. 또한 개량종 가축을 기르고 땅도 슬기롭게 갈았으며, 수확이 많은 씨앗을 뿌렸다. 제분소와 제재소 및

양조장을 세운 사람들도 있었다. 그들은 간선도로도 만들고 교회와 학교도 세웠다.

후일 프런티어는 미국의 서부와 미국 내의 미개척 지역으로의 도전을 넘어서, 새로운 세계를 향한 미국의 도전과 노력을 의미하는 미국의 정신이 되었다. 1960년대 케네디 행정부는 미국 밖의 다른 지역 특히 아시아와 아프리카 등 지구상의 후진 지역을 포함하는 세계로 미국 문화와 정신을 전파하고 달을 포함하는 우주로 인간의 활동공간을 확대하려는 이른바 '뉴 프런티어'(New Frontier)를 정권의 슬로건으로 내걸었다.

③ 변방의 생활과 총기소지

변방의 정착민들은 다양한 집단이었다. 초라한 오두막에서 사는 대담하고 강인한 사람들은 세련되지 않았지만 손님을 극진히 대접했으며, 낯 설은 사람들에게도 친절하고 정직하고 믿음직스러웠으며, 인디언 옥수수와 호박을 심고 돼지와 때로는 한두 마리의 소도 길렀다. 도끼질과 덫사냥을 잘하고, 낚시질에 익숙한 그들은 숲을 태워 길을 냈고, 최초의 통나무 오두막을 지었으며 그들에게 땅을 점령당한 아메리카 인디언들과 대결했다.

그들의 변방 생활에서 가장 크게 의지하는 수단은 총이었다. 미국인의 총기소지에 따른 위험성과 각종 사고에도 불구하고, 개인의 총기소지와 관련한 미국 연방헌법 수정조항 제2조(권리장전 중의 한 조항)는 총기소지를 규제할 수 없도록 규정하고 있어 미국사회의 주요 논쟁거리로 등장하곤 한다.

3.4 서부개척의 원동력

1865년 개척지의 접경선은 대체로 미시시피 강 주변 주의 서쪽 한계선을 따라갔으며, 그 서쪽은 넓은 초원이 펴져 있었고 로키 산맥에는 금, 은 등 많은 광물이 매장되어 있는 거칠고도 광대한 땅이었다. 거친 서부의 개척과 개발에는 많은 위험이 있었는데도 19세기 중엽 당시 서부개척이 성공적으로 빠르게 촉진되었던 것은 다음과 같은 배경을 반영한다.

첫째, 개척의지가 있는 시민들에게 정부는 토지를 무상으로 공급했다. 1862년 자작농토의 무상분할을 규정한 홈스테드 법(Homestead Act, 자영농지법)은 토지

를 점유하여 땅을 개간하려는 시민들에게 미국정부는 64헥타르의 농토를 무상으로 제공하여 1880년까지 이 법에 따라 약 2,240만 헥타르의 땅이 개인에게 이전되었다. 결국 개인들은 농장을 얻기가 용이해졌으며 변경 지역의 정착사업이 촉진되었다.

둘째, 대륙횡단 철도의 부설이 서부개척을 촉진했다. 연방의회는 1862년 대륙횡단 철도건설을 위한 철도회사의 설립을 허가하고 토지를 제공하였다. 유니온퍼시픽 철도회사(Union Pacific Railroad)는 카운슬블러프스(Council Bluffs, Iowa)에서부터 서쪽으로 철도를 건설하여 나아가고, 센트럴퍼시픽 철도회사(Central Pacific Railroad)는 새크라멘토(Sacramento, California)에서 동쪽으로 철도를 부설하여 마침내 프로몬토리(Promontory Summit, Utah Territory)에서 1869년 5월 합류함으로써 최초의 북미대륙횡단 철도가 완성되었다. 그 후 1884년까지 4개의 대륙횡단철도 노선이 중부의 미시시피 계곡과 태평양 연안을 연결하였다. 19세기 후반 대륙횡단열차의 건설은 서부개척에 필요한 인적 물적 자원의 안정적인 공급과 서부 생산물품의 미국 중부와 동부 및 유럽으로의 수송을 촉진하였다.

셋째, 새로운 기계와 영농기술이 농민의 작업과정을 도왔으며, 서부의 광대한 토지와 함께하는 농업이 가능해졌다. 독립전쟁 후 공업혁명에 버금가는 농업부문의 혁명이 농업을 육체노동에서 기계농업으로, 소규모 가족농(family farm)에서 기업농(agro-business)으로 전환시켰다. 1860~1910년 기간 중 미국 내 농장 수는 200만 개에서 600만 개(3배)로, 농경지는 1.6억 헥타르에서 3.5억 헥타르(2.2배)로 각각 증가하였다. 따라서 밀, 옥수수, 면화와 같은 농산물의 생산도 대폭 증가하였다. 이 시기에 수확기계, 진동식 바인더, 탈곡기, 타작기, 콤바인 등의 농업기계가 개발되었고, 이식기, 절삭기, 크림 분리기, 퇴비 투척기, 감자파종기, 전초기, 병아리 부화기 등 발명품들이 출현했다.

넷째, 지방대학과 과학의 발달이 농업혁명에서 큰 역할을 했다. 1862년 '모릴토지공여대학법(Morrill Land-Grant Colleges Act)'은 농업 및 공업 대학의 설립을 위하여 각 주에 공유지를 할당했으며, 이렇게 정부로부터 토지를 공여받아 설립된 대학들은 지역인재들의 교육기관으로서 그리고 지역산업에 관련된 과학기술 연구기관으로서 활약하였는바, 당시 해당 지역에서 생산하는 품목의 종자개량 연구와 병충해 연구에서 큰 업적을 가져왔다.

그리고 태평양 연안으로 몰리던 개척자들의 관심은 그 후 금광이 발견되는 곳, 즉 캘리포니아의 산간, 콜로라도, 네바다, 몬태나, 와이오밍, 다코타 지방 등 로키 산맥 속으로 새로운 프런티어를 찾아 옮겨졌다. 광산개발로 관심이 이동하면서 사람들이 로키산맥 주위의 광산촌에 정착했지만, 일부 정착민은 그곳에서 광산개발을 통한 일확천금보다는 농사와 목축의 가능성을 찾았으며, 결국 이런 지역에서 농업과 목축이 장기적인 부의 원천이 되기도 하였다.

이 시기에 텍사스의 목축업자들은 소들을 몰고 중서부의 캔자스 철도역까지 이동하면서 소들을 키웠고, 그 과정에서 중서부 지방에 거대한 목장들이 등장하고, 카우보이 등 미국인들의 활기찬 생활모습을 가져왔다.

4. 지리적 특성과 자원개발

4.1 지역구분과 기후적 특성

미국의 육지면적(916만㎢)은 러시아(1,689만㎢), 중국(933만㎢), 캐나다(922만㎢)에 이은 세계 제4위에 해당한다. 미국의 본토는 북위 24도에서 북위 49도까지 걸쳐 위치하므로, 아열대와 온대 기후를 보인다. 알래스카는 한대와 냉대를 거쳐 북극지방을 포함하며, 하와이는 북위 20도 전후의 태평양 한가운데 위치하여 열대 기후를 보인다.

미국은 큰 강과 주요 산맥 등 지형적 요인을 감안하여, 통상적으로 6개 지역으로 구분한다. 대서양에 연한 북동부와 멕시코 만에 연한 남동부 연안평원(Coastal Plains), 중부저지대(Central Lowland), 중서부 대평원(Great Plains), 산악·고원과 사막(Mountains and Deserts), 서부 해안계곡(West Coast Valleys) 및 새로운 주(Newest States) 등으로 구분하여 명명된다.

미시시피 강(Mississippi River)은 미국 중부저지대를 관통하여 멕시코 만으로 흐르는 세계유수의 큰 강이며, 서쪽의 로키 산맥에서 발원하는 미주리 강(Missouri River)과 동부 애팔래치아 산맥에서 발원하는 오하이오 강(Ohio River)이 합류하여 약 6,400km를 흐르며 유역면적은 미국 본토 육지의 3분의 2에 해당한다. 그 밖에도 컬럼비아 강(Columbia River), 콜로라도 강(Colorado River)은 로키산맥(Rocky Mountains)에서 시작해서 서쪽으로 흘러 태평양으로 유입되고, 로키산맥의 산정이라 할 대륙분수계(The Great Divide)의 동쪽에는 리오그란데 강(Rio

Grande)이 미국과 멕시코 사이의 자연적 국경선을 형성하면서 3,200km를 흘러 멕시코 만을 거쳐 대서양을 향한다.

애팔래치아 산맥(Appalachian Mountains)에서 동부 해안 쪽으로 흐르는 많은 강들은 유럽인들의 초기 정착지로서 그리고 동부지역 산업도시의 발달과 내륙지방으로의 연결 교통로로 활용되고 있다. 이러한 큰 강의 수자원과 급류를 이용하기 위하여 미국은 많은 댐을 건설하여 이용하고 있다. 미국은 OECD 국가 중 최대의 수력발전능력을 가진 국가이며, 중국에 이어 세계 제2위의 수력발전 국가이다.

한편 미국과 캐나다 간의 중부 국경에 위치한 5대호(Great Lakes: Superior, Michigan, Huron, Erie, Ontario)는 전 세계 담수(淡水)의 약 절반을 담고 있는 것으로 추정되며, 한때 북 아메리카 북부를 덮고 있던 빙하가 땅을 파서 만든 것으로 이해되고 있다. 특히 미시간 호와 슈피리어 호는 각각의 면적이 5만㎢를 넘는 규모이다.

① 연안 평원

대서양 및 멕시코 만 연안의 평원은 미국 남동부에서 시작하여 동부 해안을 따라서 북쪽으로 올라가 뉴잉글랜드 남쪽 변두리까지 이어진다. 이 지역의 지표면 밑에는 단단하지 않아 침식되기 쉬운 비교적 최근에 형성된 암석층이 있으며, 이 암석층은 지질학상 최근에 수심이 낮아진 바닷물이 그 지대를 오가면서 축적된 것이다.

이러한 낮은 연안의 평원은 해수면 아래로 이어져 대륙붕을 형성하고 있다. 연안평원의 폭은 해안에서 내륙으로 400km나 떨어진 곳까지 너른 평야를 이루고 있어 초기 유럽에서 유입된 이민들의 초기 정착지로 활용되었다.

② 내륙저지대

매우 평탄한 광활한 내륙저지대는 연안 평야지대에 비해 언덕진 지형이며 두꺼운 퇴적암층으로 덮여 있는데, 이러한 특징은 미국 이주민들의 정착과정 및 경제발달에 커다란 영향을 미쳤다. 이곳의 평탄하고도 비옥한 평지는 세계최대의 미국 농산물생산을 뒷받침하며 미국영토 중 절반가량을 별다른 어려움 없이 쉽게 이동할 수 있다는 장점이 있다.

내륙저지대의 하천들은 거의 대부분 미시시피 강과 그 지류로 연결된다. 이는

애팔래치아 산맥의 서쪽 지역으로 물자를 쉽게 운송할 수 있도록 했고 지역 간 연결과 경제집중을 쉽도록 함으로써 지역적인 결속력을 높여준다.

내륙저지대의 북부와 북동부에는 오래되고 단단한 결정암석으로 덮여 있는 캐나다 순상지(Canadian Shield)가 위치한다. 이 지형은 수백만 년 동안 거대한 대륙빙하에 의해 이루어졌으며, 대륙빙하는 로키산맥 서쪽에 있는 캐나다 대부분을 덮고 있었으며, 남쪽으로는 미주리 강과 오하이오 강 계곡까지 뻗어 있었던 것으로 추정된다.

③ 대평원

중부저지대의 서쪽이면서 로키산맥의 산록에 해당하는 광활한 지역으로서, 강수량이 적고 비교적 건조하여 관목과 낮은 목초가 자라는 너른 평원이다. 방목과 밀 재배 등에 사용되는 지역이다. 특히 캐나다 중부지역까지 널리 퍼져 있어 세계적인 밀 생산지로서 기능하고 있다.

④ 산악 고원과 사막

미국 서부의 지형은 크게 세 지역, 동쪽으로부터 로키 산맥과 태평양 연안의 산과 계곡, 그리고 이 둘을 분리하는 높고 틈이 많은 고원지대로 구성되어 있다. 로키 산맥은 해발 2,000m 이상의 봉우리들을 갖고 있으며, 산맥 북부는 남북으로 연결된 산악지대 대부분이 돔 모양의 거대한 화성암 습곡구조로 되어 있다. 이 지역에는 알래스카를 제외하고 미국에 남아 있는 것 중에 가장 광활한 황야가 있다.

서부 내륙의 고원지대 역시 기원과 모양 면에서 다양하다. 가장 남쪽에 있는 콜로라도 고원지대는 두꺼운 퇴적암층으로 되어 있으며, 저지대의 고도보다 1,000m 이상 솟아 있고 북동쪽으로 갈수록 서서히 고도가 높아진다. 이 고원지대는 화려한 장관을 연출하는 협곡과 화산 봉우리, 모래사막 등으로 이루어져 있다.

⑤ 서부 해안계곡

태평양 연안지역은 남북으로 가로지르는 2개의 산맥(Coast Ranges)이 있으며, 그 사이에 저지대가 끼어 있다. 코스트 산맥의 캘리포니아 남부 쪽은 매우 거대한데, 봉우리들이 3,000m까지 치솟아 있다. 그곳에서 오리건 주 경계선까지는 코스트 산맥이 낮으면서도 일직선으로 늘어서 있으며, 1,000m 이상인 곳은 거의 없다.

또한 이 지역은 미국의 주요 단층지대로 지진이 자주 발생하는 곳이다. 캘리포니아 –오리건 주경계선을 따라 위치하는 클래머스 산맥(Klamath Mountains)은 코스트 산맥보다 더 높고 길며, 굴곡도 훨씬 더 심하고 불규칙하다. 워싱턴 주 북서부에 있는 올림픽 산맥을 제외하고 오리건 주와 워싱턴 주의 나머지 지역에 걸쳐 있는 코스트 산맥은 아주 낮은 언덕이 많다.

⑥ 기후적 특성

미국의 본토는 아열대와 온대를 거쳐 한대 기후 지역까지 다양한 기후대에 걸쳐 있으며, 해양과 내륙의 관계에 따른 해양성 기후와 내륙성 기후 그리고 지중해성 기후와 사막기후까지 다양한 기후를 보이고 있다.

기후는 여러 가지 다른 요소가 상호작용한 결과로 나타나는데, 가장 중요한 요소는 기온과 강수량이다. 기후 패턴은 위도, 고도, 내륙과 해양의 상대적인 위치, 기단특성과 풍향체계 등 지리적 요소가 상호작용한 결과로 나타난다. 위도가 높은 지역은 여름 동안 낮의 길이가 더욱 길어져 최북단에 위치한 지점에서는 백야현상이 생긴다. 고도와 기온의 관계는 가장 명백한 것으로, 고도가 높을수록 기온이 낮아진다. 지형이 바람의 흐름에 영향을 미치므로 지형의 영향은 이보다 더 광범위하다. 바람이 불어오는 방향을 가로막는 지점에 산맥이 있다면 공기는 그 산을 타고 올라가면서 차가워진다.

북미에서 가장 습한 지역은 오리건 주에서 알래스카 주 남부까지 이어지는 태평양 연안으로, 수분을 함유하고 있는 바람이 해변에 있는 산에 부딪치는 지역이다. 이 지역의 연간 평균 강수량은 200cm 이상이며 일부 지역은 300cm가 넘는다. 산은 기온을 온화하게 만드는 해양성 기후의 영향력을 감소시키는데, 태평양 북서부 내륙 지역에서 이러한 현상이 나타나고 있다.

내륙과 해안의 차이는 땅은 물에 비해 더 빨리 데워지고 더 빨리 식는다는 점에서 중요한 기후요소이다. 대륙의 성질을 지니고 있는 정도를 나타내는 대륙도(大陸度)의 영향으로 바다와 같은 거대한 수역(水域)에서 멀리 떨어져 있는 장소는 해안에 있는 장소에 비해 계절의 기온차가 더욱 커진다.

기단특성과 풍향체계도 영향을 준다. 미국의 날씨는 주로 차갑고 건조하며 안정적인 대륙성 한대 기단과 따뜻하고 다습하며 불안정한 해양성 열대기단의 대치에

의해 뚜렷하게 영향을 받고 있다. 한대기단은 겨울이 되면 남쪽의 가장 아랫부분까지 내려오며, 열대기단은 여름이 되면 북쪽의 가장 윗부분까지 올라간다. 미국 대부분 지역의 날씨체계는 동쪽으로 흐르는 편서풍의 영향을 많이 받는다. 따라서 내륙지방의 대륙성 기후는 동해안으로 밀려가게 된다.

4.2 광물자원의 부존

지표층 밑에 있는 암석 종류는 산업발전에 필요한 광물자원을 공급한다는 측면에서 매우 중요하다. 암석의 세 종류인 퇴적암(sedimentary rock), 변성암(metamorphic rock), 화성암(igneous rock) 중 특히 퇴적암과 변성암은 인간에게 경제적으로 유용한 광물을 많이 함유하고 있다. 퇴적암과 변성암은 가장 보편적인 암석이며 화성암에 비해 다양한 광물자원을 포함하고 있을 가능성이 높다.

① 퇴적암과 광물연료

미국 영토의 대부분은 석탄기에 형성된 퇴적암이 지층을 이루고 있다. 석탄, 석유, 천연가스 등 광물성 연료가 매장되어 있을 가능성이 높은 석탄기 퇴적암 지역은 내륙의 대평원, 멕시코 만의 연안평원, 태평양 지역의 산과 계곡, 북극 주변부, 그리고 애팔래치아 고산지역의 서쪽 끝 부분과 로키산맥 동부 등이다.

특히 퇴적암으로 이루어진 저지대에는 석탄, 석유, 천연가스 등 광물연료가 다량 매장되어 있다. 중요한 석탄 매장 지역은 애팔래치아 탄전지역이다. 켄터키 주 동부, 웨스트버지니아 주, 펜실베이니아 주 서부로 이어지는 이 탄전지역에서 미국 최초로 석탄이 채광되었으며, 이 지역은 지금까지도 미국 석탄의 절반 이상을 공급하고 있다. 나머지 석탄은 일리노이 주, 인디애나 주 서부와 켄터키 주 서부까지 뻗어 있는 동부내륙 탄전지역에서 생산된다. 동부내륙 탄전지역에서 생산되는 석탄의 일부는 철이나 강철 생산에도 사용되고 있지만, 이들 석탄에는 유황이 많이 함유되어 있어서 대부분 난방이나 전력 생산에 사용되고 있다. 중서부 내륙의 탄전지역은 아이오와 주와 미주리 주에 위치해 있으며 남쪽으로 점점 폭이 좁아지면서 오클라호마 주 동부로 이어진다. 이 탄전지역에서 나오는 석탄은 동부 탄광 지역에 비해 품질이 떨어지며 최근 들어 채광되기 시작했다. 로키산맥의 동쪽과 그 주변에는 역청탄이 퇴적되어 있다. 지난 20년 동안 와이오밍 주와 몬태나 주에서는 상당량의 역청탄이 생산되어 왔다. 한편 대평원 북부에는 넓은 갈탄 지역이 형성되어 있다.

석유와 천연가스 퇴적층이 애팔래치아 탄전지역에 산재해 있다. 일리노이 주 남부와 미시간 주 남부중앙지역, 대평원 북부와 로키산맥 북부에서도 석유가 생산된다. 가장 중요한 석유 생산지역은 멕시코 만 연안의 남부평원과 캘리포니아 주 남부이다. 텍사스 주와 루이지애나 주 해안을 따라 호를 그리며 유전이 형성되어 있다. 캔자스 주 중심에서 시작하여 남쪽으로는 오클라호마 주로 이어진 후 서쪽으로 텍사스 주의 중앙을 지나 뉴멕시코 주까지 이어지는 지역도 중간이 약간 끊긴 호를 그리고 있는 유전지대이다. 이 유전들과는 떨어져 있지만 캘리포니아 주 남부에 위치한 유전들도 중요하다. 한편 1960년대 중반부터 알래스카 주 노스슬로프 유전지대에서 석유와 천연가스가 개발되기 시작하여 생산이 증가하고 있다.

② 변성암과 금속광물

변성암은 지각 변동 과정에서 생긴 높은 온도와 압력을 받으면서 기존 암석의 내부구조가 변형되거나 변질된 암석이다. 장기간의 고압 고열이 암석의 분자구조와 성질을 바꾸기 때문에, 대부분 금속광물은 변성암 지역에 매장되어 있다.

미국의 초기 금속광산 개발은 캐나다 순상지의 말단부근 지역에서 이루어졌다. 금속광물 생산지는 북대서양과 세인트로렌스 강 하구에서 출발하여 5대호를 지나 북쪽으로 캐나다를 통과해 북극해로 긴 호를 그리며 이어져 있다. 이 호는 미국에서 슈피리어 호의 양쪽을 지나가는데, 이곳에 있는 미시간 주 북부, 위스콘신 주, 미네소타 주에서는 철과 구리가 생산되고 있다.

또 다른 변성암 지역은 애팔래치아산맥 동부에 위치해 있다. 뉴잉글랜드 지역에 식민지를 건설했던 이들에게 철과 구리는 중요한 광물이었다. 그리고 서부 산악지대에는 금과 은이 산재해 있었기 때문에 개인 채굴업자와 광산업체들이 멕시코 국경지대에서부터 알래스카 주 중앙까지 채굴하였다. 서부 지역에서 채굴되는 산업적으로 중요한 광물로는 구리, 아연, 납, 몰리브덴, 우라늄 등이 있다. 또한 규모는 작지만 텅스텐, 크롬철광, 망간, 그리고 여타 광물들도 이곳에 매장되어 있다.

3개의 변성암 지역에서 발견된 엄청나게 다양한 광물이 미국 공업발전에 필요한 광물들을 다 충족시키는 것은 아니다. 현대산업에 필요한 광물들, 예를 들어 주석·망간·알루미늄을 위한 고급 보크사이트 등의 경우, 미국은 자국 내 수요를

충족시킬 만큼 충분한 양을 생산하는 것은 아니다. 그러나 금속광물과 광물연료의 보유량과 다양성 면에서 그 어떤 나라도 미국과 견줄 수는 없다. 이처럼 풍부한 광물은 미국 제조업 발전에 결정적인 역할을 해오고 있다.

4.3 토지이용

2012년 시점에서 미국국토의 이용 상황을 보면, 농산물 경작 18.7%, 목초 및 방목지 27.1%, 삼림 21.2%, 기타 33.0% 등으로 나타났다. 그중 연방정부는 국토의 20.8%를 소유하고 있으며 이를 주로 자연공원과 군사적 목적으로 사용하고 있다. 연방보유 토지는 전국에 걸쳐 있지만, 면적기준으로는 대부분 알래스카와 서부 산악지대 주에 있다.

최근 30년간(1982~2012) 미국의 토지이용 추세를 보면, 연방정부가 소유한 토지가 소폭이나마 증가한 반면, 비연방의 소유는 감소하였다. 작물 경작지와 목초지 및 방목지 공히 소폭 감소했으나 삼림은 소폭 증가한 것으로 나타났다.

표 2-4 미국의 토지이용

(단위: 백만 에이커)

연도	총면적	연방 소유 토지	수면	비연방토지						
				개발	농산촌					소계
					계	경작지	목초지	방목지	삼림	
1982	1,944	398	50	72	1,424	421	131	419	410	1,496
1992	1,944	401	51	85	1,407	382	126	410	412	1,492
2002	1,944	404	52	105	1,384	368	119	408	414	1,488
2012	1,944	405	52	114	1,373	363	121	406	413	1,487

※ 면적 단위의 환산
◇ 1제곱마일 = 2.59㎢ = 259헥타르 = 640에이커 ≒ 783,500평
◇ 1제곱킬로미터(㎢) = 1,000,000㎡ = 100헥타르
◇ 1헥타르(ha) = 10,000㎡ = 2.471에이커
◇ 1에이커(acre) = 0.4047헥타르

자료 : USDA, Natural Resources and Conservation Services(2015), "*Summary Report: 2012 National Resources Inventory.*"

UN의 식량농업기구(UNFAO)가 추정한 바에 따르면, 경작가능면적은 미국이 177만 km^2로서 세계 제1위이며, 그 다음으로는 인도(170만 km^2), 중국(135만), 러시아(133만), 브라질(66만), 호주(50만) 및 캐나다(46만) 등으로 나타났다.

동부의 애팔래치아 산맥, 서부의 로키산맥, 사막지역 및 서부의 코스트산맥 등을 제외하고는 대체로 비옥한 평야지대로서 경작가능한 면적이 넓다. 미국은 해외에 위치하는 알래스카와 하와이를 제외한 본토 48개 주의 경우, 북위 24도와 49도 사이에 위치하고 있어, 남부의 아열대기후와 대부분의 온대기후를 나타내며, 일부 지중해성기후와 사막성기후 등 매우 다양한 기후대를 가진다.

4.4 농수산물과 광물 생산

표 2-5 미국의 주요 농산물 생산량(2014년)

품목	단위	미국	세계	순위	비중 (%)	여타 주요국 생산량		
밀	백만톤	55	729	3	7.5	중국126	인도94	프랑스39
옥수수	백만톤	361	1,022	1	35.3	중국216	브라질80	아르헨티나33
콩	백만톤	107	307	1	34.9	브라질88	아르헨티나53	중국12
감자	백만톤	20	385	3	5.2	중국96	인도46	
쌀	백만톤	10	741	11	1.3	중국208	인도157	태국33
호프*	천톤	28	110	1	25.5	독일28	중국11	
잎담배*	천톤	346	7,435	4	4.7	중국3,150	브라질851	인도830
소(사육)	백만두	89	1,482	4	6.0	브라질212	인도187	중국114
돼지(사육)	백만두	68	987	2	6.9	중국480	브라질38	베트남27
닭(사육)	10억수	2.0	21.3	2	9.4	중국4.6	인도네시아1.9	브라질1.3
쇠고기	백만톤	11.7	64.2	1	18.2	브라질9.7	중국6.4	아르헨티나2.8
돼지고기	백만톤	11	113	2	9.7	중국54	스페인3	브라질3

주: *는 2013년 기준임.
자료: 통계청(2015), 국제통계연감.

미국은 곡물, 채유용 종자, 육류와 가금육의 생산에서 해당품목 세계 전체 생산량의 10~30%를 점하고 있는 세계최대 농산물 생산국이다. 〈표 2-5〉에서 보는 바와 같이 특히 옥수수와 콩은 2014년 중 세계 전체의 35%와 34%를 점하였다. 육류생산에 있어서도 쇠고기의 경우 세계생산량의 18%를 점하면서 세계 1위이며, 돼지고기의 경우에도 중국(50%)에 이은 제2위 생산국(10%)이다.

미국은 태평양과 대서양 그리고 멕시코 만과 베링 해에 긴 해안선을 가지고 있어 수산물 생산에서 매우 유리한 조건을 갖추고 있으며, 2014년 중 연간 약 440만 톤의 고급 어패류를 생산하여 45억 달러의 수산물 출하를 기록하고 있다. 〈표 2-6〉은 미국에서 생산되는 주요 어패류의 품종별 생산량 출하 금액 그리고 파운드당 가격을 나타내고 있다.

표 2-6 미국의 주요 어류 생산량과 가격 추이

품목	어획량 (천 톤)		출하액(백만 달러)		가격(센트/kg)	
	2000	2015	2000	2015	2000	2015
어류 Finfish	3,487	3,893	1,595	2,369	45.6	60.8
대구 Cod	240	318	142	264	59	82.9
넙치류 Flatfish	187	262	110	263	57.3	100.1
명태 Pollack Alaska	1,182	1,480	161	441	13.6	29.7
연어 Salmon	285	484	270	460	94.8	95.2
참치 Tuna	23	26	95	138	413.2	533.8
패류 Shellfish	625	502	1,955	2,810	312.4	559.6
게 Crabs	135	148	405	679	298.7	459.3
바닷가재 Lobsters	37	69	301	679	798.6	985
가리비 Scallops	15	16	165	440	1,108.4	2,695.0
새우 Shrimp	150	148	690	488	457.9	328.9
총어패류	4,112	4,408	3,549	5,203	86.2	117.9

자료: NOAA, National Marine Fisheries Service(2016), *Fisheries of the United States*.

미국은 광대한 영토와 경작지뿐만 아니라 다양한 광물자원을 풍부하게 매장하고 있다는 점에서도 타 국가들의 선망의 대상이다. 미국은 금, 구리, 알루미늄, 황, 소금 등의 경우 세계에서 3위 이내의 생산량 순위를 가진다. 또한 산업활동에서 결정적으로 중요했던 철광석 및 석탄 원유 등 화석연료의 매장과 생산에서도 미국은 세계 유수의 국가이다.

〈표 2-7〉에서 보듯이 2014년 중 미국은 원유, 천연가스, LNG 등에서 세계전체의 11%, 21% 및 25%를 각각 생산하고 있으며, 주요 금속광과 비금속부문에서도 높은 비중을 정하고 있다.

표 2-7 미국의 주요 광물자원 생산량과 세계비중

광물		단위	생산량			세계비중 (%)		
			2000	2010	2014	2000	2010	2014
연료	원유	백만 배럴	287	270	429	8.6	7.5	11.4
	천연가스	조 ft^3	20.7	23	29	21.6	18.2	21.3
	LNG	백만 배럴	55.1	56.8	94	22.6	17.6	24.9
비금속	석고	백만 톤	19.5	8.8	11	18.4	3.8	4.3
	운모	천 톤	101	56.1	48.2	30.8	5.1	4.2
	질소	백만 톤	11.8	8.3	9.3	10.9	6.5	6.4
	인회암	백만 톤	38.6	25.8	25.3	29.2	14.1	10.7
	유황	백만 톤	10.5	9.1	9.6	18.1	13.2	13.9
금속광	금	톤	353	231	210	13.6	8.9	7.0
	철광	백만 톤	63	50	58	5.9	1.9	1.7
	몰리브덴	천 톤	41	59	65	31.8	24.4	24.4
	은	천 톤	1.8	1.3	1.2	10.0	5.7	4.4
금속괴	알루미늄	백만 톤	3.7	1.7	1.7	15.4	4.0	3.1
	구리	백만 톤	1.4	1.1	1.4	10.6	6.9	7.6
	선철	백만 톤	48	27	29	8.4	2.6	2.5
	납	천 톤	468	369	379	15.1	8.9	7.8
	기초강철	백만 톤	102	81	88	12.1	5.7	5.3
	아연	천 톤	829	748	832	9.5	6.2	6.3

자료 : US Geological Survey(2016), *Minerals Yearbook 2014.*
International Energy Agency(2016), Statistics.

4.5 환경보전

환경이슈에 대한 관심증대로 인하여, 미국은 물, 삼림 및 동물에 영향을 미치는 기업 및 개인 활동에 대하여 엄격히 통제하고 있다. 미국의 환경보존업무를 담당하는 환경보호청(Environmental Protection Agency, EPA)은 대기기준, 수질기준, 고체 및 유해폐기물 그리고 유독물질 통제에 관하여 국가기준을 정하고 이의 시행을 감시하는 책임을 진다.

1970년 이래 환경에 대한 규제강화 및 기술개발 등에 힘입어 미국의 대기와 수질은 크게 향상된 것으로 평가된다. 즉, 경제성장과 여행증대에 따른 탄화수소연료의 증대에도 불구하고, EPA의 국가오염배출통계(National Emissions Inventory, NEI)에 따르면, 일산화탄소와 이산화황(아황산가스) 배출량은 1970년대보다 감소했다. 그렇지만 미국은 총배출량이 2013년 55억 톤으로 중국에 이은 제2위 국가이며 1인당 배출량은 중국보다 2배 이상 높은 세계최대 배출국이다.

유엔 기후변화협약(UN Framework Convention on Climate Change)에 대한 교토의정서에 의하면, 미국은 2008~2012년까지 오염배출을 상당량 더 감축하도록 되어 있으나, 부시 대통령은 2001년 취임 직후 교토 의정서에서 탈퇴를 선언함으로써 국제적 비난을 받아 왔다. 2002년 2월 14일 미국은 교토의정서에 가입하는 대신 세제혜택 등을 통하여 자율적으로 GDP대비 온실가스 배출량 목표치를 제시하면서 감축해 왔다.

표 2-8 미국의 온실가스 배출량 추이

(단위: 백만 톤)

연도	형태			총량	원인		
	이산화탄소 (CO_2)	메탄가스 (CH_4)	질소산화물 (NOx)		에너지	산업공정, 제품사용	농업
1990	5,124	746	330	6,301	5,291	342	449
2005	6,134	708	356	7,350	6,274	367	495
2010	5,705	667	360	6,899	5,855	354	525
2013	5,505	636	355	6,673	5,637	359	516

자료: US EPA(2015), *1990–2013 Report: Trends in Green House Gas Emissions.*

전 세계 195개 국가가 참여한 2016년 파리기후변화협약은 과거 선진국만이 감축의무를 졌던 것과는 달리 개도국들도 일정부문 의무를 진다는 점에서 큰 의미를 가진다. 이번 협약체결 과정에서 미국 오바마 행정부는 적극적으로 참여하고 주도했다는 평가를 받았으나, 2017년 출범한 트럼프 행정부는 이 협약의 이행에 있어 부정적인 입장을 표명함으로써 국제환경협력에서 미국이 책임 있는 국가로서 행동하지 않는다는 비난을 받을 것으로 예상되고 있다.

제 II 부

경제성장, 위기와 개혁

- 위기 극복은 개혁과 혁신으로 -

제 3 장

공업육성과 산업혁명

식민지 시절 농업과 상업에 집중하면서 영국에 종속되었던 경제에서 벗어나기 위해 독립 후 미국은 독자적인 경제발전을 모색하였다. 경제적 자립을 위해서는 제조업의 발전이 중요하다고 판단한 미국정부는 미국 내 제조업의 육성에 노력하였으며 확장하는 서부지역의 개척을 지원하였다. 그리고 유럽으로부터의 대규모 이민과 자본의 유입은 미국경제의 빠른 경제성장을 뒷받침하였다.

본 장에서는 미국의 초기 공업화 과정에서 정부가 취한 정책지원 내용을 살펴보고, 남북전쟁을 거치면서 체제를 통일한 이후 전개된 미국의 급속한 산업발전 과정 등을 검토한다.

1. 해밀턴의 제조업육성 정책

1.1 연방헌법과 큰 시장

1788년 제정된 미국헌법은 정치적 측면에서 독창성과 실용성을 높게 평가받고 있을 뿐만 아니라, 경제와 통상 측면에서도 독창적이고 천재적인 작품이었다. 연방에 가입한 모든 주를 포괄하는 연방 내에서의 자유로운 경제거래를 규정하는 연방헌법의 보장으로, 미국은 독립당시에도 이미 남북으로는 메인 주부터 조지아 주까지 그리고 동서로는 대서양에서 미시시피 강까지에 이르는 광대한 하나의 자유시장이 형성되었다. 더 큰 시장에서의 자유로운 거래의 보장은 더 큰 경제이익의 가능성을 제공하게 된다.

연방헌법은 주 사이의 거래에는 세금을 부과하지 못하게 하였으며, 연방정부가 해외교역이나 주간교역(interstate commerce)을 중재하고, 통일된 파산법을 만들고 하나의 화폐를 발행하고 그 가치를 통제하며, 표준화된 도량형으로 정비하고 우체국과 철도를 건설하고, 특허권과 저작권을 관리하는 규정을 세우도록 명시해 놓았다. 특히 20세기 말 WTO 체제에서 실효적인 국제규범이 형성되어 그 중요성을 인식하게 된 지적재산권의 가치를 일찍이 깨닫고 미국 사람들은 그 내용을 연방헌법에 명시하였다.

1.2 제조품에 대한 보호관세

독립전쟁 중에 겪었던 궁핍은 많은 사람들로 하여금 미국의 제조업체들이 외국과의 경쟁에서 견디어 낼 수 있을 때까지 이들을 보호·육성해야 할 필요성을 깨닫게 만들었다. 많은 사람들이 경제적 자립이 정치적 독립만큼 중요하다고 생각했다. 당시의 지도자들은 경제적 자립을 촉진하기 위해 보호무역주의 정책, 즉 미국산업의 발전을 촉진하기 위해 외국상품 수입을 제한하자는 정책의 시행을 촉구했다.

특히 건국의 아버지 중의 한명이며 초대 재무장관이었던 해밀턴(Alexander Hamilton)은 건국초기 미국경제의 기틀을 마련한 주요 정책들을 제안하고 제도를 만드는데 크게 기여하였는데, 독립전쟁 수행을 위하여 발행한 채무의 변제, 수입품에 대한 관세부과, 국립은행 설립, 화폐주조국 설립, 제조업 육성방안, 국채에 대한 추가지원계획 등 경제금융정책에 관한 많은 보고서들을 연방의회에 재출하였다[1]. 해밀턴의 제안 중 관세부과에 관한 내용은 미국 대외통상정책의 핵심으로 자리 잡았다. 독립된 국가가 타국에 종속되지 않고 경제적으로 자립하여 발전하기 위해서는 제조업을 육성하여야 함을 강조하고, 연방정부는 국내 제조업에 공개적인 보조금을 제공하고 수입품에 대한 보호관세를 부과함으로써 유치단계의 공업을 제대로 육성해야 한다는 경제발전계획을 그는 강조하였다.

1) 해밀턴의 대표적인 보고서는 First Report on the Public Credit, Operations of the Act Laying Duties on Imports, Report on a National Bank, On the Establishment of a Mint, Report on Manufactures, Report on a Plan for the Further Support of Public Credit 등이다. 또한 해밀턴은 미국에서 두 번째로 오래된 상업은행인 Bank of New York의 공동창업, New York Post 신문사의 창립, 독립군사령관 워싱턴의 부관으로서 독립전쟁 참전, 해안경비대 창설, 재무장관 직을 마친 후에는 육군참모총장 직(당시 명칭은 Senior Officer of the Army)을 수행하기도 하였으며, 1804년 버(Aaron Burr, 3대 부통령)와의 권총격투에서 다쳐 사망하였다.

1.3 국립은행 설립·운영

또한 연방주의자(federalist) 해밀턴은 중앙은행에 해당하는 국립은행을 세워 독립전쟁 때 각 식민지가 떠안았던 공공채무를 새로 탄생한 연방정부가 부담해야 한다고 촉구하고, 이런 업무를 담당할 국립은행(National Bank) 설립을 제안하였다[2]. 이 제안에 대하여, 국립은행은 가난한 사람들을 희생시켜 부자들을 지원하게 된다고 주장한 제퍼슨(Thomas Jefferson)과 메디슨(James Madison) 등 공화주의자(democratic republican)의 반대에 부딪히기도 하였으나, 최초의 국립은행인 제1차 합중국은행(First Bank of U.S.)이 20년간의 한시적인 허가를 받아 1791년 설립되어 1811년까지 영업을 했으며, 1817년부터 1836년까지 제2차 국립은행이 허가되어 영업을 계속했다.

해밀턴의 정치적 경쟁자였던 제퍼슨은 일반국민들을 강력한 연방정부와 정치적 독재로부터 보호해야 한다는 기본철학을 갖고 있었으며, 특히 소규모 농업인들을 귀중한 시민으로 칭송했다. 1801년 대통령으로 취임한 제퍼슨은 공화주의자로서 지방분권을 추진하고 중농주의와 민주주의를 장려하는 쪽으로 정책방향을 돌렸으며 그 후 매디슨, 먼로 등 공화주의자들의 집권이 이어졌다.

세 번째 국립은행의 허가 문제는 1836년 선거의 주요 쟁점으로 등장하였으며, 반대 견해의 잭슨(Andres Jackson)이 대통령 선거에서 재선됨으로써, 그 후 1862년까지 미국은 중앙은행이 없는 시기(Free Banking Era)를 경험하였다.

다시 국립은행이 등장한 것은 링컨(Abraham Lincoln)행정부 시절 1863년 국립은행법(National Banking Act)에 의해서이다.

2. 제조업발전의 원동력

식민지시기는 물론 독립 후에도 미국경제의 성장에서 농업의 발전이 계속 중요하였지만, 연방정부의 정책적 지원과 상공인들의 이윤추구에 힘입어 미국 제조업은 눈부시게 발전되었는바, 그 원동력을 살펴보면 다음과 같다.

첫째, 영국 제조품에 대한 수입억제 정책이다. 식민지시대 많은 제조품들은 영

2) 연합규약에 의하여 신용증권을 발행할 수 있는 권능으로 1782년 개설되었다가 1785년 폐지된 북미은행(Bank of North America)의 기능을 계승하려는 국립은행안은 미합중국의 사실상 최초의 중앙은행안이었다.

국에서 수입되었으나, 독립 후 미국은 국내 제조업육성에 노력하였으며, 특히 영국과의 관계 약화와 전쟁 등이 있을 때마다 미국은 영국제조품의 수입억제를 강화하였다. 대표적인 법규로는 1806년 수입금지법과 1816년 관세법 제정 등을 들 수 있으며, 이를 통하여 영국 제조품의 수입을 억제하였다.

둘째, 법인화 제도가 활용되었다. 법인화(incorporation)는 자연인과는 달리 다수의 개인들이 뜻을 모아 설립한 법인조직에 대해서 법적 인격을 부여하는 것으로서, 참여한 개인들은 집단으로 소유권을 가지기 때문에 유한한 권한과 유한한 책임을 지게 되는 제도이다. 이 제도가 가지는 자본조달의 수월성과 위험분산 등 편의성을 활용하여 미국에서는 식민지시기부터 공업부문의 발전에 기여하였다. 식민지시대의 마을에서는 교회, 학교, 법원, 건물 등의 소유권을 법인으로 등록하는 사례도 많았다. 나아가 대규모 자본이 소요되는 은행의 설립, 도로 및 운하건설 등에서도 법인화가 널리 활용되었다. 제조업부문에서도 법인화 제도는 종전의 소규모 가내수공업형태를 벗어나, 대규모 생산 및 기계도입을 요구하는 공장 제조업으로 발전하는 계기가 되었다.

셋째, 면방적 공업기술이 발전하였다. 영국에서 산업혁명을 가져왔던 기계화된 면방적 기술이 미국에 들어온 것은 영국 면방적 기계기술 자격증을 가진 기술자가 미국으로 이민 옴으로써 촉진되었다. 1790년 로드아일랜드의 블랙스톤 강의 수차를 이용하여 미국 최초의 면방적 기계가 생산을 시작하였다.

면방적 기술로 생산된 실을 이용하여 직물을 제조하는 섬유산업은 미국의 1806년 수입금지법과 1816년 관세법으로 섬유에 대한 높은 수입관세가 부과된 이후, 미국 산 섬유에 대한 수요증가에 힘입어 종전의 가내수공업이 공장제 기계공업형태로 대량생산을 모색하였다. 그 과정에서 로웰(Francis Cabot Lowell)은 영국 섬유공장 견학 등을 통하여 영국의 자동직조기 기술을 모방하여 1817년 이후 미국에서도 자동직조기에 의한 면직물 생산을 시작하였다.

넷째, 조면기가 발명되고 표준화되었다. 면방직 공업의 발전은 그 원료인 면화의 생산 증가와 함께 이뤄졌다. 면화생산의 증가는 1793년 위트니(Eli Whitney)가 개발한 조면기(cotton gin) 즉 목화에서 씨를 자동으로 빼낼 수 있는 기계가 등장함으로써, 목화씨 빼는 과정에 소요되던 노동력을 대폭 절감하고 더 많은 목화를 생산할 수 있는 "short staple"종자의 보급을 가져와 미국 남부지역의 면화생산이 극적으로 증가하였다. 남부지역의 면화생산 증대는 면화가 미국의 중요한

수출품목으로 등장하는 동시에 미국 섬유산업 발전의 계기가 되었다. 또한 조면기의 발명과 발명품의 활용에 관한 새로운 방안이 나타났다. 즉 조면기를 발명한 위트니는 자기 발명에 대한 모사품들을 막기 위한 특허소송보다는 자기가 발명한 조면기와 주요 부품을 대량 생산하여 판매하거나 사용권을 허가하는 방법을 채택하였다. 즉 표준화(standardization)를 통해 부품을 대량 생산하고 판매하여 이윤증대를 도모하였다. 후일 그는 연방정부와 계약한 소총의 생산과 보급과정에서도 호환성이 있는 표준화된 부품을 생산하기 위하여 부품제작용 기계 즉 공작기계(machine tools)와 정밀계측기계들을 개발하였다.

다섯째, 이민유입과 아동노동 등으로 노동수요 증대를 어느 정도 충족시켰다. 산업혁명 초기의 기계화 등으로 생산성이 향상되었더라도, 대량생산시설의 증가는 노동에 대한 수요를 크게 증가시켰는데 이를 충족하기 위한 노동력 확보가 요구되고 있었다. 기계를 운전하는 기술자와 감독자는 물론 기계와 함께 직접 작업해야 하는 단순 비숙련 노동자도 많이 필요한 시대였다. 10세 전후의 많은 아동들이 단순히 기계적으로 반복하는 노동을 담당하기도 하였으며 이들을 위해 회사는 기숙사를 마련하고 장시간 노동을 요구하였다. 제조업부문의 노동력 부족은 새로운 영토인 서부지역의 농토개간 등을 위한 노동소요와 함께 유럽으로부터의 이민유입을 촉진하였다. 특히 1830년대 말과 1840년대 중반의 아일랜드 흉년은 아일랜드 사람들의 대량 미국이민을 가져왔다.

비숙련 노동자, 아동 노동자 그리고 이민 노동자 등 낮은 기술수준에 기초한 미국 섬유산업은 저급한 수준의 방직기기를 썼지만 두꺼운 면직물 부문에서는 영국보다 높은 생산성을 나타내었다. 물론 얇고 섬세한 고급 면제품의 경우에는 미국이 영국에 뒤떨어져 영국제품을 수입하고 있었다[3].

3. 남북전쟁과 체제통일

연방헌법에 기초한 미국은 강력하고 안정된 하나의 체제로 통합되고 개인의 창의와 도전정신이 존중되며 그리고 대규모 영토 확장과 이민의 유입에 힘입어 19세기 전반기 동안 급속한 경제성장을 지속하여 왔다. 그 성장 과정에서 남부와 북부간에는 크고 작은 대립과 위기가 등장하였으며 미국은 이 위기를 극복하여 더 높

3) Rothbarth E.(1946), 권영민(2014).

은 단계로의 통합과 발전을 위한 계기로 삼았다.

미합중국의 발전과정에서 가장 큰 위기는 남부와 북부간의 이해 대립으로 발생한 남북전쟁이었으며, 남북전쟁 이후 남부와 북부를 포괄하는 체제의 통일을 추구한 재건활동을 거친 후 미국은 더 눈부신 경제발전을 이룩하였다.

3.1 산업구조와 노예제

① 역사적 전통과 산업구조

독립이전 식민지시대부터 북부와 남부는 다른 역사적 전통과 산업구조 및 사회제도에 근거한 것으로 이해된다. 식민지 초기부터 영국과 네덜란드의 청교도들이 이주한 매사추세츠를 중심으로 한 뉴잉글랜드 등 북동부 지역은 연안평야가 상대적으로 협소하고 바로 애팔래치아 산맥에 닿아있는 지역이었으며, 영국 등으로부터 들어온 면방직 공업과 상업이 발달한 지역이었다. 그들은 노예제보다는 임금노동자와 상공업자들이 활동하는 도시화가 먼저 진행된 지역이다. 18세기 후반과 19세기 초 유럽에서의 산업혁명은 아주 빠른 속도로 미국으로 확산되어 19세기 중반 미국 북동부는 상당한 수준의 공업능력을 갖추어 나아갔다. 그들은 보호무역과 상공업 발전을 추구하였다.

반면 남부는 당초 버지니아 회사 등이 경제적 이윤추구 목적을 가지고 신대륙에 진출한 경우가 많았으며, 특히 너른 연안평야지대를 배경으로 담배, 면화, 인디고 등 농산물을 생산하여 유럽으로 수출하는 경제산업구조를 형성해왔다. 대규모 땅을 가진 지주들이 담배와 면화 등을 대량 생산하고 수출하여 부를 축적하였으며, 식민지시대는 물론 독립전쟁과 그 이후에도 유럽(영국)과는 상대적으로 우호적인 관계를 유지하였다. 따라서 그들은 노예제에 근거한 플랜테이션과 자유무역을 선호하였다.

19세기 중반 미국경제는 전반적으로 빠르게 성장하고 있었지만, 북부와 남부는 산업구조와 사회분위기가 매우 다른 두 지역으로 구분되어 가고 있었다. 도시화된 산업은 주로 북동부에 집중되어 있었으며. 신발 제조, 모직과 면직 산업이 중심이었고 기계류 산업도 활발하게 발달하였다. 상당수의 노동자는 이민자 출신이었다. 1845년과 1855년 사이에 해마다 약 30만 명의 유럽 이민자들이 미국으로 이주해왔는데, 그들은 대부분 가난했으며 배를 타고 미국에 처음 도착한 항구 근처에 있

는 동북부의 도시에서 공업부문 노동자로서 살았다. 남부는 농업지대로 노예제도를 통한 대규모 플랜테이션 농업에 근거하고 있었다. 그들이 필요로 하는 많은 자본과 공산품 등을 북부에 의존하고 있었다. 남부의 경제적 이해는 남부가 지지하는 세력이 연방정부를 장악하는 경우에만 정치권력의 보호를 받을 수 있었다.

② 연방정부 역할과 노예제

남북 간의 가장 큰 견해 차이는 연방정부의 역할과 노예제 문제였다. 연방정부 역할에 대한 남부와 북부의 견해 차이는 크게 국립은행 문제, 도로·운하 등 사회간접자본 건설 문제에서 나타났다. 국립은행 문제는 건국초기 국립은행 설립허가 및 허가의 연장에 관한 남북 간의 견해차이다. 앞에서 본 바와 같이 건국초기 집권한 연방주의자들은 국립은행 설립을 지지했으며, 제1차, 제2차 합중국 은행을 설립하였다. 물론 국립은행이 있었으나 중앙은행으로서의 역할은 한정적이었으며 민간의 상업활동에 대한 지원은 주 정부에서 설립을 허가하는 상업은행들이 담당하였다.

공화주의자들은 국립은행 설립에 반대했는데, 1811년 1차 합중국 은행의 허가기간이 만료되자, 그들은 재설립 허가를 반대함으로써 1816년까지는 국립은행이 없었다. 제2차 합중국 은행의 기간(1817~1836)이 만료된 후 1863년까지의 기간에도 국립은행이 존재하지 않았다.

도로와 운하 등 교통망과 같은 사회기반시설 확충에 대해서도 공화주의자와 남부는 연방정부가 적극 나서는 것을 반대했었다. 따라서 연방정부보다는 주 정부와 지방정부가 주도하되, 법인화 등을 통하여 민간들이 적극 참여하도록 하는 방식으로 운영되었다.

한편 당시의 산업구조에서 유추되는 바와 같이, 북부는 계약에 의한 기간제 노동자를 남부는 농장 내에 거주하면서 주인의 농장 활동을 위하여 밤낮으로 일하는 노예를 필요로 하는 경제구조였다. 따라서 북부의 주들은 노예제를 폐지하였으나, 남부는 노예제를 계속하고 있었다.

③ 미주리 대타협

노예제 문제는 연방정부의 토지 배분 및 새로운 주의 연방 가입과 관련된다. 1787년의 북서부영지법에 의하면, 새롭게 미국에 편입된 토지는 연방정부 소유이며 측량과 등록을 거쳐 개인에게 불하되며, 지역의 인구가 일정수준을 넘어서면 새로운 주로서 연방에 가입하게 된다. 이때 북부는 새로운 주에는 노예제가 허용되어서는 안 된다는 입장이었다. 새로운 주를 연방에 가입시킬 때 노예제를 허용하느냐의 문제를 둘러싼 남부와 북부간의 논쟁이 계속되었다.

1818년 미주리가 연방 가입을 신청할 때, 미주리 주 헌법은 노예제를 인정하고 있었으므로, 북부는 미주리를 연방에 가입시킬 수 없다는 입장이었다. 당시 연방을 구성하고 있는 총 22개 주의 경우, 노예제를 허용한 주와 금지한 주의 수가 11:11이어서 새로 가입하는 주의 노예제 허용여부가 매우 민감한 상황이었기 때문이다. 노예제 허용문제를 논의하는 연방의회는 하원에서는 "노예제 금지"로, 상원은 "노예제 금지조항의 삭제"로 대립하였다.

이에 관한 2년간의 논쟁을 거쳐 1820년에 타협이 이뤄졌다. 소위 미주리 대타협(Missouri Compromise of 1820)에서는, 노예제를 허용하는 내용의 헌법을 가진 미주리를 연방에 가입시키는 동시에, 노예제를 금지하는 메인을 매사추세츠 주에서 분리시켜 새로운 주로 독립시키기로 함으로써, 그 비율을 12:12로 균형을 유지하도록 하였다.

3.2 연방탈퇴와 남북전쟁

① 링컨의 대통령 당선과 남부의 연방탈퇴

1856년에는 북부를 기반으로 하는 공화당(Republic Party)이 창당되었다. 1860년 선거에서 노예제의 확산을 반대하는 공화당의 링컨(Abraham Lincoln)이 대통령에 당선되었을 때, 노예제에 뿌리를 둔 면화농업이 중요했던 남부는 매우 불안한 상태에 직면했다. 노예제를 찬성하는 남부의 7개 주들은 대통령의 취임 이전인 1861년 2월 연방탈퇴를 선언하고 남부연합(Confederate States of America, CSA, 아메리카 연합)을 결성했다. 남부가 연방탈퇴를 결정하고 전쟁으로 가게 되는 요인들을 살펴보면 다음과 같다.

첫째, 가장 첨예한 이슈는 노예제도로서 특히 새로운 주로 편입되는 서부 지역으로 노예제를 확대하는 것을 허용하느냐 하는 문제였다. 공화당의 입장은 노예제도는 시대착오적인 악이므로 이 제도의 확산을 금지하고 점진적으로 폐지하는 쪽으로 가야 한다는 것이었다. 남부의 입장은 노예제도는 각 주가 정하는 재산제도

로서 연방헌법에 일치하고 헌법에 위배되지 않는 제도이므로 노예제 확산의 금지는 각 주에 부여된 헌법적 권한에 대한 침해라는 입장이었다. 당시 북부에서는 흑인들에게 시민권이 주어지거나 심지어는 흑인도 의회의원으로 활동하는 등 노예제도가 사라지는 추세였으며, 노예주와 자유주의 경계에 있는 주와 도시 지역에서는 노예제도가 서서히 사라지고 있었지만, 남부의 면화지역에서는 오히려 확산되고 있었다. 남부의 많은 지도자들은 선거운동 과정에서 링컨이 대통령에 당선되면 연방을 탈퇴하겠다고 위협하곤 했으며, 대통령 선거에서 링컨이 남부의 모든 주에서 패배하고도 북부에서의 승리로 연방 대통령으로 당선되자, 노예제도를 유지할 수 없게 되었다고 생각한 남부의 많은 백인들은 연방탈퇴 외에는 다른 선택이 없다고 판단하였다.

둘째, 주의 권한에 관한 입장 차이다. 대부분의 미국인은 미국이 연방국가이지만 주가 어떤 권한을 가진다는 점에서 생각이 같았다. 그러나 어떤 주의 시민이 주 경계를 넘어 다른 주로 갔을 때, 그 주 권한이 다른 주로 넘어간 시민에게도 적용되는 지의 문제에 대해서는 입장이 달랐다. 당시 남부의 입장은 각 주의 시민들은 미국 연방 내 어떤 곳에 있더라도 그들의 재산을 가질 권한을 갖는다는 것이었다. 구체적으로 그들은 자신에게 예속된 노예가 노예의 신분인 한 미국 내 어디에 있든지 그들을 데려올 수 있다는 입장이었다. 반면 북부의 입장은, 노예제를 허용하는 주가 그렇게 하는 것(다른 주에 가 있는 노예를 데려오는 것)은 노예제를 불법으로 (금지)하는 자유주의 권한을 침해하는 것이므로, 노예주의 그런 권한을 거부하였다.

셋째, 남부는 연방헌법은 연방을 구성하는 주들 사이의 협약이나 협정이며 따라서 각 주는 어느 때라도 연방을 탈퇴할 권한을 가진다고 주장하였다. 반면에 북부는 그러한 주장은 '영원한 연방'을 설립한다고 한 건국의 아버지들의 의지에 반한다고 주장하고 남부 주들의 주장을 거부하였다.

② 남북전쟁

전임 대통령 뷰캐넌(James Buchanan)과 신임 대통령 링컨은 남부의 연방탈퇴를 불법으로 판단하고 이를 거부하였다. 1861년 4월 12일 남부연합의 군대가 북부연방의 섬터 요새(Fort Sumter)를 공격함으로써 적대행위가 시작되고 링컨 대통령은 모든 주에 군대 제공을 요청하고 본격적인 전쟁 국면으로 들어갔다. 이 과정에서 네 개의 노예주들이 연합에 추가로 가입하여 남부연합은 11개 주로 확대되었다.

이렇게 시작된 남북전쟁(American Civil War)은 1865년까지 계속되었다. 남부연합은 데이비스(Jefferson Davis)를 대통령으로 선출하고, 리(Robert Lee) 장군을 총사령관으로 하는 106만 명의 남부연합군을 동원하였다. 미합중국의 연방군은 그랜트(Ulysses Grant) 장군을 총사령관으로 하는 210만의 병력을 보유하고 있었다. 군사력과 경제력에서 월등하였던 북부 연방군은 1862년 가을부터 안티텀(Antietam), 빅스버그(Vicksburg), 게티즈버그(Gettysburg), 피터스버그(Petersburg) 전투에서 승리하였으며,[4] 결국 남부의 리 장군은 1865년 4월 9일 항복하고 그해 여름까지 남부의 모든 장군들이 항복함으로써 남북전쟁은 끝났다.

남북전쟁은 과거의 전쟁과는 달리 전쟁의 승패가 산업능력에 크게 의존하게 되는 성격을 보였다. 철도, 전신, 증기선 그리고 대량살상무기 등이 광범위하게 사용되었고 군수품을 생산하는 민간 공장, 광산, 조선소, 은행, 수송수단, 식량 등이 동원됨으로써 그 후 제1차 세계대전에서 나타난 전쟁의 승패가 산업적 능력에 의존하게 된다는 결과를 미리 보여주었다 할 수 있다. 전쟁의 결과는 군인 사망자 75~85만 명과 민간인 등 100만 이상의 사망자를 가져온 것으로 추산되며 이 수치는 미국이 치룬 다른 모든 전투에서의 미국인 사망자 합계와 비슷한 것으로 평가된다[5].

3.3 노예제 폐지와 재건활동

남북전쟁은 많은 인명피해를 초래하고 특히 남부의 사회간접자본이 크게 파괴되었으며, 결국 전쟁에 패한 남부연합은 소멸되고 노예제도는 미국에서 폐지되었다. 남북전쟁의 배경에는 노예제도 등을 둘러싼 남부와 북부 사이의 경제적 정치적 이해관계의 대립이 있었지만, 남북전쟁에서 북부가 승리하자 미국의 경제시스템은 실질적으로 하나로 통합되는 계기가 되었다.

---

4) 남북전쟁의 분기점이 되었던 게티즈버그 전투 희생자들을 추모하기 위한 묘지 헌납식에서 행한 게티즈버그 연설에서 링컨은 민주주의에 대한 확고한 신념을 표명하였다. 연설문의 원문 내용은 부록 3-3을 참조.

5) Hacker, J. David (September 20, 2011). "Recounting the Dead". The New York Times (The New York Times Company). Associated Press. Retrieved September 22, 2011.
McPherson, James M. (1988). Battle Cry of Freedom: The Civil War Era. Oxford, New York: Oxford University Press. ISBN 978-0-19-503863-7.

① 재건 수정헌법 채택: 노예제도 폐지, 시민권과 투표권

남북전쟁이 발발하자 링컨 대통령은 노예해방선언(Emancipation Proclamation)을 발표함으로써[6], 경제적으로 군사적으로 남부를 어렵게 하고 전면전의 성격을 띤 남북전쟁에서 북쪽을 유리하게 이끌었다. 공식적으로 노예제도가 폐지된 것은 남북전쟁이 끝난 1865년 수정헌법 13조를 통하여 이루어졌으며, 그 후 수정헌법 14조와 15조 등 소위 재건수정헌법(Reconstruction Amendments)을 통하여 흑인 및 노예에 관한 헌법적인 지위 보장이 추구되었다.

수정헌법 13조(1865년 발의 및 비준)는 노예제도를 공식적으로 폐지하고, 범죄자를 제외하고는 비자발적인 예속을 금지하였다.

수정헌법 14조(1866년 발의, 1868년 비준)는 노예출신 흑인과 그 후손들의 권리보장을 위한 목적으로 제정되었는데, 이 수정헌법은 "미국에서 태어나거나 귀화한 자 및 그 사법권에 속하게 된 사람 모두가 미국시민이라고" 정의하고 어떤 주도 미국시민의 특권 또는 면책권한을 제한하는 법을 만들거나 강제해서는 안된다고 규정했다. 즉 이 조항은 모든 미국시민에 대하여 법적으로 동등하게 보호할 것을 요구했다. 흑인을 미국시민으로 인정하지 않았던 1857년의 '드레드 스콧 대 샌포드 사건(Scott V. Sanford)' 판결은 이 수정헌법에 따라 폐기되었다.

수정헌법 15조(1869년 발의, 1870년 비준)는 미국시민(남성)에게 투표권을 부여함에 있어 인종, 피부색, 과거의 예속상태(노예) 여부에 근거하여 투표권을 제한하지 못하도록 하였다. 그러나 여성에 대한 전반적인 투표권 부여는 수정헌법 19조(1919년 발의, 1920년 비준)에 의해서 1920년대에 이루어졌다.

위와 같은 재건 수정헌법의 채택으로 헌법상 흑인 혹은 과거 노예였던 흑인들의 헌법적 권익은 높아졌지만, 그 후 각 주의 주법과 연방법원의 판결로 이들 수정조항의 실질적·전반적 적용에는 많은 제약이 존재하여 왔으며, 한 세기 정도가 지난 후 1954년 '브라운 대 토피카 교육위원회 사건(Brown v. Board of Education)'에 대한 연방 대법원 판결, 1964년 시민권법(Civil Rights Act)과 1965년 선거권법(Voting Rights Act)을 통하여, 흑인들에 대한 권익이 모든 주에서 전반적으로 확립된 것으로 평가된다.

---

6) 당시 연방정부에 대하여 반란상태에 있던 남부연합 주의 노예들을 즉시 전면적으로 해방한다는 내용의 선언이며 1863년 1월 1일 발표하였다. 영문내용은 부록 3-2 참조.

노예제도가 폐지되자 남부의 대규모 목화 플랜테이션은 과거만큼 많은 수익을 올리기 어렵게 된 반면, 공업이 중요한 북부의 산업은 노동력 확보가 용이해져 급격히 성장하였다. 북부의 산업주의자들은 사회·정치 문제를 비롯해 국가의 여러 분야를 장악하기 시작했다. 그로부터 70년 후에 만들어진 고전적인 영화「바람과 함께 사라지다」에서 감상적으로 묘사되었듯이, 남부의 농업귀족들은 사라지고 말았다.

② 재건활동

남북전쟁 후 남부와 북부의 차이와 갈등을 극복하고 정치적으로 재통합하기 위하여 미국은 1865년부터 1877년까지 노예제의 폐지와 흑인인권개선 등을 포함한 개혁을 통하여 분리주의를 극복하고 미국의 모든 지역이 하나의 체제로 통일·통합되고 미국연방이 다시 회복되는 기간으로서 재건기간(Reconstruction Era)을 거쳤다[7]. 그러나 남부의 내셔널리즘과 흑인 노예제도가 모두 사라졌다는 컨센서스가 이루어졌을 때, 미국의 분리주의가 치료되었다 할 것이므로 실질적인 재건이 1877년에 이루어진 것은 아니다.

재건기간 동안 미합중국의 연방정부는 남부의 주들이 연방에 다시 가입하게 하여 연방을 재건시키고자 노력하였다. 1865년 남북전쟁 종결 후 북부의 공화당 지도자들은 노예제도와 노예소유자의 권리를 무효화하고 남부연합의 국기와 상징들을 모두 제거하기 위하여 재건 수정헌법을 채택하였다. 그러나 그 과정은 순탄하지 않았다. 당초 링컨 대통령 등 공화당 온건파들은 남부연합 지도자들을 복권하는 등 재건을 촉진하여 신속한 연방재건을 추진하였지만, 공화당 급진파들은 남부 인사들을 신임하지 않고 남부를 엄격하게 강압적으로 통제하라고 연방정부에게 요구하고 나섰다.

특히 1866년 선거에서 급진파가 의회를 장악하자 급진파들은 남부를 5개 군사지역으로 나누어 미국 육군의 직접적인 통제 하에서 재건을 추진한다는 내용의 재건법(Reconstruction Act of 1867)을 통과시켜, 북부가 군사적으로 점령한 남부에서 흑인들의 시민권과 투표권을 행사하도록 하고 만여 명의 남부연합의 고위관리였던 백인들을 공직에서 추방하였다. 구체적으로 공화당 급진파들은 ① 해방노

7) 재건기간의 시작에 대해서는 다른 견해도 있는바, 연방을 탈퇴한 남부 주들이 연방으로 다시 되돌아와 연방을 재건하는 기간으로 보아 1863년 노예해방을 재건의 시점으로 보기도 한다.

예와 스캘러왜그(Scalawag, 남부의 연방재편입을 지지한 남부 백인), 카펫배거(Carpetbagger, 남북전쟁 후 남부에 온 북부사람)들이 남부 정치에서 주도권을 잡도록 하고, ② 철도 및 공립학교 건설을 통하여 남부의 경제와 사회를 재건한다는 입장이었다.

그러나 1870년 이후 리디머(Redeemer, 북부에 대항하는 보수적인 남부사람)로 불리던 보수적인 민주당원들은 공화당 급진파들을 부정혐의로 고발하였으며, 남부 백인들 중 과격파들이 KKK(Ku Klux Klan)를 결성하여 북부사람들과 흑인들에게 폭력을 가함으로써 사회적 불안을 가중시켰다.

연방재건기간은 1877년 타협(Compromise of 1877)으로 끝났다. 1876년 대통령 선거과정에서 발생한 논란을 끝내기 위해 양측은 ① 남부에 주둔하고 있는 연방군대를 남부에서 철수하고 ② 남부의 민주당원을 장관에 임명하며 ③ 텍사스와 태평양을 잇는 대륙횡단철도를 건설하고 ④ 평화적으로 헤이스(Rutherford Hayes)를 대통령으로 인정하는 등의 내용으로 타협하였으며, 그 후 헤이스 대통령이 연방군대를 남부에서 철수시키는 등의 조치를 통하여 재건활동은 끝난 것으로 해석된다. 그 기간 동안 테네시(1866.7)로부터 조지아(1870.7)까지 남부연합에 가입했던 11개 주가 다시 연방에 가입하였다.

4. 제2차 산업혁명

4.1 기술혁신과 대기업

1860년대의 남북전쟁과 재건기간 동안의 혼란을 거친 후, 1870년대 이후 미국은 사상 그 유례를 찾기 힘든 고속 경제성장을 보였다. 그 이전의 남부와 북부간의 경제구조와 경제제도의 차이에 따른 시장의 분리가 해소되고 큰 시장의 더 많은 생산요소가 경제적 효율성을 증대시켰다. 미국에서의 경제적 성공을 위하여 더 많은 유럽의 노동자와 더 많은 외국자본이 미국으로 유입되었으며 더 참신하고 더 많은 아이디어가 미국시장에서 활용되었다.

기술혁신의 결과로서 특허는 1860년 이전 기간 중 3.6만 건에서 1860~1900년에는 44만 건으로 그리고 1900~1925년에는 100만 건을 넘어섰다. 1844년 모스(Samuel Morse)는 전신을 발명하여 북미 대륙을 전선망으로 연결하였다. 1867년 타자기가 등장하였으며, 1876년 벨(Alexander Graham Bell)이 전화기를 발명하였으며, 1888년 계산기가 등장하고, 1897년 금전등록기가 등장하고, 라이노타이프, 윤전기, 백열등이 발명되었다.

새로운 발견과 발명품이 급증하면서 대대적인 산업적·사회적 변화가 일어났는데 어떤 사람은 이를 '제2차 산업혁명'이라고 불렀다[8]. 산업 발전을 위한 인프라스트럭처가 크게 확충되었으며 동부의 애팔래치아 산맥에는 풍부한 석탄 매장이 확인되었다. 중북부의 슈피어리어 호 지역에서는 대규모 철광석 광산이 개발되었다. 이를 한 군데로 모아 철강을 생산해 내는 제철소도 번성했다. 대규모 동과 은 광산도 개발되었고, 뒤이어 납과 시멘트 공장들도 생겨났다.

공업 생산량의 증가와 함께 혁신적인 생산방식도 개발되었다. 19세기 말 과학적 경영의 개척자인 테일러(Frederick W. Taylor)는 근로자들에게 다양한 업무를 배분한 다음 좀 더 효율적으로 일할 수 있는 새로운 방법을 고안해 냈다. 진정한 대량생산 방식은 1913년 포드(Henry Ford)의 아이디어에서 나왔다. 그는 자동차를 생산할 때 노동자 각자는 한 가지 간단한 작업만 담당하고 각자는 다른 작업을 담당하는 여러 명의 노동자들이 하나의 제품을 생산하는 작업 라인을 설치했다. 게다가 헨리 포드는 종업원들에게 일당 5달러라는 비교적 후한 임금을 주고, 그들로 하여금 자신이 만든 자동차를 사도록 함으로써 사업을 확장했다. 당시로서는 선견지명이 있는 경영방식이었다.

혁신적인 생산기술과 교통 통신기술의 발달 속에서 주요 산업에서는 혁신적인 기업들이 등장하여 막대한 이윤을 축적하였으며, 이런 기업가들은 사회적으로도 존경받는 부호가 되었다. 철강산업의 카네기(Andrew Carnegie)는 12세에 스코틀랜드에서 미국으로 이민 온 후, 솜 공장의 실패잡이, 전신국 직원, 철도국 직원을 거친 후, 1865년부터 제철업에 투자하여 10년 만에 미국 최대의 제철소를 건설했다. 그 후 코크스 석탄 매장지, 철광산, 5대호의 증기선단, 이리 호의 항만시설, 철도 등의 지배권을 장악하고, 1901년에 세계 최대의 철강회사 US Steel을 세웠다.

석유산업의 록펠러(John D. Rockefeller)는 30대 청년시절에 미국 최대의 석유회사 Standard Oil을 설립하여 미국석유의 대부분을 통제하였다. 육류가공업 부문에서는 스위프트(Gustavus Swift), 아모르(Phillip Armour), 모리스(Morris), 쿠다히(Cudahy), 윌슨(Wilson)과 슈와르츠 차일드(Schwartz Child) 등 대규모 육류가공업자들이 도축 및 육류가공 부문의 트러스트를 형성하여 육류가공품 가격을 조정

8) 부록 3-1 참조.

하고 시장을 통제하였다. 통신업 부문에서 코넬(Ezra Cornell)은 1856년 Western Union을 설립하고, 벨(Graham Bell)은 1877년 Bell Telephone System, 1885년 American Telephone and Telegraph(ATT)을 설립하여 통신부문의 제조업과 서비스 시장을 독점하였다.

운송 부문에서는 캘리포니아 골드러시 기간에 해상운송으로 부를 축적한 밴더빌트(Cornelius Vanderbilt)가 남북전쟁 시 그의 증기선으로 해군을 돕기도 하였으며, 1860년대에 뉴욕 등 동부의 13개 철도회사를 통합하여, 1867년 뉴욕~버팔로를 연결하는 단일 철도노선인 New York~Central Railroad System을 개설하고 시카고~디트로이트 철도선을 확보해서 당시로는 미국 최대의 부자가 되었다.

4.2 부호의 시대

① 19세기 부호

19세기 후반 '부호의 시대'는 재계거물의 신기원을 열었다[9]. 당시 미국인들은 사업에 성공하여 거대한 부를 축적한 재계거물을 이상적인 인물로 영웅시했다. 그들이 성공을 거둘 수 있었던 것은, 록펠러처럼 잠재력 있는 새로운 서비스나 제품을 예측할 수 있는 능력 덕분이었다. 그들은 경제적 성공과 권력추구라는 목표를 향해 치열하게 경쟁할 줄 아는 사람들이었다. 석유산업의 록펠러, 철강 산업의 카네기, 철도사업의 밴더빌트, 자동차 산업의 포드(Henry Ford) 외에도, 굴드(Jay Gould)는 철도사업에서 모건(J. Pierpont Morgan)은 금융업에서 막대한 부를 쌓았다.

어떤 사람은 그 시대의 사업상 도의를 따르는 정직한 사람이었는가 하면 어떤 사람은 부와 권력을 얻기 위해 힘과 뇌물과 배신을 이용하기도 했다. 좋든 나쁘든 사업상의 이권은 정부에 지대한 영향을 끼쳤다. 모건은 가장 화려한 명성을 누린 기업가로 개인적으로도 사업가로도 대단한 번영을 구가했다. 그와 동료들은 도박을 하고 요트를 타고 사치스런 파티를 열고 호화로운 저택에 살았으며 유럽의 예술작품들을 사들였다. 그와는 달리 록펠러나 포드 같은 사람들은 금욕적인 삶을 살았다. 그들은 소박한 가치관과 생활방식을 고수했으며, 독실한 신도처럼 다른

9) 미국 남북전쟁 이후 장기간의 대호황의 시대를 소위 '금박의 시대'(Gilded Age)라 지칭하며, 이 시대는 '부호의 시대'이기도 하였다.

사람들에 대하여 사회적 책임의식을 느꼈다. 인간적인 덕을 쌓아야 사업에서도 성공할 수 있다고 믿었으며, 그래서 근면과 절약을 신조로 삼았다. 훗날 그들이 남긴 유산은 미국에서 가장 큰 자선 재단들을 설립하는 기금으로 쓰였다.

당시 유럽의 상류층 지식인들은 안정적이고 호사로운 생활을 추구하면서 대체로 사업을 경멸하는 편이었지만, 사회계층 간의 이동이 비교적 많았던 미국인들은 돈 버는 일에 관심이 많았으며 그들은 사업적인 모험과 그로 인한 생활수준의 향상 같은 잠재적 대가를 즐겼고, 사업에서의 성공이 가져다줄 사회적 추앙을 누렸다.

② 20세기 후반, 또다시 부호의 시대

20세기 들어 미국경제가 성숙단계로 접어들자 자유분방하던 재계 거물들은 미국인의 우상으로서 그 빛을 잃었다. 주식회사의 등장과 함께 재계 판도에도 결정적인 변화가 일어났다. 경제계의 귀족들은 월급을 많이 받는 기업의 경영 관리자이자 나중에는 회사의 대표가 되는 전문가 출신 관리자들로 대체되었다.

표 3-1 미국 역대 부호의 순위 (당시 GDP 비율로 평가한 순위)

순위	성 명	업종/재산형태	유 산
1	John D. Rockefeller	석유(Standard Oil)	록펠러 센터 Exxon/Mobil
2	Andrew Carnegie	제철(US Steel)	카네기재단 Carnegie-Mellon Univ.
3	Cornelius Vanderbilt	철도운송	Vanderbilt Univ.
4	Bill Gates	정보처리(Microsoft)	Bill & Melinda Gates Foundation
5	John Jacob Astor	모피무역/부동산투자	Astor (New York Public) Library
6	Stephen Girard	은행업(Girard Bank)	Citizens Bank
7	Alexander T. Stewart	직물거래/백화점	-
8	Frederick Weyerhäuser	목재사업	Weyerhaeuser Company
9	Jay Gould	철도투자/투기자본가	-
10	Stephen Van Rensselaer	정치인/부동산	Rensselaer Polytechnic Institute
11	Marshall Field	백화점	Field Museum of Natural History
12	Sam Walton	소매업	Walmart, Sam's Club
13	Warren Buffett	증권투자	Berkshire Hathaway

자료: Gus Lubin (2011). "The 13 Richest Americans of All Time". *Business Insider* (April 17) [Wikipedia의 List of Richest Americans(www.wikipedia.org)에서 재인용].

1980년대와 1990년대의 기술혁명은 새로운 기업가 문화를 낳았으며, 또 한 차례 부호의 시대를 열었다. 마이크로소프트사의 게이츠(Bill Gates)는 컴퓨터 소프트웨어를 개발하고 판매하여 막대한 부를 쌓을 수 있었다. 1990년대 말 그의 회사는 미국 법무부의 독점규제국에 의해 경쟁사를 협박하고 독점권을 행사했다는 이유로 법정에 제소되었지만, 게이츠는 자선단체를 설립하여 자선기금 기부자 명단에서도 최고가 되었다.

게이츠와 마찬가지로 오늘날의 대부분 사업가들은 고자세로 살지 않으며 학교나 자선단체의 이사로 봉사하기도 한다. 또한 국가경제나 다른 나라와의 관계에 관심을 갖고, 정부관료와 의논하기 위해 기꺼이 비행기를 타고 워싱턴으로 날아간다. 틀림없이 그들은 정부에 영향을 주지만 19세기 후반 부호 시대의 몇몇 부자가 그랬던 것처럼 정부를 지배하지는 않는다.

표 3-2 시대별 미국의 최고부자

기 간	성 명	기 간	성 명
1770	Peter Manigault	1890-1895	John D. Rockefeller
1775	Robert Morris	1900-1905	Andrew Carnegie
1780	William Bingham	1910-1915	John D. Rockefeller
1785	Benjamin Franklin	1920-1925	Henry Ford
1790	John Hancock	1930-1945	Andrew Mellon
1795	Elias Hasket Derby	1950	H. L. Hunt
1800	Thomas Willing	1955	J. Paul Getty
1805	Stephen Girard	1960-1975	Howard Hughes
1810-1835	Stephen Van Rensselaer	1980	Daniel Ludwig
1840	John Jacob Astor	1985	Sam Walton
1845-1875	Cornelius Vanderbilt	1990	John Werner Kluge
1880-1885	William Henry Vanderbilt	1995-2015	Bill Gates

자료: 'List of Richest Americans' (www.wikipedia.org).

4.3 도시화 진전

미국경제는 독립전쟁과 남북전쟁을 거친 후 제조업부문의 신기술 발명과 생산방식의 혁신으로 급속한 성장과 발전을 거듭했다. 공업발전은 특히 남북전쟁과 제1차 세계대전의 두 전쟁을 치루면서 급속히 이루어졌다. 전쟁에 따른 물품수요 증대는 철, 증기, 전력의 이용 그리고 과학발전과 그에 따른 발명에 힘입어 생산효율성 증대와 신제품의 등장으로 경제활동을 촉진했다.

공업의 성장과정은 자본투자에 따른 생산설비 증가와 함께 임금노동자의 대량유입이 동반되며, 그에 따라 대규모의 인구밀집형 도시가 등장하였다. 이런 도시는 자본축적, 상업 금융기관, 교육기관, 병원시설, 유통시설, 철도 등 교통시설, 대규모 광장, 노동자의 주거시설로서 급속히 성장하였다. 8천 명 이상 되는 도시에 거주하는 미국인구의 비율은 1830년의 경우 15분의 1이었으나 1860년에는 6분의 1로 상승했다. 1890년까지도 미국에는 인구 100만 명이 넘는 도시가 없었으나, 1920년에는 뉴욕이 150만 명, 시카고와 필라델피아가 100만 명에 달했다.

상공업 발전에 따른 도시화는 미국의 북동부에서 시작하여, 중부, 남서부로 확산되어 왔다. 식민지시대부터 정치와 경제의 중심지였던, 뉴욕, 보스턴, 필라델피아, 볼티모어, 리치몬드 등은 미국의 역사, 정치, 경제, 교육의 중심지로 자리잡았으며, 19세기 후반 공업의 발달로 중부의 피츠버그, 신시내티, 클리블랜드, 시카고, 디트로이트 등이 공업도시로 급성장하였다. 서부개척의 과정에서 서부진출 교통의 요지였던 세인트루이스, 캔자스 시티, 덴버, 솔트레이크 시티 등은 해당 지역의 중심도시로 성장하였으며, 서부해안의 샌프란시스코와 로스앤젤레스는 대륙횡단철도와 골드러시 그리고 세계대전 등에 힘입으며 광공업과 군수산업 첨단기술개발과 영화산업을 바탕으로 발전하여 동북부지역 대도시에 필적하는 수준으로 성장하였다.

남부는 남북전쟁 이전에는 소수의 영국계 백인 귀족들이 플랜테이션 방식으로 목화와 담배 등을 재배하는 농업중심 지역이었으나 여타 지역보다 늦게 산업화와 도시화가 이뤄졌다. 남동부지역에는 마이애미, 애틀랜타, 뉴올리언스, 내슈빌 등이 지역의 중심도시이며, 따뜻한 기후의 남부 지역에는 댈러스, 휴스턴, 샌 안토니오 등이 석유산업, 서비스산업, 우주산업 등에서 발전해 왔다.

표 3-3 미국의 주요 대도시의 인구(광역도시권, 2015기준)

(단위: 백만 명)

순위	도시	인구	지역	순위	도시	인구	지역
1	뉴욕	20.2	북동부	11	샌프란시스코	4.7	서부
2	로스앤젤레스	13.3	서부	12	피닉스	4.6	서부
3	시카고	9.6	중서부	13	리버사이드	4.5	서부
4	댈러스-포트워스	7.1	남부	14	디트로이트	4.3	중서부
5	휴스턴	6.7	남부	15	시애틀	3.7	서부
6	워싱턴 D.C	6.1	북동부	16	미니애폴리스	3.5	중서부
7	필라델피아	6.1	남부	17	샌디에이고	3.3	서부
8	마이애미	6.0	남부	18	탬파	3.0	남부
9	애틀랜타	5.7	남부	19	덴버	2.8	중서부
10	보스턴	4.8	북동부	20	세인트루이스	2.8	중서부

자료: Bureau of Census(2015).

부록 3-1

산업혁명 발전단계

□ 새로운 기술발전에 의해 경제체제 및 사회구조가 급격하고 전면적으로 변한시기를 산업혁명이라고 하며 과거 3차례 산업혁명을 지나 4차 산업혁명이 도래

○ 1차 산업혁명은 '증기기관 발명'에서 비롯되었으며 수공업시대에서 기계가 물건을 생산하는 기계화시대로 변화

○ 2차 산업혁명은 '전기'에 의해 촉발되었으며 컨베이어벨트 등 대량생산체계가 구축

○ 3차 산업혁명은 1969년 반도체 소자를 이용한 프로그램 제어기기의 발명으로 자동화시대로 이행하였고 가전제품 전성시대 및 인터넷 등장으로 인한 IT혁명으로 연결

○ 4차 산업혁명은 물리적 세계(현실 세계)와 인터넷 가상공간(사이버 세계)이 네트워크로 연결되고 집적된 데이터의 분석과 활용, 사물의 자동제어가 가능

「산업혁명」의 발전단계, 특징 및 정의

구 분	연 도	특 징	정 의
1차 산업혁명	1784년	– 증기 및 수력 기관 – 기계식 생산설비	■ 가축, 인력 등 생물자원에서 화석연료 사용 및 기계 사용이 가능한 기계적 혁명 ■ 영국이 최대 공업대국으로 부상
2차 산업혁명	1870년	– 전기사용 – 분업과 대량 생산	■ 컨베이어시스템, 전기 등을 통한 대량생산체계 구축 ■ 미국이 세계 최강대국의 지위 구축
3차 산업혁명	1969년	– 전자기기, IT – 자동화 생산과 인터넷	■ 정보의 생성·공유를 가능하게 하는 정보기술시대의 개막
4차 산업혁명	?	– 사이버 물리시스템(CPS)	■ 디지털, 물리적, 생물학적 영역의 경계가 사라지면서 기술이 융합되는 새로운 시대

자료: World Economic Forum(2016.1월)

□ 다만 일부 전문가들은 '4차 산업혁명'이라는 용어에 비판적 의견도 상존

○ Jeremy Rifkin(The Industrial Revolution 저자)은 '디지털 혁명(3차 산업혁명)의 잠재력이 발휘되지도 않았는데 종료를 선언하는 것은 시기상조'라고 주장

○ Robert Gordon(Northwestern University 교수)은 '장기 저성장 국면에서 산업혁명의 출발점이라는 주장은 부적절'하다고 주장

자료: 한국은행, 「국제경제분석」, "제4차 산업혁명: 주요국의 대응현황을 중심으로"(2016. 8. 18).

부록 3-2

Emancipation Proclamation

January 1, 1863

Whereas, on the twenty-second day of September, in the year of our Lord one thousand eight hundred and sixty-two, a proclamation was issued by the President of the United States, containing, among other things, the following, to wit:

"That on the first day of January, in the year of our Lord one thousand eight hundred and sixty-three, all persons held as slaves within any State or designated part of a State, the people whereof shall then be in rebellion against the United States, shall be then, thenceforward, and forever free; and the Executive Government of the United States, including the military and naval authority thereof, will recognize and maintain the freedom of such persons, and will do no act or acts to repress such persons, or any of them, in any efforts they may make for their actual freedom.

"That the Executive will, on the first day of January aforesaid, by proclamation, designate the States and parts of States, if any, in which the people thereof, respectively, shall then be in rebellion against the United States; and the fact that any State, or the people thereof, shall on that day be, in good faith, represented in the Congress of the United States by members chosen thereto at elections wherein a majority of the qualified voters of such State shall have participated, shall, in the absence of strong countervailing testimony, be deemed conclusive evidence that such State, and the people thereof, are not then in rebellion against the United States."

Now, therefore I, Abraham Lincoln, President of the United States, by virtue of the power in me vested as Commander-in-Chief, of the

Army and Navy of the United States in time of actual armed rebellion against the authority and government of the United States, and as a fit and necessary war measure for suppressing said rebellion, do, on this first day of January, in the year of our Lord one thousand eight hundred and sixty-three, and in accordance with my purpose so to do publicly proclaimed for the full period of one hundred days, from the day first above mentioned, order and designate as the States and parts of States wherein the people thereof respectively, are this day in rebellion against the United States, the following, to wit:

Arkansas, Texas, Louisiana, (except the Parishes of St. Bernard, Plaquemines, Jefferson, St. John, St. Charles, St. James Ascension, Assumption, Terrebonne, Lafourche, St. Mary, St. Martin, and Orleans, including the City of New Orleans) Mississippi, Alabama, Florida, Georgia, South Carolina, North Carolina, and Virginia, (except the forty-eight counties designated as West Virginia, and also the counties of Berkley, Accomac, Northampton, Elizabeth City, York, Princess Ann, and Norfolk, including the cities of Norfolk and Portsmouth[)], and which excepted parts, are for the present, left precisely as if this proclamation were not issued.

And by virtue of the power, and for the purpose aforesaid, I do order and declare that all persons held as slaves within said designated States, and parts of States, are, and henceforward shall be free; and that the Executive government of the United States, including the military and naval authorities thereof, will recognize and maintain the freedom of said persons.

And I hereby enjoin upon the people so declared to be free to abstain from all violence, unless in necessary self-defence; and I recommend to them that, in all cases when allowed, they labor faithfully for reasonable wages.

And I further declare and make known, that such persons of suitable condition, will be received into the armed service of the United States to garrison forts, positions, stations, and other places, and to man vessels of all sorts in said service.

And upon this act, sincerely believed to be an act of justice, warranted by the Constitution, upon military necessity, I invoke the considerate judgment of mankind, and the gracious favor of Almighty God.

In witness whereof, I have hereunto set my hand and caused the seal of the United States to be affixed.

Done at the City of Washington, this first day of January,intheyearof our Lord one thousand eight hundred and sixty three,and of the Independence of the United States of America the eighty-seventh.

By the President:ABRAHAM LINCOLN
WILLIAMH.SEWARD, Secretary of State

부록 3-3

Gettysburg Address

November 19, 1863

"Four score and seven years ago our fathers brought forth on this continent a new nation, conceived in liberty and dedicated to the proposition that all men are created equal. Now we are engaged in a great civil war, testing whether that nation or any nation so conceived and so dedicated can long endure. We are met on a great battlefield of that war. We have come to dedicate a portion of that field as a final resting-place for those who here gave their lives that that nation might live. It is altogether fitting and proper that we should do this. But in a larger sense, we cannot dedicate, we cannot consecrate, we cannot hallow this ground. The brave men, living and dead who struggled here have consecrated it far above our poor power to add or detract. The world will little note nor long remember what we say here, but it can never forget what they did here. It is for us the living rather to be dedicated here to the unfinished work which they who fought here have thus far so nobly advanced. It is rather for us to be here dedicated to the great task remaining before us--that from these honored dead we take increased devotion to that cause for which they gave the last full measure of devotion--that we here highly resolve that these dead shall not have died in vain, that this nation under God shall have a new birth of freedom, and that government of the people, by the people, for the people shall not perish from the earth."

President Abraham Lincoln

제 4 장

대공황과 뉴딜

1930년대 미국의 대공황은 근대산업사회 역사상 최악의 그리고 최장기간의 경제적 붕괴로서 1929년 말부터 1940년대 초반까지 지속되었다. 1929년 10월의 뉴욕증시의 대폭락 이후 회사와 은행들은 문을 닫았으며, 사람들은 그들의 일자리와 가정 그리고 저축을 잃어버렸으며, 많은 사람들이 생존자체를 위해 고생한 기간이었다. 대공황의 정점이었던 1933년에는 미국 노동력의 약 4분의 1이 실업자였다.

대공황을 극복하기 위한 미국의 정책혁신이라 할 수 있는 뉴딜정책은 대공황기간은 물론 그 후 수십 년간 미국의 경제, 정치, 사회에 큰 영향을 미쳤다.

1. 대공황의 원인과 초기대응

1.1 배경과 원인

1920년대 과열된 미국의 경제호황은 내적으로 문제를 잉태하고 있었다. 소득분배의 불균등화, 유효수요의 부족, 주식시장의 거품형성 등 경제내적인 문제점을 심화시키다가, 1929년에 주식시장 붕괴를 가져왔다. 1929년 주식시장 붕괴, 1930년 스무트-홀리 관세법(Smoot-Hawley)하에서의 보호무역주의 그리고 상업은행체제의 위기 및 가뭄에 따른 농업 흉년 등은 1930년대의 대공황(Great Depression)을 초래하는 데 큰 몫을 했다.

대공황은 1920년대 미국경제 내의 많은 심각한 약점에 의해 야기되었다. 비록 1920년대가 표면상으로 번영의 시기였지만, 소득은 불공평하게 배분되었다. 부유한 사람들은 많은 이익을 창출했지만, 점점 더 많은 미국인들이 자신이 번 것 이상으로 소비했고, 농부들은 농산물의 저가격과 가중된 채무에 직면했다. 이런 문제점들이 대공황을 생기게 한 위기, 즉 수천 명의 투자자들을 파산시키고 경제의 신뢰성을 파괴한 1929년의 재앙적인 미국 주식시장 붕괴를 가져왔다. 대공황은 제품생산과 판매의 급격한 감소와 실업의 갑작스러운 증가를 보였다.

제1차 세계대전(1914~1918)의 여파는 전후처리 과정에서의 지나친 전쟁배상금 요구로 유럽국가들이 전쟁채무와 배상금을 지불하기 위해서 애썼던 것처럼, 많은 국가에 경제적 문제점들을 야기하였으며 국가들은 자국과 자국이 속한 블록의 이익을 위해 차별적이고 보호주의적인 무역정책을 추구하여 국제무역은 위축되고 있었다. 이런 상황 속에 미국에서 시작된 대공황은 20세기 경제적으로 상호의존 관계가 심해진 대부분의 세계공업국으로 번졌다. 세계대공황으로 확산되었다.

1.2 부적절한 초기대응

당시 후버(Herbert. C. Hoover) 행정부가 취한 대공황에 대한 정부의 초기반응은 비효과적이었으며 또한 부적절한 것으로 평가된다. 후버대통령은 국민들의 기본적인 수요가 있어 소비가 점차 증가하며 일반국민의 신뢰를 회복할 것이며, 따라서 기업이 투자를 시작하고 생산량을 늘리면 일자리와 소득을 제공하여 경제가 회복될 것으로 믿었다. 그러나 팔리지 않는 제품들이 재고로 쌓이는 동안 기업들은 생산량을 늘릴 이유를 찾지 못했다. 1932년 투자는 1929년 수준의 5% 이하로 떨어졌으며, 그 결과 기업은 고용을 더욱 줄이고 소득이 감소한 노동자의 소비지출은 더욱 줄었다.

이런 상황에서 기업신뢰를 회복하는 데에는 연방예산의 균형이 필수적이라고 확신하여 후버 대통령은 정부지출을 줄이고 세금을 높였다. 그러나 붕괴하고 있는 경제상황에 직면하여 취했던 이러한 예산정책은 수요를 더욱 감소시켰다. 상황이 악화되자, 후버 행정부는 은행과 산업에 긴급히 자금을 제공하고 공공근로를 확대했으며 주정부들이 구호품을 제공하도록 하였다. 그러나 그것은 사태를 수습하기에는 너무 미약하고 때늦은 조치에 불과했다.

많은 미국인들이 직장을 잃고 굶주림에 직면하는데도 후버는 자발적인 기부를 통한 상부상조는 인간들의 기본적인 수요 즉 생존에 필요한 최소한의 욕구를 충족시킬 수 있다고 주장했다. 민간자선이 크게 증가하여 1932년에는 최고수준을 기록

하였지만, 엄청나게 많은 도움 요청자들에 비해 자선기관은 턱없이 부족했다. 많은 전문가들은 정부지원이 유일한 해답이라고 설득했지만, 후버는 연방보조금의 지급이 수혜자의 자립정신을 해친다고 설명하고, 그의 임기 중 이런 조치를 취하지 않았다.

1.3 세계경제 침체와 파시즘 등장

공화당 정부와 의원들은 상품수입을 억제하고 미국산 제품의 국내판매를 증가시켜 미국경제를 진작하기 위하여 높은 수입관세를 추진하였다. 1930년 그들은 미국역사상 가장 높은 관세를 설정한 스무트-홀리 관세를 법률로 제정하였다. 이것은 이미 공황으로 빠져들어 가던 유럽경제에 결정적인 타격을 주었고, 다른 국가들도 국내 관세를 올림으로써 미국에 보복했다. 이런 행동은 공황을 악화시켰을 뿐만 아니라 국제무역을 억제하여 공황을 전 세계로 전파시켰다. 1929~1932년 동안 세계 무역액은 절반 수준으로 감소하였다. 그리고 대공황은 세계경제 침체와 파시즘의 등장을 초래했다.

미국에서 시작된 대공황은 세계경제 전반을 침체로 몰아넣었으며, 어려워진 경제상황 속에서 일부 국가들은 국가주의적인 정책과 전체주의적인 정책을 강화하였다. 특히 제1차 세계대전에서 패하여 과중한 전쟁배상금 등으로 극도로 피폐하였던 독일에서는 히틀러(Adolf Hitler)가 집권할 수 있는 길이 열렸으며, 그리고 히틀러의 독일은 제2차 세계대전을 가져왔다. 그러나 제2차 세계대전으로 촉발된 군비지출과 전쟁물자 생산의 급격한 증가에 힘입어 미국경제는 장기간 지속되던 대공황의 늪에서 벗어나게 되었다.

2. 뉴딜 정책

대공황은 미국의 경제발전 역사에서 가장 심각한 어려움을 남겼으며, 1932년 대통령 선거에서 후버대통령의 재선을 막으면서 민주당의 루스벨트(Franklin D. Roosevelt) 후보의 당선을 가져왔다 할 수 있다. 이런 상황에서 당선된 루스벨트는 대공황을 극복하기 위하여 뉴딜(New Deal) 정책을 추진하였다.

뉴딜은 대공황의 붕괴적인 경제사회 혼란에 대응하여, 루스벨트 행정부에서 1933년부터 1940년대 초반까지 취해진 일련의 혁신적인 정책 프로그램들을 의미한다.[10] 1932년 선거에서 당선된 루스벨트는 정부지출의 대폭 증대 등 시장에 대한 정부개입 증대, 즉 개입주의 경제정책을 통하여 긴급구호와 경제회복을 추구하였으며 여러 종류의 새로운 제도를 도입하였다. 일반적으로 뉴딜 정책은 긴급구호(relief), 경기회복(recovery) 및 제도개혁(reform)을 대표하는 3R로 분류되곤 하는데, 이를 구분하여 보면 다음과 같다.

첫째, 긴급구호를 위하여, 긴급은행법, 연방긴급구호청(Federal Emergency Relief Administration, FERA), 민간산림치수단(Civilian Conservation Corps, CCC), 농업신용청(Farm Credit Administration, FCA), 민간사업청(Civil Works Administration, CWA), 농업조정법(Agricultural Adjustment Act, AAA) 등을 통하여 은행제도의 개혁과 실업자 및 농업부문에 대한 긴급구호를 도모했다.

둘째, 경기회복을 위하여, 전국청년청(National Youth Administration, NYA), 공공사업청(Public Works Administration, PWA), 금준비법에 의한 달러의 평가절하, 주택건설, 재건금융공사(Reconstruction Finance Corporation, RFC) 설립 등이 추진되었다.

셋째, 제도개혁을 위하여, 테네시계곡개발청(Tennessee Valley Administration, TVA), 사회보장법(Social Security Act, SSA), 증권거래위원회(Securities and Exchange Commission, SEC), 연방통신위원회(Federal Communications Commission, FCC), 농촌전화청(Rural Electrification Administration, REA), 연방준비제도(Federal Reserve System, FRS)의 개혁, 와그너법(Wagner Act)이 추진되었다.

2.1 연방정부의 역할 증대

1933년 루스벨트 대통령이 추진한 뉴딜정책은 경제에 대한 연방정부 역할변화의 계기가 되었다. 대공황에 대한 대응과 관련하여 인기가 하락한 후버를 압도적으로 누를 수 있었던 루스벨트는 정치지도력과 극도로 어려웠던 경제사회적 여건을 배경으로 뉴딜정책을 추진할 수 있었다.

---

10) 루스벨트는 제1차 취임연설에서 "우리가 두려워해야 할 것은 두려움 그 자체"라는 말로 좌절과 실의에 빠진 국민들에게 희망과 용기를 주고 경제부흥을 위한 뉴딜정책의 필요성을 강조하였다. 연설문 원문 내용은 부록 4-1 참조.

뉴딜 프로그램들은 경제사회에 대한 정부개입의 범위와 분야를 확장했으며, 국가적 차원에서 사회적 지원조치를 창조했다. 뉴딜은 국민과 정부 간의 관계를 근본적으로 변화시켰는데, 국민들은 삶과 경제에서 더 많은 연방정부의 역할을 기대하고 수용하게 되었다.

공업화의 급진전과 도시화의 진행 속에서 도시 임금노동자의 비중이 커지면서, 개인이 감당하기 어려운 사회경제 문제가 점증하고 있었다. 즉, 경제구조와 생활양태는 사회적이고 집단적인 영향을 미치는 쪽으로 변모해 갔으므로, 경제활동에 대한 정부의 역할증대가 요구된 것으로 평가할 수 있다. 자본주의적 경제체제에서도 정부가 역할을 증대시키고 시장에 개입하여 경제성과를 개선할 수 있다는 전문가들의 견해와 일반대중의 여론이 점진적으로 진화하고 있었다. 그러나 대공황과 같은 충격적인 경제현실과 이러한 현실에 대한 혁신적 정책변화를 위한 전략과 전술을 효율적으로 구사할 수 있는 정치지도력이 없었다면, 1930년대의 뉴딜 기간에 등장한 구체적인 프로그램들이 시행되기는 어려웠을 것으로 보는 것이 타당하다.

결국 대공황으로 일자리를 잃은 실업자와 농민, 은행예금을 잃어버린 예금자, 연금이 없는 노인들에게 혁신적인 프로그램과 정부개입의 확대는 큰 부담 없이 수용될 수 있었다. 문제는 다양한 경제정책 프로그램을 어떤 방식으로 신속하게 개발하여 시행할 수 있느냐 하는 것이었지만, 당시에 미국 연방정부가 도입하려고 하였던 사회보장, 실업수당, 최저임금, 기업의 공공소유, 공공사업, 증권규제, 예금보호 등의 프로그램은 프랑스·독일·핀란드 등 유럽 국가나 캐나다·호주 등 영어사용 선진국에서, 그리고 미국의 일부 주에서 이미 검토 시행되고 있었으므로, 경제전문가들은 이 제도들의 장점과 운영방안에 관한 경험적 증거를 쉽게 찾아 활용할 수 있었던 것으로 평가된다.

연방정부가 담당하는 프로그램의 확대는 연방정부의 지출규모와 관할범위의 대폭적인 증가로 나타났다. 뉴딜이 시작되기 이전 GNP대비 3% 미만이었던 연방정부지출이 1939년에는 10%에 근접했다. 연방 프로그램의 확대와 지출규모의 증가는 결국 연방정부의 위상과 역할 강화로 나타났다. 주정부와 지방정부의 비중은 소폭증가나 종전의 수준 유지에 그친 반면, 연방정부의 지출은 급속히 상승한 것으로 나타났다.

뉴딜의 긍정적 효과에도 불구하고 미국의 대공황의 그림자는 1930년대 말까지도 계속되고 있었다.

2.2 정부의 시장개입 확대

뉴딜 법안의 추진세력들은 산업계와 정부가 깊은 유대관계를 가지기를 원했지만, 그중 일부는 제2차 세계대전을 지나면서 폐기되기도 했다. 뉴딜 법안 중 생명력이 가장 짧았던 것은 국가산업부흥법(National Industrial Recovery Act, NIRA)으로 국가의 조정과 감독으로 기업 측과 근로자들이 갈등을 해소하고 생산성과 효율성을 높이려는 목적을 가진 법안이었다. 독일과 이탈리아에서 기업과 노동자와 정부 등 3자가 타협했던 것처럼 미국에서도 뉴딜 정책의 제안자들은 기업과 노동자와 정부라는 경제주체들 사이에 새로운 권력을 분배하는 데 역점을 두었다.

미국정부가 경제에 적극 개입하는 일은 전쟁이 일어나면서 더욱 심해졌다. 당시 전시생산국(War Production Board)은 군수품 조달이 최우선으로 이루어지도록 국가의 생산능력을 조절하였다. 따라서 소비자들 위주로 생필품을 생산하던 공장에서 군사용품을 만들기 시작했다. 예를 들어, 자동차 공장에서는 탱크와 비행기를 만들었고 미국은 '민주주의 국가의 무기고'가 되었다. 국가의 수입이 증가하자 정부는 생필품 부족으로 인플레이션이 유발되는 것을 막으려고 물가관리국(Office of Price Administration)을 신설하여 주택임대료를 억제하고 설탕에서 석유까지 모든 생필품을 배급제로 바꾸었으며 다른 경우에도 물가인상을 억제하기 위해 노력했다.

2.3 새로운 제도와 기관의 설립

새로운 제도와 중요한 기관들이 설립되었다. 현재 미국경제를 특징짓는 법제나 기관들 중 많은 것들이 대공황과 뉴딜 기간 중에 탄생하였다. 오랫동안 논의되고 요구되던 제도들이 대공황이라는 비상한 시국에서 뉴딜이라는 이름하에 비교적 쉽게 도입되었다.

뉴딜 법안은 연방정부의 권한을 금융, 농업, 공공복지 분야까지 확대시켰다. 그리고 시간당 임금에 대한 최소기준을 마련함으로써 철강이나 자동차, 고무산업으로 노동운동이 확대되는 데 촉매 역할을 했다. 국가가 경제를 움직이는 데 반드시 필요한 프로그램이나 기관들은 거의 그 시기에 창설되었다.

여기에는 주식시장을 감독하는 증권거래위원회(SEC), 은행예금을 보증하는 연방예금보험공사(FDIC), 그리고 노인들이 젊었을 때 납부한 기금을 가지고 연금형태로 지급하는 사회보장(Social Security) 시스템 등이 있다.

3. 뉴딜의 유산과 협조적 연방주의

3.1 진보적 정치세력의 형성

뉴딜 프로그램들은 미국 내에서 새롭고 진보적인 정치적 제휴를 가져왔다. 루스벨트의 정책들은 노동조합, 흑인, 정부구조지원을 받았던 사람, 인종적 및 종교적 소수 그룹, 지식인 및 일부 농민의 지지를 얻었으며, 그는 대통령으로 네 번이나 당선되었다.

대공황과 전쟁이라는 위기상황이 있었지만 그의 4차례 당선에는 진보적 정치세력의 형성이 작용하였다 할 수 있다. 그 후 수십 년 동안 민주당의 중추가 되었던 연합체를 이루었다.

3.2 협조적 연방주의의 등장

연방정부 지출의 증가 추세 속에 미국 각급 정부 간의 상호관계에서도 상당한 변화가 있었다. 그 이전의 고전적 연방주의(classical federalism) 혹은 이중적인 연방주의(coordinate federalism)에서 협조적 연방주의(cooperative federalism)로 이동되었다. 전자에서는 주·지방 정부들이 연방정부와는 거리를 유지하면서 대등한 위치에서 상대적으로 독립적인 운행이 강조되었다면, 후자에서는 연방정부의 주도적 역할 속에서 연방정부가 주·지방 정부에 대한 막대한 양여금 이전을 통하여 이들 정부와 긴밀히 협조하거나 간여하는 형태의 정부 간 관계가 강조되었다.

뉴딜에서는 많은 프로그램을 연방정부가 직접 추진하기보다는, 연방정부는 예산을 확보하고 프로그램의 구도만 제시하고 주정부가 이를 실행하되 연방정부로부터 대응 양여금(matching grant)을 받을 수 있도록 했다. 이러한 운영방식은 정치인, 정부관료, 프로그램 수혜자 등 관련자 모두의 구미에 맞았으며, 결국 그 프로그램들이 더 오래 존속할 수 있는 조건이 되었다. 즉, 연방 프로그램은 스스로 이 프로그램을 강력히 지지하는 이익집단을 만들어냈다. 이들은 해당 프로그램과 기관들의 지속과 확대를 위하여 적극적으로 로비를 했다. 또한 이들은 프로그램의 감축에 대하여는 격렬하게 반대공격을 하였으며, 프로그램 감축에 찬성한 의원은 즉각적으로 이익집단으로부터 분노를 사게 되므로 감축의사를 결집하기 어려웠다.

한편 광범위한 대다수의 납세자는 이를 뚜렷하게 인지하지 못할 뿐만 아니라, 조직적인 행동을 하지 못했다. 반면 프로그램을 담당하는 관료들은 이를 존속시키는 것이 국민들에 대한 성공적인 봉사라고 해석하는 경향이 있었다. 수혜자, 의회 의원, 관료들 간의 이른바 '철의 삼각망'(iron triangle)이 프로그램들을 뒷받침한 셈이다.

공공프로그램을 위한 자금조달과 관리에 관한 협력적 연방주의의 추세와 함께, 1930년대 뉴딜에 의해 제시된 미국 연방정부의 새로운 역할은 루스벨트 행정부 기간에 그치지 않고 20세기 내내 지속되었다.

우선 제2차 세계대전 중에는 연방정부 활동이 자연스럽게 양적으로 급증하였다. 전쟁은 연방정부의 역할을 엄청나게 확대하고 주·지방 정부 지출의 절대규모를 축소했다. 물론 전쟁 중에는 경제활동의 회복으로 실업자가 급속히 감소함으로써 뉴딜에서 제시한 긴급구호 프로그램들에 대한 필요성이 크게 감소되었다. 전쟁 후에는 주·지방 정부의 역할이 다시 중요해지면서 연방정부와 주·지방 정부 간 협력이 강화되었다.

3.3 미니 뉴딜

뉴딜 기간에 시작된 사회복지 프로그램과 연방정부–주정부 간의 협력방식은 제2차 대전이 끝난 후에도 1950년대를 거쳐 1970년대까지 지속되었다. 1930년대 시행된 뉴딜에 비해서 그 규모와 포괄범위는 작지만, 1960년대에 시행된 사회복지제도 확충조치를 작은 뉴딜(mini New Deal)이라 불린다. 즉 연방정부의 각종 정책과 제도에는 뉴딜정책의 특성들이 유지되고 확대되었다. 연방정부는 1956년 '전국 주간방위고속도로법'(National Interstate and Defense Highway Act)을 통하여 주간고속도로(Interstate Highway) 건설을 위하여 적극적으로 주정부와 지방정부를 지원하고 나섰다. 1952년 4.1억 달러였던 고속도로 건설 관련 연방정부 양여금은 1962년 중 27.5억 달러로 급증하였다. 각 주는 연방 차원의 가이드라인과 지침에 따라 고속도로의 계획과 시공을 담당하였다.

1960년대에 연방정부는 양여금 제도의 운영방식을 바꾸어 주정부를 거치지 않고도 양여금이 필요한 프로젝트에 자금을 제공할 수 있도록 하였다. 이는 연방정부의 관리들이 주정부의 협조를 받지 않고 직접적으로 해당 프로젝트를 통제할 수 있음을 의미한다.

1930년대 뉴딜에서 제시한 사회복지체제가 1970년대 중반까지 계속 강화되었다. 기존 복지프로그램의 수혜자가 확대되고, 노령자, 맹아자, 지체불구자에 대한 복지지원이 추가되었다. 이에 더하여 1960년대의 케네디-존슨 행정부 때 저소득층에 대한 식료품 구입권(food stamp), 노령자에 대한 의료보호(Medicare), 빈곤층 의료보조(Medicaid) 등의 제도가 새로이 도입되고, 교통부와 주택도시개발부가 신규로 설립되었다. 닉슨 행정부 시절에는 부양아동을 가진 모든 가정에 일정 수준 이상의 최저연간소득을 보장한다는 가족지원계획(Family Assistance Plan)이 제안되기도 했다. 이때까지도 연방정부는 양여금을 통하여 주·지방 정부에 대한 지원과 연방정부의 영향력을 꾸준히 확장시켰다.

연방정부의 영향력 확대 경향은 1980년대 레이건행정부 시기에 큰 변화를 보였다. 연방정부 양여금의 운영방식 변화와 양여금 축소 움직임으로 나타났는데 이는 해당 정책 프로그램의 실질적인 통제권을 연방정부에서 거두어 주정부에 돌려주자는 의도였다.

양여금의 운영방식에 있어 과거에는 자금의 용도를 연방정부가 구체적으로 정하여 주정부에 제공하는 조건부양여금 프로그램(tied grant programs) 방식이었으나, 이제는 광역블록 프로그램(broad block program) 방식으로 점차 바뀌었다. 이 방식에서는 연방정부가 자금의 용도를 포괄적으로만 제시하여 주정부에 제공하고 주정부가 구체적으로 집행하게 하였다.

또한 양여금 규모가 크게 감축되었다. 1980년대 연방재정수지 적자가 누적적으로 증가하는 추세 속에서, 연방정부의 주·지방 정부에 대한 양여금은 크게 삭감되었다.

연방정부의 하위정부에 대한 영향력과 관련하여, 양여금 등 재정적 방법 외에도 연방정부는 비재정적 방법도 이용한다. 자금지원 없는 임무부여(unfunded mandate)를 설정하는 이 제도는 주·지방정부에 책임을 부여하지만 하위정부가 그것을 수행하도록 하는 재정지원을 하지 않는 방식이다. 환경규제법 등이 대표적인 경우로서, 이는 연방정부 양여금의 규모와는 관계없이 연방정부의 영향력을 전제로 하는 제도라 할 수 있다.

부록 4-1

Inaugural Address

by Franklin D. Roosevelt, 1933

I am certain that my fellow Americans expect that on my induction into the Presidency I will address them with a candor and a decision which the present situation of our Nation impels. This is preeminently the time to speak the truth, the whole truth, frankly and boldly. Nor need we shrink from honestly facing conditions in our country today. This great Nation will endure as it has endured, will revive and will prosper. So, first of all, let me assert my firm belief that the only thing we have to fear is fear itself—nameless, unreasoning, unjustified terror which paralyzes needed efforts to convert retreat into advance. In every dark hour of our national life a leadership of frankness and vigor has met with that understanding and support of the people themselves which is essential to victory. I am convinced that you will again give that support to leadership in these critical days.

In such a spirit on my part and on yours we face our common difficulties. They concern, thank God, only material things. Values have shrunken to fantastic levels; taxes have risen; our ability to pay has fallen; government of all kinds is faced by serious curtailment of income; the means of exchange are frozen in the currents of trade; the withered leaves of industrial enterprise lie on every side; farmers find no markets for their produce; the savings of many years in thousands of families are gone.

More important, a host of unemployed citizens face the grim problem of existence, and an equally great number toil with little return. Only a foolish optimist can deny the dark realities of the moment.

Yet our distress comes from no failure of substance. We are stricken by no plague of locusts. Compared with the perils which our forefathers conquered because they believed and were not afraid, we have still much to be thankful for. Nature still offers her bounty and human efforts have multiplied it. Plenty is at our doorstep, but a generous use of it languishes in the very sight of the supply. Primarily this is because the rulers of the exchange of mankind's goods have failed, through their own stubbornness and their own incompetence, have admitted their failure, and abdicated. Practices of the unscrupulous money changers stand indicted in the court of public opinion, rejected by the hearts and minds of men.

True they have tried, but their efforts have been cast in the pattern of an outworn tradition. Faced by failure of credit they have proposed only the lending of more money. Stripped of the lure of profit by which to induce our people to follow their false leadership, they have resorted to exhortations, pleading tearfully for restored confidence. They know only the rules of a generation of selfseekers. They have no vision, and when there is no vision the people perish.

The money changers have fled from their high seats in the temple of our civilization. We may now restore that temple to the ancient truths. The measure of the restoration lies in the extent to which we apply social values more noble than mere monetary profit.

Happiness lies not in the mere possession of money; it lies in the joy of achievement, in the thrill of creative effort. The joy and moral stimulation of work no longer must be forgotten in the mad chase of evanescent profits. These dark days will be worth all they cost us if they teach us that our true destiny is not to be ministered unto but to minister to ourselves and to our fellow men.

Recognition of the falsity of material wealth as the standard of success goes hand in hand with the abandonment of the false belief that public office and high political position are to be valued only by the standards of pride of place and personal profit; and there must be an end to a conduct in banking and in business which too often has given to a sacred trust the likeness of callous and selfish wrongdoing. Small wonder that confidence languishes, for it thrives only on honesty, on honor, on the sacredness of obligations, on faithful protection, on unselfish performance; without them it cannot live.

Restoration calls, however, not for changes in ethics alone. This Nation asks for action, and action now.

Our greatest primary task is to put people to work. This is no unsolvable problem if we face it wisely and courageously. It can be accomplished in part by direct recruiting by the Government itself, treating the task as we would treat the emergency of a war, but at the same time, through this employment, accomplishing greatly needed projects to stimulate and reorganize the use of our natural resources.

Hand in hand with this we must frankly recognize the overbalance of population in our industrial centers and, by engaging on a national scale in a redistribution, endeavor to provide a better use of the land for those best fitted for the land. The task can be helped by definite efforts to raise the values of agricultural products and with this the power to purchase the output of our cities. It can be helped by preventing realistically the tragedy of the growing loss through foreclosure of our small homes and our farms. It can be helped by insistence that the Federal, State, and local governments act forthwith on the demand that their cost be drastically reduced. It can be helped by the unifying of relief activities which today are often scattered, uneconomical, and unequal. It can be helped by

national planning for and supervision of all forms of transportation and of communications and other utilities which have a definitely public character. There are many ways in which it can be helped, but it can never be helped merely by talking about it. We must act and act quickly.

Finally, in our progress toward a resumption of work we require two safeguards against a return of the evils of the old order; there must be a strict supervision of all banking and credits and investments; there must be an end to speculation with other people's money, and there must be provision for an adequate but sound currency.

There are the lines of attack. I shall presently urge upon a new Congress in special session detailed measures for their fulfillment, and I shall seek the immediate assistance of the several States.

Through this program of action we address ourselves to putting our own national house in order and making income balance outgo. Our international trade relations, though vastly important, are in point of time and necessity secondary to the establishment of a sound national economy. I favor as a practical policy the putting of first things first. I shall spare no effort to restore world trade by international economic readjustment, but the emergency at home cannot wait on that accomplishment.
The basic thought that guides these specific means of national recovery is not narrowly nationalistic. It is the insistence, as a first consideration, upon the interdependence of the various elements in all parts of the United States—a recognition of the old and permanently important manifestation of the American spirit of the pioneer. It is the way to recovery. It is the immediate way. It is the strongest assurance that the recovery will endure.

In the field of world policy I would dedicate this Nation to the policy of the good neighbor—the neighbor who resolutely respects himself and, because he does so, respects the rights of others—the neighbor who respects his obligations and respects the sanctity of his agreements in and with a world of neighbors.

If I read the temper of our people correctly, we now realize as we have never realized before our interdependence on each other; that we can not merely take but we must give as well; that if we are to go forward, we must move as a trained and loyal army willing to sacrifice for the good of a common discipline, because without such discipline no progress is made, no leadership becomes effective. We are, I know, ready and willing to submit our lives and property to such discipline, because it makes possible a leadership which aims at a larger good. This I propose to offer, pledging that the larger purposes will bind upon us all as a sacred obligation with a unity of duty hitherto evoked only in time of armed strife.

With this pledge taken, I assume unhesitatingly the leadership of this great army of our people dedicated to a disciplined attack upon our common problems.

Action in this image and to this end is feasible under the form of government which we have inherited from our ancestors. Our Constitution is so simple and practical that it is possible always to meet extraordinary needs by changes in emphasis and arrangement without loss of essential form. That is why our constitutional system has proved itself the most superbly enduring political mechanism the modern world has produced. It has met every stress of vast expansion of territory, of foreign wars, of bitter internal strife, of world relations.

It is to be hoped that the normal balance of executive and legislative authority may be wholly adequate to meet the unprecedented task before us. But it may be that an unprecedented demand and need for undelayed action may call for temporary departure from that normal balance of public procedure.

I am prepared under my constitutional duty to recommend the measures that a stricken nation in the midst of a stricken world may require. These measures, or such other measures as the Congress may build out of its experience and wisdom, I shall seek, within my constitutional authority, to bring to speedy adoption.

But in the event that the Congress shall fail to take one of these two courses, and in the event that the national emergency is still critical, I shall not evade the clear course of duty that will then confront me. I shall ask the Congress for the one remaining instrument to meet the crisis—broad Executive power to wage a war against the emergency, as great as the power that would be given to me if we were in fact invaded by a foreign foe.

For the trust reposed in me I will return the courage and the devotion that befit the time. I can do no less.

We face the arduous days that lie before us in the warm courage of the national unity; with the clear consciousness of seeking old and precious moral values; with the clean satisfaction that comes from the stem performance of duty by old and young alike. We aim at the assurance of a rounded and permanent national life.

We do not distrust the future of essential democracy. The people of the United States have not failed. In their need they have registered a mandate that they want direct, vigorous action. They have asked for discipline and direction under leadership. They have made me the present instrument of their wishes. In the spirit of the gift I take it.

In this dedication of a Nation we humbly ask the blessing of God. May He protect each and every one of us. May He guide me in the days to come.

제 5 장

경제위기와 정책혁신

미국경제는 장기간에 걸친 뉴딜의 개혁조치와 제2차 세계대전에 따른 전쟁특수의 증가로 1940년대 이후 회복국면으로 돌아섰으며, 제2차 대전 후에도 미국정부의 효과적인 거시경제정책의 시행과 전후 베이비 붐 세대의 수요증대로 1960년대까지 장기호황국면을 이어갔다.

그러나 1970년대 들어서 미국경제는 인플레이션과 경제침체가 함께하는 소위 스태그플레이션(stagflation)이라는 큰 수렁에 빠졌으며, 이를 극복하기 위한 혁신적인 정책이 요구되었는 바, 그 내용을 학습한다.

1. 스태그플레이션: 경제침체 속의 인플레이션

미국경제는 제2차 세계대전 후 약 20년간 소위 제2의 황금기(la deuxieme Belle Époque)[1]라 불릴만한 고속경제성장의 시기를 지나, 1970년대 중반 이후 높은 인플레이션과 높은 실업으로 요약되는 스태그플레이션(stagflation)에 빠져들었다. 1960년대 후반 이후 생산성의 침체와 인플레이션 압력의 증가 속에서도, 미국경제에는 조세감면에 따른 민간소비 수요의 증가 및 베트남전쟁 수행을 위한 정부 재정지출의 증대, 그리고 정부의 사회복지지출 증가 등 연방정부의 재정정책

1) 1870년대 초부터 제1차 세계대전이전까지 서유럽에서 전쟁이 없이 평화와 번영을 구가한 아름다운 시기를 제1의 황금기(Belle Époque)라 부른 것에 비유하여 제2차 세계대전 종전 이후 1970년대 초 석유파동 이전의 세계적인 번영의 기간을 지칭한다.

에 힘입어 경제성장은 어느 정도 지속되었다.

이러한 총수요의 증가를 통하여 단기적으로는 상품과 서비스의 생산이 성장했지만, 결과적으로 인플레이션 압력은 더욱 높아졌다. 닉슨(Richard Nixon) 행정부의 임금·물가통제(wage-price control) 등을 포함하는 소득정책(incomes policies)[2]에 의해 물가상승은 1971년에서 1974년까지 인위적으로 억제되었으나, 나중에 통제가 풀리면서 억눌렸던 인플레이션 압력이 심각한 물가상승을 초래하고, 이에 더하여 1973년 석유수출기구(OPEC)의 대폭적인 원유가격 인상과 원유수출 통제조치는 세계적인 경기침체와 인플레이션 심화를 가져왔다.

소비자물가 상승률의 경우 1960~1965년간 연평균 1.2%, 1966~1972년간 연평균 4.2% 수준이었으나, 1974년에는 11.0%로 급상승함으로써, 실질소득의 정체와 경제적 불안정이 심화되었다. 이에 더하여 1974년~1975년에는 1930년대 대공황 이후 처음으로 2년 연속 마이너스 성장을 기록하면서 이른바 스태그플레이션이 미국경제를 누르기 시작했다.

돌이켜보면, 1960년대 후반 이후 인위적인 경제성장 지속 정책으로 산업경제의 체질이 더욱 취약해졌다. 1970년대 초의 세계적인 1차산품 붐과 1972년과 1973년의 농산물 흉작, 그리고 1973년의 제1차 석유파동 기간의 석유가격 4배 인상 등 충격에 뒤이은 경기후퇴의 여파 속에서, 대부분의 국가들은 고통스런 경제구조조정을 요구받았다. 미국도 경제적·사회적·정치적인 측면에서 힘들더라도 적극적인 구조조정을 해야만 했었다.

제1차 석유파동 후의 경제침체 속에서 기업들은 새로운 환경이 얼마나 오래 지속될 것인지 판단하기 어려웠으며, 이것이 분명해질 때까지 본격적인 구조조정을 연기하는 경향을 보였다. 경제침체 초기에 취해진 FRB의 금융통화완화 정책과 연방정부의 지출확대 정책으로 1975년과 1978년 사이에 미국경제는 단기적으로 경제성장률이 오히려 높아지는 추이를 보였다. 이는 일시적인 고통의 완화일 뿐 오히려 인플레이션의 심화를 가져와 미국경제의 근본적인 어려움을 가중시켰다. 1978년 말 발생한 두 번째 석유파동은 더 근본적이고도 고통스러운 경제구조조정을 요구했다.

2) 인플레이션이 심각한 상황에서, 임금과 물가수준을 자유시장에서 나타날 수준 이하로 인위적으로 억제하기 위하여 취하는 제반조치를 의미한다.

2. 레이거노믹스: 시장기능 활성화

스태그플레이션이라는 어려운 경제상황에 직면하여 연방정부가 경제정책 기조를 본격적으로 바꾼 시기는 1981년 출범한 레이건(Ronald Reagon) 행정부로 보는 경향이 있다. 일반적으로 조세감면, 규제완화를 통한 민간의 창의와 시장경제의 자생력을 추구하였던 레이건 대통령의 시장친화적 경제정책을 레이거노믹스(Reagonomics)라 칭한다.

석유파동과 그 후 심화된 스태그플레이션은 뉴딜정책 이후 재정정책을 통한 정부의 과도한 개입에 대한 회의적인 시각을 확대시켰으며, 일군의 경제학자들이 시장과 대비되는 정부의 비효율성, 관료의 경직성, 정부개입의 역효과 등에 대하여 지적하고 나섰다. 1980년대 이러한 시각과 경제철학을 정책기조에 적극 반영한 정치지도자로는 미국 레이건 대통령과 영국의 대처(Margaret Thatcher)수상이다. 대처 수상의 보수적인 통치이념은 대처리즘(Thatcherism)으로 명명되었다. 정부의 역할을 축소하고 시장의 역할을 강조하는 흐름과 연결되는 정책이었다. 시장에서 정부의 역할을 바라보는 시각은 경제뿐만 아니라 정치에서 사회문제에까지 연결된다. 바꾸어 말하면, 1930년대 루스벨트 행정부의 뉴딜정책 기조가 근본적으로 반대방향으로 선회한 것을 의미한다.

시장기능 활성화를 위하여 레이건 행정부가 취한 주요 정책내용은 물가안정, 규제완화와 기업가 정신의 고양으로 요약된다.

2.1 물가안정

1980년대 레이건 행정부가 물가안정중시 정책을 추진하기 이전인 1970년대 후반부터 미국에서는 상당한 수준의 논의와 조치들이 등장하였다. 1978년 4월에 카터(Jimmy Carter) 대통령은 인플레이션 억제가 경제정책의 제1순위 정책과제라고 표명했다. 인플레이션의 심화를 무시하고 실업률 3%를 경제운영목표로 묶어둔다는 험프리-호킨스 법안(Humphrey-Hawkins Bill)에 대하여 협상하던 시기에 나온 인플레이션 억제에 대한 대통령의 천명은 매우 중요한 의미를 갖는다. 이는 적어도 인플레이션 문제가 실업문제와 대등하게 중시되는 쪽으로 경제정책 기조를 조정한 것이다. 험프리-호킨스 토론에서 생긴 이러한 정치적 합의를 반영하여, 1979년에는 통화정책의 운영방식에서도 큰 변화가 모색되었다.

① 긴축통화 정책

인플레이션 억제와 관련하여 가장 주목되는 점은 1979년 이후 연방준비제도가 통화량 공급을 엄격히 통제하기 시작했다는 것이다. 즉 1979년부터 통화정책은 매우 강력한 긴축기조로 바뀌었다. 1979년 10월 취임한 폴 볼커(Paul Volcker) 의장이 이끄는 연방준비제도이사회(FRB)는 통화정책의 목표변수를 이자율이 아닌 통화량 증가율로 바꾸었다.

종전의 통화정책은 목표변수인 연방기금금리(federal fund rate)를 일정 수준으로 유지하는 것이었으나, 볼커 의장의 FRB는 금리가 대폭적으로 변동하더라도, 비차입 지불준비금(non-borrowed reserve)을 중심으로 하는 본원통화의 증가율을 목표수준으로 설정하고 통화량을 엄격히 통제하였다. FRB의 이러한 통화정책 변화는 결과적으로 시장 이자율을 크게 올렸으며 그 결과 소비자지출과 기업투자가 급격히 줄어들었고, 1980년대 초 미국경제는 대공황 이래 최악의 경기침체 국면으로 빠져들었다.

② 조세감면과 지출억제

레이건 정부는 정부예산을 큰 폭으로 삭감하기 시작하였으며 특히 사회복지 지출을 대폭 줄였다. 무려 300억 달러에 달하는 최저생계보장 기금이 삭감되었으며, 기금의 삭감으로 저소득층을 위한 식량공급 프로그램, 실업자 고용훈련 프로그램, 사회보장을 위한 각종 수당 등이 삭감되었다. 레이건과 부시(George Bush)로 이어지는 12년간의 공화당 정권이 끝나는 1990년대 미국의 사회복지지출의 총액이 1970년대 초의 60% 수준이었다. 시간이 흐를수록 더욱 늘어나야 할 사회복지기금이 20년 전보다도 훨씬 감소한 수준에 머무르고 있었던 것이다.

레이건 정부의 재정정책은 긴축기조를 이어갔지만, 국방비는 예외적인 분야였다. 냉전체제가 지속되는 가운데 여전히 군사적 초강대국 미국은 국방비를 대폭 증가시켰으며 결과적으로 미소간의 군비경쟁을 심화시켜 이미 생산효율성에서 어려움을 겪고 있던 소련경제에 추가적인 부담을 지워 소련체제의 붕괴를 가져온 중요한 원인이 된 것으로 평가된다.

레이건 행정부는 경제 불황에서 벗어나기 위한 방안으로 조세감면을 통한 소비 촉진과 민간경제 활력을 강조했으며, 집권 후 몇 년간은 여러 가지 조세법안을 통하여 감세정책을 추진해 나갔다. 1981년 경제회복조세법, 1982년 조세형평 및 재정책임법, 1983년 사회보장수정 법, 1986년 조세개혁법 등이 그 예이다. 이러한 조치들을 통해서 세금은 1,100억 달러 이상 삭감되었으며, 감세조치의 혜택은 결과적으로 기업과 고소득층들에게 돌아갔다.

③ 노조 통제

인플레이션 억제를 중시하였던 레이건 행정부는 노조통제 정책을 강화하였다. 우선 인플레이션을 제거하기 위해 취해진 긴축정책과 국가부문의 축소는 영국과 마찬가지로 미국 노동자 특히 노동조합의 힘을 약화시켰다. 레이건 행정부가 취한 노동자들에 대한 강경한 입장은 1981년 항공관제사 노동조합 파업사건에서 극적으로 드러났다[3].

결과적으로 레이건 행정부의 집권기간 동안 노동자들의 삶의 조건은 개선되지 않았다. 1979년 이후 레이건 집권 초반인 1982년까지 실질임금은 평균 8% 가량이 떨어졌으며 이렇게 하락한 임금은 그 이후로도 회복되지 않았다. 레이건 행정부의 노동자에 대한 공격은 오히려 실질임금을 더욱더 낮추었다. 1989년 시점에서 미국 노동자들의 80%는 레이건 집권 이전에 비해 임금이 삭감되었으며, 인플레이션을 감안한 실질임금은 10년 동안 약 5%가 떨어졌다.

2.2 정부규제의 개혁

레이건 행정부는 1981년 출범한 이래 규제완화와 기업가 정신 및 경영혁신을 위한 인센티브를 강화하여 시장의 힘에 의한 경제운행을 강조하였다. 이 시기의 정책 내용은 사회복지지출의 억제, 기업과 개인 소득세율의 삭감, 이자율과 각종 가격결정의 자율화, 운송·전력·금융·통신 등 규제된 시장의 지속적 개방과 경쟁촉진, 인플레이션에 대한 강력한 억제로 요약된다.

규제완화 논의는 이미 1974년 '인플레이션에 관한 백악관 회의'(White House Conference on Inflation)에서 본격적으로 주목을 받기 시작하여, 1978년에 에

---

3) 레이건 행정부는 파업에 참가한 항공관제사들의 직장복귀를 명령하였으나 파업참가자들 대부분은 정부의 요구를 거부했다. 이에 정부는 파업참가자 전원을 해고하고 항공관제사 노동조합의 교섭권과 대표권을 박탈하고, 조합을 완전히 소멸시켰다. 파업사태의 이러한 전개는 대부분 예상하지 못한 것이었으며 레이건 행정부가 노동조합을 어떻게 생각하고 있는지를 보여 주는 상징적인 사건이 되었다.

너지와 항공부문 규제완화가 결정되었다. 한편 1978년 중간선거에서 관심을 불러 일으켰던 캘리포니아의 제안 13(Proposition 13)은 국민들은 물가안정과 정부지출억제를 원한다는 강력한 메시지를 정부에 전달했다.

미국의 경우 1980년대 초 규제개혁을 시도한 산업은 여타 산업에 많은 영향을 주는 인프라 산업이었으며, 미국 GNP에서 차지하는 비중은 5%에 불과하였지만, 해당 산업의 비용을 25~75%씩 절감하고 노동 및 자본생산성을 크게 증가시킨 것으로 OECD 보고서는 평가하였다. 또한 규제개혁을 통한 비용감소와 가격인하는 경제전반의 물가안정과 함께 노동시장의 신축성 제고에 크게 기여한 것으로 지적되고 있다.

1980년을 전후하여 본격화된 규제완화 및 시장기능 활성화라는 경제정책 기조와 새로운 방식의 강력한 통화긴축정책은 인플레이션을 성공적으로 억제하였으나, 제2차 석유파동과 결부되어 1980~1981년에는 1930년대 대공황 이후 최악의 경기침체를 초래하였다.

2.3 기업가정신 고양

석유파동과 스태그플레이션의 어려움 속에서 대기업들보다는 변화에 신축적으로 적응할 수 있는 중소규모의 모험기업들이 증가하고 창의력이 존중되는 기업가정신이 고양되었다. 기업가정신의 확산은 가부장적인 환경에 익숙했던 것과는 다른 것을 모색하는 사람들, 즉 청년, 소수그룹, 여성, 다수의 실업자 등을 자극하였으며 미국경제에 활력을 불어넣은 것으로 평가된다.

시장기능 활성화라는 정부정책 기조 속에서 경제체제와 개별 기업들은 보다 개방형 구조로 바뀐 것으로 지적된다. 애플 컴퓨터는 다른 제조업자 및 다른 소프트웨어 제공자의 제품과 함께 사용할 수 있도록 개방구조로 설계되었다. 개방적인 경제시스템은 시장을 통하여 기업들을 더 효과적으로 경쟁시키고 서로 연계시킬 수 있게 하였다. 이러한 개방적인 경제는 레이건 행정부의 규제완화 정책에 의해 촉진되었고 정보혁명의 발달에 의해 더욱 강화되고 있다.

이와 함께 미국경제는 빠른 기술변화와 혁신의 물결에 직면하게 되었다. 새로운 기술의 출현은 이미 경제에 심대한 영향을 주기 시작했으며 경쟁을 심화시키고, 지리적으로 다른 곳에 위치한 경제주체들을 효과적인 네트워크로 연결시켰다. 서비스교역 자유화, 지적재산권 보호의 확대 및 국제투자의 촉진과 결부되어, 이전에 존재했던 것과는 근본적으로 다른 서비스와 정보경제를 창조하고 있었다.

레이거노믹스는 기존 경제학이 중시해 온 수요측면의 총량적인 모델분석이 아닌 생산과정이나 경제성장의 구조분석과 기업가의 심리구조나 기술혁신 등 공급 측면에 대한 질적인 측면을 강조한다. 또한 기능적인 시각보다 구조적인 시각, 더 나아가 순수 경제분석보다 정치경제학적·심리학적 분석을 중시한다. 이들은 슘페터(Joseph. Schumpeter)의 혁신논리와 유사한 기업가의 창의성·혁신능력·리더십 등 기업가정신을 중요시하며, 근로자의 근로의욕을 중시한다. 이를 위해 경제분석에서 인간적인 요소와 심리적인 요소를 중심으로 한 동기부여에 관심을 집중시킨다.

2.4 보수주의 확산

1970년대 후반 영국 보수당 대처 수상의 집권과 함께 1980년대 미국의 보수주의(conservatism)는 몇 년 사이에 세계적인 현상으로 확산되었다. 독일 콜 수상의 등장, 캐나다 멀로니 내각의 출범, 일본 나카소네 총리의 집권과 후임자들의 나카소네 정책기조의 유지 등을 포함하며, 프랑스 사회당의 미테랑 대통령과 호주 진보당의 호크 수상도 상대적으로 보수주의 정책으로 선회하였던 추세를 포함한다. 1980년대에 추진된 캐나다에서의 에너지 가격 자율화, 독일과 일본의 예산지출의 대폭적인 삭감과 프랑스의 적자 제철소의 폐쇄 등으로 이어졌다.

1980년대의 세계적인 보수주의는 경제적으로는 자유주의적 정책기조를 견지하면서 많은 나라에서 국영기업의 민영화를 초래하였다. 전통적으로 민간기업의 역할을 중시해 왔던 미국은 민영화 대상기업이 적었지만, 국가소유 기업에 크게 의존하던 영국과 스페인 등 선진국 그리고 많은 개발도상국에 민영화가 활발히 이루어졌다.

자유시장경제의 확산 추세는 제3세계에서도 점차적으로 분명해졌다. 국제통화기금의 조건부 정책권고(IMF Conditionality)는 환율이 외환시장상황을 최대한 반영하도록 허용할 것과 예산적자 축소와 같은 경제안정을 중시하는 거시경제정책을 추진하도록 IMF는 구제금융지원 국가에 요구하였다. 즉 IMF로부터 자금을 지원받은 채무국들은 가격상승을 자율화하고 과거에 국가소유 기업에 지배되었던 산업부문에서 사기업이 활동하도록 허용하고, 국가관할 산업들에 대한 보조금을 삭감하는 프로그램을 받아들여야만 하게 되었다. 중국과 소련 및 동유럽에서도 극적인 경제운영방식의 변화가 나타났다.

3. 1930년대와 1980년대의 정책 비교

미국은 20세기 중 두 번의 큰 경제위기를 경험하면서 자본주의 시장경제에서 연방정부가 담당해야 하는 역할이라는 측면에서 매우 대조적인 대응자세를 보였다. 20세기에 직면했던 경제위기는 1930년대의 대공황이라는 깊고도 넓은 큰 강과 1970년대의 높은 인플레이션과 낮은 성장(높은 실업)이라는 스태그플레이션의 수렁을 의미한다. 물론 경제위기의 강도와 내용은 비교되지 않을 만큼 크게 달랐으며 대응책의 방향과 내용 역시 매우 대조적이었다. 〈표 5-1〉은 두 시기에 정부가 취한 대조적인 대응방향과 내용을 비교하고 있다.

특히 1930년대의 대공황 이후 취해진 뉴딜은 자본주의 체제에서 자유경쟁이 보장되는 시장에 대한 정부개입을 합리화하면서 연방정부의 위상을 확보함으로써, 정책기조를 우측에서 좌측으로 크게 옮겼던 것으로 평가된다. 이러한 기조는 그 후 민주당의 강력한 지지세력 형성과 정책의 흐름에 큰 영향을 미쳤으며, 이때 설립된 프로그램과 기관들은 그 후 50년 이상 유지·확대되면서 미국의 국가제도로서 뿌리내렸다.

반면 경제적 자유주의로의 회귀라 할 수 있는 1980년대 이후의 정책기조는 뉴딜로 크게 돌았던 방향타를 좌측에서 중앙으로의 소폭적인 복귀로 비유될 수 있다. 그러나 방향의 선회라는 점에서 1980년대 이후의 정책기조 변화와 연방정부의 위상변화는 큰 의미를 가지는 것으로 평가된다.

1930년대와 1980년대 미국의 이러한 경험은 그것이 거시경제 여건의 변화이건 산업기술 측면의 변화이건, 그 배경은 이데올로기의 변화라기보다는 일반 국민의 인식변화와 경제학자들의 이론과 정책제언의 변화 및 국제여건 변화에 대한 반응으로 설명될 수 있다. 물론 방향선회의 속도와 구체적인 추진방식은 정치지도자의 능력과 태도에도 영향을 받았던 것으로 평가된다.

한편 1990년대 이후 미국 신경제(new economy)의 해석과 관련하여 학자들 간에 상당한 견해차이가 있다. 특히 새로운 경제와 전통 경제 사이의 경제운행상의 근본적인 차이점이 존재하는지의 문제와 장기호황 국면의 한 기둥이라 할 수 있는 주식시장 호황의 지속 가능성과 불안정성 등에 대한 평가가 그것이다. 2000년의 미국경제 상황과 주식시장 상황은 대공황 직전인 1920년대 말과 비교할 때, 다른 점도 많으나 유사한 점 역시 많은 것으로 보인다.

표 5-1 1930년대와 1980년대 경제정책기조 비교

구 분	1930년대 뉴딜	1980년대 규제완화
배경	· 대공황(물가하락, 생산투자의 급감, 대량 실업, 금융기관 파산) · 세계적인 대공황 · 보복적인 보호무역의 확대 · 금본위제 하에서 통화량 격감, 고금리	· 스태그플레이션(인플레이션 가속, 생산침체, 생산성 둔화) · 석유파동으로 세계적인 경제 침체 · 변동환율제 하에서 통화가치 불안정과 인플레이션 만연
경제이념	· 정부역할 강조하는 수정 자본주의 (시장에 대한 정부개입 강화) · 우 → 좌	· 경제적 자유주의로의 회귀 (시장기능 활성화) · 좌 → 중앙
규제제도	· 규제확대	· 규제완화·철폐
기업관계	· 안정적인 기업경영과 산업활동 지원	· 산업지원 감축과 기업간 자유경쟁 촉진
거시정책	· 경기회복과 고용증대를 위한 총수요 확대	· 인플레이션 억제를 위한 긴축정책 (총수요 억제)
재정정책	· 정부지출 확대 (재정수지 적자 확대)	· 정부지출 억제 소득세 감면 (재정수지 적자 축소가 정책 목표)*
금융정책	· 금본위제의 완화로 통화 공급 증대	· 통화량 엄격한 긴축, 고금리 초래
추진세력	· 민주당 행정부 (노동자 권익 중시)	· 공화당 행정부 (기업가 이익 중시)
추진기간	· 1933년 이후 1930년대 (제2차 대전으로 대공황 종식)	· 1978년 이후 1980년대 (1990년대 신경제 연결)
국제관계	· 세계적인 경제 블록화 추세의 심화 · 제2차 세계대전	· 세계화 추세 진전 · 경제의 정보화와 서비스화 진전

주 : *1980년대 재정수지적자는 국방비 확대(재정지출 확대)와 소득세 감면에 기인함.

1980년대 레이건 행정부의 규제완화와 시장경쟁에 대한 신뢰증가를 내용으로 하는 정책기조는 1990년대에도 지속되었다. 시장에서의 치열한 경쟁은 기술개발과 기업가 정신을 촉진하며, 기술변화의 물결은 새로운 제조방법, 제품성능의 개선, 비용절감에 의해 새로운 경쟁을 야기한다. 1990년대 자유경쟁 여건의 개선과 시장기능 활성화가 정착되어 가던 미국경제는 정보통신기술의 발달과 벤처기업들의 성공에 기초하여 이른바 신경제에 의한 전후 호황국면을 구가했다.

1960년대 이후의 주요 거시경제 지표를 보인 〈표 5-2〉에서 보는 바와 같이, 세 번의 심각한 경기침체 기간을 제외한다면, 경제성장률의 경우는 3~4% 정도로 비교적 비슷한 수준을 지속하고 있다. 1960년대와 비교할 때 1970년대~1980년대 초반기 사이의 가장 큰 차이점은 높아진 인플레이션임을 알 수 있으며, 1970년

대~1980년대 초반기와 1980년대 중반기 이후 기간 사이의 가장 큰 차이점도 인플레이션의 격차라 할 수 있다. 1970년대~1980년대 초반기의 경우 8~13%의 매우 높은 수준을 보인 반면 1980년대 중반 이후에는 4% 이하로 하락하였으며, 1990년대 신경제 기간에는 2.5% 그리고 2000년대에는 1~2%대로서 1960년대보다 더 안정된 수준을 나타냈다. 상기 논의에 기조전환의 배경과 정책기조 전환에 따른 성과가 잘 나타나 있다.

표 5-2 1960년대 이후 미국의 주요 거시경제 지표

(단위: 연평균 %)

기 간*		GDP 성장률	실업률	소비자물가 상승률
1961~70		4.18	4.76	2.74
1971~73		4.70	5.46	4.60
1974~75	(제1차 석유파동)	−0.35	7.05	9.60
1976~79		4.70	6.68	8.47
1980	(제2차 석유파동)	−0.20	7.10	12.50
1981	(제2차 석유파동)	2.60	7.60	8.90
1982	(제2차 석유파동)	−1.90	9.70	3.80
1983~90		3.96	6.74	3.56
1991	(제1차 걸프전쟁)	−0.10	6.80	3.10
1992~2000		3.73	5.46	2.61
2001~07		2.46	5.30	2.74
2008~09	(금융위기)	−1.55	7.55	1.40
2010~15		2.10	7.58	1.53

주: 기간 구분은 리세션(2분기 이상 연속 마이너스 성장)이 있었던 제1차 석유파동(1974~1975년), 제2차 석유파동(1980~1982년) 및 제1차 걸프전쟁(1991년), 금융위기(2008~2009년)만 연도별로 구분하였고 그 외에는 기간으로 표시하였음.

자료 : US CEA(2016), *Economic Report of the President*.

제 III 부

경제체제와 경제정책

-규제와 보호보다는 시장경쟁과 개방을-

제 6 장
시장경제와 정부규제

미국의 경제제도는 기본적으로는 자유주의적·시장중심적인 경제체제이다. 미국의 경제체제는 시장에서 민간경제주체들의 자유로운 경제활동을 최대한 보장하는 자유시장경제 시스템의 모델이라 할 수 있다. 미국의 경제발전은 기업이나 개인이 자유로운 시장에서 자신의 능력을 최대한 발휘할 수 있도록 정부가 시장에 개입하지 않을 때 경제가 잘 운행된다는 사실을 보여준다.

다양하고 복잡한 경제사회여건을 감안할 때, 모든 사항을 시장에 맡겨두고 정부가 전혀 개입하지 않는 완전한 자유주의 경제시스템을 가진 국가는 거의 없을 것이다. 다양한 경제적 사회적 이유로 미국정부도 어느 정도의 규제제도를 두고 있어 민간경제주체 특히 기업의 경영활동에 영향을 주고 있다.

이 장에서는 미국경제의 자유시장경제적 모습을 노동, 자본(금융), 산업의 세 부문으로 나누어 그 특성을 살펴본다. 그리고 정부의 개입과 규제가 불가피하다고 여겨지는 몇 가지 분야의 규제제도의 내용을 살펴본다.

1. 시장경제의 개념

1.1 자유주의 경제

자유시장경제(free market economy)란 경제재 즉 경제적 가치를 가지는 상품과 서비스의 수요와 공급이 각기 민간인 공급자와 수요자의 자유의지에 의해 결정되며 자유경쟁시장에서 가격의 등락으로 생산 및 소비와 분배가 결정되고 자원이

배분되는 제도라고 정의할 수 있다. 이는 개인의 자유로운 이윤추구를 보장하는 자본주의 경제체제와 궤를 함께한다. 자유시장경제는 사회주의 국가에서 중앙정부의 계획과 명령에 의하여 경제재의 공급과 수요가 이루어지는 중앙계획명령경제체제(centrally planned and directive economic system)에 대비된다.

자유시장경제는 또한 독점 혹은 공기업 경제와도 다르다. 독과점은 자유방임 또는 정부의 보호와 지원으로 조장되는데 특히 공급이 소수 공급자에게 지배되고, 이로 인해 자유로운 경쟁이 제한되는 경제를 이른다. 공기업 국영경제는 정부가 기업을 소유하고 경영함으로써 민간기업의 자유로운 시장진입과 경영활동이 제한되는 경제를 말한다.

또한 자유시장경제는 보호주의나 집단주의와 대비된다. 보호주의(protectionism)는 정부가 가부장적 입장에서 특정 집단이나 계층들을 보호해 주려는 이념이며, 집단주의(collectivism)는 개개인의 자유와 이익 그리고 자율과 책임보다는 집단의 이해나 특성들을 보다 앞세우는 이념이라 할 수 있다.

자유시장경제 체제하의 자본주의적 경제발전은 18세기 영국의 산업혁명과 함께하였다. 산업혁명은 17세기의 시민혁명 이전 수만 년 동안의 농경사회 권력체제에서 벗어난 시민들이 자유로운 경제활동을 추구할 수 있게 된 결과라고 할 수 있다. 개인에게 자유가 주어지면서 개인들 사이에 경쟁이 생기고, 이 경쟁은 산업활동의 성과를 높이게 되었다. 기업들 간의 경쟁의 심화는 제품가격을 낮추고 소비자들의 후생을 높이며, 국내외 기업들 간의 경쟁을 의미하는 국제무역의 증가도 소비자의 후생과 국민경제의 효율성을 증가시킨다. 이러한 현상의 연장으로 국가 간 거래가 자유로워지므로 국제무역도 크게 신장된다.

1.2 자유방임과 자유기업주의

미국정부의 기업정책은 '내버려두라'는 뜻의 프랑스어 레세페르(laissez-faire, 무간섭주의, 자유방임)라는 말로 요약할 수 있다. 민간 경제주체들 간의 거래가 규제, 특권, 관세 및 보조금 등과 같은 정부의 개입으로 영향을 받지 않는 경제체제를 의미한다. 이 말은 1681년 당시 대표적인 중상주의자(mercantilist)였던 프랑스 재무장관 콜베르(Jean-Baptiste Colbert)와 기업인들 간의 회의에서 처음 등장한 것으로 알려져 있다[1]. 그러나 laissez-faire라는 말은 중농주의자(physiocrat) 케네(Francois Quesnay)가 중국의 무위(無爲)의 개념을 프랑스어로 설명한 것을 프

랑스의 통상감독관이었던 고메이(Vincent de Goumay)가 인용하여 널리 사용함으로써 유행하게 되었다.

자유방임주의 사상은 프랑스에서는 18세기 중농주의자들이 주창하였지만, 영국에서는 자유무역주의와 정부의 무개입주의 사상이 17세기부터 많이 퍼졌으며 아담 스미스(Adam Smith) 등 영국의 고전학파 경제학자들에 의해 더욱 강화되었다[2]. 계몽주의의 한 산물인 자유방임주의 사상은 정부의 제약을 받지 않는 시스템인 '자연적 시스템'의 회복을 통하여, 사람들이 각자의 잠재력을 발현할 수 있도록 하자는 사상으로 인식되었다. 유사한 맥락에서 스미스는 경제를 하나의 자연적 시스템으로 간주하고, 시장을 그 시스템의 하나의 유기적 부분으로 여겼다. 스미스는 자유방임을 하나의 도덕적 프로그램으로 그리고 시장은 자연법 권리를 인간에게 확보해 주는 수단으로 보았다. 따라서 자유시장이란 자연적 시스템이 반영된 자유로운 시장이다. 스미스의 시각에서 보면, 자유방임은 시장을 제약하는 법규들을 폐지하는 프로그램 즉 자연질서의 회복을 위한 프로그램이자 잠재적 성장을 활성화하는 프로그램이다.

자유주의 경제사상은 미국 자본주의의 발달에 크게 공헌한 것으로 평가된다. 개인들이 서로 경쟁할 수 있는 자유로운 시장이 보장되는 한, 자기 이익에 따라 움직이는 개인의 행동은 사회에도 선이 되는 쪽으로 가게 마련이라고 보고 정부의 시장개입을 최소화 하려하기 때문이다.

스미스는 기업들이 자유롭게 경제활동을 할 수 있는 환경을 만들어 주는 경우에만 정부의 간섭을 찬성했다. 즉 정부는 기업의 자유로운 이윤추구 활동에 간섭해서는 안된다고 보았다. 스미스의 사상이 미국에서 수용될 수 있었던 것은 당시 개인에 대한 신뢰와 권위에 대한 불신이 팽배하던 미국에서 레세페르 즉 자유방임사상을 옹호했기 때문이다.

---

1) 회의에서 콜베르 재무장관은 기업인들의 영업을 촉진하기 위하여 프랑스 정부가 어떻게 도와주면 좋겠느냐는 질문에 이 단체의 대표자였던 장드레(M. Le Gendre)는 "우리를 그대로 내버려두라(Laissez nous faire)"고 간단하게 대답했다는 일화가 어원으로 알려져 있다. (laissez-faire, *Wikipedia*)

2) 스미스와 맬서스, 리카도 등 영국의 고전학파 경제학자들이 laissez-faire라는 말을 직접 사용하지는 않았다.

1.3 시장경쟁의 촉진

기업들 간의 경쟁의 심화는 기업이윤을 떨어뜨리므로 기업들은 가능하면 경쟁을 피하여 더 높은 가격과 더 큰 이윤을 추구하기 위하여 담합하고 결합하게 되는데, 19세기 후반부터 미국경제는 점점 소수의 기업인들에게 독점되어 갔다. 독과점의 폐해를 시정하고 시장경쟁의 이점을 확보해야 한다고 판단한 미국은 1890년대부터 독과점을 규제하는 법규를 마련하여 경쟁을 촉진하고 개인의 창의를 창달함으로써 경제성장을 촉진하였다.

그리고 다른 한편으로 각국은 자국의 경제이익만을 추구하고 국내산업을 보호하려는 목적으로 높은 관세를 부과하였으며 이는 국제적 상품거래를 위축시키고 대립과 마찰을 초래하였다. 이런 과정에서 20세기 전반기에 세계는 제1차 세계대전, 대공황, 그리고 제2차 세계대전이라는 심각한 재앙을 경험하였다.

제2차 세계대전 후에 국가 간 무역이 다시 자유로워지고, 독과점을 막으려는 정책노력도 일반화되면서 자유시장경제의 국가들은 성장을 거듭하여, 사회주의식 계획경제체제를 유지해온 소련과 동유럽 국가들보다 더 나은 경제적 성과를 기록하였다. 이들 시장경제 국가에서 발생한 생산효율성 향상과 소득 증대는 국민들에게 널리 퍼져 그들의 생활수준을 높이게 되었다. 길게 보아 200~300년에 걸쳐서 이루어 낸 자본주의 국가들의 경제적 성과는 개인에게 주어진 자유와 그 개인들 사이에서 일어난 경쟁에 바탕을 두었다고 할 수 있다.

한편 반세기 이상 중앙정부의 계획을 기업과 개인에게 명령하여 경제를 운영하던 소련은 그 계획경제체제를 이어가지 못하고 1990년대 들어 해체되었다. 1970년대 말부터 개혁과 개방을 표방하여 계획경제체제를 멀리하고 시장경제를 수용한 중국이 사회주의시장경제가 향후 중국의 나아갈 갈 길임을 분명히 하고 있다. 1990년대에 들어서 미국이 시장경제체제하의 여타 선진국들보다 훌륭한 경제적 성과를 나타내었으며, 1980년대와 1990년대에 영국경제의 자유화·민영화가 이루어낸 경제적 성과도 두드러진다.

20세기 후반 이후 자유주의, 민영화, 시장경제 등에 대한 믿음을 기초로 하는 세계경제의 글로벌화 추세는 21세기 들어 더욱 뚜렷해지고 있다.

2. 정부규제의 근거와 한계

2.1 정부규제의 근거와 범위

민간경제주체들의 자유로운 경제활동을 최대한 보장하려는 자유시장경제를 추구하는 미국의 경우에도 민간경제주체들의 모든 경제활동이 자유롭게 방임되지는 않는다. 보다 중요하다고 판단되는 정책목표에 따라 정부는 시장에 개입하며 필요한 규제제도를 운영하고 있다.

민간기업 활동에 대한 정부의 규제는 경제적 규제와 사회적 규제로 나눌 수 있다. 경제적인 규제는 일차적으로 가격을 통제하는 것이다. 가격통제는 시장지배력을 갖는 대기업으로부터 소비자나 특정 기업(주로 소기업)을 보호해야 한다는 논리에서 출발한다. 완전한 자유경쟁이 보장되는 시장은 존재지 않으며, 만일 존재한다 하더라도 소비자나 소기업의 이익이 보호될 수 없다는 점에서 경제적인 규제는 그 논거가 합리화된다. 그러나 대개는 파괴적인 경쟁관계에 있는 다른 기업으로부터 어떤 기업을 보호하기 위한 방향으로 경제규제가 전개되어 왔다.

사회적인 규제는 더 안전한 근로환경이나 더 깨끗한 생활환경 같은 경제 이외의 목적을 달성하기 위한 것이다. 사회적인 규제는 사회에 해가 되는 기업행위를 금지하거나 좌절시키고, 사회적으로 바람직한 행동을 하도록 독려한다. 예를 들어 정부는 공장 굴뚝에서 매연이 나오는 것을 통제하고, 기업에서 고용인을 위해 건강보험과 연금을 보장할 경우 세금을 깎아 주기도 한다.

역사적으로 미국은 자유방임과 정부규제 사이를 왕래하였다. 자유주의자들과 보수주의자들은 잘못된 규제 때문에 소비자를 희생시키는 기업을 보호하는 잘못을 저지를 수 있다는 생각을 하고, 경제적인 규제 중 어떤 것들을 폐지하거나 축소할 것을 요구해 왔다. 사회적 규제에 대해서 정치지도자들 간에는 의견차이가 크다. 진보주의자들은 경제 외의 다양한 목적을 실현하기 위해서는 정부의 간섭이 필요하다고 생각하고, 보수주의자들은 정부간섭이 기업들 간의 경쟁을 막고 효율성을 떨어뜨린다고 생각한다.

① 정부규제의 범위

건국 초기 미국의 지도자들은 기업활동 규제를 꺼렸지만, 19세기 말 미국기업들이 강력한 주식회사 형태로 빠르게 통합되어 시장지배력이 높아지자, 소기업과 소비자를 보호하기 위해 정부가 간섭해야 한다는 목소리가 높아졌다. 1890년 의회는 독점을 금지하여 기업들이 다시 자유롭게 경쟁할 수 있도록 셔먼 독점금지법을 제정했다. 1906년에는 식품과 의약품의 경우 정확히 품질표시를 하고, 육류는 판매하기 전에 검사를 받도록 하는 법을 만들었다. 1913년에는 정부가 새로운 연방준비제도(Federal Reserve System, FRS)를 만들어 국가의 통화량 공급을 규제하고 민간 금융활동에 통제를 가할 수 있도록 했다.

1930년대 루스벨트 행정부가 대공황을 해결하기 위해 뉴딜 정책을 단행하는 동안 정부역할에 커다란 변화가 생겼다. 많은 미국인은 족쇄 풀린 자본주의가 실패했다고 결론을 내렸다. 그래서 정부가 스스로 파멸을 자초했던 원인을 해결해 주고 궁핍을 완화시켜 주기를 기대했다. 루스벨트 행정부와 의회는 정부가 경제에 개입할 권한을 가질 수 있는 새로운 법안을 제정했다. 이를테면 주식거래를 통제하고 노조를 결성하고 노동자의 권위를 보장하며, 임금과 노동시간에 대한 규칙을 정하고 실업자에게는 생계보조금, 고령자에게는 은퇴연금을 지급하고, 테네시계곡에 거대한 지역발전기구인 TVA(Tennessee Valley Authority)를 설치하였다.

1930년대 이후에는 근로자와 소비자를 보호해 주는 많은 법안과 규제들이 만들어졌으며, 그에 따라 고용주는 나이와 성, 인종, 종교를 가지고 채용에 차별을 둘 수 없게 되었다. 어린이를 고용하는 것도 대부분 금지되었다. 독립적인 노조에게는 결성과 교섭 및 파업의 권리를 보장해 주었다. 정부가 작업환경과 안전에 대한 규정을 만들고 강화했으며, 미국에서 판매되는 모든 제품은 어느 정도 정부의 규제를 받도록 했다.

식품제조업자들은 상품을 깡통이나 상자, 병에 포장하고 그 내용을 정확히 밝혀야 했다. 약물은 완벽하게 시험을 통과해야 판매할 수 있었다. 자동차는 안전기준과 오염기준에 맞게 생산하도록 했다. 물건가격은 반드시 명시해야 하고 광고를 할 때 소비자를 현혹해서는 안 되었다.

② 규제기관의 설치와 운영

20세기 후반 들어 의회는 상품거래부터 통신에 이르기까지, 핵에너지부터 상품안전까지, 의약품부터 고용기회에 관계되는 일을 처리할 수 있는 정부소속의 규제기관을 많이 신설했다. 많은 규제기관이 이론적으로는 대통령이나 정치권의 압력을 받지 않는 별개의 독립적인 기구로 법적인 보호를 받게 되어 있다. 규제기관의

운영은 대통령의 지명을 받아 주 의회의 승인을 받은 이사들로 구성된 독립적인 이사회가 맡는다. 법적으로 이사진의 임기는 5~7년이며, 이사진에는 정당 출신의 의원들이 포함된다. 각 기관마다 보통 1,000명 이상의 직원을 둔다. 의회는 이 기관을 위한 전용 운용기금을 승인하고 그 운영을 감시한다. 규제기관은 어떤 의미에서 법정처럼 운영된다. 법정과 비슷하게 공청회가 열리고 그들의 결정은 연방법원의 감사를 받는다.

2.2 독점규제의 논거

독점은 연방정부가 독점기업의 시장지배력으로부터 소비자의 이익을 보호하기 위해 결정한 첫 번째 규제 대상이었다. 기업들이 큰 회사로 합병되면 큰 힘을 가지게 된 회사가 시장가격을 좌지우지하고 경쟁기업을 곤경에 빠뜨려 시장의 경쟁질서를 교란시킬 위험이 있다. 그렇게 되면 소비자들은 높은 가격으로 물건을 살 수밖에 없고 소비자들의 선택권도 줄어들게 된다.

셔먼 독점금지법을 적용하여 연방정부는 1911년 록펠러(John D. Rockefeller)의 스탠더드 석유(Standard Oil Trust) 회사를 분할하고, 그 밖에 시장지배력을 남용하는 대기업들에게 회사분할 명령을 내렸다. 더하여 1914년 연방의회는 셔먼법을 지원하는 2개의 법안 즉 클레이튼법(Clayton Act)과 연방거래위원회법(Federal Trade Commission Act)을 입법하였다. 클레이튼법은 불법적인 거래행위를 분명히 정의해 놓았다. 이를테면 어떤 구매자에게 다른 구매자보다 이익을 주는 것은 가격차별이라는 불법행위이다. 제조업체가 경쟁업체의 물건을 팔지 않기로 약속한 딜러에게만 물건을 공급해 주는 행위도 금지시켰다. 그리고 경쟁을 막을 수 있는 모든 합병이나 인수행위도 금지시켰다. 연방거래위원회법은 불공정하고 반경쟁적인 기업행위를 감독하는 정부위원회의 설립에 관한 법이다.

이런 새로운 독점금지적인 방법들이 매우 효과적인 것은 아니다. 1912년 유에스스틸(United States Steel)은 미국에서 생산되는 철강의 절반을 장악하고 있었는데, 이것이 독점금지법에 위배되었다. 회사에 대한 법적인 소송은 1920년까지 질질 끌다가 1920년에 대법원은 US스틸이 '불합리하게' 거래를 교란시키지 않았다는 것을 근거로 해서 독점이 아니라는 획기적인 판결을 내렸다. 법정은 시장지배력이 크다는 것과 독점 사이의 미묘한 차이를 명확히 했고, 이 판결로 큰 회사가 반드시 나쁜 것은 아니라는 인식을 심어 주었다.

정부는 제2차 세계대전 이후에도 독점금지적인 결정을 하였다. 연방거래위원회와 미 법무부 독점규제국은 경쟁질서에 위협을 주고 소비자에게 피해를 줄 수 있는 잠재적인 독점행위를 감독하고 합병행위를 막았다. 다음의 네 가지 판례는 그들의 노력이 어떤 식으로 이루어졌는지를 보여준다.

어떤 것이 독점금지법에 위배된다고 분명하게 정의를 내리기는 어려우며, 한때는 독점금지법을 위배하는 것처럼 보였던 기업합병도 시대가 바뀌면서 소비자들에게 별로 위협이 되지 않을 수도 있다. 예를 들어 1911년 정부는 스탠더드 석유회사의 막강한 지배력을 우려하여 록펠러의 석유제국을 엑슨과 모빌 석유회사를 포함해 여러 개의 회사로 분할하라는 명령을 내렸지만, 1990년대에 모빌과 엑슨 석유회사가 기업합병을 신청하자, 정부는 유류가격이 낮아졌으며 경쟁을 보장할 만큼 강력한 다른 석유회사들이 있다는 이유를 들어 합병을 승인하여, 엑슨-모빌이라는 기업이 탄생했다.

그밖에 독점금지와 관련한 몇 가지 판례를 보면 다음과 같다. 1945년 미국 알루미늄 회사와 관련된 사례에서 연방정부는 어떤 기업이 독점행위를 했는지 조사하기 전에 시장점유율이 얼마나 되는지를 평가해야 한다고 법원에 항소했다. 법원은 60~65% 정도로는 독점이라고 말하기가 조금 의심스럽고, 33%는 분명히 독점이 아니며, 90%는 되어야 독점이라고 할 수 있다고 판결했다. 1961년 여러 전기회사가 경쟁을 막고 가격을 고정시켰다는 의혹을 받았다. 기업들이 소비자에게 손해를 끼치기 위해 결탁했다는 사실이 알려진 뒤 어떤 기업의 임원은 형을 받고 감옥에 갔다. 1963년 미국 대법원은 시장지배력이 큰 회사가 연합하면 경쟁을 막으려는 행위로 간주할 수 있다고 판결을 내렸다. 바로 필라델피아 국립은행의 경우가 그랬다. 법원은 합병으로 인해 시장지배력이 과도하게 커진다면 설령 합병이 피해를 준다는 증거가 없어도 불법이라고 판결했다. 1997년 연방법원은 소매점이 밀집되지 않은 지역에 대형 슈퍼마켓 같은 소매점이 생길 경우, 멀리 떨어진 시장과도 경쟁을 할 수 있다고 판결했다. 따라서 이런 시장에서 2개의 유명한 회사가 합병할 경우 공정한 경쟁을 막는다고 법원은 판결했다. 이런 사례로는 사무용품 유통회사 스테이플스Staples)와 홈데포(Home Depot)의 경우 두 회사의 합병계획은 무산되었다.

2.3 환경보호

미국에서 환경에 영향을 주는 업무를 규제하는 것은 비교적 최근에 이루어졌다. 이는 사회적인 목적을 위해 정부가 경제에 개입하는 대표적인 예다. 1960년대 쯤 산업이 환경에 미치는 영향에 대해 미국인들도 본격적으로 우려하기 시작했으며 그 우려는 더욱 커지고 있다. 자동차들의 엔진 배기가스는 스모그와 대기오염을 일으키는 주범이 되고 있다. 대기오염은 경제학자들이 지적하는 외부성(externality, 내가 의도하지 않았지만 남에게 영향을 끼치고 또 이에 대해 대가를 치르지 않는 것)의 대표적 사례이다. 환경주의자들은 정부가 지구의 생태계를 보호하기 위해서는 비록 경제적인 성장을 희생시키는 한이 있더라도 도덕적 의무를 지녀야 한다고 주장한다.

미국정부는 1970년 환경보호청(Environmental Protection Agency, EPA)을 설립하였다. 단일한 창구를 통해 환경보호를 위한 연방정부의 프로그램을 다양하게 추진할 수 있게 되었다[3]. 환경보호청은 오염의 허용치와 함께 오염원을 기준에 맞게 줄일 수 있도록 시한을 정했다. 환경보호청은 주와 지역 정부, 사적 단체, 교육기관의 오염방지에 관한 연구를 조정하고 지원하는 역할을 한다. 지방 환경보호청은 광범위한 환경보호 활동을 위해 지역 프로그램을 개발, 제안하고 수행한다.

환경보호청은 다양한 환경보호 활동을 통해 환경의 질이 괄목할 만큼 개선된 후에 그 성과를 보고서로 제출한다. 실제로 대기오염원의 배출이 줄어들고 있는 추세이다. 그러나 많은 미국인들은 여전히 대기오염을 개선해야 한다고 생각했다. 의회는 청정대기법 개정안(Clean Air Act Amendment of 1990)을 통과시켰고, 조지 부시 대통령이 제안한 법안도 승인했다. 산성비의 원인으로 알려진 이산화황 배출량을 줄이기 위해 시장 시스템에 대한 혁신적인 규제조항도 만들었다. 이런 종류의 오염원은 숲과 호수, 특히 미국과 캐나다의 동부에 심각한 피해를 입히는 것으로 알려져 있다.

1990년대 미국 환경보호청은 엄격한 규제적용과 처벌보다는 기업이 환경보호에 힘쓰도록 설득하는 쪽으로 방향을 바꾸었다. 환경보호청은 자동차 제조업체와 발전설비 제조업체에 제조과정에서 매연을 덜 뿜어내게 하고, 수질을 오염시키는 폐수를 방출하거나 농업용 비료를 함부로 사용하지 못하도록 압력을 넣었다. 클린턴

3) 1963년 청정대기법(Clean Air Act), 1972년 수질보호법(Clean Water Act), 1974년 안전음용수법(Safe Drinking Water Act) 등은 환경보호를 위해 제정된 법이다.

행정부의 부통령이었던 환경보호주의자 앨 고어(Al Gore)는 지구온난화와 대기오염을 막기 위해 환경보호청의 정책을 지지하였으며, 대기오염 물질을 덜 배출하는 고효율 엔진(super-efficient engine)이 자동차와 대중교통을 이용하는 근로자들에게 혜택이 돌아가도록 노력했다.

한편 정부는 시장의 힘을 약화시키지 않으면서도 동시에 대기오염물질의 배출을 규제하려는 목표를 달성하기 위해 가격 메커니즘을 이용한다. 정부는 국가 전체의 이산화탄소 등 대기오염물질 배출량 수준을 설정하고 각 업체에 오염물질 배출허용량 즉 배출권을 정하여 놓고, 오염물질 배출을 감축한 업체에게는 배출량감축 크레디트(emissions reduction credits, ERC)를 제공하고 이 업체는 이 크레디트를 배출권이 더 필요한 업체에 판매하도록 허용한다. 이에 잉여 배출권을 거래하는 시장이 형성되고 기업들은 경제적 유인에 입각하여 오염배출을 감축하려는 노력을 하게 되며, 결과적으로 국가전체의 오염수준을 통제하는 방법인 소위 오염배출권거래제도(emissions trading or carbon credit trading system)를 도입하였다. 이 방법은 정부가 바라던 방향으로 국가 전체적인 대기오염 수준을 효율적으로 낮춘 것으로 평가된다.

정부규제는 모든 부문에 있다 할 수 있지만, 위의 독과점 규제와 환경규제 그리고 안전과 보건을 위한 제반 규제들이 대표적인 부문이라 할 수 있으며, 역사적으로 미국에서는 금융, 통신, 전기, 교통 등 서비스 부문의 경우 다양한 규제가 존재하며 이 책에서는 제IV부 주요 산업별 발전과정과 경쟁구조의 해당 산업에서 구체적인 내용이 소개되어 있다.

3. 주요 제도의 특징과 여타국가와의 비교[4)]

3.1 교육의 주민자치와 지방분권

기본적으로 노동의 질을 형성하는 것은 교육이기 때문에, 미국의 노동공급에 관한 제도를 보려면 교육제도를 보는 것이 중요하다. 미국의 초·중등 교육제도는 독특한 자유주의적 속성을 가지고 있다. 노동의 수요와 관련한 제도로는 기업이 노동력을 고용하는 고용제도와 이와 관련한 노동조합의 역할이 검토되어야 한다.

4) 옥규성(2001), 「미국의 경제제도—자유주의적 모습들」, 『한국방송통신대학교 논문집』 제32집 내용을 발췌하고 최근 상황을 반영하여 정리하였다.

1850년까지 미국의 모든 주에서 무상 의무교육을 실시하는 초등학교가 생겼으며, 1900년 이후 중학교와 고등학교까지도 점차 의무교육을 실시했다. 현재 모든 공립 초등 및 중등학교는 무상이고, 전체 미국 아동의 약 90%가 공공자금으로 운영되는 공립학교(public school)에 다닌다. 그러므로 미국 초·중등 교육의 교육서비스는 정부가 그 공급을 담당하는 공공재(public goods)라 할 수 있다. 미국의 교육제도는 자유시장경제의 성격으로서 교육의 주민자치와 지방분권이라는 두 가지 모습을 가지고 있다.

① 교육의 주민자치: 지방학교구역

미국 초·중등교육체제의 기본적인 행정조직은 지방학교구역(local school district)인데, 이는 기초적인 교육자치를 실시하기 위하여 만들어진 교육행정 단위이다. 지방학교구역은 주에 따라 차이가 난다. 일반행정의 지방자치단체 단위인 군(county), 시(city) 또는 읍(township) 등과 같은 단위에서 만들어지기도 하지만, 가장 보편적으로는 순수하게 교육목적만을 위하여 일반행정의 지방자치단체와는 다른 수준의 지방학교구역이 설치된다.

대부분의 지방학교구역은 유치학년부터 12학년까지를 관장하며, 이 학년들은 초등학교와 중등학교로 나누어져 있다. 지방학교구역은 상대적으로 좁은 지역을 관장하고, 그 특정 지역사회의 학교들을 운영한다. 20세기 초까지 대부분의 지방학교구역은 3개 내지 5개 학교로 구성되고 학생 수는 200~300명에 지나지 않았다. 1930년까지도 50%의 학교구역은 대부분 300명에 못 미치는 학생을 유치하고 있었고, 학교구역의 수는 약 13만 개였으나, 1995년까지는 그 수가 1만 4,772개로 줄어들었으며, 한 학교구역은 평균 5.7개의 학교를 운영하게 되었다.

② 지방교육위원회

지방학교구역의 정책을 세우는 데에 당해 지역주민의 대표들이 참여하고 있기 때문에 지방학교구역은 교육의 주민자치를 실현하는 기구이다. 지방학교구역에는 지방교육위원회(local school board of education)를 둔다. 대부분의 지방교육위원회는 7~9인 범위의 교육위원을 두지만, 많게는 19인까지도 둔다. 교육위원의 선출은 선거와 임명이 있지만 대부분 선거로 뽑는다. 1993년에는 전국 교육위원 수의 91%는 비정당추천의 선거로, 4%는 정당추천의 선거로 선출되었으며, 5%만

이 임명되었다.

지방교육위원회는 징세를 통하여 재정을 마련하는 권한을 가지고 학교의 재산과 인사에 대한 권한도 행사한다. 몇몇 주는 교과과정과 학생정책을 교육위원회에 맡기며, 다른 주들은 주법으로 정하여 특정 요건들을 갖추게 했다. 지방교육위원회의 대체적인 권한과 책임을 영역별로 구분해 보면 다음과 같다: ① 누가 어떻게 학교를 운영하고, 학교에서 무엇이 실행될 것인가에 대한 일반적인 규정을 마련한다. ② 학교구의 모든 교직원의 고용을 책임진다. 그러나 실제로는 최고 집행책임자인 교육장(school superintendent)과 교육청의 상위 직급 직원들만을 선임하고, 교장과 교원들의 선임은 하부기관에 위임하고 전문가들이 검토한 뒤에 승인한다. ③ 교원노조와의 단체교섭을 포함하는 모든 고용관계에 대한 책임을 진다. ④ 학교구의 재정을 마련하고 그 운용의 효율성을 기한다. ⑤ 학생들의 권리와 책임, 과외활동, 출석, 진급, 졸업의 요건들에 대하여 규정한다. ⑥ 교과과정을 개발하고 교과서를 승인한다. ⑦ 지역의 학부모와 주민들의 요구에 응대한다. ⑧ 지방학교들에 대한 연방정부나 지방정부의 요구가 지켜지도록 한다.

③ 교육의 지방분권

미국의 교육행정은 주로 최일선의 교육행정기관인 지방학교구역 책임 하에 수행되고 있으며, 초·중등학교는 언제나 읍면이나 시의 지방세력 권역에 속해 있었다. 그러나 미국의 헌법과 법률 및 관습에 따라 각 주는 교육을 주정부의 기능으로 간주하고 있으며, 연방법원이나 주법원도 이러한 해석을 지지하고 있다. 따라서 지방학교구역의 교육행정은 주정부에 의하여 위임된 것이라 할 수 있다.

미국에서 교육의 법적인 책임은 각 주가 진다. 따라서 각 주마다 서로 교육체제를 가지고 있고, 각 주의 지방학교구역 사이에도 많은 차이가 있다. 각 주는 그 지역에서의 공교육을 지원하고 유지하는 기능을 하고 있다. 주는 교육에 관한 법률을 제정하고, 주 교육세의 종류와 지방학교구역에 대한 재정지원의 수준, 교직원의 훈련, 자격과 급료에 대한 기준, 교과과정 등을 결정하는 기능을 한다. 주법과 연방헌법에 어긋나는 기능을 할 수 없다.

주의 이러한 기능을 3권으로 나누어 보면, 먼저 주 의회는 교육에 관계되는 입법권, 예산심의권, 정책결정권 등의 넓은 권한을 가진다. 주지사는 교육예산을 편성하여 의회에 제출하고, 의회의 교육결정에 대하여 거부권을 행사할 수 있다. 흑

백통합 교육, 교원의 종신재직 권한, 교원쟁의, 학생권리 등에 대한 주법원의 결정은 매우 중요하다. 주법원은 헌법이나 연방 지방법원과 대법원의 제한을 받으나, 한 주법원의 판례가 다른 주법원에 대하여 구속력을 가지지는 않는다.

3.2 대등한 노사관계

미국의 노사관계는 개인주의와 자유주의, 그리고 시장경쟁의 원리에 기반을 둔 '노사의 대등관계'가 기본원리이다. 노사는 모두 함께 기업 활동에 관여하고 있지만 서로 다른 사회적 기능을 가진다고 여겨진다.

근로자는 노동을 지배하고 이를 사용자에게 제공하며, 사용자는 생산수단을 지배하고 노동을 관리한다. 미국에서 이 둘의 기능은 명백히 구별되고 서로 존중하는 불가침 영역이다. 따라서 사용자의 경영권은 근로자들이 인정해야 하는 권리이고, 그 대신 노동조합이 인정된다. 미국의 노동조합들은 자신들을 경영층과의 협상을 주된 사명으로 하는 대항세력으로 본다. 그리고 정부는 원칙적으로 노사관계에 간섭하지 않는다.

① 노동조합

미국에서도 노동자들이 조합을 결성하고 대표자를 뽑고, 이를 통해 사용자와 임금, 근로시간, 근로조건 등에 관하여 단체협상을 할 수 있다. 노조의 결성이나 해산을 결정하기 위한 투표에서는 노조뿐만 아니라 사용자도 선거운동을 할 수 있다.

근로자의 노동조합의 가입과 관련해서 미국은 사용자의 고용을 노동조합원에 한정하는 클로즈드 숍(closed shop)을 불법화하고 있고, 비조합원도 고용할 수 있으나 고용되면 가입해야 하는 유니온 숍(union shop) 제도도 주에 따라 불법화할 수 있게 하고 있다.

② 노동쟁의

한편 노동자의 쟁의와 관련해서는 노동자들이 파업에 들어가고 사용자가 영구적인 대체인력을 고용했다면, 사용자는 파업이 끝난 뒤에 파업가담 노동자를 복직시키지 않아도 된다. 이는 노동자들의 조직화를 억제하는 요인이 된다. 그리하여 1953년 이래 계속해서 줄어든 미국 노동조합의 조직률(노조가입율)은 1990년

16.1%, 2015년 11.1%로 낮아졌으며, 이는 2014년 OECD 평균인 16.7% 보다 매우 낮은 수준이다.

독일의 노사관계는 근로자가 기업의 경영관리 기능에 사용자와 함께 참여하고 책임도 지는 공동체적 관계를 유지하고 있다. 그런데 이런 관계는 노사합의에 의해 자발적으로 이루어진 것이 아니라, 국가의 법률에 의해 의무적으로 실시되고 있다. 그리고 독일에서 사용자는 산업별 협회에, 노동자는 노조에 속하며, 협회와 노조 간의 교섭에 의하여 임금이 정해진다. 임금은 사업장 단위로 정해지는 것이 아니라 산업 전체에 적용된다. 각 기업은 산업별 교섭에서 정해진 임금보다 높은 임금은 줄 수 있어도 낮은 임금을 줄 수는 없다. 독일의 노동조합 조직률은 1980년대와 1990년대 중반까지 40% 전후의 높은 수준을 유지하다가 그 후 급속히 하락하여 2013년에는 18.1%를 기록하였다.

일본의 기업은 내부에 깊은 노동시장을 형성하고 종신고용제를 채택하고 있다. 집단주의와 공동체의식이 높은 일본의 노사는 친밀하고 대단히 원만한 협력관계를 맺어 오고 있다. 노사 간의 분쟁해결도 기업 내에 노사의 상호이해를 바탕으로 해결하고자 한다. 제2차 세계대전 직후 50% 이상의 가입률을 보였던 노조의 가입률은 1975년에는 34.5%였는데, 그 뒤 점점 하락하여 2015년에는 17.6%대로 낮아졌다.

영국의 경우 1979년 보수당 정권은 노동조합이 법과 단체교섭의 보호를 받던 노사관계를 크게 바꾸어 놓았다. 현재 영국의 노사관계는 미국과 같은 유형에 속한다. 영국에서 노조인정은 사용자의 자유재량이며, 단체교섭도 법적 강제력 없이 신사협정으로 간주되어 이를 지키는 데에 정부의 강제력은 없다. 1979년 노동조합의 조직률은 53%에 이르렀으나, 2015년에는 25.1%로까지 떨어졌다.

미국의 노동조합은 독일과 같은 정부의 보호나 일본과 같은 기업의 보호를 받지 않는다. 노동자와 사용자는 매우 경쟁적인 노동시장에서 서로 대등한 관계로서 자유계약의 원칙에 따라 노동을 사고판다. 미국의 노동조합 조직률은 매우 낮다.

③ 노동시장의 유연성과 임시해고제

위와 같은 대등한 미국 노사관계 즉 여타 국가에 비하여 상대적으로 낮은 노동자 보호는 결국 미국 노동시장의 유연성(flexible labor market)으로 평가되는데, 이는 기업들이 보다 손쉬운 해고를 허용하는 것은 결국 기업들의 보다 적극적인 신규고용을 가져오기 때문이다. 기업의 노동자 해고를 것을 어렵게 하는 제도와

관행은 단기적으로는 노동자들의 고용상태를 지속시키는 효과를 가진다 할 수 있지만, 장기적으로는 노동자의 신규고용에 대한 기업의 자세를 신중하게 함으로써 노동자의 고용기회를 감소시킬 수 있음을 의미한다.

특히 미국 노동시장은 임시해고(layoff) 제도가 있어 노사관계의 마찰을 줄이고 재취업을 유리하게 한다. 즉 기업은 경기침체 등에 따라 노동자를 축소하고자 할 때 임시해고 제도를 통하여 최근에 입사한 노동자 순으로 일시적으로 해고하되 경기가 호전되어 노동 수요가 증가하면 그들을 다시 순차적으로 고용한다.

3.3 은행과 산업의 분리

① 법제도의 변화

금융서비스도 본질적으로는 공공재가 아닌 민간부문의 사적 거래이지만, 대부분의 나라들이 금융거래가 가지는 자연독점, 외부성, 공공성, 정보의 비대칭성 등의 성격을 감안하여 일반산업에 비하여 더 많은 규제를 하고 있다. 금융부문의 규제로는 가격규제, 진입 및 퇴출 규제, 건전성 규제, 소유와 지배구조 규제, 업무영역 규제 등이 있다. 각 나라의 금융제도는 이러한 규제 또는 관행의 내용에 따라 나름대로의 특성을 띠게 된다.

미국에서는 강력한 독점금지법과 더불어 주식 소유의 광범위한 분산으로 은행과 산업자본이 서로를 지배하지 못하게 되어 있다. 은행 주식의 대부분은 은행지주회사가 소유하고, 은행지주회사 주식의 대부분은 투자를 목적으로 하는 기관투자가가 소유하고 있다.

금융자본 특히 은행자본은 산업자본과 분리해야 한다는 논리의 근거로는 먼저 경제력 집중에 대한 우려이다. 금융자본과 산업자본이 결합된 경제체제에서 금융부문이 독과점 되면 그 독점력이 산업부문으로 이어지고, 그러면 금융과 산업 모두 경제력이 집중되며 이 집중력은 경제전체의 자유경쟁을 해칠 것이라는 우려이다.

또 다른 논거는 불공정거래에 대한 우려이다. 기업에게 지배된 은행은 지배주주에 대하여 신용 제공에서 우선적 지위를 인정하게 되고, 지배주주와 경쟁관계에 있는 기업에게는 신용을 제한하거나 그 조건을 불리하게 한다는 것이다. 또는 대출을 통해 얻은 경쟁기업의 정보를 계열기업에게 제공하는 등의 비경쟁 불공정거래를 할 수 있다는 우려이다.

은행과 산업자본의 분리는 경제거래의 의사결정이 보다 많은 경제단위나 사업체로 흩어져서 경쟁적 거래를 촉진시킨다. 이는 은행들이나 기업들 사이에서 경쟁이 촉진되어 효율성 높은 기업의 성장을 높이고, 효율성 낮은 기업의 퇴출을 촉진시킬 것이다. 미국이 취하는 은행과 산업자본의 분리는 금융과 산업에서 독점을 막고 공정한 자유경쟁을 지키려 함이다.

미국은 1930년대 대공황을 겪으면서 상업은행과 투자은행의 겸업을 허용한 그 이전의 제도가 은행파산과 예금자 손실을 더 많이 초래한 것으로 평가하고, 1933년 글래스-스티걸 법(Glass-Steagall Act, 혹은 Banking Act of 1933)에 따라 상업은행, 투자은행, 보험회사는 서로 겸업할 수 없도록 개정하였다.

그리고 1956년 은행지주회사법(Bank Holding Company Act of 1956)은 은행지주회사의 자회사가 취급할 수 있는 비은행 업무의 범위를 은행업과 밀접하게 관련된 업무로 제한하여 왔다. 그리고 은행지주회사가 은행업과 관계없는 사업을 영위하는 회사의 주식을 5% 이상 보유하지 못하도록 금지하였으며 일찍부터 비은행 기업이 은행을 지배하지 못하도록 하였다.

상업은행과 투자은행을 분리해야 한다는 논거는 1930년대에 확립되어 약 60년간 유지되었으나 20세기 후반 세계적인 금융환경의 변화에 따라 큰 변화를 겪었다. 1999년 금융서비스현대화법(Financial Services Modernization Act of 1999) 등 세 개의 관련법을 포함하는 GLB법(Gramm-Leach-Bliley Act of 1999)[5)]이 종전의 글래스-스티걸법을 폐기하면서 그 자리를 차지하게 되었다. 이제 미국에서는 상업은행, 투자은행, 보험회사 그리고 증권회사들이 서로 결합하여 하나의 회사를 결성하여 겸업할 수 있게 되었다.

2008년 글로벌 금융위기를 가져온 주요 요인으로서 서브-프라임 모기지시장(sub-prime mortgages)의 붕괴와 함께, 대규모 투자은행들의 금융공학적인 파생금융상품과 도덕적 해이 등이 제시되면서 투자은행들의 지나친 투기를 규제해야 한다는 지적과 함께 상업은행과 투자은행의 분리 문제가 다시 제기되고 있다.

---

5) Federal Home Loan Bank System Modernization Act of 1999, Program for Investment in Microentreprenuers Act of 1999 및 Financial Services Modernization Act of 1999를 합하여 GLB법이라 칭하며, 세 번째 법만을 지칭하기도 한다.

② 여타 국가와의 비교

영국에서는 은행과 기업이 서로 분리되어 있다. 영국은 일찍이 산업혁명으로 산업자본이 축적되어 기업들이 은행에 의존할 필요성이 적었기 때문에, 처음부터 은행과 기업의 관계는 긴밀하지 않았다. 영국은 은행의 기업주식 소유에 대하여 명시적인 규제는 없으나 실제로 그 소유는 별로 없다. 그리고 은행의 건전성을 위하여 개인이나 기업이 일정수준 이상의 은행주식을 소유하게 될 때는 중앙은행의 사전심사를 받도록 하고 있다.

한편 독일과 일본은 미국 및 영국의 제도와는 대조적이다. 19세기 초 후발자본주의 국가였던 독일은 산업자본이 축적되지 않았고, 직접금융시장도 발달되지 못했다. 이런 상태에서 산업자본과 금융자본은 공동으로 은행을 설립하여 산업화를 추진하였으며, 은행은 기업에 대하여 대출하기도 하면서 또한 기업의 주식을 취득하기도 하여 은행과 기업은 긴밀한 관계를 맺게 되었다. 현재에도 독일과 일본은 은행이 지배나 감시를 위하여 기업의 주식을 소유하는 데에 제한이 없다. 다만 은행의 안전성과 서로의 이해상충 등을 고려하여 은행이 특정기업에 대한 대출 및 주식투자 등을 할 때 일정한 상한선을 두고 있다.

일본의 독점금지법에는 은행을 포함한 금융기관의 산업지배를 막기 위하여 금융기관은 특정 기업의 주식을 5% 이내에서만 소유할 수 있으며, 그 이상은 공정거래위원회의 허가를 받도록 되어 있다. 그러나 주식소유가 널리 분산되어 있어 5% 정도로도 은행은 기업의 5대 주주에 속할 수 있으며, 관련 금융기관이나 계열기업이 보유하고 있는 주식을 통하여 거래기업의 경영권을 보호해 줄 수 있다. 현재 대다수 은행의 대주주는 생명보험회사와 기업집단 내의 계열기업들이다. 같은 기업집단에 속하는 금융과 기업은 서로 주식을 교환 보유하고 있다.

3.4 정부금융기관의 최소화

① 정부계 금융기관과 정책금융의 최소화

금융은 높은 공공성에도 불구하고 본질적으로 민간기업의 영역이며 따라서 금융기관은 일반기업과 마찬가지로 수익성을 추구할 수 있다. 그러나 각국은 정책적 목적을 위하여 또는 정부의 한 기능으로 금융의 여러 분야에서 정부가 직접 금융기관을 설립하여 운영하고 있으나, 그 범위는 나라마다 크게 다르다. 미국의 정부계 금융기관이 금융부문에서 차지하는 범위는 일본이나 독일에 비하여 매우 좁다.

미국의 중앙은행 즉 통화당국은 연방준비제도(Federal Reserve System, FRS)이며, FRB를 제외하면 미국의 금융기관체계는 크게 상업은행(commercial banks)과 비은행금융기관(nonbank financial intermediaries)으로 나누어진다. 상업은행은 은행의 고유 업무라 할 수 있는 예금 및 대출, 환, 신탁, 카드, 리스, 주식 중계업무 등 주로 단기상업금융을 취급하는데, 이 상업은행들은 모두 민간 기업이다. 비은행금융기관은 저축기관, 금융기관, 증권기관, 투자기관, 보험기관, 기타 금융기관을 포함하는데, 이들도 대부분 민간기관이다.

미국의 경제정책의 기조는 시장에서의 경쟁질서를 유지하는 것이므로, 특정한 산업, 기업 또는 계층을 정부가 금융지원하는 일은 매우 드물다. 기업설립과 산업조정은 개인과 민간기업의 자주적인 투자를 통해 이루어지며 미국에서 산업의 형성·성장·쇠퇴는 거의 모든 경우에 정부가 아닌 시장에 맡겨진다.

미국에서 정책금융은 주로 사회정책적인 목적의 금융을 수행하는 데 한정하며 매우 제한적이다. 주택금융과 농업금융 및 수출입금융에서는 정부금융기관들이 활동한다. 금융기관이 주택을 담보로 주택구매자에게 주택구입자금을 대출하는 주택저당대출(mortgage loan)이 이루어지는 주택금융시장에는 저축대출조합(savings and loan associations), 상업은행, 상호저축은행(mutual savings banks) 등 예금은행과 저당회사, 생명보험회사, 연금기금 등 민간금융기관과 더불어, 정부금융기관인 연방토지은행(Federal Land Bank), 연방 중기신용은행 그리고 협동조합은행이 참여한다. 이들 정부금융기관은 농업금융정책을 담당하며 각 지역의 협동조합을 통하여 농부나 농장주에게 토지나 주택의 구입, 건설, 개량 등에 필요한 자금을 대출해 준다. 그리고 미국수출입은행(Export-Import Bank of the U.S.)은 무역관련 금융을 담당하는 정부의 은행이다. 그러나 특별금융이나 차등금리에 의하여 특정산업을 지원하는 경우는 거의 없다.

위와 같이 미국의 각급 정부는 상업은행의 고유한 업무영역인 단기상업금융을 취급하지 않으며, 이 영역은 모두 개인과 민간 기업이 참여하는 시장에 맡겨진다. 반면 일본의 우체국과 독일의 저축은행군은 정부기관이면서 은행업무를 수행하며 국가전체 은행업무에서 차지하는 비중도 매우 크다. 영국의 지방정부도 제한적이나마 예금을 취급한다.

② 직접금융시장의 발달

한편 미국가계의 자산보유형태와 특히 금융자산의 운영과 관련한 특징으로는 ① 실물자산보다 금융자산이 상대적으로 선호되며 ② 주식과 채권 등 직접금융시장에 많이 의존한다.

아래 표에서 보는 바와 같이 미국의 가계자산은 약 71%가 금융자산으로서 한국은 물론 일본과 영국보다 월등히 높으며, 가계의 금융자산 중에서 주식·채권·펀드 등 금융투자상품이 미국의 경우 53.3%를 차지하고 있어 다른 국가들과 비교되지 않을 만큼 높은 수준임을 알 수 있다. 특히 주식의 비율이 33%로서 매우 높은 것으로 나타났다. 바꾸어 말하면, 비금융자산의 비율이 낮으며, 금융자산 중에서 현금·예금의 비율이 12.7%로 매우 낮음을 보여주고 있다. 즉 은행, 보험회사 등 간접금융시장보다 주식과 채권 등 직접금융시장을 선호하고 있다.

표 6-1 주요국의 가계자산 구성(2012년)

	미국(2013년)	일본	영국	한국
금융자산	70.7	60.1	49.6	24.9
비금융자산	29.3	39.9	50.4	75.1

자료: 한국금융투자협회(2014), "주요국의 가계 금융자산비교"(2014.7.28.).

표 6-2 주요국의 가계 금융자산의 구성(2013년)

구 성	미국	일본	영국	한국
현금예금	12.7	53.1	27.8	45.5
금융투자상품	53.3	16.1	12.5	25.0
(주식)	(33.2)	(9.5)	(9.7)	(16.7)
(채권)	(8.0)	(1.8)	(0.7)	(5.3)
(펀드)	(12.1)	(4.8)	(2.1)	(3.0)
보험·연금	31.3	26.7	56.3	28.9
기타	2.7	4.1	3.4	0.7

자료: 한국금융투자협회(2014),"주요국의 가계 금융자산비교"(2014.7.28.).

3.5 독과점 규제와 경쟁촉진

산업구조정책과 관련하여 미국 경제제도의 특징은 독과점의 엄격한 규제와 적극적 경쟁촉진이다. 19세기 후반 미국은 산업의 여러 부문에서 소수의 공급자 또는 기업연합에게 지배되는 독점자본주의를 경험하게 되었다. 독점은 생산량을 줄여 시장공급을 줄임으로써 값을 높여 소비자로부터 생산자에게로 부를 옮기며 사회적 후생을 작게 할 뿐만 아니라 경쟁의 압력을 줄여 기술적 비효율을 낳고, 한계기업을 존속케 하며, 기술혁신과 산업의 구조조정을 더디게 하는 등 여러 형태의 비효율을 가져오게 된다.

미국은 시장에서 자유경쟁을 촉진하여 독점의 경제적 손실과 사회적 해악을 줄이려는 정책 노력을 다른 나라보다 먼저 시작했다. 흔히 반 트러스트(Antitrust) 정책이라고 불리는 미국의 경쟁정책은 1890년에 제정된 셔먼 독점금지법(Sherman Antitrust Act), 1914년에 제정된 클레이턴법(Clayton Act)과 연방거래위원회법(Federal Trade Commission Act) 등 연방법에 법적 기반을 두고 있다. 셔먼법은 카르텔, 독점을 초래할 수평결합, 그리고 약탈적 기업전략을 금지하려는 의도로 입법되었으며,[6] 연방거래위원회법은 독점적 지위를 유지하고 확보하려는 행위들의 시도를 막으려는 의도로 제정되었다. 클레이턴 법은 1936년, 1950년과 1976년에 개정되었으며, 연방거래위원회법도 1938년에 개정되어 그 범위가 크게 확대되었다.

미국과 달리 독일과 일본의 경쟁정책은 제2차대전 이후 본격적으로 도입되었다. 카르텔이 만연하였던 독일은 제2차 대전 후 경쟁을 촉진시키는 방향으로 선회한다. 독일은 1957년 카르텔규제를 대체하여 제정된 「경쟁제한금지법」에 기반을 두고 있다. 처음에는 카르텔 약정과 지배적 기업의 지위남용 행위만이 금지되었으나, 1973년 기업결합의 규제가 도입되었으며 이 법은 1965년, 1976년, 1980년, 1989년에도 개정되었다.

일본에서는 일본경제를 지배해 온 재벌을 해체한 후 경쟁적 시장구조를 유지하기 위한 경쟁정책의 조치로서 제안된 「사적독점의 금지 및 공정거래의 확보에 관한 법」(이하 독금법)은 미국의 셔먼법, 클레이턴법 및 연방거래위원회법을 모델로 하여 1947년에 미국의 군정에 의하여 제정되었다. 이 법은 일본정부가 출범한 이후 1949년과 1953년에 완화되는 방향으로 개정되었고, 1977년에는 이 독점금지정책의 집행범위와 강도를 높이는 방향으로 개정되어 오늘날에 이르고 있다.

미국 경쟁정책의 구체적 내용은 크게 기업결합의 규제, 카르텔의 규제, 그리고 독점화의 규제 등으로 나눌 수 있다.

---

6) 셔먼법의 원문내용은 부록 6-1을 참조.

① 기업결합의 규제

미국 경쟁법에 의하면, 미국내 어떤 지역의 어떠한 교역분야에서든 실질적으로 경쟁을 감소시키거나 독점을 만드는 경향이 있는 기업결합(merger)은 위법이다. 기업결합에는 타사 주식의 취득, 자산의 취득, 특허, 상표 등과 같은 일정 핵심 자산의 취득, 그리고 의사결정에 대한 영향력을 창출하는 자산거래 등이 모두 포함된다. 그리고 참여기업들이 각기 공동체사업 지분의 일부를 취득하는 합작사업과 경영권 확보까지 가지 않는 다른 회사 주식의 부분적 취득도 포함된다.

어떤 지역과 교역분야는 관련되는 지리적 그리고 상품시장을 가리키는데, 결합하는 두 기업이 같은 시장에 속하는지를 가리는 것이다. 법원의 판례에서 보면, 경쟁을 감소시키거나 독점을 만드는 경향이 있는지의 여부는 기업의 시장점유율과 시장의 집중도가 중요한 요소가 되고, 진입이 쉬운지 여부와 담합을 쉽게 하는 요인들도 고려되고 있다. 그리하여 집중이 높은 시장에서 잠재경쟁을 제거하는 기업의 결합을 위법으로 간주하고 있다.

위와 같이 수평결합은 위법이지만, 수직결합(공급자-고객의 관계에 있거나 있을 수 있는 기업들의 결합)에 대한 법원과 경쟁정책당국의 견해는 크게 변화해 왔다. 많은 수의 초기 판례는 수직결합이 수평적 결합에 영향을 미칠 수 있다고 하여 수직결합을 위법화 했다. 그러나 근래 들어 수직결합과 수직적 제한에 관한 새로운 경제학적 이해가 넓혀지면서 수직결합이 반경쟁적이라는 이론은 크게 잠식되었다. 근래에 수직결합이 문제가 된 경우는 별로 없다.

그리고 복합결합(실제적 또는 잠재적 경쟁관계나 공급자-고객의 관계에 있지 않는 기업들의 결합)에 대해서는 그로 인한 반경쟁적 효과가 있다고 인정된 소수의 사건에서만 규제되었다. 초기 사건들에 대하여 법원은 거대기업과 결합한 유력기업은 거대기업의 경제력을 바탕으로 약탈적 가격을 책정하거나 광고 및 선전 상의 이점 등을 누리거나 상호거래의 기회를 만들어, 경쟁기업을 압도하고 진입장벽을 높임으로써 경쟁을 제약할 수 있다고 판단하였으나, 근래에 이런 논거로 입각하여 기소된 복합결합은 없다.

② 카르텔 규제

카르텔(cartel)은 경쟁사들이 합의하여 경쟁을 제한하는 행위(수평적 거래제한

행위)이다. 미국의 경쟁법규는 거래나 교역을 제한하는 모든 계약, 트러스트나 다른 형태의 연합 또는 공모는 위법으로 보고 이를 규제한다.

카르텔 규제에서 어려운 문제는 경쟁자들 사이의 합의나 약정(계약, 연합 또는 공모)을 알아내는 것이다. 카르텔에 참여하는 기업들은 위법행위를 대부분 몰래 계획하고 수행하므로 명시적 합의의 직접적 증거가 드물기 때문이다. 경쟁자들이 공동행위를 한다는 주장은 "의식적 평행행위(conscious parallelism)"라고 불리는 경쟁자들의 똑같은 사업행위에 기반을 두는 경우가 많았다.

그러나 1950년대부터의 법원 판례에서는 '부가요소들'(plus factors)이 평행행위의 증거와 결합되어야 한다고 판시하였다. 부가적 요소들에는 서신교환, 회합이나 다른 의사소통(특히 그 직후에 동시적 평행행위가 뒤따른 경우), 그리고 공모가 없었다면 생기기 어려운 표현·용어·조건 등의 유사성도 포함된다.

거래에 관한 모든 약정은 무엇인가를 제한하므로, 연방대법원의 판결은 거래제한과 관련하여 일찍이 '부당한 거래제한'만을 금지하였다. 그리고 법원들은 거래제한의 부당성을 결정할 경우 약정의 유형에 따라 당연원칙(per se rule)과 합리원칙(rule of reason)이라는 두 분석방법 중 하나를 적용하였다. ① 수평적 가격고정, 입찰조작, 고객이나 지역시장의 분할 등과 같은 제한은 그 목적이나 경쟁에 미치는 실제적 영향 등을 검토하지 않고 당연위법으로 취급되어 왔다. 가격에 실질적 영향을 미치는 직접적 경쟁자들의 약정은 설사 그 가격효과가 간접적이더라도 당연위법으로 간주된다. 또한 정부계약과 관련된 입찰조작은 대개 당연원칙이 적용되어 위법화 된다. 또한 직접적 경쟁자들 사이에 지역 또는 제품을 기준으로 시장을 분할하거나 고객을 배정하기로 한 약정도 당연위법으로 간주된다. 피고가 상품이나 서비스의 생산을 위해 가격관련 제한이 필요함을 입증한 극히 일부 경우에만 그 제한이 합리원칙으로 평가되었다. ② 그 밖의 다른 유형의 제한들에 대해서는 대개 시장경쟁에 미치는 영향의 분석을 요구하는 합리원칙이 적용되어 왔다. 어떤 분야의 사업자들이 특정 경쟁자, 고객 또는 공급자들과 거래하지 않기로 하는 수평적 약정은 대개 공동 거래거절(집단보이콧, boycott)로 문제가 된다. 이 집단보이콧 문제는 약정의 존재외에도 일정 사실들이 입증되는 경우에만 당연위법이 되는 혼합적 분석의 대상이 되고 있다.

타국에 비하여 미국은 카르텔 행위에 대한 당연위법의 범위를 매우 넓게 적용한다. 일본은 합리위법의 법리를 유지하고, 독일도 합리위법의 요소를 포함하고 있

다. 그리고 동조적 가격인상에 대하여 세 나라 모두 그 깊이에는 조금씩 차이가 있으나 위법으로 간주한다는 점에서는 같다.

카르텔을 엄격히 금지시하는 미국과는 달리, 독일, 일본, 영국 등에서는 어떤 상황에서는 카르텔을 합법화하는 접근법을 취해 왔었다. 다만 최근 들어 일본과 독일은 카르텔이 경제효율을 높이는 경쟁촉진 효과보다는 경쟁제한의 효과가 크다는 인식에 따라 카르텔의 허용범위를 크게 줄이고 있다. 이에 따라 카르텔이 실제로 결성된 숫자도 줄고 있다.

③ 독점화의 규제

과점상태의 기업이나 지배적 기업은 가격책정, 제품개발, 마케팅 전략 등을 통해 경쟁자들의 진입을 저지하거나 기존 경쟁자들을 쫓아냄으로써 독점력을 획득·유지하려고 할 수 있다. 이에 따라 각국의 경쟁정책은 경쟁자에 대한 약탈·배제 행위를 금지하고 있다.

미국 경쟁법규는 독점화(to monopolize)와 독점화기도(attempts to monopolize)를 금지한다. 미국 법원의 판례에 따르면, 독점화는 가격을 통제하거나 경쟁을 배제할 수 있는 힘을 가지고 그 힘을 반경쟁적으로 남용하여 독점력을 획득, 이용 또는 보전하려는 행위이다. 그 구체적인 종류로는 약탈가격 책정, 가격 압착, 부당한 거래거절, 지레 사용, 약탈적인 신제품 도입, 정부절차의 남용 등의 판결사례가 있다. 기업이 독점력을 갖지 않은 경우라도 배제·약탈 행위로 관련시장에서 독점을 달성할 개연성이 높을 때에는 위법한 독점화 기도가 될 수 있다.

독점화 위법행위가 인정되면 법원은 위반자가 취해야 할 다양한 조치를 명하게 된다. 이에는 독점기업의 독점력 획득·유지에 기여한 행위나 활동을 중지시켜 신규진입이나 하위기업의 점유율 증가를 촉진하고, 나아가 독점기업의 독점력을 소멸시키려는 행위규제와 기업 분할에 의한 유효경쟁 회복을 목표로 하는 구조규제가 있다.

일본은 이른바 사적독점(私的獨占)을 금지한다. 일본의 독점금지법은 "사업자가 단독으로 또는 다른 사업자와 결합하거나 공모하여 타 사업자의 사업활동을 배제하거나 지배함으로써 공공의 이익에 반하여 일정 거래분야에서의 경쟁을 실질적으로 제한하는 것"을 규제하고 있다. 일본에서 사적독점의 금지규정을 적용하려 한 사건은 모두 9건인데, 실효성이 있는 조치(배제조치)가 취해진 것은 1972년 동양

제관사건 오직 1건이며 이는 1965년 이후 사적 독점에 대해 배제조치를 명한 유일한 사건이기도 하다. 일본에서 사적독점 사건의 수가 매우 적으며, 독점기업의 생성과정과 독점력 획득 후의 행위가 쟁점이 되는 본격적 독점 사건은 다루어지지 않고 있다.

이에 비해 미국의 경우 General Electric, Alcoa, du Pont, IBM, Zerox, Kodak, AT&T 등이 경쟁법 위반으로 제소되었는데, 이는 일본과 미국의 현저한 차이를 의미한다.

독일은 시장지배적 사업자를 규정하고 이들이 가지는 시장력의 수평적 남용행위와 수직적 남용행위를 규제한다. 독일은 시장지배의 범위가 넓어 단일기업이 1/3 이상의 점유율을 가지고 있으면 시장지배로 추정되는데, 미국의 경우 점유율 60% 미만의 기업이 독점화 금지대상이 되지 않는 것과는 대조적이다. 독일은 수직적 남용행위의 규제에서 많은 문제점이 제기되었으며, 실제 시장가격이 남용적인지의 여부를 결정하는 데 필요한 경쟁가격 수준을 설정하는 데에도 어려움을 겪고 있으며, 더욱이 법원의 제한적 태도 때문에 가격의 통제는 유명무실하게 되었다. 독일의 연방카르텔청은 시장지배력이 큰 기업이 그 힘을 이용하여 인접 또는 관련 시장을 독점화하려 하거나 경쟁제한적인 판매시스템을 통하여 시장구조를 악화시키려 하는 등의 '방해적 남용행위'의 규제에 중점을 두고 있다. 독점화 규제대상 기업 즉 시장지배적 사업자의 범위는 미국보다 독일이 넓게 규정하고 있지만, 독일은 방해적 남용행위에 대한 판례가 많지 않으며 이는 독일의 경우 정책집행의 실효성이 제한적임을 나타낸다. 그리고 미국의 독점화 규제는 행위규제와 더불어 기업분할이라는 구조규제를 그 강제수단으로 사용하지만, 독일의 시장지배적 사업자에 대한 규제는 행위규제에 그친다.

3.6 소수의 정부기업

미국에서 정부기업의 범위는 다른 주요국들에 비교하여 그 범위가 매우 좁고 비중도 매우 낮은데, 이는 미국이 전통적으로 자유기업주의(free enterprise)를 지향하여 공기업의 설립에 소극적이었기 때문이다. 이에 대하여 20세기 후반에는 지방정부 행정서비스의 일부를 민간에게 이양하려는 움직임이 뚜렷하다.

미국에서 정부소유의 기업은 드물다. 다른 시장경제국가들과 마찬가지로 미국에서도 우편업무는 정부가 맡고 있다. 미국에서는 석탄, 철강, 자동차와 조선은 완

전히 민간기업의 영역이다. 다른 나라들은 국유기업과 민간기업의 다양한 조합을 보인다. 미국에서는 전력의 약 20%만을 주로 원자력과 수력의 경우 정부기업이 공급하지만, 대부분의 나라들은 전량을 정부기업이 공급한다. 그리고 천연가스 사업과 전화사업의 경우 미국은 민간기업의 영역이지만, 다른 나라들은 국유기업이 일반적이다.

미국에서 공공 텔레비전이 차지하는 비중도 작은 데 비해 대부분의 다른 나라들은 텔레비전과 라디오 방송을 정부가 소유·경영하거나 정부가 지원한다.

그리고 철도운송에 있어 여객운송 철도(Amtrack)의 업무를 미국정부가 떠맡고 있지만, 대부분의 화물운송 철도의 업무는 민간기업이 소유·경영한다. 다른 나라들의 경우 철도는 국유화가 전형적이다. 미국 항공운송 산업은 다수의 민간항공회사가 서로 경쟁하지만, 다른 나라들은 국영항공 회사 또는 정부의 규제를 받는 항공회사가 대부분이다.

1980년대 이후 민영화(privatization)가 세계적으로 진행되었지만, 미국의 민영화는 공기업의 민영화라기보다는 행정조직 내부 행정서비스의 민간이양이었다. 미국에는 국영기업이 워낙 적었기 때문이다. 실제로 전산자료처리 업무, 도로 보수 및 유지, 병원경영, 건물의 유지와 청소 등은 미국의 많은 지방정부에서 계약에 의해 민간에게 이양되었다. 묘지·박물관·문화센터·공원·소방서·교도소까지도 민간이 운영하며, 어떤 시는 시 행정 전체를 민간기업에 맡기기도 했다.

영국식 사회주의 실현을 위하여 기업국유화를 지속해온 영국의 경우, 제2차 대전 이전에는 주로 페이비언협회(The Fabian Society), 노동당 및 노동조합회의(TUC, Trade Union Congress of England and Wales)가 국유화 정책을 주도했고 전후에는 노동당이 주도했다. 그러나 1979년 집권한 보수당은 대대적인 민영화를 추진했다. 자동차·전자·석유·가스·유전·항공기제조·항공·공항관리·조선·선박수리·화물운송·항만·통신·호텔 등의 국영기업들을 대상으로 대대적인 민영화를 단행했으며, 계약에 의하여 행정서비스를 민간에 이양하는 경우도 많았다.

부록 6-1

Sherman Anti-Trust Act (1890)

An act to protect trade and commerce against unlawful restraints and monopolies.

Be it enacted by the Senate and House of Representatives of the United States of America in Congress assembled,

Sec. 1. Every contract, combination in the form of trust or other wise, or conspiracy, in restraint of trade or commerce among the several States, or with foreign nations, is hereby declared to be illegal. Every person who shall make any such contract or engage in any such combination or conspiracy, shall be deemed guilty of a misdemeanor, and, on conviction thereof, shall be punished by fine not exceeding five thousand dollars, or by imprisonment not exceeding one year, or by both said punishments, at the discretion of the court.

Sec. 2. Every person who shall monopolize, or attempt to monopolize, or combine or conspire with any other person or persons, to monopolize any part of the trade or commerce among the several States, or with foreign nations, shall be deemed guilty of a misdemeanor, and, on conviction thereof; shall be punished by fine not exceeding five thousand dollars, or by imprisonment not exceeding one year, or by both said punishments, in the discretion of the court.

Sec. 3. Every contract, combination in form of trust or otherwise, or conspiracy, in restraint of trade or commerce in any Territory of the United States or of the District of Columbia, or in restraint of trade or commerce between any such Territory and another, or between any such Territory or Territories and any State or States or the District of Columbia, or with foreign nations, or between the District of Columbia and any State or States or foreign

nations, is hereby declared illegal. Every person who shall make any such contract or engage in any such combination or conspiracy, shall be deemed guilty of a misdemeanor, and, on conviction thereof, shall be punished by fine not exceeding five thousand dollars, or by imprisonment not exceeding one year, or by both said punishments, in the discretion of the court.

Sec. 4. The several circuit courts of the United States are hereby invested with jurisdiction to prevent and restrain violations of this act; and it shall be the duty of the several district attorneys of the United States, in their respective districts, under the direction of the Attorney-General, to institute proceedings in equity to prevent and restrain such violations. Such proceedings may be by way of petition setting forth the case and praying that such violation shall be enjoined or otherwise prohibited. When the parties complained of shall have been duly notified of such petition the court shall proceed, as soon as may be, to the hearing and determination of the case; and pending such petition and before final decree, the court may at any time make such temporary restraining order or prohibition as shall be deemed just in the premises.

Sec. 5. Whenever it shall appear to the court before which any proceeding under section four of this act may be pending, that the ends of justice require that other parties should be brought before the court, the court may cause them to be summoned, whether they reside in the district in which the court is held or not; and subpoenas to that end may be served in any district by the marshal thereof.

Sec. 6. Any property owned under any contract or by any combination, or pursuant to any conspiracy (and being the subject thereof) mentioned in section one of this act, and being in the course of transportation from one State to another, or to a foreign country, shall be- forfeited to the United States, and may be seized and condemned by like proceedings as those provided by law for the forfeiture, seizure, and condemnation of property imported into the United States contrary to law.

Sec. 7. Any person who shall be injured in his business or property by any other person or corporation by reason of anything forbidden or declared to be unlawful by this act, may sue therefor in any circuit court of the United States in the district in which the defendant resides or is found, without. respect to the amount in controversy, and shall recover three fold the damages by him sustained, and the costs of suit, including a reasonable attorney's fee.

Sec. 8. That the word "person," or " persons," wherever used in this act shall be deemed to include corporations and associations existing under or authorized by the laws of either the United States, the laws of any of the Territories, the laws of any State, or the laws of any foreign country.

Approved, July 2, 1890.

제 7 장

연방정부의 재정금융정책

개인의 자유로운 경제활동과 자유기업주의를 표방하는 국가에서도 모든 것을 민간과 시장에 맡길 수는 없으며, 정부가 맡아야 할 분야 중 하나는 안정적인 거시경제 상황을 조성하는 일이다. 미국의 경우 연방정부는 재정정책과 금융통화정책이 그것이다.

이 장에서는 미국경제의 안정과 성장발전을 위한 미국 연방정부의 역할과 성과를 시대별로 살펴보고, 거시경제의 안정적 성장을 위한 여건 조성을 위하여 미국 정책당국이 취한 재정정책과 통화금융정책의 내용을 학습한다.

1. 경제정책기조의 변화

1.1 시장경제와 정부역할

자유시장경제 국가의 경제운행에서 정부의 역할은 상대적으로 적을 것으로 기대되지만, 경쟁규칙의 제정과 유지자로서 그리고 안정적인 거시경제여건의 조성자로서 정부의 역할은 필요하며, 특히 위기관리자로서의 국가의 막중한 역할 때문에 전쟁은 물론 경제위기가 발생했을 때 정부가 어떻게 대응하느냐에 따라서 정부의 위상은 크게 달라질 수 있다.

미국 연방헌법은 경제와 관련된 연방정부의 역할에 대하여, 연방정부 지출, 연방정부의 조세와 차입, 법화의 주조, 외국과의 상거래 규제 등의 권한을 연방의회가 가진다고 간단히 규정하는 데 그치고 있으나, 정부는 최대한 자유로운 기업활동과 시장에서의 자유경쟁을 보장하는 기조를 오랫동안 지속해 왔다. 시대적 상황에 따라 특히 전쟁, 경제적 침체, 경제공황 혹은 가난에 대한 심각한 우려에 당면할 경우 이에 대응하기 위하여 정부는 이를 시장에만 맡기기보다는 일반적으로 조세 및 정부지출 등 재정조치와 통화량 및 금리수준 등 통화정책조치를 취하며, 관세 혹은 무역규제장벽의 높이를 조정하고 기업활동을 규제하거나 지원하여 적극적으로 시장에 개입한다.

원론적으로는 세계에서 가장 자유주의적 경제체제를 가진 미국은 가장 작은 정부역할만을 가질 것으로 예상된다. 미국경제에서 정부가 수행하는 기능은 원만한 경제활동이 이루어질 수 있도록 거시경제여건을 안정시키고, 경제주체 간의 공정한 경쟁을 유지하며, 개별 경제주체들의 활동이 초래할 수 있는 부작용을 최소화하기 위한 규제제도와 지원정책을 시행하고, 형평성 제고를 위하여 소득을 직접적으로 재분배하며, 공공부문이 더 잘 공급할 수 있는 재화와 서비스를 공급하는 것이라 할 수 있다.

1.2 연방 경제정책의 중점

미국경제가 처한 당대의 경제현실을 반영하여, 연방정부가 각 시대별로 취한 경제정책의 중점은 변모하여 왔다. 〈표 7-1〉은 남북전쟁을 거친 후 급속한 경제성장과 공업발전을 거치는 과정에서 연방정부가 취한 경제정책의 중점과 기조를 요약하고 있다.

표 7-1 남북전쟁 이후 연방정부 경제정책의 중점과 기조

시기(연대)	경제정책 배경	정책의 중점과 실적
1860~1870년대	- 자유방임주의 - 공화당 주도의 남부재건	- 민간의 산업발전을 지원할 도로·철도·교육 등을 위한 토지와 자금 지원 - 국내산업보호를 위한 수입장벽 유지 - 국립은행 설립허가
1880년대	- 대기업의 횡포, 기업간 담합·카르텔 증가	- 독과점 규제 등 기업규제 - 소비자·노동자 보호 ○ 1887 주간통상법 ○ 1890 셔먼독점금지법

1914~ 1929	- 제1차 세계대전 - 기업-정부간 협조적 관계 - 경제적 자유주의	- 기업활동 지원, 고속경제성장 - 노동자·소비자보호 및 기업규제의 완화 - 대공황 초기의 부적절한 대응
1930년대~ 1945년	- 경제대공황 - 제2차 세계대전	- 뉴딜정책 ○ 연방정부 지출확대, 적자재정 ○ 연방정부의 시장개입증대 ○ 새로운 연방기관·제도 신설 - 전시 생산·물가통제 강화
1945~ 1950년대	- 대량소비사회 - 교외지역 팽창 - 세계질서중심국가	- 경제안정·성장을 위한 정부역할 확대 (1946 고용법) - 국제경제협력선도(IMF, IBRD 설립 주도) - 주간 고속도로 건설 등 지역개발 지원
1960년대	- 경제 고성장 지속 - 사회복지수요 증대	- 정부의 거시경제정책 조정 - New Frontier정책 ○ 평화봉사단 운영 ○ 아폴로 우주개발 - 복지제도 강화(Mini New Deal) ○ Medicare ○ Medicaid
1970~ 1980년대	- 국제수지 악화 - 석유위기 - 스태그플레이션	- Nixon 쇼크 ○ 달러화의 금태환 정지/달러가치 하락유도 ○ 임금-물가 통제 ○ 수입품에 대한 10% 부가금 - 시장기능 활성화 정책(Reaganomics) ○ 물가안정 중시 ○ 정부규제 완화 ○ 기업가정신 고양 ○ 공급중시 경제정책
1990년대	- 정보통신 기술 발달 - New Economy - 세계화 진전	- 정보화 지원 - 무역자유화 추진 ○ FTA 확대 ○ WTO출범 선도
2000년대	- 9.11테러 - 금융위기 - 미국 우선주의 (고립주의 선회)	- 무역자유화 추진 - 테러지원국 제재/테러방지 국제협력 - 양적완화 통화정책 - 국제경제협력 강화(G-20) - 의료보험제도 개혁(Obama Care) - 보호무역조치 - 이민유입 억제 - 사회간접자본 확충

2. 연방정부의 재정정책

2.1 연방재정정책과 최근 동향

미국 연방정부의 재정정책은 연방의회와 행정부 담당부서인 백악관 내 행정관리 예산실(OMB, Office of Management and Budget)이 함께 책임진다. 예산의 편성은 OMB에서 준비하지만 예산을 심의하고 확정하는 권한은 연방의회가 가진다.

연방정부 재정수지는 2009 회계연도에 사상최고 수준인 1.4조 달러(GDP 대비 9.8%)의 적자를 기록하였으나, 그 후 엄격한 지출억제로 2015 회계연도 적자는 4,400억 달러(2.5%)에 그쳤다. 2000년대 들어 연방재정수지 적자가 증가함에 따라 미국의 연방채무는 누적적으로 증가되어 2015년 시점에서 18.2조 달러에 달하여 GDP의 100%를 상회하였다. 연방정부의 재정과는 달리 주·지방 정부의 재정수지는 거의 균형을 보여 왔다. 2014 회계연도의 경우 미국 주·지방 정부의 재정은 3,700억 달러의 흑자를 기록하였다.

연방정부의 재정수지적자를 보전하기 위해 발행되는 재무성의 채무증서인 재무성증권(Treasury Securities)의 잔고는 연방정부의 채무로서 2015년 말 현재 18조 달러를 넘어섰다. 재무성증권은 1년 미만의 재무성단기증권(Treasury Bill), 중기의 재무성중기노트(Treasury Note), 그리고 10년 이상의 재무성장기채권(Treasury Bond)으로 구성된다. 재무성단기증권과 중기의 재무성노트가 주종(主宗)을 이루며, 만기가 긴 재무성채권은 매매가능한 재무성증권의 10% 미만에 불과하다.

재무성증권의 소유자 구성을 보면, 중앙은행인 연방준비제도(FRS)와 정부기관의 보유가 약 41%를 차지하는데, 이 증권은 정부 등 공공기관이 보유하고 있어 대부분 시장에서 유통되지 않는다. 나머지는 민간투자가가 보유하고 있으며 증권시장에서 유통되며 시중금융사정에 따라 그 가격과 수익률이 변동한다. 2015년 9월 시점에서 총 18.2조 달러의 연방채무 중 7.5조 달러 정도가 FRS와 정부의 보유이며, 민간투자가가 보유한 10.7조 달러 중 절반이상인 6.1조 달러는 중국과 일본 등 동아시아 국가를 포함하는 외국인이 보유하고 있다.

표 7-2 미국 재무성증권의 형태별·만기별 구조

(단위 : 10억 달러)

연도	총액	시장유통가능 증권				시장유통불가 증권
		소계	단기증권	중기노트	장기채권	
1980	906.8	594.5	199.8	310.9	83.8	312.3
1990	3,212.7	2,092.8	482.5	1,218.1	377.2	1,119.9
2000	5,622.1	2,992.8	616.2	1,611.3	635.3	2,629.4
2010	13,561.7	8,498.3	1,788.5	5,255.9	849.9	5,063.3
2015	18,150.6	12,853.8	1,358.0	8,372.7	1,688.3	5,296.9

자료 : US CEA(2016), *Economic Report of the President*(Table B-23).

표 7-3 미국 재무성증권의 소유자 구성

(단위 : 10억 달러, %)

연월	공공 채무 총잔액	FRS와 연방 정부 기관	민간투자자						기타	
			계	예금 기관	저축 본드	펜션 펀드	보험 회사	뮤추얼 펀드	주정부	외국인
2000. 12	5,662	2,782	2,880	202	185	324	110	226	310	1,015
2010. 12	14,025	5,656	8,369	319	188	491	248	722	596	4,436
2015. 09	18,151	7,489	10,662	513	173	506	297	1,092	634	6,106
(비중)	(100)	(41.3)	(58.7)	(2.8)	(1.0)	(2.8)	(1.6)	(6.0)	(3.5)	(33.6)

자료 : US CEA(2016), *Economic Report of the President*(Table B-24).

2.2 재정규모와 재정수지

〈표 7-4〉는 연방정부와 주정부 및 지방정부를 합친 전체 미국 정부재정의 지출과 수입 그리고 수지가 미국 GNP 혹은 GDP에서 차지하는 비율을 보여주고 있다. 이에 따르면, 정부전체의 지출이 제1차 세계대전 이전까지는 7~8% 수준이었으나, 1920년대는 10%를 넘어섰으며, 뉴딜이 시작된 1933년에 16%를 기록하고 1939~1940년의 경우 20%선으로 상승했으며 그 후에도 20% 이상의 수준을 유지하고 있다.

최초로 미군에 의한 직접적인 대규모 해외군사개입이 있었던 제2차 세계대전 중 GNP에 대한 정부지출의 비율은 40%를 넘어섰는바, 제2차 세계대전 중에는 국방비 한 항목의 비율이 37~38% 수준에 달하였다. 국방비가 급증하였던 제2차 세계대전을 제외한다면, GDP에 대한 정부 총지출의 비율은 대체로 30%를 향하여 1970년대까지 꾸준히 상승해 왔다. 1990년대 하반기에 들어 그 비중은 약간의 하락 추세를 보였다.

재정수지는 1920년대까지 대체로 균형을 보였지만, 뉴딜이 시작된 1930년대부터 제2차 세계대전이 끝난 1945년까지는 대규모 수지적자를 기록하였다. 주정부와 지방정부가 대체로 재정수지균형을 나타낸 점을 고려하면, 정부의 재정수지적자의 대부분은 연방정부의 적자라 할 수 있다. 뉴딜기간(일반적으로 1933~1939년) 연방재정수지 적자는 GNP대비 2~3% 수준으로 늘었으며, 제2차 세계대전 기간에는 연방재정수지 적자가 GNP대비 20~30% 수준에 달하였다. 따라서 1930년대 이후 제2차 세계대전이 끝날 때까지 재정지출 확대는 같은 폭의 조세수입 증대를 수반하지 않았다. 대체로 조세수입은 완만하게 증대된 반면, 재정적자의 대폭적인 확대를 통하여 재정지출 증대를 뒷받침하였다.

다만 1950~1960년대에는 당시의 경제호황 등에 따라 조세수입이 확대되고 연방지출은 억제됨으로써 연방재정수지는 GDP대비 1~2%의 흑자를 기록하였다. 20세기 전체를 통하여 눈에 띨 만한 수준의 재정수지 흑자를 보인 기간이었다.

1970년부터 재정수지는 다시 적자로 돌아서 30년간 재정적자 기조가 지속되었다. 이 기간 중의 재정수지의 적자요인은 다양하겠지만, 석유파동 등에 따른 스태그플레이션 상황에서 조세수입은 부진한 반면, 1930년대의 뉴딜 프로그램들의 지속 및 부분적인 확장 그리고 1960년대 후반에 도입된 작은 뉴딜(mini NewDeal) 등으로 경직성 정부지출이 꾸준히 증가한 점을 반영한다. 1980년대에는 레이건 행정부가 소련과의 군비경쟁에서 우위를 확보하기 위하여 취하였던 국방비지출 증가가 연방재정수지 적자의 큰 원인이었다.

1990년대 냉전체제의 붕괴 후 국방비 지출의 급속한 감소와 고속경제성장에 따른 조세수입 증대 등으로 점차 감소하던 연방재정수지 적자는 1998년도부터 4년간 소폭의 흑자를 보이기도 하였으나 미국의 재정수지는 2002년부터 다시 적자로 돌아선 후 2008년 금융위기 후 심각한 경제침체로 인한 조세수입 감소로 재정수지적자는 연간 1조 달러 이상의 기록적인 규모가 수년간 지속되는 등 대규모 적자 추세를 지속하였다.

표 7-4 연방·주·지방정부 재정의 대GNP(GDP) 비율

(단위 : %)

회계연도	총정부(A+B)			연방정부(A)			주·지방정부(B)		
	수입	지출	수지	수입	지출	수지	수입	지출	수지
1902	7.84	7.66	0.18	2.59	2.27	0.32	4.86	5.09	−0.23
1913	7.53	8.09	−0.56	1.79	1.79	0	5.13	5.71	−0.58
1922	12.58	12.52	0.06	5.42	4.44	0.98	6.98	7.62	−0.64
1933	14.18	16.31	−2.13	4.12	6.10	−1.98	10.98	11.13	−0.15
1945	24.03	41.87	−17.84	20.42	41.87	−21.5	5.24	4.07	1.17
1955	25.40	24.54	0.86	16.57	17.3	−0.76	7.94	8.27	−0.33
1965	25.49	24.08	1.41	17.34	16.87	0.46	9.20	8.25	0.94
1975	27.61	31.90	−4.29	17.71	22.15	−4.44	12.80	12.65	0.15
1985	28.80	32.51	−3.71	18.36	22.6	−4.23	12.36	11.82	0.53
1995	29.88	32.54	−2.66	18.99	21.77	−2.78	13.38	13.25	0.13
2005	28.95	30.99	−2.03	18.12	20.36	−2.24	13.69	13.49	0.20
2009	26.40	35.40	−9.01	15.62	24.49	−8.87	14.21	14.35	0.14
2014*	29.06	33.72	−4.66	19.00	22.68	−3.68	12.95	13.93	−0.98

주 : *2014년은 국민소득계정기준임.
자료 : US CEA(2016), *Economic Report of the President.*

표 7-5 연방재정 수입 지출 수지 및 연방채무

(단위 : 10억 달러)

회계연도	수입	지출	수지	연방채무비율(%) (연말기준)	
1980	517	591	−74	909	33.4
1990	1,032	1,253	−221	3,206	55.9
2000	2,025	1,789	236	5,629	57.3
2009	2,105	3,518	−1,413	11,876	83.4
2015	3,250	3,688	−440	18,120	101.8

주 : 비율은 GDP 대비(%)임.
자료 : US CEA(2016), *Economic Report of the President*(Table B−78, 79).

이러한 연방재정운영의 결과 특히 1980년대 이후 대규모 재정수지적자의 계속 현상은 연방정부의 채무증가를 가져왔다. 〈표 7−5〉에서 보듯이 1980년대 초 9,000억 달러 수준이었던 연방채무는 2015년에는 18조 1,200억 달러로 약 20배나 증가되었으며 당해 연도 GDP에 대한 비율도 33% 수준에서 102%로 3배 이상 커졌다.

2.3 연방·주·지방 정부의 비중

〈표 7-6〉에서 보는 바와 같이, 전체 정부지출 중 연방정부가 차지하는 비중은 뉴딜 이전에는 약 30% 수준이었으나, 뉴딜을 거치면서 그 비중은 꾸준히 상승하였는데, 제2차대전 기간의 80% 수준을 제외한다면 대략 60% 대의 수준을 지속하고 있다. 환언하면, 20세기 초 60% 수준을 보이던 주·지방정부의 비중은 1930년대 이후 하락하여 40% 수준을 보이고 있다.

연방정부와 주정부 및 지방정부 간의 관계에서 중요한 의미를 가지는 것은 연방정부의 주·지방 정부에 대한 양여금(federal grant to state and local governments)이다. 주·지방 정부의 세입 중에서 연방정부로부터 받은 양여금의 비중은 1920년대까지는 1~2% 수준이었으나 뉴딜기간 중 10%로 상승하였으며, 1960년대 이후에는 15~20%의 매우 높은 수준으로 상승하였다. 이러한 양여금 비중의 증대는 주·지방 정부에 대한 연방정부의 우위를 나타내는 지표로 볼 수 있으며, 연방정부와 주·지방정부 간의 협력관계의 심화로 해석된다.

표 7-6 정부지출 중 연방정부와 주·지방정부의 비중

(단위 : %)

연도	연방정부	주·지방정부 (양여금의 비중*)	
1902	34.16	65.84	0.7
1913	29.89	70.11	0.6
1922	39.39	60.61	2.1
1927	30.57	69.42	1.5
1934	38.69	61.31	13.7
1940	44.91	55.09	8.7
1946	82.43	17.57	5.7
1957	62.11	37.89	9.1
1967	58.76	41.23	16.8

주 : *는 주·지방 정부의 세입 중 연방정부로부터 받은 양여금의 비중임
자료 : US CEA(1967, 2000), US Bureau of Census(1975).

3. 연방준비제도와 통화금융정책

3.1 연방준비제도 FRS

미국의 통화정책은 중앙은행인 연방준비제도(FRS, Federal Reserve System, 연준)가 담당한다. 미 연준은 행정부로부터 독립된 기관으로서 여타 국가의 중앙은행에 비하여 상대적으로 높은 독립성을 가지는 것으로 평가된다[1]. FRS는 통화정책을 결정하는 주요 조직으로서 연방준비제도이사회(FRB, Board of Governors of FRS)와 연방공개시장위원회(FOMC, Federal Open Market Committee)를 두고 있으며 통화정책의 집행조직으로서 전국에 12개 주요 도시에 지역 연방준비은행(regional federal reserve banks)을 두고 있다[2].

최고의사결정기구인 연방준비제도이사회(FRB)는 의장과 부의장을 포함하는 7인의 이사(Governors)로 구성된다. 이사는 완전한 14년 임기의 단임이다. 재할인율(discount rate)과 연방기금금리(federal fund rate) 등 정책금리를 조정하고, 지불준비율(reserve requirement ratio) 수준을 조정하고, 통화 공급량을 조정하는 통화정책의 방향을 정하며 미국의 금융시스템 전반을 관할한다.

연방공개시장위원회(FOMC)는 재무성 증권 등 채권의 매입과 매각을 통하여 시중에 공급되는 본원통화량을 조절하는 공개시장조작(open market operation) 등 통화정책의 구체적인 내용을 결정한다. FOMC 회의는 7인의 FRB 이사와 12개 지역연방은행(regional federal reserve bank)의 총재들이 참석하여 경제와 통화정책을 논의하되, 통화정책의 결정은 7인의 이사 전원과 4인의 지역연방준비은행 총재 등 총 11인 위원들의 투표로 결정한다. 12개 지역연방준비은행의 총재들 중 4개 은행의 총재만이 순번으로 돌아가면서 투표권을 가지는데, 뉴욕연방준비은행 총재은 항상 포함된다.

---

1) FRB 의장과 이사들을 지명하는 권한은 미국 대통령에게 부여되어 있지만, FRB 의장의 임기는 대통령의 임기와 겹치지 않으며, 7명 이사들의 임기는 매 2년마다 한 명씩 새로 시작하도록 규정되어 있어, 대통령이 원하는 방향으로 이사회 구성을 급격히 바꾸기는 어렵다. 연방준비제도는 1913년 연방준비법(Federal Reserve Act)에 의거하여 1914년에 설립되었다. 연방준비제도는 공공기관과 민간기관의 성격을 혼합한 형태를 띤 것으로 지역별 이해관계와 중앙집권적 통제기능 간에 균형을 맞춘 해결방안으로 평가되고 있다.

2) New York, Boston, Philadelphia, Richmond, Atlanta, Cleveland, Chicago, St. Louis, Kansas City, Dallas, Minneapolis, San Francisco 등 12개 도시

3.2 통화량과 금리

미 연준이 구사하는 정책수단은 전통적으로 정책금리인 재할인율(discount rate)과 연방기금금리(federal fund rate)를 중심으로 하는 금리의 조정이었으나, 물가안정을 중시한 1979년 볼커(Paul. Volcker) 의장의 등장 이후 정책금리의 조정보다는 통화량 조절을 통한 경제안정을 중시하면서 1980년대 초에는 정책금리와 시중금리가 10%를 크게 상회하는 수준으로의 급상승과 하락 등 변동을 거듭했다.

물가의 안정 속에서 경제성장과 고용증대를 중시하는 정책으로 돌아선 1990년대 이후 재할인율은 5~7%대의 수준을 지속하였으나, 2000년대 들어서는 9·11 테러 후의 위기와 주식가격의 폭락과 같은 시기에 대폭적인 금융완화 통화정책을 추진하면서 1~2%의 저금리수준을 보이기도 했다. 2006~2007년 중 국내 물가불안과 과열경기에 대한 대책으로 한때 6.25%까지 인상하기도 하였다가, 2008년 글로벌 금융위기에 당면하여 미연준은 수차례 금리인하를 단행하여 2008년 12월 미국 재할인율은 0.5%라는 사상초유의 수준으로 인하되었으며 2016년에도 0.75%의 낮은 수준을 유지하고 있다. 재할인율의 인하에 따라 은행 간 단기금융에 적용되는 연방기금금리는 2016년 중 연평균 0.1%대의 낮은 금리수준을 나타내었다. 한편 상업은행들이 우량기업에게 대출할 때 적용하는 프라임 레이트(prime lending rate)는 3.25%로 매우 낮은 수준을 보이고 있는데, 1980년 고금리시기에 프라임 레이트는 21.5%라는 초고금리를 기록한 바도 있다.

미국의 주요 통화량 지표인 현금통화, M1, M2 등의 통계를 보면 현금통화는 GDP의 약 4~6%, 현금통화와 요구불예금 등을 포함하는 M1은 10~15%, M1과 저축성예금 등을 포함하는 M2는 50~60% 수준으로 공급되고 있으며, 매년 혹은 매분기 일정 증가율을 유지한다.

표 7-7 미국의 주요 통화량 지표

(단위 : 10억 달러)

연도 말	현금통화	M1	M2	국내 비금융부문의 채무
1970	48.6	214.4	626.5	1,420.2
1980	115.3	408.5	1,599.8	3,953.5
1990	246.5	824.7	3,276.8	10,834.9
2000	531.2	1,087.7	4,917.9	18,167.3
2010	916.6	1,842.6	8,772.2	37,039.1
2015	1,337.5	3,082.0	12,299.4	44,197.3

주 : 1) M1=현금통화+요구불예금+여행자수표+기타 수표발행 가능 예금
2) M2=M1+MMMF+저축성예금+소규모 정기예금

자료 : US CEA(2016), *Economic Report of the President*(Table B-26).

표 7-8 미국의 주요 금리 추이

(단위 : 연리, %)

연도 말	재할인율	연방기금금리	프라임 레이트 (우량대출금리)	재무성 단기증권금리 (3개월물)	재무성 채권금리 (10년물)
1960	3.53	3.21	4.82	2.93	4.12
1970	5.96	7.17	7.91	6.43	7.35
1980	11.77	11.35	15.26	11.51	11.43
1990	6.98	8.10	10.01	7.51	8.55
2000	5.73	6.24	9.23	5.85	6.03
2010	0.50	0.18	3.25	0.14	3.22
2015	0.76	0.13	3.26	0.06	2.14

자료 : US CEA(2016), *Economic Report of the President*(Table B-25).

3.3 주식시장과 주가

미국의 주식가격은 경제성장과 금융 및 경기동향을 반영하여 민감하게 변동하면서 경기변동의 중요한 선행지표로서 이해된다. 주식과 펀드는 미국가계의 가장 중요한 (금융)자산으로서의 위상을 가지고 있으며, 미국기업에게 주식시장은 투자자금의 조달을 위한 핵심창구로서 기능하는 것으로 평가되고 있다.

대표적인 주식가격 지수의 동향을 보면, 다우존스 산업평균 주가지수(Dow Jones Industrial Average)는 2007년 10월 13,901이라는 사상 최고수준을 기록한 후 2008년 글로벌 금융위기 시 폭락한 후 재상승하는 등 등락을 거듭하면서도 2017년 2월에는 사상 처음으로 2만 포인트를 넘어서 미국경제의 건재함을 보여주고 있다.

첨단기술 주식을 주로 포함하는 나스닥(National Association of Securities Dealers Automated Quotations, NASDAQ) 주가지수는 1980년대의 10년 동안 3배나 상승하였고, 1990년대 중에는 9배나 상승하여 2000년에는 최고수치인 3,783.7을 기록하였다. 2000년대 들어 IT 거품의 붕괴와 금융위기를 거치면서 등락을 거듭하다가 2017년 2월에는 5,600선을 넘어섰다.

표 7-9 미국의 주식가격 추이

연월	다우존스 산업평균주가지수	스탠더드&푸어 주가지수 (1941~1943=10)	나스닥 주가지수 (1971.2.5=100)
1949	179.5	15.2	-
1960	618.0	55.9	-
1970	753.2	83.2	-
1980	891.4	118.8	168.6
1990	2,678.9	334.6	409.2
2000	10,734.9	1,427.2	3,783.7
2007. 10	13,901.3	1,539.7	2,780.4
2009. 12	10,433.4	1,110.4	2,200.6
2010. 12	11,577.5	1,257.6	2,652.9
2015. 12	17,425.0	2,043.9	5,007.4
2017. 02	20,054.3	2,294.7	5,682.5

자료: Fusion Media Limited(www.investing.com).

제 8 장 대외관계와 대외통상정책

본 장에서는 미국의 대외정책기조와 대외통상정책 및 제도를 학습한다. 식민지에서 독립하여 신대륙 최초의 독립국가가 된 후, 미국은 유럽을 포함한 국제문제에 개입하거나 간섭받기를 원치 않는 고립주의 외교정책을 지속해 왔으며, 제2차 대전 이후에는 세계질서를 설계하고 유지해야 하는 국가의 입장에서 개입주의 입장으로 바뀌었다.

대외통상관계에서도 미국은 20세기 초 세계최대의 경제력을 갖추었으며 1930년대 중반 이후 자유로운 국제무역을 위한 정책기조를 견지하였다. 제2차 세계대전 이후 미국은 IMF-GATT체제 혹은 브레튼우즈 체제로 불리는 전후 국제경제질서를 주도적으로 디자인 하였으며, 초강대국의 위치에서 자유로운 국제무역질서와 세계화를 선도하고 있다.

1. 대외관계와 대외정책

1.1 먼로주의와 고립주의

먼로주의로 불리는 먼로독트린(Monroe's Doctrine)은 건국 이후 오랫동안 지속되어 온 미국 대외정책의 기조를 의미한다. 제5대 대통령 먼로(James Monroe)는 국무장관 애덤스(John. Q. Adams)의 의견을 받아들여 1823년 12월 의회에 보낸 연차보고서에서 미국 외교정책의 중요한 전통이 된 이른바 먼로 독트린을 천명하였다.

먼로 독트린은 19세기 초반 유럽에서의 세력변화가 그 배경으로 작용하였다. 1815년 나폴레옹 전쟁이 끝나자 중남미의 스페인과 포르투갈 식민지들은 독립을 선언했으며, 이에 자극받아 당시 태평양 연안까지 나온 후 아메리카 대륙으로의 진출을 도모하던 제정러시아는 신성동맹(Holy Alliance)에 참가한 유럽 국가들과 손잡고 중남미의 독립국가에 대한 간섭을 획책하였다. 미국은 이러한 움직임을 미국과 아메리카대륙에 대한 위협으로 간주하고, 미국과 아메리카 대륙을 유럽제국들로부터 보호하기 위한 목적으로 먼로 독트린을 발표하였다.

그 주요 내용으로는 ① 유럽제국의 아메리카 대륙에 대한 불간섭, ② 아메리카의 비식민지화, ③ 미국의 유럽 불간섭 등 3원칙이 담겨 있었으며, 이는 그 후 고립주의적인 외교정책(isolationist foreign policy)의 기본골격이 되었다.

① 먼로주의

중남미 국가들의 독립을 되돌리려는 프랑스·스페인·러시아 등 유럽 국가들의 움직임에 대하여, 영국정부는 영국과 미국 두 나라가 위와 같은 신성동맹의 의도를 함께 저지하겠다는 입장을 중남미 국가들에게 밝혀줄 것을 미국에 촉구했다. 그러나 국무장관 애덤스는 “미국이 영국의 전함 뒤를 따라가는 ‘작은 배’ 역할을 하는 것보다 러시아와 프랑스에 대해 자신의 원칙을 명백히 천명하는 것이 더 솔직하고 당당한 처사”라고 주장하면서, 미국이 일방적으로 선언하도록 먼로 대통령을 설득했다.

1823년 12월 먼로 대통령은 영국해군이 신성동맹과 프랑스로부터 중남미 국가들을 방어하리라는 것을 파악하고 의회에 정례교서를 보내는 기회에 이 교서를 통해 ‘먼로 독트린’으로 알려지게 된 다음과 같은 미국의 입장을 선언했다[1].

“아메리카 대륙은 앞으로 유럽의 어느 강대국도 미래의 식민지화 대상으로 삼을 수 없다. 우리는 그들의 (정치적) 제도를 이 서반구의 그 어떤 부분에라도 확장하려는 어떤 시도도 우리의 평화와 안전에 대해 위험한 것으로 간주할 것이다. 현재 남아 있는 유럽국가의 식민지나 속국에 대해서 우리는 지금까지 간섭하지 않았으며 또 앞으로도 간섭하지 않을 것이다.

그러나 독립을 선언하고 유지한 그리고 그들의 독립을 우리가 인정한 정부들에 관해서는, 우리는 그 어떤 유럽 강대국도 그 나라들을 억압하기 위한 또는 그 어

1) 영어 원문은 부록 8-1 참조.

떤 방법으로든 그 나라들의 운명을 지배하기 위한 목적으로 이들 나라에 간섭하는 행위를 할 경우 미합중국에 대한 반우호적 성향의 표명으로 간주할 수밖에 없을 것이다."

먼로 독트린은 중남미주의 신생 독립공화국들과 미국과의 연대정신을 표명했다. 그리고 이 나라들은 그들의 새로운 헌법에서 미합중국의 것을 많이 따름으로써 미합중국과의 정치적 친근성을 확인했다.

② 먼로주의의 배경: 중남미 신생국의 독립

나폴레옹이 유럽을 휩쓸고 있을 때, 19세기 초 20여 년 동안에 중남미 지역에서는 혁명이 일어났다. 북아메리카 동부의 13개 영국 식민지들이 자유를 획득하고 미합중국이라는 신대륙 최초의 독립국가를 형성하는 것을 보면서 이 지역 사람들 사이에는 자유사상이 고취되었으며, 나폴레옹의 스페인 정복(1808)은 이 지역 식민지의 본국인 스페인에 대항하여 반란을 일으키는 계기가 되었다. 1822년까지 시몬 볼리바르(Simon Volivar), 프란시스코 미란다(Francisco de Miranda), 호세 데 산 마르틴(José de San Martin) 및 미겔 이달고(Miguel Hidalgo) 등의 유능한 혁명지도자(Liberatores)의 지도에 힘입어, 남쪽으로는 아르헨티나와 칠레로부터 북쪽으로는 멕시코와 캘리포니아에 이르는 중남미 지역에서 스페인이 장악했던 모든 지역이 독립을 쟁취했다.

미국민들은 자기들이 영국의 지배에서 벗어날 때에 겪었던 경험의 되풀이로 생각되는 이 사태에 깊은 관심을 가졌다. 중남미 지역에서 일어난 독립운동은 자치독립에 대한 미국인들의 신념을 확인해 주었다. 1822년 먼로 대통령은 국민들의 강한 압력 아래 포르투갈의 전 식민지인 브라질을 포함하는 중남미 신생국들을 승인하는 권한을 의회로부터 부여받았고 이 국가들을 승인하였다.

이 같은 승인조치는 유럽과의 옛 관계를 완전히 단절한 진정한 독립국가로서 이들 신생국의 지위를 확인해 주는 것이었다. 이때 러시아, 프로이센 및 오스트리아는 체제혁명으로부터 자신들을 보호하기 위해 이른바 신성동맹을 조직했다. 프랑스도 때때로 합세한 신성동맹은 대중운동(민중혁명)이 군주의 왕좌를 위협하는 국가에 개입함으로써 혁명이 자기들 나라의 영역에까지 번지는 것을 막고자 했다. 이러한 정책은 미국의 자결권 원칙에 반하는 것이었다.

만약 신성동맹의 활동이 '구세계'에 국한되었다면, 이 동맹은 미국에 불안감을 조성하지 않았을 수도 있다. 그러나 스페인이 중남미의 이전 식민지를 되찾으려는 의향을 신성동맹이 선언하자, 미국은 우려하게 되었다. 영국으로서도 스페인이 과거 식민지제국을 되찾는 것을 막고자 결심했는데, 중남미 국가들과의 교역이 영국의 상업적 이해관계에는 너무나 중요했기 때문이다.

③ 고립주의와 개입주의

19세기와 20세기 동안 미국은 국제문제에 직접적인 개입을 회피하는 먼로주의적인 고립주의와 대외 군사개입 사이에서 진동을 계속해 왔다. 예를 들어 제1차 세계대전에서 미국은 초기에는 전쟁에 개입하지 않았으나 대전이 막바지에 다다른 1917년에 가서 전쟁에 개입했으며, 제2차 세계대전의 경우에도 일본이 미국의 진주만 해군기지를 폭격한 1941년 12월이 되어서야 전쟁에 개입하였다. 미국이 20세기 초반에 세계최대의 경제력을 가진 국가였음에도 중요한 국제문제에 소극적이었는데, 이는 먼로주의로 대표되는 미국의 고립주의 외교정책 전통이라 할 수 있다.

그러나 제2차 세계대전 후에 상황은 크게 바뀌었다. 제2차 세계대전에서 연합국 승리의 중심 국가였던 미국은 전후 미국군대를 일본과 독일에 장기간 주둔시켰으며, 일본과 서유럽 국가들의 경제재건을 돕는다는 마셜플랜(Marshall Plan)을 수립 시행함으로써 국제문제에 주도적으로 적극적으로 참여했다. 제2차 세계대전 후 이러한 미국의 외교 및 동맹관계의 패턴은 1945년 샌프란시스코에서 합의된 UN의 출범 및 그 후 1948년의 북대서양 조약기구(North Atlantic Treaty Organization, NATO) 창설 등에서 구체적인 모습을 보이기 시작했다.

제2차 세계대전 후 공산주의 국가인 소련과 중국은 미국의 주적(primary adversaries)으로 대두되었고, 미국과 소련은 각각 그들의 동맹국들과의 유대를 공고히 하면서 상대진영을 적대하는 치열한 이념대립의 기간인 냉전(cold war)시대가 전개되었다. 이런 상황에서 공산주의의 팽창을 억제하고 이른바 자유 서방세계를 방위할 수 있는 경제력과 군사력을 갖춘 국가는 미국밖에 없었기 때문이다.

소련은 1991년 붕괴되기 전까지 미국에게 적어도 분명한 위협으로 존재했었다. 그러나 미국과 소련 간에 공개적인 전쟁은 없었으며 가장 분명한 전쟁위협은 1962년 쿠바의 미사일 위기였다. 당시 미국의 케네디 행정부는 쿠바에 배치할 핵미사일을 적재한 소련 군함이 소련으로 되돌아가지 않는다면 핵무기를 사용하여 보복하겠다고 위협했다. 미국은 중국과도 냉전기간 동안 어떤 공개적인 전쟁도 하지

않았으나, 미국이 지상군을 파견한 2개의 심각한 분쟁이었던 한국전쟁과 베트남 전쟁에서 미군은 중국이 지원하는 공산국가인 북한과 북베트남의 군대와 싸웠다.

1.2 베트남전쟁과 대외관계

① 베트남전쟁

냉전기간 중 미국의 가장 중요한 해외 군사개입은 공산주의 세력의 팽창과 이를 억제하려는 미국의 전략 및 서태평양 지역의 이해가 부딪혔던 한국전쟁과 베트남 전쟁이라 할 수 있다. 특히 베트남전쟁은 명분이 약한 전쟁에 미국군대가 참전한 데 대한 미국 내의 반발과 반전운동, 막대한 군비지출과 그에 따른 국내재정의 악화, 전쟁에서의 사실상 패배와 불명예스러운 철수 등으로 미국의 국제위신 저하 및 리더십 약화 그리고 국내경제의 어려움을 가져왔다.

이 전쟁은 베트남이 독립하기 위해 프랑스와 벌인 '제1차 인도차이나 전쟁'(1946~1954)과 구별하여 '제2차 인도차이나 전쟁'이라고 불린다. 북위 17도선 이남의 남베트남의 고딘디엠(Ngo Dinh Diem) 정권의 무능과 부패로 공산 베트콩(베트남 민족해방전선) 세력이 베트남의 더 많은 지역을 점령해 나가자, 당초 공산주의 세력의 팽창을 억제하는 데 관심을 쏟고 있던 미국이 남베트남에서의 게릴라전을 북베트남 공산정권의 직접적인 침략으로 해석하고 남베트남 정부에 대한 경제 및 군사원조를 증대시켰다.

당시 존슨 대통령은 1964년 8월 북베트남의 함정이 통킹만(北部灣)의 공해상에서 미국 구축함에 어뢰공격을 했다고 주장하고, 북베트남에 대한 폭격을 명령하였다. 또한 "동남아시아에서 미군에 대한 어떠한" 무장공격도 격퇴하고 더 이상의 침략을 막기 위해 모든 필요한 조치를 취할 수 있는 권한을 부여해 줄 것을 의회에 요청했으며, 의회는 이를 지지하는 취지의 결의안을 압도적으로 통과시켰다. 당시 존슨은 이 결의안을 미국의 베트남 참전과 확전을 위한 '백지수표'로 간주하지는 않았으며, 베트남에서 미국의 목표는 제한된 수단으로 달성될 수 있다고 잘못 생각했던 것으로 지적되었다. 그러나 이 결의안은 결국 미국이 베트남전쟁에서 대통령이 전쟁을 확대할 수 있는 법적 근거를 의회가 제공했다는 점에서 많은 비판을 받았다.

② 파리평화회담

미국정부는 1968년 북베트남에 대한 폭격을 중단하고 파리평화회담을 시작하였다. 명분 없는 전쟁에 참여하고 있다는 국내외로부터의 비난과 반전여론 그리고 막대한 전비조달이라는 경제적 부담을 받고 있었다. 더구나 베트남전쟁에서의 조속한 미국의 승리 가능성마저 낮아 보였기 때문이었다. 그 후 베트남전쟁의 조속한 종식을 공약하였던 공화당의 닉슨이 1968년 선거에서 대통령으로 당선되었지만 북베트남의 '미군의 무조건적 철수' 주장에 어려움을 겪었으며, 결국 평화회담은 미국의 다음번 대통령 선거 직전인 1972년 10월에 타결되어 1973년 1월에 전쟁종식에 관한 협정이 체결되었다. 협상이 장기화되는 가운데 1972년 대통령 선거가 다가오자, 닉슨은 종전을 위한 중대결심을 하고 키신저 안보보좌관을 통하여 중국의 UN 가입, 소련과의 전략무기 제한협정 서명 등 이른바 데탕트라는 동서화해무드를 조성하고 북베트남과도 평화회담을 재개하여 합의를 도출하고 휴전합의를 발효시켰다.

닉슨은 선거에서 대통령으로 재선되고 협상주역이던 미국의 키신저(Henry Kissinger)와 북베트남의 레둑토(黎德壽, Le Duc Tho)는 노벨 평화상을 수상했다. 이 협정에 의해 미군 전쟁포로의 석방, 사이공과 하노이 정부 간의 휴전, 잔여 미군의 철수, 남베트남에 대한 대량 원조, 남북베트남의 화해를 위한 조정안이 타결되었다.

③ 베트남전쟁의 의미

전쟁은 200만 명 이상의 사상자를 냈으며, 1976년 미국의 패배로 끝났다. 작전 중에 미군은 4만 7천 명이 사망하고 30만 명이 부상당했으며, 10년간 전쟁수행 경비는 2,000억 달러가 지출되었으나, 미국은 이 전쟁에서 참담하게 패배했다. 평화협약에 따라 미군이 철수한 이후에도 전투는 계속되어 1975년 4월에 남베트남이 무조건 항복하고 수도 사이공이 공산군에 함락되었다. 남쪽을 함락한 후 임시혁명정부는 토지개혁과 반혁명분자의 숙청을 단행하였으며 1976년 7월에 통일 베트남사회주의공화국이 출범하였다.

1973년 미군철수 이후 위와 같은 진행은 당초부터 예견된 과정이었음에도 불구하고, 미국은 명분도 인기도 없는 이 전쟁에서 발을 빼기 위하여 협정에 서명하였

다는 평가를 받기도 한다. 세계 최강의 미국이 제2차 세계대전 후 불과 20년 만에 아시아의 한 작은 나라와의 전쟁에서 완전하게 패배한 사실은 미국인들의 자존심을 상하게 했으며, 국제사회에서의 미국 위신을 크게 저하시켰다.

이에 더하여 미국의 국력이 쇠약해지는 결정적 계기가 되었다는 평가도 받게 되었다. 경제적으로 미국은 1960년대 후반부터 누적되어 온 인플레이션의 심화와 무역수지적자의 누적 그리고 재정수지 악화 등에 따라 1971년 달러화의 금태환 정지와 수입부가금 부과 등의 조치를 취하였다. 이는 전후 브레튼 우즈 체제(Bretton Woods System) 하의 기축통화로서의 달러화의 가치유지(금태환 보장)를 포기하는 동시에 자유무역체제의 수호국인 미국이 수입억제책을 채택하였다는 점에서 전후 국제경제질서에서 매우 중요한 사건이었다고 할 수 있다.

이에 더하여 1973년의 국제원유가격의 대폭 인상과 1974~1975년의 심각한 경제침체 등 이른바 제1차 석유파동 등으로 미국경제의 위상은 크게 저하되었으며, 그 후 1980년대까지 일본, 독일, 동아시아 개도국의 빠른 경제성장 추세 속에서 미국경제가 세계경제에서 차지하는 상대적인 비중은 하락했다.

1.3 9·11테러와 21세기 국제질서

① 냉전체제붕괴 후의 국제질서

첫째, 지역주의 추세이다. 1990년대 냉전체제가 붕괴된 이후 국제질서의 특징은 힘의 개념에서 경제력이 중요한 변수로 작용하여 종래의 군사력 중심의 힘의 분포와는 다른 새로운 세력 분포가 인식되었다. 또한 그 바탕 위에서 정치적으로는 강대국 간의 역학관계가 변화되고, 경제적으로는 경쟁력 강화를 위한 국가 간 연대로서의 지역주의 추세가 확대됨으로써 국제질서의 구조적 변화가 나타나기 시작하였다. 미국 등 강대국들은 자국의 국내정치적인 제약요인으로 인해 국제관계에서 주도력을 발휘하지 못하였으며 그로 인하여 불확실성이 증대되고 있었다. 주요 국가들은 양자관계의 재정립 노력을 통하여 각국의 정치경제적 입장을 강화하는 동시에 위험을 최소화하기 위한 제휴 움직임이 강화되었다. 이러한 국제사정에도 불구하고 미국 주도의 단극화 추세와 강대국 간의 합의를 중시하는 다극화 경향도 함께 나타나고 있었다. 그리고 국제정치상의 다극화 경향과 맞물려 지역주의가 심화·확산되는 동시에 국제경제 현안을 둘러싼 국가 간의 이해관계가 더욱 복잡해졌다.

둘째, 자국의 경제적 이익을 중시하는 추세이다. 냉전붕괴 후 국제관계에서 경제적 변수가 중요한 정치문제로 인식됨으로써 국가 간 경쟁과 협력의 중요 동인이 되어 국제질서의 질적 변화를 초래하게 되었다. 1997년 세계적인 금융 경제위기 이후 세계경제의 안정성 유지가 국제정치상의 주요 관심사로 부각되었고, 자국의 경제이익 확보와 경제문제를 활용한 영향력 증대를 위한 각국 간의 경쟁과 갈등이 구조화되었다. 따라서 국제관계는 경제요소의 중요성 증대로 기대되는 교류와 협력이 안정적 변화에 기여하는 반면에, 경제문제가 오히려 불안정의 원인도 됨으로써 협력과 갈등이 공존하는 양상이 심화되고 있다. 이러한 경쟁적 시장경제의 확산은 경제이익의 극대화를 위한 각국 간의 경쟁 가열과 국제적 마찰을 증대시켰다. 이러한 현상은 총체적 차원에서 세계경제의 생산성 증대에는 긍정적으로 작용할 수 있으나, 분배의 측면에는 부정적 영향을 끼치게 되어 효율성과 평등성 간의 불균형을 초래할 수도 있다.

셋째, 지구촌 전체의 상호의존관계가 심화되었다. 교통·통신의 급속한 발달과 정보의 확산은 국가 간 상호의존성을 심화시키면서, 정치적 측면에서는 지구촌 이슈들이 초국가적 안보위협으로 대두되었으며, 특히 경제측면에서 금융과 투자를 중심으로 경제의 세계화가 가속되고 있어, 다자간 국제협력의 필요성이 증대되고 있다. 국제문제 해결에 다자간 협력의 필요성이 증대되고 있음에도 불구하고 국제사회의 지도력이 부재한 상황에서 지역협력의 지연과 문화적 상충 등 가능성이 상존하고 있다.

② 9·11테러의 의미와 영향

2001년 9월 11일 발생한 미국 뉴욕의 세계무역센터와 워싱턴의 국방부 청사에 대한 대규모 항공기 자살충돌 테러는 미국의 정치경제 중심이 테러의 표적이 되어 수천 명의 사망자를 냈으며, 국토방위의 취약성과 중요성을 부각시킨 계기가 되었는바, 그 의미를 살펴보면 다음과 같이 요약된다.

첫째, 미국 본토에 대한 대규모 테러이며, 새로운 테러의 유형화이다. 특히 첨단기술이 아닌 재래식 수단을 이용한 테러가 다수의 사상자를 냈다는 점에서 향후 핵·생화학무기와 같은 대량살상무기를 사용한 테러가 행해질 경우 대규모의 재앙적 사태가 발생할 수 있다는 우려를 증폭시켰다. 1970~1980년대의 테러는 특정

집단이 정치적 양보를 이끌어내기 위한 소규모 테러의 형태를 보였으나, 1990년대 이후의 테러는 점차 조직화·대규모화되어 가는 형태를 보여주고 있다.

둘째, 대테러 복합전 출현의 예고이다. 대테러전쟁은 테러범 및 테러조직들이 자신들의 존재를 드러내지 않아 '얼굴 없는 적'과 싸워야 하는 탈근대적 전쟁의 양상을 띠게 되었다. 테러조직들은 연계망이 한 국가 내에 국한되지 않고 전 세계적으로 분산되어 있으며, 이들을 분쇄하기 위해서는 군사적 수단뿐만 아니라 외교 및 경제적 수단이 다국적·다차원적으로 동원되어야 하므로 향후 대테러 복합전(multi-spectrum warfare)의 출현을 예고했다.

셋째, 정보국가의 출현 가능성이 높아졌다. 앞으로 테러에 대응하기 위해서는 대규모 군사력보다는 테러 발생의 사전 차단 및 방지 그리고 응징을 위한 고도의 정보력이 요구될 것이다. 국가가 테러에 관한 정보력을 강화한다는 차원에서 개인의 신상정보는 물론이고 개인의 종교적 성향, 테러조직과의 혈연·지연·학연 연계 가능성 여부, 개인 병력(病歷) 등에 관한 정보까지 국가가 관장해야만 테러를 방지할 수 있다는 논리가 설득력을 가지게 되었다. 따라서 미국 입장에서 테러조직의 범세계적 네트워크를 분쇄해 나가기 위해서는 미국만의 힘이 아닌 다른 국가들의 협력이 절실히 필요해졌다는 점에서 이번 9·11 테러는 그 동안 '힘의 외교'에 의존해 왔던 미국에게는 국제적 협력을 이끌어 낼 적극적인 리더십이 요구되는 등 미국 외교의 대전환이 필요하게 되었다.

9·11테러의 영향으로는, 첫째 미국주도 국제질서로 재편되었다. 부시 행정부는 미사일방어(missile defense, MD) 계획의 적극적 추진을 천명하였고, 대응 차원에서 중국과 러시아 간 전략적 제휴 움직임이 분명해졌지만, 9·11테러 이후 미국이 반(反)테러 전에 대내외 정책의 초점을 맞추어 국력을 집결하고, 미국의 기존 동맹세력인 NATO 회원국과 일본은 물론, 중국, 러시아 등의 국가도 이에 동참하게 됨에 따라 강대국 간 관계가 재조정되고 있다. 한편 9·11테러 이후의 반테러 전쟁, 즉 아프가니스탄과 이라크에서의 전쟁이 실질적으로 종결된 이후 미국은 테러지원세력을 붕괴하는데 초점을 맞추어 나갔다. 미국은 특히 대량살상무기(Weapons of Mass Destruction, WMD)가 테러에 사용될 가능성을 우려하여 핵 및 생화학무기 생산능력을 갖추고 있는 테러지원 의혹이 있는 국가들을 반테러전의 대상으로 설정하고, 이러한 반테러전의 확산은 이슬람 대 반이슬람 세력 간 충돌 가능성과 중동지역 등 불안정한 지역에서의 긴장 고조를 가져오고 있다.

둘째, 중앙아시아의 전략적 중요성이 증가하였다. 대테러 전을 계기로 미국의 중앙아시아 지역에 대한 진출이 더욱 가시화되었으며, 아프가니스탄에 안정적이고 확고한 정권이 창출될 경우 중앙아시아 지역의 정치·경제적 중요성은 더욱 부각되고 있다. 특히 카스피 해 연안지역을 중심으로 중앙아시아 지역은 약 2,000억 배럴의 석유와 665조 세제곱피트의 천연가스 매장지역으로 각각 세계 매장량의 약 20%와 13%를 차지하고 있다. 아프가니스탄의 경우 아제르바이잔의 바쿠와 터키의 세이한을 연결하는 석유수송로 외에 투르크메니스탄을 경유하여 파키스탄으로 이어지는 또 다른 석유 및 가스의 대체 수송로로서의 의미를 지니고 있다. 이러한 측면은 21세기 중앙아시아가 지니는 지정학적 중요성에 부가하여 지경학적 중요성을 재조명함으로써 미국, 러시아, 중국 및 기타 지역 국가들의 관심을 고조시켜 이 지역을 냉전 이후 시대의 새로운 전략적 각축지로 부각시키고 있다.[2)]

셋째, 미국의 안보정책이 변화하였다. 미국 본토를 방어하는 것을 주요 목표로 삼아 왔는데, 이제 미국 안보정책의 주요한 내용은 포괄적 대테러정책의 수행, 대량살상무기의 최우선 문제화, 미사일 방어체제 구축, 신속이동 군 중심의 군사전략으로 바뀌게 되었다.

포괄적 대테러 정책은 UN 차원의 대책, NATO를 포함한 동맹국과의 협력관계, 정보전, 경제적 압박을 통한 경제전 등 총체적 성격을 가지고 있다. 대량살상무기 문제는 이라크, 이란, 북한과 같은 '악의 축' 국가들이 핵무기 개발 및 생화학무기 같은 대량살상무기를 축적하고 테러지원과 연계되어 있어 미국의 중대한 위협으로 규정하고 있다. 미사일 방어체제는 9·11 테러 이전에는 당위성 논란의 대상이 되었으나, 테러 직후 미의회가 예산을 즉각 복원하는 등 필요성이 강화되었다. 이동 군 중심의 군사전략이란 한 지역에 머무르면서 전쟁을 수행하는 것이 아니라 신속하게 이동하면서 위협에 대응하는 것에 초점을 맞추었다.

2. 대외통상정책

2.1 대외통상정책의 기조

미국은 건국 초기부터 공업발전을 위한 유치산업보호 정책을 추구해 왔으며,

---

2) 김재두(2003), "이라크 전쟁과 경제중심적 국가전략", 『에너지 안보 컨퍼런스 자료집』 참조.

1920~1930년대에도 서구열강 간의 식민지 쟁탈전, 경쟁적인 자국화폐의 평가절하와 관세인상 등 세계적인 블록화시기에 보호무역정책을 유지했다. 특히 1930년의 스무트-홀리(Smoot-Hawley) 관세법은 기록적인 관세인상으로 국제무역의 감소와 세계적인 경제대공황을 심화시켰다.

미국의 대외통상정책이 보호무역주의에서 자유무역주의로 방향을 전환하게 된 계기는 1934년의 상호무역협정법(Reciprocal Trade Agreement Act of 1934, RTAA)[3]이라 할 수 있다. 그 후 미국은 막강한 경제력을 바탕으로 세계자유무역의 선도자이자 보호자 역할을 담당하였던 것으로 평가된다[4].

① 자유무역과 공정무역

미국은 제2차 세계대전 이후 경제뿐만 아니라 정치·군사적으로도 세계를 압도할 만한 국력을 갖춤으로써 관세 및 무역에 관한 일반협정(General Agreement on Tariffs and Trade, GATT)의 다자간 무역협상에서 주도적 역할을 수행하고 자국시장의 개방을 통하여 자유무역질서 형성에 앞장섰다. 미국은 당시 국내경제의 활력으로 국내의 계층 간·부문 간 갈등과 대립관계를 무마할 만한 여유가 있었으며, 미소 냉전체제에서 공산주의의 팽창을 억제하고 세계패권을 강화한다는 미국의 군사전략적 고려가 미국기업의 외국시장 진출 확대 혹은 국내시장 보호라는 경제적 목적에 우선하였던 상황이 이러한 통상정책 기조를 뒷받침하였다.

그러나 1970년대 들어 자유무역에 대한 미국의 믿음과 국제무역에 대한 기여는 점차 퇴색하기 시작한 것으로 평가된다. 즉, 외국의 불공정 무역행위를 이유로 미국은 국내산업 보호를 위한 조치를 빈번히 취하였으며, 교역상대국에 대하여 미국 수준으로의 시장개방을 요구하는 법제를 강화해 갔다. 이른바 상호주의(reciprocity)에 근거한 공정무역(fair trade)원칙을 강조하기 시작하였다. 무역에서의 상호주의란 무역상의 양허를 서로 인정하여 상호 간에 무역이익이 발생하도록 해야 한다는 이념으로서, GATT의 무역자유화 협상의 기본적인 접근방법이다.

---

3) 이 법은 연방헌법상 의회에 부여된 대외통상교섭권을 대통령에게 3년간 위양할 수 있으며, 행정부는 교역상대국과의 상호관세인하를 조건으로 의회의 승인없이 기존 관세율의 50% 범위 내에서 관세인하교섭을 할 수 있는 권한을 가지게 됨으로써, 미 행정부는 외국과의 무역자유화 협상을 적극적으로 추진할 수 있었다.

4) 이 소절의 주요 내용은 김남두(1992)와 Bayard and Elliott(1994)의 관련 내용을 간추려 정리한 것이다.

1970년대 이후 미국이 무역정책과 대외무역협상에서 상호주의 원칙과 공정무역을 강조한 것은, 교역상대국의 무역관행과 시장개방의 정도를 미국의 그것에 상응하도록 요구하면서(공정무역을 강조하면서) 결국 그렇지 못한 교역상대국의 무역관행과 제도를 불공정하다고 판정하고 보복조치를 취하겠다는 입장을 의미한다. 명분상 각국의 시장개방을 통한 세계무역자유화를 추구하고 있지만, 결과적으로 쌍무적 혹은 차별적인 수입규제조치를 초래하게 된다. 따라서 공정무역을 앞세운 외국에 대한 시장개방 압력은 간접적으로 다자간 자유무역원칙을 약화시키는 것으로 평가되고 있다. 외국의 불공정무역관행에 대한 보복조치를 규정한 「1974년 무역법」 301조는 이러한 점에서 미국 무역정책의 기조변화를 가져온 전기가 되었다.

1970년대 이후 나타난 미국통상정책의 또 다른 변화는 결과지향 무역정책(result oriented trade policy)으로의 전환이다. 1970년대 이전의 원칙중시 통상정책(rule oriented trade policy)에서 벗어나 미국이 결과를 중시하는 통상정책으로 전환한 것은, 압도적인 경제력을 바탕으로 국제질서와 규범을 만들어 가던 미국의 입장에서 생각해 보면 매우 중요한 의미를 찾아볼 수 있다. 미국도 이제 경제문제에서 여타국을 포용할 수 있는 여유가 그만큼 감소하였다는 뜻이기 때문이다. 미국의 통상정책이 지향하는 무역성과의 대상도 변하였다. 통상정책의 목적은 한동안 미국과의 쌍무적 무역적자의 해소와 같이 비교적 좁게 이해되었으나, 점차 서비스무역, 투자진출, 지적재산권 보호 등 보다 넓은 의미의 통상기회 확대로 이해되고 있다.

'공정무역'을 강조하는 미국의 통상정책은 공세적인 성격을 나타내었다. 공세적 무역정책(aggressive trade policy)은 「1988년 종합무역법」에서 도입된 이른바 슈퍼 301조와 스페셜 301조 등을 기존 무역법 301조와 함께 공세적 일방주의(aggressive unilateralism)로 불린다. 1985년 9월 레이건 대통령의 "자유롭지만 공정한 무역(free but fair trade)"을 역설하면서 미국무역대표부(United States Trade Representative, USTR)에 301조를 통한 공세적 수출촉진정책을 시행하도록 지시한 것에서 그 뿌리가 발견된다[5]. 일반적으로 수입에 적용되는 무역구제제도(trade remedy)들은 수입제품의 특성이나 상황에 따라 국제무역위원회(USITC)와 상무부 등에서 수동적으로 시행되는 데 비하여, 무역법 301조와 관련 조항들은 대외무역협상을 주도적으로 수행하는 USTR이 공세적으로 활용하기 때문이다.

---

5) Bayard and Elliott(1994) p.9.

② 무역협상 결과의 신속한 입법

연방헌법에 따라 국제통상에 관한 규제권한은 연방의회가 가진다. 그러므로 행정부가 대외통상교섭에서 주도적인 역할을 하기 위해서는 이에 관한 권한을 의회로부터 위임받아야 한다. 미국의회의 권한위임은 행정부의 대외협상 결과를 신속하게 입법하도록 절차를 규정한 신속승인절차(fast track procedure)를 통하여 이루어진다. 이에 따라 발생하는 신속승인권한(fast track authority)은6) 그동안 미국의 중요한 대외통상협상을 촉진한 것으로 평가된다.

신속승인권한은 1994년 우루과이라운드(Uruguay Round, UR)협상의 결과를 담은 'UR협정이행법'을 입법할 때 적용된 후 사문화되었으나, 2002년 동일한 내용의 무역촉진권한(trade promotion authority)으로 다시 부활되어 2007년 6월까지 미 행정부에 부여하였다. 이는 당시 부시 행정부가 추진하던 주요국과의 자유무역협정(Free Trade Agreement, FTA) 협상과 세계무역기구(World Trade Organization, WTO)의 도하개발아젠다(Doha Development Agenda, DDA)협상을 미국이 주도하기 위하여 이 권한이 필요하다는 행정부의 요청을 의회가 받아들였음을 의미한다.

2.2 세계무역기구의 활용

① 새로운 통상규범과 DDA 추진

미국은 다자주의적 통상정책 측면에서, WTO체제에서의 각국의 시장개방 약속과 WTO협정을 활용한 실질적인 미국의 통상이익 확보, WTO협정에서 규정한 의제(built-in agenda)의 협상에서 시장개방을 추가적으로 확보, 환경, 노동기준, 투자 및 경쟁정책, 부패방지 및 무역촉진 등 새로운 통상 이슈를 제기하여 국제규범을 제정하는 일을 추구한다.

새로운 통상규범과 관련하여 미국은 2002년부터 진행되고 있는 DDA에서 농업과 서비스의 시장개방 확대는 물론 수산보조금의 대폭 감축과 지적재산권의 보호강화 등의 분야에서 미국은 주도적인 역할을 하고 있다.

---

6) 이 권한을 부여받은 행정부가 대외협상을 통하여 외국과 합의한 내용에 대해서는 의회가, 내용에 대한 수정요구 없이, 신속하게(총 60일 이내, 국민의 조세부담 증가를 가져오는 경우는 90일 이내) 가부투표로 입법하는 절차를 거친다. 이를 통하여 국제협상에 임하는 행정부에 힘을 실어 주려는 제도이다. 도쿄라운드 협상을 위하여 「1974년 무역법」에 처음 도입된 이 권한은 그 후 수차례 다시 행정부에 부여되었다.

② 외국의 WTO가입 협상을 통한 외국시장 개방

WTO출범 후 중국, 대만, 사우디아라비아, 베트남, 러시아 등 36여 개 국가가 2016년까지 WTO에 가입하였으며 2017년 시점에서 약 20개 국가가 가입협상을 계속하고 있다. WTO설립협정은 제2조에서 WTO회원국 자격은 기존 회원국들과의 협상을 통하여 획득된다고 규정하고 있다. 실제로 가입협상은 장기간 지속되며, 신청국의 전체 무역제도와 정책이 WTO 규정과 일치하는지를 자세히 검토해야 하는 등 기술적으로 복잡한 과정을 거친다. 이러한 협상과정에서 미국은 새로이 WTO회원국이 되려는 국가의 모든 무역제도와 경제제도의 검토를 통하여 미국상품과 미국기업에게 시장접근을 확대할 수 있는 기회로 활용하고 있다.

특히 중국과 러시아 등 구 사회주의권 국가들이 WTO에 가입하려는 때를 활용하여, 미국은 그들의 무역제도를 확실하게 개선하자는 입장을 보였다. 즉, 가입하려는 국가의 정부는 WTO상의 의무를 이행하려는 자세, 상품과 서비스 부문에서의 양허와 상업적으로 의미 있는 시장접근을 약속(commercially meaningful market access commitment)하려는 자세, 수출보조금과 국내보조금에 대한 구체적 약속을 담은 농업부문 국별 이행계획서(country schedule)를 요구한다. 또한 미국은 새로이 등장하는 국가들을 규범에 기초한 무역체제(rule based trading system)에 추가한다는 개념으로, 그들의 무역과 경제정책을 WTO 규정과 같은 국제무역 관행과 규범에 일치하도록 하는 데 최우선 순위를 두고 있다.

2.3 지역관련 통상기구

① 아시아태평양경제협력체(APEC)

미국은 1993년 이후 아시아태평양경제협력(Asia Pacific Economic Cooperation, APEC)에 대한 관심을 높였다. 당초 미국의 APEC 참여는 아시아 국가들만 참여하는 경제협력체의 창설 가능성과 EU의 지역주의화 추세에 대응한다는 소극적인 동기와 전략적인 측면에서 시작되었으나, 1993년 클린턴 대통령은 신태평양공동체(New Pacific Community) 구상을 통하여 APEC에 대한 깊은 관심과 주도적인 역할을 모색하였다. 1993년 11월 미국은 제1차 APEC 정상회담(Economic Leaders' Meeting)을 통하여 그 이전의 각료급 회의에서 정상회의로 격상하며 아시아태평양 지역의 경제협력 강화의 필요성을 강조하고, 아태경제공동체(Asia

Pacific Economic Community)의 구상을 제시한 비전선언을 채택함과 동시에 그동안 느슨한 협의체에 머물렀던 APEC이 보다 실질적인 경제협력기구로 발전할 수 있는 계기가 되었던 무역투자위원회(Committee on Trade and Investment)를 창설하였다.

그 후에도 APEC은 제2차 보고르(Bogor) 정상회담에서 아태경제공동체의 창설에 대한 비전을 구체화시킨 '보고르 선언'을 채택하였으며, 오사카와 마닐라 회담을 거치면서 역내의 무역투자자유화 계획을 구체화하고, 특히 개방적 지역주의(open regionalism)를 표방함으로써, 서유럽식의 경제통합이 아닌 다자간 자유무역체제를 강화하는 방식의 무역투자자유화가 추진되고 있다. 이는 동아시아의 성장 잠재력이 매우 높고 이 지역에서의 무역자유화가 미국경제의 성장활력을 높일 것으로 보고 있기 때문이다.

② 환태평양경제동반자협정(TPP)

미국은 2016년 4월 미국과 일본을 포함하는 환태평양지역의 북미, 남미, 동아시아 지역의 12개 국가들과 환태평양경제동반자협정(Trans-Pacific Partnership, TPP)을 체결하였다. 이 협정은 상품과 서비스의 시장접근, 전자상거래, 원산지규정, 위생검역 조치, 무역에 대한 기술장벽, 투자, 정부조달, 지적재산권, 노동, 환경 등을 포함하는 매우 포괄적인 자유화협정으로서, 특히 과거 미국이 체결한 FTA에는 포함되지 않았던 국영기업(state-owned enterprises, SOEs), 환경보전, 생물의약품, 규제의 일관성, 경쟁력, 중소기업 문제까지 포함했다는 점에서 매우 포괄적이고 수준 높은 무역협정으로 평가된다.

수입관세 인하를 위한 이행기간은 나라마다 다른데, 미국은 약 75%의 품목에 대하여 협정발효 즉시 무관세 혜택을 제공하며, 10년 이내에 거의 모든 품목의 관세를 철폐하기로 하였으며, 가장 긴 이행기간은 일본산 경트럭에 대하여 30년으로 규정하고 있다.

서비스교역은 네거티브 방식의 자유화를 채택하였다. 전자상거래 규정에는 정보의 국경간 이동, 데이터 저장장소에 관한 특별규정, 국경간 데이터 흐름의 금지, 소프트웨어 코드의 정부와의 강제공유 등에 관한 내용도 담고 있다. 투자에 관한 부문에서는 내국민대우와 최혜국(MFN)대우, 최소표준대우, 몰수와 보상, 이전거래 등을 포함하며, 이전의 미국 FTA에 비하여 금지된 투자이행조건의 범위를 더 넓혀

투자자유화를 강화하였다. 투자자대 국가간 분쟁해결(investor-state dispute settlement, ISDS)을 규정하였으며, 일반적 국가대 국가간 분쟁해결절차(state-state dispute settlement)도 적용될 수 있도록 하였다.

이 협정은 의회비준을 앞두고 있는 상황이었으나, 2017년 취임한 트럼프(Donald Trump) 대통령은 이 협정의 폐기를 선언함으로써 의회비준절차가 중지되었다.

③ 북미자유무역협정(NAFTA)과 범미주자유무역지대협정(FTAA)

미국은 오래전부터 인접한 캐나다와의 경제관계에서 자유무역을 확대해 왔는바, 1965년 미국-캐나다 자동차협정(Auto Pact, US-Canada Automotive Products Agreement)과 1988년 미국-캐나다 자유무역협정(US-Canada Free Trade Agreement)을 통하여 양국간 무역장벽을 제거하여 자유무역을 확대해 왔다. 그러나 1980년대 후반 서유럽 국가들의 역내시장통합이 강화되자 미국은 미-캐나다 간 FTA에 멕시코를 더한 북미 3국간 자유무역협정인 NAFTA(North American Free Trade Agreement)를 체결하여 1994년부터 발효시켰다.

NAFTA의 특징으로는 선진국과 후진국이 함께 참여한 최초의 FTA였다는 점, 상품무역 이외에도 서비스무역, 지적재산권, 투자 등 다양한 분야가 포함된 포괄적인 협정이었다는 점, 추후 별도협상을 통해 노동과 환경에 관한 별도협정을 체결하였다는 점 등을 들 수 있다.

중남미는 미국에게 가장 인접한 시장이며 최근에는 미국수출이 가장 빠르게 증가하는 지역이다. 이러한 중남미와 교류협력증대를 원하는 미국은 범 미주자유무역지대(Free Trade Area of the Americas, FTAA)의 창설을 통하여 서반구 지역의 무역자유화를 위한 제도적 기초를 다지고 있다. 1994년 12월 마이애미에서 열린 미주 정상회담에서 미국은 FTAA창설을 위한 논의를 진행하였으며, 1998년 4월의 칠레 산티아고에서 열린 제2차 미주 정상회담에서는 FTAA창설을 위한 협상이 개시되어야 한다는 데 합의한 바 있다.

그러나 FTAA창설에 관한 접근방법에서 미국과 남미 국가들 간에는 의견 차이를 보이고 있다. 미국은 바로 관세인하 논의를 개시하자는 입장이지만, 중남미를 대표한다 할 수 있는 브라질은 우선 기업경쟁력 향상을 위한 규제완화, 분쟁해결·원산지 규정과 같은 무역관련 규정을 협상한 후에 관세인하 논의를 하자는 단계적·점진적 접근을 주장하고 있다. 또 FTAA의 포괄범위에서 미국은 지역안보, 마

약근절, 환경 및 노동기준 등을 포괄적으로 논의하자는 입장인 데 비하여, 브라질은 무역자유화에만 한정해야 한다는 입장을 견지하고 있다.

2.4 FTA 정책과 무역자유화

미국은 그동안 회원국의 경제주권을 약화시키지 않으면서도 회원국 간의 자유무역을 촉진하는 자유무역협정(Free Trade Agreement)을 추진하여 왔다. 2017년 시점에서 미국은 이스라엘, 캐나다, 멕시코, 요르단, 모로코, 칠레, 싱가포르, 호주, 중미자유무역협정(CAFTA) 5개국(코스타리카, 엘살바도르, 과테말라, 온두라스, 니카라과), 도미니카 공화국, 그리고 바레인, 오만, 페루, 한국, 콜롬비아, 파나마 등 20개 국가와 FTA를 체결하였다.

미국이 최초로 체결한 FTA는 이스라엘과의 FTA로서 경제적 의미보다는 정치적 고려가 크게 작용하였다. 미국은 1988년 미국-캐나다 자유무역협정을 통하여 지리적·역사적인 배경으로 자연스럽게 형성되어 있던 미국과 캐나다 사이의 긴밀한 경제무역관계를 FTA를 통하여 제도적으로 심화 발전시킨 데 이어 멕시코를 포함하는 북미자유무역협정(NAFTA)를 통하여 북미 3국을 단일한 자유무역시장으로 묶음으로써 자유무역의 경제적 효율성과 함께 EU의 확대통합과 그에 따른 미국의 위상저하 가능성에 대한 전략적 대응수단으로 활용한 것으로 해석된다. 같은 맥락에서 미국은 1990년대 중반 이후 미주대륙 전체를 하나의 자유무역지대로 통합하려는 범 미주자유무역지대(FTAA)를 추진하고 있다.

미국의 FTA 전략은 대륙별로 거점국가와 FTA를 체결함으로써 차별적 대우를 우려하는 인접국가에 대하여 협정체결을 유도하는, 이른바 경쟁적 자유화(competitive liberalization)로 요약된다. 미국은 통상외교·안보이익의 종합적 극대화와 대상국의 경제 및 정치개혁을 유도하는 복합적인 관점에서 FTA를 추진하고 있다. 통상외교 안보적 가치가 큰 동북아시아에서 한국과의 FTA를 먼저 추구한 것은 미국이 한국의 전략적 가치를 그만큼 높게 평가하고 있음을 의미하며, 미국이 쌍무적으로 추진한 FTA 대상국 중 한국은 가장 큰 공업국이다.

다만 2017년 출범한 트럼프행정부는 자국이익 우선주의에 입각한 대외정책을 추구하면서, 대통령 취임 직후 환태평양경제동반자협정(TPP)의 폐기, NAFTA협정의 재협상, 여타 FTA의 재검토 등을 밝히고 있어 트럼프 대통령 임기중 미국의 FTA정책은 정체되거나 후퇴할 가능성이 매우 높다.

3. 무역장벽

3.1 관세장벽

미국국제무역위원회(U.S. International Trade Commission, USITC)는 1988년 종합무역법에 따라 미국관세율표(U.S. Harmonized Tariff Schedule, USHTS)를 공표하며 이 표에는 실행관세율과 함께 각종 특혜관세율과 특혜원산지규정 등이 포함된다.

미국은 석유 관련 2개 품목을 제외하고는 모든 관세품목을 WTO에 양허하였으며, 양허관세율은 기본적으로 MFN(최혜국 대우) 실행관세율과 동일하다. 농산물의 34.6%와 공산품의 47.3% 품목에 대해서는 무관세로 하기로 WTO에 양허되어 있다. 2016년 기준으로 단순평균 MFN 실행관세율은 3.5%로 매우 낮은 수준이다[7].

2016년의 경우 관세는 HS 8단위 기준 10,516개 품목 각각에 대하여 MFN 관세율, 특혜관세율 등으로 정해져 있다. 미국의 관세율은 전반적으로는 낮지만, 일부 품목은 MFN 평균관세율의 3배 이상 높은 수준을 보이는 이른바 고율관세(tariff peaks)가 적용되고 있는데, 공산품 중에는 의류·섬유 및 일부 가죽제품의 관세율이 높았다. 농산물 중에는 낙농품, 설탕, 음료 및 담배 등의 평균 관세율이 각각 15~21%로 나타났으며, 일부 품목은 최고 100%를 상회하였으며 최고 350%를 기록하였다. 2015년 기준 품목별 평균관세율과 최고관세율은 〈표 8-1〉과 같이 요약된다.

미국은 기본적으로 보험료와 운임을 포함하지 않는 FOB(free on board, 본선인도)기준 수입가격에 종가세(ad valorem rate) 관세를 부과한다. 이는 대부분의 여타 WTO 회원국들이 CIF(cost, insurance and freight, 운임보험료 포함)기준 수입가격에 종가세의 수입관세를 부과하는 것과는 크게 대조를 이룬다. CIF가격은 운임과 보험료만큼 FOB가격보다 높으므로, 동일한 관세율이라 하더라도 FOB가격에 대하여 부과되는 미국의 관세는 CIF가격에 대하여 부과하는 여타 국가의 것보다 낮은 관세보호를 의미한다.

---

7) 미국은 북한 등 일부 국가를 제외한 모든 국가에게 정상무역관계(normal trade relations), 즉 MFN(최혜국대우) 지위를 부여하며, 북한 등에서 수입되는 상품에는 1930년의 스무트-홀리(Smoot-Hawley) 관세법에서 정한 높은 관세율이 적용된다.

미국 관세율은 일본과 캐나다 등 여타 선진국에 비하여 상대적으로 종량세 및 복합세(종량세와 종가세 동시에 적용)가 많다는 특징이 있다. 농산품, 조제식료품, 신발·모자류, 정밀기기, 시계, 화학 및 화학제품, 섬유 그리고 기초금속 등의 경우에 적용되며, 전체 품목의 약 10.6%에 해당하는 품목에 이런 형태의 관세가 적용되었다. 수입가격의 일정 비율로 표시하는 종가세에 비하여, 종량세와 복합세 등 비종가세의 경우 수입가격의 변화에 따라 관세부담비율을 정확히 예측하기 어렵다는 점에서, 관세제도의 투명도가 낮다고 할 수 있다. 또한 종량세는 수입업자와 세관당국이 이견을 일으키기 쉬우며, 렌트추구를 위한 기회를 제공할 수 있다.

WTO(2016)의 무역정책검토(Trade Policy Review, TPR)에 따르면, 미국은 총 44개의 관세율할당(traiff rate quota, TRQ)를 운영하고 있는데, 그중 18개의 TRQ는 우유, 크림, 버터, 아이스크림 및 치즈 등 낙농제품이며, 그 밖의 품목으로는 쇠고기, 감귤, 땅콩, 설탕, 초콜릿, 코코아 가루, 올리브, 귤, 동물사료, 담배, 면화 등 농산물이다.

그리고 미국도 관세경사 혹은 가공도별 관세율 격차(tariff escalation)를 유지하고 있다. 1차상품 등 원재료의 수입에는 낮은 관세를 부과하고 가공도가 높은 물품에 대해서는 높은 관세를 부과함으로써 가공도가 높은 물품을 생산하는 공정에 더 많은 보호효과(높은 실효보호율, effective rate of protection)를 가져온다. 이러한 관세율 격차는 국내경제적 관점에서는 가공도가 높은 제품의 수입을 억제하고 원자재 수입을 용이하게 하는 방향으로 적용할 뿐만 아니라, 소비자의 잠재적 편익을 국내생산자에게로 이동시키는 소득재분배를 가져오는 효과를 가지며, 국제적으로도 원료가 풍부한 국가의 공업발전을 불리하게 하며 세계적인 자원배분의 왜곡을 가져온다.

표 8-1 미국의 품목별 관세율과 수입구조(2015)

(단위: %)

구 분	WTO 양허관세율	MFN 실행관세율		수입비중
	단순평균	단순평균	최고	
농산물	4.8	5.2	350	5.4
동물제품	2.3	2.2	26	0.6
낙농품	16.8	17.5	188	0.1
과일·채소·식물	4.9	4.7	132	1.4
커피 차	3.3	3.3	44	0.5
곡물 조제품	3.5	3.0	44	0.7
채유종자	4.4	7.3	164	0.5
설탕	12.3	14.8	55	0.2
음료·담배	14.8	18.6	350	1.0
면화	4.8	4.8	18	0.0
기타농산물	1.1	1.0	52	0.4
비농산물	3.3	3.3	54	94.6
어류 제품	1.0	0.8	35	0.9
광물·금속	1.7	1.7	38	12.8
원유	7.1	7.1	11	11.3
화학	2.8	2.8	7	9.9
목재·종이	0.5	0.5	14	3.6
섬유	8.0	7.9	41	1.9
의류	11.6	11.6	32	3.7
가죽	3.9	3.8	54	2.7
비전기기계	1.2	1.2	10	14.4
전기기계	1.7	1.7	15	13.5
수송기계	3.0	3.1	25	13.3
기타 제조품	2.3	2.4	36	6.7
전품목	3.5	3.5	350	100.0

자료 : WTO(2016), *World Tariff Profiles.*

3.2 수입피해구제제도

① 반덤핑 조치

최초의 미국의 반덤핑제도는 1921년의 반덤핑법(Antidumping Act)에 의하여 도입되었으며, 현행 반덤핑 법규는 반덤핑·상계관세를 규정한 1930년 관세법 제731조에 근거한다. 미국 산업 혹은 이를 대표하는 단체가 상무부와 미국 국제무역위원회에 제소함으로써 반덤핑 조사가 개시되거나 상무부 국제무역청(International Trade Administration, ITA)이 반덤핑 조치를 위한 조사의 정당한 근거가 있다고 자체적으로 판단하는 경우 반덤핑 조사가 개시된다.

반덤핑 조사개시 건수는 1995년 WTO 설립 이래 연간 10~20건 수준으로 감소하다가 1999년 46건, 2000년 45건, 2001년 77건으로 다시 증가하였는데, 이는 철강과 같이 강력한 해외경쟁에 직면한 미국산업들의 보호요청 압력에 기인하였다. 〈표 8-2〉에서 보는 바와 같이 2000년대 들어 급속히 감소하고 있다. 2002년 이후에는 꾸준히 감소하여 2010년에는 단지 3건에 그쳤으나 그 후 다시 증가하여 2015년에는 42건에 달하였다. 1980년 이후 2015년까지 35년간 미국의 반덤핑 조사는 총 1,219건이 개시되었으며, 이 중 약 48%인 584건이 최종긍정 결정을 받아 반덤핑 관세가 부과되었다.

〈표 8-3〉은 미국의 반덤핑관세 부과 대상국가를 나타내고 있다. 2015년 시점에서 총 265건의 반덤핑 관세가 부과되고 있는데, 그 대상국을 보면 중국 97건, 대만 21건, EU 20건, 인도와 한국 각각 15건, 멕시코 11건 등의 순으로 많았다.

표 8-2 미국의 반덤핑 조사개시와 관세부과

(단위: 건수)

구 분	1980~1990	1991~2000	2001~2010	2011~2015	1980~2015
반덤핑 조사개시	418	415	260	126	1,219
반덤핑 관세부과 명령	188	181	165	50	584

자료: WTO(2001, 2010, 2014 2016), *Trade Policy Review: United States*(Table 3.6).

표 8-3 미국의 반덤핑관세 부과 대상국가 (2009, 2015)

국 가	2009		2015	
	건수	(비중, %)	건수	(비중, %)
중국	82	(32.3)	97	(36.6)
대만	16	(6.3)	21	(7.9)
EU(28)	32	(12.6)	20	(7.5)
인도	16	(6.3)	15	(5.7)
일본	20	(7.9)	15	(5.7)
한국	15	(5.9)	15	(5.7)
멕시코	–	–	11	(4.2)
베트남	–	–	9	(3.4)
브라질	11	(4.3)	7	(2.6)
총 계	254	(100.0)	265	(100.0)

자료: WTO(2010, 2016), *Trade Policy Review: United States*(Table 3.7).

② 상계조치

상대국 정부의 보조금 지급에 따른 수입증가로 인한 국내산업피해를 막기 위한 제도인 상계조치(countervailing measures, CVM)는 1930년 관세법 제7조에 담겨 있으며, 상계관세와 반덤핑은 국제무역위원회와 상무부가 연합하여 관리하고 있다. 미국은 여타 선진국에 비해서 수출국의 보조금 지급에 따른 미국 국내산업의 피해를 막기 위하여 상계관세제도를 적극 활용하고 있는 것으로 평가된다. 그러나 〈표 8-4〉에서 보듯이 1990년대 이후 상계조치 조사건수가 확연히 감소하고 있으며, 그에 따라 상계관세 부과건수도 크게 줄어들었다.

그러나 2010년대 들어 상계조치 조사개시 건수가 증가하여 2013~2015년 동안 60건에 달하였다. 상계관세부과 명령이 내려진 경우는 조사개시 건수의 약 절반에 이르는 것으로 나타났으며, 2015년 말 현재 미국은 총 66건의 상계관세를 부과하고 있으며 부과대상국은 12개국이며 그중 중국 33건, 인도 9건, 터키 5건이며, 한국, 인도네시아와 베트남 각 3건 등으로 많았다. 상계관세 부과대상 품목은 철강 및 그 제품 33건, 화학품 7건, 식료품 5건 등이었으며 그밖에 종이, 반도체, 타이어, 주방용 기기 등이 있었다.

표 8-4 미국의 상계관세 조사개시와 상계조치

(단위: 건수)

구 분	1980~1990	1991~2000	2001~2010	2011~2015	1980~2015
조사개시	240	71	64	74	449
상계관세부과	107	38	47	23	215

자료: WTO(2001, 2010, 2014, 2016), *Trade Policy Review: United States*(Table 3.8). USITC(2016), "Antidumping and Countervailing Duty Orders in Place." (www.usitc.gov/trade_remedy/documents/orders.xls).

③ 세이프가드

세이프가드(safeguards, SG, 긴급수입제한조치)는 GATT 제19조(면책조항) 및 WTO 세이프가드협정에 근거하여, 급격한 수입증가 때문에 생기는 수입국 국내산업의 피해를 구제하기 위한 제도이다. 미국의 국내법규로는 1974년 무역법 제201조에 규정되어 있다. 세이프가드 조치는 조사 등을 담당하는 국제무역위원회의 조사, 판정, 조치의 건의 및 대통령의 조치결정 등의 과정을 거쳐 확정된다.

WTO 규정에 의하면 세이프가드 조치는 최대 4년간 적용할 수 있고, 4년까지 연장이 가능하지만, 미국은 그동안 최대 3년간 적용해 왔다. 조치 내용은 관세인상, 수량제한(수입쿼터), 관세할당, 수입허가제도 등의 방법이 가능하며, 관세를 인상하는 경우 50% 포인트 이내의 종가관세를 기본관세율에 더하여 추가로 부과한다. 수량제한의 경우 해당국 제품의 최근 3년간의 평균 수입수준 이하로 제한해서는 안 된다.

가장 최근의 글로벌 세이프가드 조사는 1998년과 2001년 사이에 철강제품에 관하여 4건의 조사가 있었으며, 2003년까지 모두 종료되었다. 그 후 미국은 어떠한 세이프가드 조치도 취하고 있지 않으며, 세이프가드 조치를 위한 조사를 개시하지 않았다.

3.3 일방주의 조치

국제무역에서의 분쟁은 다자간 분쟁해결절차를 거쳐 해결한다는 원칙을 가지는 WTO가 출범한 이후에도, 미국은 무역법 301조·슈퍼 301조·스페셜 301조·통신부

문 301조 등 일방주의 조치(unilateral measures)를 취할 수 있는 국내제도를 유지하고 있다. 물론 미국은 일방주의 조치를 취하는 경우 301조를 발동하여 조사를 개시함과 동시에 WTO 분쟁해결절차에 제소함으로써 WTO의 규정을 어기거나 WTO의 다자주의 정신을 직접적으로 거슬리지는 않고 있다. 그러나 미국 내 법제에 따라 미국이 매년 3월 말에 발표하는 외국무역장벽보고서(National Trade Estimate Report on Foreign Trade Barriers)를 통하여 외국의 무역제도와 관행을 일방적으로 평가하고 있으며, 이를 근거로 그 이후 180일 이내의 기간 동안 협의를 거치고 WTO 분쟁해결절차에 회부하기 전에 미국 국내법 절차에 의한 협의와 조사를 통하여 사실상 교역상대국에 상당한 위협과 부담을 가중시킨다는 점에서 WTO의 다자주의 정신에 위배된다 할 수 있다.

1988년 종합무역법에 규정된 스페셜 301조는 지적재산권 보호가 적절하지 못한 경우 우선협상대상국으로 지정한 후 협상을 가지며, 합의가 이루어지지 않을 경우 보복조치를 취할 수 있는 제도이다. 미국의 1994년 UR협정이행법에 따르면, USTR는 NTE 보고서 이후 30일 이내에 적절한 보호가 부족한 국가 등을 파악하여 우선협상국(Priority Foreign Country, PFC), 우선감시대상국(Priority Watch List, PWL), 감시대상국(WL) 등으로 지정하고 협상을 행한다. PFC로 지정되는 경우 WTO 분쟁해결절차에 회부된다.

즉 대부분의 경우 미국의 외국에 대한 무역보복조치들은 GATT나 WTO에 제소되어 이 기구들의 절차를 따랐다. WTO 출범 이전에는 GATT에 지적재산권에 관한 협정이 없었으므로, 지적재산권 분야를 규정한 스페셜 301조에 의한 두 건은 GATT 절차에 회부되지 않았다.

그 밖에 미 행정부는 외교목적 달성을 위하여 일방적 무역제재 조치를 취하기도 한다. 대 쿠바 경제제재를 목적으로 하는 헬름즈-버튼법(Helms-Burton Act, Cuban Liberty and Democratic Solidarity Act of 1996), 테러지원 국가에 대한 제재 조치인 이란 리비아 제재법(Iran and Libya Sanction Act of 1996), 미얀마에 대한 경제제재 조치를 취할 수 있도록 한 1997년 대외활동 예산법 등이 있다.

부록 8-1

The Monroe Doctrine

December 2, 1823

The Monroe Doctrine was expressed during President Monroe's seventh annual message to Congress:

. . . At the proposal of the Russian Imperial Government, made through the minister of the Emperor residing here, a full power and instructions have been transmitted to the minister of the United States at St. Petersburg to arrange by amicable negotiation the respective rights and interests of the two nations on the northwest coast of this continent. A similar proposal has been made by His Imperial Majesty to the Government of Great Britain, which has likewise been acceded to. The Government of the United States has been desirous by this friendly proceeding of manifesting the great value which they have invariably attached to the friendship of the Emperor and their solicitude to cultivate the best understanding with his Government. In the discussions to which this interest has given rise and in the arrangements by which they may terminate the occasion has been judged proper for asserting, as a principle in which the rights and interests of the United States are involved, that the American continents, by the free and independent condition which they have assumed and maintain, are henceforth not to be considered as subjects for future colonization by any European powers. . .

It was stated at the commencement of the last session that a great effort was then making in Spain and Portugal to improve the condition of the people of those countries, and that it appeared to be conducted with extraordinary moderation. It need scarcely be remarked that the results have been so far very different from what was then anticipated. Of events in that quarter of the globe, with which we have so much intercourse and from which we derive our origin, we have always been anxious and interested spectators. The citizens of the United States cherish sentiments the most friendly in favor of the liberty and happiness of their fellow-men on that side of the Atlantic. In the wars of the European powers in matters relating to themselves we have never taken any part, nor does it comport with our policy to do so. It is only when our rights are invaded or seriously menaced that we resent injuries or make preparation for our defense. With the movements in this hemisphere we are of necessity more immediately connected, and by causes which must be obvious to all enlightened and impartial observers. The political system of the allied powers is essentially different in this respect from that of America. This difference proceeds from that which exists in their respective Governments; and to the defense of our own, which has been achieved by the loss of so much blood and treasure, and matured by the wisdom of their most enlightened citizens, and under which we have enjoyed unexampled felicity, this whole nation is devoted. We owe it, therefore, to candor and to the amicable relations existing between the United States and those powers to declare that we should consider any attempt on their part to extend their system to any portion of this hemisphere as dangerous to our peace and safety. With the existing colonies or dependencies of any European power we have not interfered and shall not interfere. But with the Governments who have declared their independence and maintain it, and whose independence we have, on great consideration and on just principles, acknowledged, we could not view any interposition for the purpose of oppressing them, or controlling in any other manner their destiny, by any European power in any other light than as the manifestation of an unfriendly disposition toward the United States. In the war between those new Governments and Spain we declared our neutrality at the time of their recognition, and to this we have adhered, and shall continue to adhere, provided no change shall occur which, in the judgement of the competent authorities of this Government, shall make a

corresponding change on the part of the United States indispensable to their security.

The late events in Spain and Portugal shew that Europe is still unsettled. Of this important fact no stronger proof can be adduced than that the allied powers should have thought it proper, on any principle satisfactory to themselves, to have interposed by force in the internal concerns of Spain. To what extent such interposition may be carried, on the same principle, is a question in which all independent powers whose governments differ from theirs are interested, even those most remote, and surely none of them more so than the United States. Our policy in regard to Europe, which was adopted at an early stage of the wars which have so long agitated that quarter of the globe, nevertheless remains the same, which is, not to interfere in the internal concerns of any of its powers; to consider the government de facto as the legitimate government for us; to cultivate friendly relations with it, and to preserve those relations by a frank, firm, and manly policy, meeting in all instances the just claims of every power, submitting to injuries from none. But in regard to those continents circumstances are eminently and conspicuously different. It is impossible that the allied powers should extend their political system to any portion of either continent without endangering our peace and happiness; nor can anyone believe that our southern brethren, if left to themselves, would adopt it of their own accord. It is equally impossible, therefore, that we should behold such interposition in any form with indifference. If we look to the comparative strength and resources of Spain and those new Governments, and their distance from each other, it must be obvious that she can never subdue them. It is still the true policy of the United States to leave the parties to themselves, in hope that other powers will pursue the same course. . . .

제 9 장

거시경제와 산업구조

미국경제는 20세기 들어 세계최대의 생산력 기술력 자본력을 갖춘 국가로 성장하였다. 19세기 후반 급속한 영토확장과 유럽으로부터 대량의 자본과 이민 유입으로 생산요소투입이 양적으로 빠르게 증가하고 과학부문 발명과 산업기술 혁신이 급증하는 가운데, 20세기 초 미국경제는 영국을 능가하는 세계 1위 경제대국의 지위를 점하게 되었다.

본장에서는 미국경제의 국제적 위상과 산업경쟁력을 가늠할 수 있는 주요 거시경제지표와 생산과 고용통계를 기준으로 산업구조를 학습한다.

1. 국제위상과 거시경제

1.1 국제위상

미국은 제2차 세계대전 기간과 20세기 전체를 통하여 세계최대 경제대국의 위상을 유지하였다. 20세기 하반기 상당기간 동안 지속된 미국은 소련과의 냉전체제 속에서 미국은 구소련은 물론 서방진영의 일본, 독일과 경제적인 측면에서 추격을 받았으나 세계최대의 경제라는 국제적 위상이 도전받지는 않았다. 다만 20세기 후반 급속한 경제성장으로 세계 제2위의 경제대국으로 부상한 중국이 규모 면에서 미국경제에 근접하고 있는 실정이다.

미국은 국토면적에서 러시아, 캐나다, 중국에 이은 세계 제4위 국가이며, 인구규모에서 중국(13.6억), 인도(11.5억)에 이어 3억을 넘는 제3위 국가이다. 경제활

동의 가장 중요한 지표인 명목 총국민소득(GNI)에서는 2014년 미국은 17.6조 달러로 세계전체의 22.5%를 기록하여 10.1조 달러의 중국에 비하여 1.7배 수준이다. 세계은행이 계산하여 발표하는 각국의 실질구매력을 고려한 구매력평가지수(purchasing power parity, PPP) 환율을 적용한 PPP 총국민소득은 미국이 제2위로서 세계의 약 6분의 1을 점하였으며 사상 처음으로 중국에 뒤쳐진 것으로 나타났다.

미국의 산업구조를 보면 3차 산업이 경제의 4분의 3 이상을 차지하는 선진국형이지만, 서유럽 국가들에 비하여 제조업의 비중이 상당히 높은 수준을 유지하고 있다. 1차산업의 비중은 1%에 불과하지만 농산물 무역에서는 세계 최대 농산물수출과 상당한 무역수지흑자를 시현하고 있다.

대외거래에서도 미국은 세계에서 가장 중요한 위상을 가진다. 미국 달러화는 국제거래의 가장 중요한 통화로서의 지위를 지니고 있으며 상품무역, 서비스무역,

표 9-1 미국경제의 국제적 위상(2014)

구분 (단위)	미국	(%)	중국	(%)	한국	(%)	세계
면적 (천km^2)	9,832	(7.3)	9,563	(7.1)	100	(0.1)	134,325
인구 (백만 명)	319	(4.4)	1,364	(18.8)	50	(0.7)	7,260
인구밀도 (명/km^2)	35	–	145	–	517	–	56
총국민소득 GNI(10억 달러)	17,612	(22.5)	10,097	(12.9)	1,366	(1.7)	78,400
1인당 GNI (달러)	55,230	–	7,400	–	27,090	–	10,799
PPP GNI (10억 달러)	17,823	(16.4)	17,967	(16.6)	1,697	(1.6)	108,477
상품무역의 GDP 비율	23.2	–	41.5	–	77.9	–	48.9
상품수출 (10억 달러)	1,505	(9.1)	2,275	(13.8)	527	(3.2)	16,482
상품수입 (10억 달러)	2,308	(13.8)	1,682	(10.1)	436	(2.6)	16,725
이민 순유입(2010~15, 천명)	5,008	–	−1,800	–	300	–	0
외국인직접투자 순유입 (10억 달러)	132	(8.5)	289	(18.5)	9.9	(0.6)	1,561
외국인증권투자 순유입 (10억 달러)	155	(13.9)	52	(4.7)	6.7	(0.6)	1,116

주: 괄호내의 수치는 세계전체에서 차지하는 비중(%)임.
자료: WorldBank(2017), *World Department Indicators*, WTO(2016), *World Trade Statistical Review*.

자본거래, 기술거래에서도 우위를 점한다. 상품수출에서 미국은 중국에 이은 제2위의 자리를 나타내고 있는 반면, 상품수입은 막대한 미국 소비시장을 배경으로 약 2.3조에 달하여 세계 상품수입의 14%를 점하면서 여타 국가 수입규모를 큰 차이로 앞서고 있다. 따라서 미국은 대규모의 무역수지적자와 경상수지적자를 기록하고 있는데, 이러한 대외불균형은 세계경제의 지속적인 성장을 저해할 수 있는 불안요인으로 평가되고 있다.

미국경제의 성장추세와 활력은 대규모 외국인투자 순유입을 가져오고 있는데, 2014년의 경우 미국은 세계 FDI의 약 11%를 유치하는 국가가 되었다. 또한 미국은 세계 최대 이민 순유입 국가로서 2000년대 들어 지난 15년간 약 1,600만 명의 순유입을 기록하였다.

1.2 주요 거시경제지표

① 경제성장과 GDP규모

미국의 2015년 총국민소득(gross national income, GNI)은 약 18조 5천억 달러로 세계 전체의 약 23%를 점하였으며, 2위인 중국의 약 1.7배에 해당하며 일본의 4배에 달하는 규모였다. 1인당 총국내생산(gross domestic product, GDP)은 약 5만 6천 달러에 달하여 일본의 1.5배를 상회하는 것으로 나타났다. 물론 세계은행에서 계산한 구매력평가(PPP)환율을 적용할 경우 중국의 GNI가 미국을 넘어선 것으로 보고되고 있다.

1970년 이후 지난 45년간 미국의 경제성장율(실질GDP 기준)을 보면, 1970~2000년 기간에는 3%대의 비교적 높은 수준을 보이다가 2000년대 들어서는 2%초반의 수준으로 떨어져 전체기간 중 연평균 2.8%를 기록하였다. 이러한 성장률은 같은 기간 중 개도국으로서 높은 성장률을 보인 중국과 인도 등의 국가에 비해서는 낮은 수준이지만, 2000년대 들어 저성장을 보이고 있는 일본과 서유럽 국가들보다는 좋은 경제성과이다. 특히 2008~2009년의 글로벌 금융위기를 거치면서 아직도 1% 전후의 매우 낮은 성장세를 벗어나지 못하고 있는 일본과 EU에 비해 미국은 선진국 중에는 보기 드물게 뚜렷한 성장세를 나타내면서 세계경제회복의 가능성을 높이고 있다.

표 9-2 주요국의 총국민소득과 1인당 국내총생산 추이

연도	총국민소득(10억 달러)				1인당 총국내생산(달러)			
	미국	일본	중국	한국	미국	일본	중국	한국
1970	1,077	209	92	9	5,247	2,004	113	292
1980	2,853	1,087	191	85	12,598	9,308	195	1,779
1990	5,923	3,124	361	284	23,595	25,124	318	6,643
2000	10,421	4,957	1,197	558	36,450	38,532	959	11,948
2010	15,121	5,847	5,101	1,096	48,374	44,508	4,561	22,151
2015	18,496	4,549	10,961	1,384	56,116	34,524	8,028	27,221

자료: WorldBank(2017), *World Development Indicators,* (www.data.worldbank.org/data/reports.aspx?).

표 9-3 주요국의 경제성장률 추이

(단위: 연평균 %)

기간	미국	일본	중국	한국
1970~1980	3.2	4.5	6.2	9.0
1980~1990	3.3	4.6	9.3	9.7
1990~2000	3.4	1.4	10.4	6.5
2000~2008	2.1	1.0	10.7	4.6
2008~2009	−2.8	−5.4	9.4	0.7
2009~2015	2.2	1.5	8.3	3.5
1970~2015	**2.8**	**2.6**	**9.0**	**6.9**

자료: WorldBank(2017), *World Development Indicators,* (www.data.worldbank.org/data/reports.aspx?).

② 저축과 투자

생산활동의 두 축을 노동과 자본으로 구분할 때, 그 한 축인 자본의 축적은 투자를 통하여 이루어지며 거시적으로 볼 때 투자는 기본적으로 미래를 위하여 생산하여 얻은 소득 중 일부를 소비하지 않고 저축함으로써 가능해진다. 미국경제의

전체 소득에서 소비하지 않고 저축하는 비중, 즉 저축률은 〈표 9-4〉에서 보는 바와 같이 1960년대 이후 추세적으로 하락했다. 총국민소득(GNI)에 대한 총저축의 비율은 1960년대 20% 이상의 수준에서 10%대를 나타냈으며, 2008~2009년의 금융위기 기간 중에는 더욱 낮아졌다가 그 후 다소 회복되기는 하였으나 20%를 밑도는 수준에 머물러 있다.

총저축에서 고정자본상각분을 뺀 순저축의 규모는 더욱 급속히 감소하고 있다. 순저축은 2008~2010년의 경우 마이너스를 기록하였는데, 이는 총국민소득 중 미국민의 저축이 미국의 기존 고정자본량의 감소(상각)분을 보충하기에도 부족한 정도로 작은 규모임을 의미한다. 1960년 10%를 넘었던 순저축률은 2015년 3.4%를 기록하였다.

물론 미국의 국내순투자(고정자본상각분을 초과하는 국내투자)는 플러스를 유지하고 있으나 경제규모에 비하여 낮은 수준임을 알 수 있다. 이러한 국내투자를 지탱하는 것은 해외에서 유입되는 투자, 즉 해외저축에 크게 의존하고 있음을 의미한다. 2015년의 경우 해외저축(=국내총투자−국내총저축)은 2,240억 달러에 달하였다.

표 9-4 미국의 총저축과 총투자

(단위: 10억 달러)

연도	총저축(%)	순저축(%)	민간 순저축	정부 순저축	국내 총투자	국내 순투자
1960	111 (21.0)	55 (10.3)	43	11	107	51
1970	193 (18.6)	85 (8.1)	93	−8	196	88
1980	543 (19.5)	199 (7.2)	247	−48	580	235
1990	918 (16.0)	226 (3.9)	397	−170	1,077	386
2000	1,800 (17.8)	616 (6.1)	389	227	2,077	892
2008	1,824 (12.6)	−23(−0.2)	660	683	2,623	785
2010	2,258 (15.1)	−124(−0.8)	1,442	−1,556	2,753	371
2015	3,446 (19.1)	616 (3.4)	1,347	−731	3,670	839

주: 1. 괄호 안은 총국민소득에 대한 비율(%)임
2. 총저축 = 순저축+고정자본의 상각
3. 국내총투자 = 국내총저축+해외저축

자료 : U.S. Department of Commerce, Bureau of Economic Analysis(2016).

③ 고용과 실업

미국의 인구는 2007년 중 3억을 넘어섰으며 2015년에 3억 2,200만 명으로 조사되고 있어, 중국, 인도에 이은 세계 제3위의 인구를 가지고 있는 국가이다. 〈표 9-5〉에서 보듯이, 2015년의 경우 16세 이상 64세 이하의 노동가능 민간인 중 고용되어 있거나 고용을 원하는 사람을 의미하는 민간노동력은 1억 5,710만 명이며, 민간노동력의 총민간인구에 대한 비율을 의미하는 민간 노동참가율은 2015년 중 62.7%를 기록했다. 민간인 고용자는 2015년의 경우 약 1억 4,900만 명으로서 전체 인구의 약 46%선이며 민간노동력의 94.7% 수준이었다. 따라서 2015년 미국 실업률은 약 5.3% 수준이었다.

미국의 실업률은 대공황기간인 1933년 약 25%에 달하여 전체 민간노동력의 약 4분의 1이 실업상태에 빠지는 극한 상황을 보인 이후 뉴딜정책에 의한 고용확대 노력과 제2차 세계대전 기간 중 산업활동 증가로 대규모 실업사태에서 벗어났다. 1950년대와 1960년대 미국경제의 호황으로 실업률은 하락하였으나, 1970년대 스태그플레이션 시기와 1980년대 성장침체로 실업률이 7~8%로 높아지기도 했다. 하지만 대체로 실업률은 경기상황에 따라 4~6% 수준에서 등락했다.

노동절약적인 자동화기기의 급속한 도입 등에 따라 경제성장에 따른 고용증대 효과가 체감하는 추세적인 경향에 더하여, 2008년 글로벌 금융위기 후 경제침체로 2009년 하반기 실업률은 10%를 넘어섰으나 미국의 경기회복과 함께 2011년 이후 꾸준히 하락하여 금융위기 이전 수준으로 개선되었다.

표 9-5 인구 및 고용

(단위: 백만 명)

연도	총인구	민간 노동력	민간노동 참여율(%)	민간인 고용자수	실업률(%)				
					전체	남성	여성	백인	흑인등
1970	205.1	82.8	60.4	78.7	4.9	4.4	5.9	4.5	–
1980	227.7	107.0	63.8	99.3	7.1	6.9	7.4	6.3	14.3
1990	250.1	125.8	66.5	118.8	5.6	5.7	5.5	4.8	11.4
2000	282.4	142.6	67.1	136.9	4.0	3.9	4.1	3.5	7.6
2010	310.4	153.8	64.7	139.0	9.6	10.5	8.6	8.7	16.0
2015	321.9	157.1	62.7	148.8	5.3	5.4	5.2	4.6	9.6

자료 : US CEA(2016), *Economic Report of the President*(Table B-12).

미국의 최근 실업률은 대체로 여성보다는 남성이 높으며, 백인보다는 흑인(아프리칸 아메리칸)이 높은 것으로 나타난다. 2015년의 경우 흑인 실업률은 전체 실업률의 2배를 넘는 수준이었다.

④ 생산성과 설비가동률

미국의 생산성을 보여주는 〈표 9-6〉에 나타난 바와 같이, 민간부문 노동자의 시간당 생산량(노동생산성)이 1969년 이후 46년간 연평균 1.94%씩 증가하였는데, 2009년 금융위기 이후에는 연평균 0.9% 증가에 그쳤다. 노동자의 시간당 보수는 노동생산성 증가율보다 높은 5.02%씩 상승하여 결국 단위노동비용은 약 3%씩 상승함으로써 노동부문에서는 그만큼 국내 물가상승요인으로 작용하였다고 할 수 있다.

1990년대 이후 시간당 보수의 상승률은 1980년대 이전에 비하여 상당히 낮아졌으며, 결국 단위노동비용의 상승폭도 1990년대 이후 그만큼 낮은 수준에 머물렀다.

공장의 생산설비 중 실제로 가동된 설비의 비율을 의미하는 설비가동률(capacity utilization rate)은 추세적으로 꾸준히 하락하고 있으며, 2015년의 경우 76.7%로 낮아졌다. 이렇게 유휴설비비율이 높아지는 것은 단기적으로는 경기순환적인 요인과 함께 세계적인 추세로 지적되고 있는 과잉설비 현상을 반영하는 것으로 평가된다. 2009년의 설비가동률이 유례없이 낮게 나타난 것은 금융위기에 따른 극심한 생산 침체국면을 반영하는 것이다.

표 9-6 농업부문 및 비농업부문의 생산성

(연평균 증가율, %)

연 도	시간당 생산량		시간당 보수		단위노동비용		물가 디플레이터		설비가동률(최종연도)
	민간부문	비농업부문	민간부문	비농업부문	민간부문	비농업부문	민간부문	비농업부문	
1970~1979	2.0	1.9	8.1	8.1	6.0	6.1	6.3	6.3	85.0
1980~1989	1.6	1.5	5.9	5.9	4.2	4.3	4.3	4.4	83.7
1990~1999	2.1	2.1	3.9	3.9	1.8	1.8	1.8	1.9	81.9
2000~2009	2.6	2.6	3.8	3.8	1.2	1.2	1.8	1.8	68.5
2010~2015	0.9	0.9	2.2	2.2	1.3	1.3	1.5	1.4	76.7
1970~2015	1.94	1.85	5.02	4.98	3.02	3.08	3.25	3.30	-

자료 : US CEA(2016), *Economic Report of the President*(Table B-16).
FRB(2016), Economic Research of Data(www.federalreserve.gov/release/g17).

⑤ 임금수준과 물가

미국의 고용시장은 서유럽 국가들에 비하여 상대적으로 유연한 것으로 평가되고 있으며, 특히 경기적인 요인으로 노동수요가 감소할 경우 일시해고(layoff)하고 호황기에는 이들을 우선 고용하는 노사관계가 정착되어 있다. 국민소득에 비하여 미국의 임금수준은 높지 않은 것으로 평가된다. 2011년 기준으로 미국 제조업 노동자의 시간당 보수는 〈표 9-7〉에서와 같이 35.53달러로서 노르웨이, 독일, 스위스 등의 보수 수준이 미국에 비하여 30~80% 정도 높은 것으로 집계되고 있다.

미국의 소비자물가상승률 연평균 추이를 보면, 스태그플레이션이 심각하였던 1970년대와 1980년대에 연평균 5~7%를 보였으나, 1990년대에는 3%의 낮은 수준을 보였다. 1980년대 이후 정부의 거시경제 안정화 정책, 국제원자재 가격의 안정 및 노동생산성을 크게 넘지 않는 임금상승 등이 물가안정에 기여한 것으로 해석된다. 2000년대에는 에너지 가격의 급격한 등락에 영향을 받았으며, 금융위기 이후 심각한 경기침체와 디플레이션 추세를 반영하여 평균적으로는 1.5%라는 매우 낮은 수준을 나타내었다.

표 9-7 제조업 시간당 보수의 국제비교

국 명	미국 달러		미국=100	
	1997년	2011년	1997년	2011년
노르웨이	25.84	64.15	112	181
독일	29.16	47.38	127	133
스위스	30.42	60.4	132	170
미국	23.04	35.53	100	100
일본	21.99	35.71	95	101
한국	9.22	18.91	40	53
브라질	7.07	11.65	31	33
멕시코	3.47	6.48	15	18

자료 : US Bureau of Labor Statistics, *Economic News Release*(2012. 12. 19).

표 9-8 물가상승률

(단위: 연평균, %)

기 간	소비자물가지수 (CPI)			생산자물가지수 PPI (최종재 기준)
	전체	식품	에너지	
1960 연대	2.53	2.71	1.11	2.5
1970 연대	7.41	8.07	12.02	3.1
1980 연대	5.12	4.48	2.68	1.6
1990 연대	2.93	2.66	2.20	1.3
2000 연대	2.54	2.81	6.97	1.3
2000~2015년	1.53	4.44	-0.79	1.0

자료 : US CEA(2016), *Economic Report of the President*(Table B-10), Bureau of Labor Statistics.

2. 무역 투자 국제수지

2.1 상품무역

① 상품무역 규모와 세계시장 비중

미국정부의 외국에 대한 시장개방압력과 미국기업의 국제경쟁력 향상 노력으로 미국의 상품수출이 증가하고 있지만, 상품수입이 빠르게 증가함으로써 미국의 상품무역 수지적자는 계속 증가하고 있다. 〈표 9-9〉에서 보는 바와 같이, 상품수입 신장률은 1970년대 이후 추세적으로 수출신장률보다 1.5% 포인트 이상 높았으며, 1990년대는 2% 포인트 이상 더 높았다. 1970년대 이후 수입이 수출을 초과하였으며, 1990년대 하반기와 2000년대에 들어서는 수입증가속도가 더욱 빨라져 2015년에는 수입규모가 수출의 1.5배 수준에 달하였다.

2015년 미국의 상품수입은 2.3조 달러로서 세계최대 수준이며, 상품수출은 1.5조 달러로서 중국에 이어 세계 제2위의 규모를 나타냈다. 따라서 세계 수출입에서 미국의 수출입이 차지하는 비중도 크게 변하였다. 1970년의 경우 미국의 수출과 수입이 각각 세계시장에서 차지하는 비중은 14.2%와 13.5%였으나, 2015년에는 수출은 9.1%로 떨어지고 수입은 오히려 그 비중이 13.8%로 상승하였다.

표 9-9 미국 상품수출입 규모와 세계비중

연도	무역규모(10억 달러)			연평균 증가율(%)		세계비중 (%)	
	수출	수입	수지	수출	수입	수출	수입
1970	43	42	1	–	–	14.2	13.5
1980	226	257	−31	18.1	19.7	11.7	12.8
1990	394	517	−123	5.7	7.2	11.5	14.7
2000	782	1,259	−477	7.1	9.3	12.1	19.3
2010	1,278	1,969	−691	5.0	4.6	8.6	13.0
2015	1,505	2,308	−803	3.3	3.2	9.1	13.8

자료 : WTO(2016), *World Trade Statistical Review*(Table A2).

② 상품무역 대상국

1990년대 이후 미국무역의 구조에서 가장 큰 특징은 인접한 캐나다 및 멕시코와의 무역규모가 빠르게 증가하고 있는 점이다. 수출과 수입에서 캐나다는 최근까지 압도적인 제1위 대상국이다. 그리고 1990년대 초반까지는 일본에 이어 제3위의 교역대상국이던 멕시코가 1990년대 말에는 미국의 제2위 수출시장으로 부상했으며, 미국수입에서도 멕시코는 NAFTA 간의 교역급증 추세 속에서 2000년부터 제2위 수입대상국으로 부상했다. 영국, 독일, 네덜란드 등 서유럽 주요국과의 교역비중은 상대적으로 하락하였으며, 이와는 달리, 동아시아의 중국, 대만, 한국 등과의 무역은 빠르게 신장되고 있다.

1990년대 이후 미국수출은 전반적인 부진 속에서도 미국의 제1, 2위 시장인 캐나다와 멕시코에 대한 수출은 뚜렷하게 증가하였으며, 특히 북미자유무역협정 이후 꾸준히 증가한 멕시코에 대한 수출은 1995년 이후 거의 2배로 증가하였다. 〈표 9-10〉에서 미국수출의 지역별 구성 추이를 보면, 큰 비중을 점하는 북미, 아시아·오세아니아, 유럽의 비중이 소폭적으로 하락한 반면, 중남미, 중동, 아프리카의 비중은 다소나마 상승하였다. 미국의 적극적인 신시장진출 노력의 성과라고 할 수 있다. 물론 아시아의 비중 하락은 일본과 한국, 대만 등에 대한 비중이 하락하였음을 나타내지만 중국에 대한 수출비중은 2000년대 들어서 2.1%에서 5.3%로 2.5배 상승하였다. 2014년 미국수출의 지역별 구조를 보면, 수출의 경우 북미 34%, 아시아·오세아니아 27%, 유럽 19%, 중남미 10% 순이었다.

미국의 수입은 미국경제의 빠른 성장세 속에서 1980년대와 1990년대 중 각 10

년 동안에 각각 2배 이상씩 늘어났다. 특히 멕시코와 중국으로부터의 수입이 대폭 증가하였다. 멕시코는 미국의 제2위 수입상대국으로서 1994년 NAFTA 발효 이후 미국 내 노동집약적 산업의 회사들이 저임금의 멕시코로 생산공장을 이전하고 그곳에서 생산된 최종제품을 미국시장에 판매하는 경향을 보였으며, 이는 멕시코의 대미 수출증가로 나타나고 있다. 중국의 경우 미국수입시장에서 차지하는 비중이 1983년에는 1% 수준이었으나, 그 후 폭발적으로 증가하여 2000년에는 제4위, 2006년에는 15.9%로 제2위, 그리고 2007년부터 제1위의 수입대상국으로 올라섰다. 2015년 현재도 1위로 미국수입시장의 5분의 1 이상을 중국상품이 차지하고 있다.

일본은 오랫동안 미국의 제2위 수입대상국이었으나, 일본으로부터 수입은 1996년 이후 거의 증가하지 않았고 2000년 이후부터는 감소세로 돌아섰다. 2015년의 경우 일본으로부터의 수입이 차지하는 순위는 중국, 멕시코, 캐나다에 이은 제4위로 물러났다. 일본으로부터 수입비중이 이렇게 하락한 것은 중국 및 멕시코와 미국 간의 교역확대 경향과 함께 자동차, 반도체, 철강 등 주요 품목에서 대미수출 여건이 어려워진 일본기업, 특히 일본 자동차회사들이 대미직접투자를 통하여 미국 내 생산을 대폭 늘림으로써 일본 제품의 대미수출을 상당부분 대체하였기 때문이다.

표 9-10 미국 상품무역의 대상지역별 비중

(단위: %)

구 분	수 출						수 입					
	1963	1973	1983	1993	2003	2014	1963	1973	1983	1993	2003	2014
북미	21	26	25	31	37	34	26	29	26	26	28	27
중남미	12	9	8	8	7	11	20	10	10	6	6	7
유럽	30	29	27	25	23	19	28	28	21	20	22	20
CIS	-	-	-	1	1	1	-	-	-	0	1	1
아프리카	4	3	4	2	1	2	5	4	6	3	3	2
중동	2	3	7	4	3	5	2	2	3	3	3	4
아시아·오세아니아	21	23	26	30	28	27	20	26	35	42	37	40
전체 (10억달러)	23	72	206	465	725	1,621	17	70	270	603	1,303	2,413

자료: WTO(2015), *International Trade Statistics*(Table A17).

표 9-11 미국 상품수출입의 대상국 구조(2015)

국가 (수출액 순서)	수출		수입		수지
	10억 달러	비중, %	10억 달러	비중, %	10억 달러
캐나다	280.6	18.6	296.2	13.0	−15.5
멕시코	235.7	15.6	296.4	13.0	−60.7
중국	116.1	7.7	483.2	21.3	−367.2
일본	62.4	4.1	131.4	5.8	−68.9
영국	56.1	3.7	58.0	2.6	−1.8
독일	50.0	3.3	124.8	5.5	−74.8
한국	43.4	2.9	71.8	3.2	−28.3
네덜란드	40.2	2.7	16.8	0.7	23.4
홍콩	37.2	2.5	6.8	0.3	30.4
벨기에	34.2	2.3	19.5	0.9	14.7
브라질	31.7	2.1	27.5	1.3	4.2
프랑스	30.1	2.0	47.8	2.1	−17.7
전 체	1,510.3	100.0	2,272.9	100.0	−762.6

자료: WTO(2015), US Department of Commerce, Bureau of Economic Analysis(2016), "US International Trade in Goods and Service: Annual Revision for 2015", News(2016, June 3).

미국은 주요 수입대상국과의 무역관계에서 대규모 수지적자를 기록하고 있다. 2015년 미국의 쌍무적인 무역수지를 보면 적자규모는 중국(3,670억 달러), 일본(748억), 독일(689억), 멕시코(607억), 한국(283억), 캐나다(155억) 등의 순으로 나타났으며, 2000년에 비하여 모두 큰 폭으로 적자규모가 늘어났다. 이는 미국수입이 미국 수출의 1.5배에 달하고 수출입이 몇몇 국가에 크게 집중되어 있기 때문에 나타나는 현상이라 할 수 있다.

③ 수출상품의 품목구성

1960년대 이후 미국수출의 품목구조는, 〈표 9-12〉에서 보듯이, 농산물의 비중이 큰 폭으로 하락하고 그 대신 제조품의 비중은 크게 상승하였다. 연료와 광산물의 비중은 이들의 국제가격 흐름에 따라 그 비중이 등락하는 것으로 나타났다. 제조품 중에서는 기계운송장비와 화학품의 비중이 많이 상승하였다. 최근 들어 기계운송장비의 비중 하락으로 제조품 전체의 비중도 2003년에 비하여 크게 하락하였다.

2014년의 경우, 기계운송장비 41%와 화학품 13%를 중심으로 제조품의 비중이 72%를 점하였다. 기계운송장비 중에는 자동차와 항공기 등 운송장비가 18%를 점하고 반도체와 컴퓨터 등 각종 정보처리기계가 포함되는 사무통신기계가 9%를 차지하였다. 운송장비 중에서는 자동차의 비중이 9%를 점하고 있는데, 이는 11%를 넘었던 1970년대보다는 낮아졌지만 1980년대보다는 다소 높은 수준을 유지하고 있음을 보여 준다. 미국 자동차기업들의 경쟁력이 크게 하락한 것으로 평가되는데도 미국 자동차수출이 상당한 비중을 유지하는 것은 미국에 진출한 일본과 독일계 자동차기업들이 생산한 제품의 수출을 반영하는 것으로 해석된다. 의류와 섬유는 합쳐서 1%대에 불과한 미미한 비중을 차지하고 있다.

미국수출에서 차지하는 농산물의 비중은 1960년대 30%에 달하였으나 그 후 꾸준히 하락하여 2014년의 경우 11%에 불과하지만, 세계최대의 농산물 수출국으로서 세계 농산물 수출액의 10%이상을 차지하고 있다. 물론 미국의 농산물 수출의 증가속도가 EU, 브라질, 중국, 캐나다 등보다 완만하여 미국의 비중이 추세적으로 하락하고 있는 실정이다. 연료 및 광산물의 비중은 전통적으로 10% 미만으로 낮았으나, 천연가스와 석유 등의 수출이 증가하면서 2014년에는 그 비중이 12%로 높아졌다. 2015년 품목별 수출금액은 <표 9-13>에 제시되어 있다.

④ 수입상품의 품목구성

미국 수입상품의 품목구성의 장기적 추세를 보면, 수출품목 구성의 변화와 유사하였다. 즉 농산물의 비중 하락폭이 큰 반면, 제조품의 비중은 큰 폭으로 상승하였다.

농산물의 비중은 1960년대 33%를 넘어서기도 했으나 지속적으로 하락하여 2014년 7%를 나타냈으며, 연료와 광산물의 비중은 동 상품들의 국제시장 가격변화에 큰 영향을 받았다. 특히 원유를 비롯한 연료의 비중은 1963년의 12%에서 1980년대 초에는 22%까지 높아졌고, 2014년에는 15%를 기록하였다.

공산품은 섬유를 제외하고는 모든 품목의 비중이 추세적으로 크게 상승해 왔지만, 2000년대 들어 그 비중이 70%대에서 주춤하는 것으로 평가된다. 사무통신기기와 운송장비의 비중이 크게 상승하였다. 2015년 품목별 수입금액은 <표 9-13>에 제시되어 있다.

표 9-12 미국 상품수출입의 품목구조 변화

(단위 : %)

구 분	수 출						수 입					
	1963	1973	1983	1993	2003	2014	1963	1973	1983	1993	2003	2014
농산물	30	29	22	13	11	11	33	18	10	7	6	7
식료	21	23	17	10	8	9	23	14	8	5	5	6
원자재	6	6	4	3	2	2	10	5	3	2	1	1
연료 광산물	8	6	8	4	4	12	23	19	26	12	14	17
연료	4	2	5	2	2	10	12	13	22	10	13	15
제조품	61	63	67	77	81	72	41	60	60	77	76	73
철강	2	2	1	1	1	1	4	4	3	2	1	2
화학품	9	8	10	10	13	13	3	11	4	5	8	9
기계운송장비	36	40	43	48	49	41	11	31	33	44	41	40
사무통신기기	4	6	11	10	9	9	2	6	9	12	12	13
운송장비	13	19	17	16	15	18	5	18	16	15	14	14
자동차	8	11	8	9	9	9	4	15	14	14	14	11
기타기계	18	15	15	22	25	14	4	7	8	18	15	13
섬유	2	2	1	1	2	1	4	2	1	1	1	1
의류	0	0	0	1	1	0	2	3	4	6	5	4
기타제조품	7	5	7	10	11	9	5	7	9	12	12	11
전체(10억 달러)	23	72	206	465	725	1,620	17	70	270	603	1,303	2,412

자료: WTO(2015), *International Trade Statistics*(Table A17).

표 9-13 미국 상품무역의 품목별 구조(2015)

(단위: 10억달러)

품목		수출 (비중)	수입 (비중)	수지
식료와 산동물		98 (6.5)	99 (4.4)	-1
음료·담배		7 (0.5)	23 (1.0)	-16
원자재(원유제외)		72 (0.5)	31 (1.4)	41
광물성연료		103 (6.9)	190 (8.5)	-87
ㅇ석유·석유제품		85 (5.7)	177 (7.9)	-92
화학품		196 (13.0)	216 (9.6)	-20
ㅇ의약품		50 (3.3)	89 (4.0)	-39
재료별 제조품		110 (7.3)	244 (10.9)	-134
ㅇ섬유사 직물		13 (0.9)	28 (1.2)	-15
ㅇ철강		15 (1.0)	37 (1.6)	-22
ㅇ비철금속		14 (0.9)	35 (1.6)	-21
ㅇ금속제품		20 (1.7)	50 (2.2)	-24
기계운송장비		518 (34.5)	971 (43.2)	-453
ㅇ일반산업기계		66 (4.4)	93 (4.1)	-27
ㅇ사무용기계		21 (1.5)	117 (5.2)	-96
ㅇ통신장비		23 (1.5)	160 (7.1)	-137
ㅇ전기기계		80 (5.3)	165 (7.3)	-85
ㅇ도로용차량		115 (7.7)	278 (12.4)	-163
ㅇ수송기계		127 (8.4)	39 (1.7)	88
기타제조품		120 (8.0)	370 (16.5)	-250
기타상품		61 (4.1)	98 (4.4)	-37
제조품		1,123 (74.0)	1,946 (86.6)	-834
농산물		133 (8.8)	114 (5.1)	19
총액	Census 기준	1,503 (100)	2,248 (100)	-745
	BOP 기준	1,510	2,273	-763

자료: US Department of Commerce, Bureau of Economic Analysis(2016), "US International Trade in Goods and Service: Annual Revision for 2015", News(2016, June 3).

⑤ 상품무역수지

미국의 상품무역은 1970년대 이후 수지적자를 보여 왔으며, 적자규모가 추세적으로 증가되어 왔다. 통관기준으로 볼 때 2014년에는 7,456억 달러의 적자를 기록하였다.

〈표 9-14〉에 나타난 미 상무부의 용도별 상품무역 통계를 보면, 산업용 원자재와 자본재의 경우 수출에서의 비중은 64%로 높은데 비하여 수입에서의 비중은 48%로 상대적으로 낮은 반면, 자동차와 소비재의 경우 수출에서의 비중은 23%로 낮은데 비하여 수입에서의 비중은 42%로 높은 것으로 나타났다. 따라서 이러한 구조를 반영하여, 상품무역수지 적자의 규모는 소비재와 자동차부문에서 5,930억 달러였으며, 무역규모가 훨씬 큰 자본재와 산업용 원자재의 수지적자 규모는 상대적 적은 1,220억 달러 수준으로 나타났다. 주로 농산물이 포함되는 식료·사료·음료의 경우 거의 무역수지가 거의 균형을 이루는 것으로 나타났다.

표 9-14 용도별 상품수출입 구조와 상품무역수지(2014)

(단위 : 10억 달러, %)

구 분	수 출		수 입		수지
	금액 (A)	구성비	금액 (B)	구성비	(A-B)
총계 (통관기준)	**1,502.6**	**100.0**	**2,248.2**	**100.0**	**−745.6**
식료·사료·음료	127.7	8.5	127.8	5.7	−0.1
산업용 원자재	426.0	28.3	485.8	21.6	−59.8
자본재	539.4	35.9	602.0	26.8	−62.6
자동차	151.9	10.1	349.2	15.5	−197.3
소비재	197.7	13.2	594.3	26.4	−396.6
기타재화	55.8	3.7	89.2	3.9	−33.4

자료: WTO(2015), *International Trade Statistics*(Table A17).

2.2 상업서비스 교역

상품무역과는 달리, 상업서비스 교역에서 미국은 1980년대 이후 수지흑자를 보이고 있다. 〈표 9-15〉에서와 같이, 2015년 미국은 7,510억 달러의 수출과 4,890억 달러의 수입으로 2,620억 달러의 서비스무역수지 흑자를 기록했다. 서비스 수출을 항목별로 보면, 여행(27.3%), 지적재산권 사용료(16.6%), 금융(13.6%), 운송(11.6%)과 기타 사업서비스(18.0%)가 큰 비중을 점하였으며, 서비스 수입은 여행(25.2%)과 운송(19.8%), 보험(9.8%) 그리고 기타 사업서비스(20.2%)의 비중이 높았다.

〈표 9-16〉은 WTO가 발표한 주요국의 서비스교역 통계다. 미국의 서비스 수출과 수입이 세계시장에서 차지하는 순위와 비중을 보면, 수출·수입 공히 미국은 세계 제1위의 국가이다. 2015년 세계서비스 수출은 미국, 영국, 중국, 독일 순이었으며, 수입국으로는 미국, 중국, 독일, 프랑스 순으로 나타났다.

〈표 9-17〉에서 보는 바와 같이, 2015년 미국의 서비스 수출과 수입에서 EU(28)는 가장 중요한 대상이었다. EU에는 영국, 프랑스, 독일 등 서비스의 생산과 소비가 많은 국가들이 포함되어 있어 예상되는 내용이며, EU 다음으로는 캐나다와 일본, 중국 등이 큰 비중을 점하였다. 한국은 미국의 제8위 서비스수출대상국이자 제9위 서비스수입대상국으로 나타났다. 상품교역에서 한국이 미국의 6~7위 대상국임에 비추어, 한국과 미국 간의 서비스교역은 상품교역보다 상대적으로 활발하지 않음을 보여주고 있다.

표 9-15 미국의 서비스교역 구조(2015)

(단위: 10억 달러, %)

항목	수출 (비중)	수입 (비중)	수지
유지 및 수리	23 (3.1)	9 (1.8)	14
운송	87 (11.6)	97 (19.8)	-10
여행	205 (27.3)	123 (25.2)	82
보험	17 (2.3)	48 (9.8)	-31
금융	102 (13.6)	25 (5.1)	77
지적재산권 사용료	125 (16.6)	39 (8.0)	86
통신·컴퓨터·정보	36 (4.8)	36 (7.4)	0
기타사업서비스	135 (18.0)	99 (20.2)	36
정부서비스	20 (2.7)	22 (4.5)	-2
계	751 (100)	489 (100)	262

자료: US Department of Commerce, Bureau of Economic Analysis(2016), "US International Trade in Goods and Service: Annual Revision for 2015", News(2016, June 3).

표 9-16 주요국의 서비스교역 규모(2015)

(단위: 10억 달러, %)

수 출		순위	수 입	
국 가	금액 (비중)		국 가	금액 (비중)
미국	690 (14.5)	1	미국	469 (10.2)
영국	345 (7.3)	2	중국	466 (10.1)
중국	285 (6.0)	3	독일	289 (6.3)
독일	247 (5.2)	4	프랑스	228 (4.9)
프랑스	240 (5.0)	5	영국	208 (4.5)
EU 역외	915 (24.9)	참고	EU 역외	732 (20.2)
세계	4,755 (100)		세계	4,610 (100)

자료: WTO(2016), *World Trade Statistical Review 2016.*

표 9-17 미국서비스 무역의 주요 대상국(2014)

(단위: 10억 달러, %)

수출		순위	수입	
국가	금액 (비중)		국가	금액 (비중)
EU(28)	217.9 (31.6)	1	EU(28)	159.7 (35.2)
캐나다	61.1 (8.8)	2	캐나다	29.8 (6.6)
일본	46.1 (6.7)	3	일본	28.3 (6.2)
중국	42.1 (6.1)	4	버뮤다	24.8 (5.5)
멕시코	29.6 (4.3)	5	스위스	21.7 (4.8)
스위스	28.8 (4.2)	6	인도	20.7 (4.6)
브라질	28.0 (4.1)	7	멕시코	14.3 (3.2)
한국	20.4 (3.0)	8	브라질	8.4 (1.8)
호주	19.0 (2.8)	9	한국	8.0 (1.8)
전체	690.1 (100)	-	전체	453.3 (100)

자료: WTO(2015), *International Trade Statistics.*

2.3 국제수지와 국제투자

① 국제수지

1980년대 이후 미국은 서비스무역수지에서 상당한 흑자를 보이고 상품무역수지에서 훨씬 더 큰 적자를 그리고 이전거래에서도 적자를 내어 경상계정에서의 수지가 장기적으로 대규모 적자를 기록하고 있다. 반면 금융계정에서 상당한 규모의 흑자를 기록하고 있다.

1980년대 중반 이후 추세적으로 확대되어 온 미국의 경상수지 적자는 2000년 4,000억 달러를 2006년에는 8,000억 달러를 넘어섰으나 2009년 이후 4,000억 달러 전후의 수준으로 줄어들었다. 경상수지 적자의 GDP에 대한 비율은 1990년대 중 1% 대에서 움직였지만, 2000년 4%를 넘었고, 2006년의 경우에는 6.1%로 급증하였으나, 2010년 이후에는 3% 전후의 수준을 나타내고 있다.

외국상품에 대한 미국의 수입수요는 빠르게 증가하고 있지만, 여타 국가들의 경제성장이 부진하고 특히 금융위기를 겪은 아시아와 중남미의 신흥시장 국가들의 경제회복이 미약하였기 때문에 미국상품의 수출은 빠르게 신장되지 못하였다. 미국 상품무역 수지적자의 확대 추세는 위와 같은 거시경제적인 요인과 함께 보다 구조적인 요인에 기인한다. 즉 미국의 제조상품 특히 범용화된 품목의 경우, 후발국가들의 제품에 비하여 품질과 가격 측면에서 미국상품의 국제경쟁력이 하락하고 있으며 새로운 상품과 기술의 개발에서 미국 제조업의 선도적 위력이 약화되고 있음을 반영한다.

표 9-18 미국의 국제수지

(단위 : 10억 달러)

구 분	1960	1970	1980	1990	2000	2010	2015
경상계정수지	2.8	2.3	2.3	−79.0	−417.4	−442	−463
상품무역수지	4.9	2.6	−25.5	−111.0	−454.7	−649	−763
서비스무역수지	−1.4	−0.3	6.1	30.2	74.9	154	262
소득수지	3.4	6.2	30.1	28.6	21.1	178	182
이전수지	−4.1	−6.2	−8.3	−26.7	−58.6	−125	−145
자본계정수지	−	−	−	−6.6	−1.0	0	0
금융계정수지	−1.8	−2.1	−23.2	60.3	486.4	423	195
오차 및 누락	−1.0	−0.2	20.9	25.2	−67.9	5	268

자료: US Bureau of Census(2016), *U.S. International Transactions*(2016. 12. 15).

한편 미국경제가 대규모의 대외불균형(경상수지적자)을 상당기간 지속할 수 있는 것은 미국의 성장잠재력과 안정성에 대한 국제적 신뢰를 바탕으로 외국자본이 꾸준히 미국으로 유입되고 있기 때문이다. 물론 대규모의 경상계정수지 적자와 외국자본의 유입(금융계정수지 흑자)이 일방적으로 장기간 지속될 수는 없을 것이므로 미국의 경상수지적자의 확대 문제는 미국과 세계경제가 해결해야 할 매우 중요한 과제로 남아있다.

② 국제투자포지션

20세기 초 세계최대의 채권국으로 등장한 이래 미국은 미국기업들의 막대한 해외직접투자와 미국은행들의 해외대출 채권을 바탕으로 꾸준히 순채권국 지위를 유지해 왔으나, 1980년대 들어 그 지위가 흔들리다가 1980년대 후반에는 드디어 순채무국으로 돌아섰다.

2015년 말 미국의 순채무(대외부채－대외자산) 규모는 7조 2,800억 달러로서 세계 최대의 채무국이라 할 수 있다. 2015년 말 미국의 총 대외채권(해외자산)은 약 23.3조 달러로서 그 내용은 공적준비자산 3,840억 달러, 해외직접투자 잔고 6조 9,780억 달러, 해외증권투자 잔고 9조 6,060억 달러, 미국 은행의 대출 등 기타투자 3조 9,770억 달러로 구성되었다.

총 대외부채는 30조 6,210억 달러로서 그 구성은 외국인직접투자 잔고 6조 5,440억 달러, 외국인보유 미국 재무성증권 6조 1,480억 달러를 포함한 외국인보유 미국증권 16조 6,770억 달러, 은행대출을 포함한 기타투자 5조 620억 달러로 나타났다.

표 9-19 미국의 국제투자포지션(1980~2015)

(단위 : 10억 달러)

구 분	1980	1990	2000	2010	2015
순투자포지션(A-B)	**297**	**-150**	**-1,537**	**-2,512**	**-7,281**
해외자산(A)	**839**	**2,416**	**7,642**	**21,768**	**23,341**
직접투자(시장가격)	297	853	2,935	5,486	6,978
주식	-	704	2,546	4,621	5,811
채권	-	149	389	866	1,167
증권투자	78	426	2,556	7,160	9,606
주식	19	198	1,853	4,900	6,828
채권	59	228	703	2,260	2,778
파생금융상품	-	-	-	3,652	2,395
기타투자	292	962	2,023	4,980	3,977
통화예금	-	-	-	2,767	1,629
은행대출	-	-	-	2,162	2,304
대외준비자산	171	175	128	489	384
화폐금	156	102	72	368	277
SDR	3	11	11	57	50
IMF리저브포지션	3	9	15	12	18
대외부채(B)	**542**	**2,565**	**9,179**	**24,280**	**30,621**
직접투자(시장가격)	100	661	3,024	4,099	6,544
주식	-	421	2,449	2,928	4,979
채권	-	240	575	1,171	1,565
증권투자	243	947	4,008	11,869	16,677
주식	75	244	1,643	3,546	6,219
채권	168	703	2,365	8,323	10,458
재무성증권	127	438	1,021	4,459	6,148
파생금융상품	-	-	-	3,542	2,338
기타투자	200	957	2,146	4,769	5,062
통화예금	-	-	-	2,365	2,914
은행대출	-	-	-	2,238	1,924

자료 : US Department of Commerce(2016), Survey of Current Business.

3. 생산과 고용의 산업별 구성

3.1 GDP의 부문·업종별 구성

〈표 9-20〉와 〈표 9-21〉은 미국 GDP의 부문별 산업별 구성비를 나타내고 있다. GDP(국내총생산)는 일국의 일정기간 중 각 부문의 경제활동의 부가가치를 모두 합친 수치이므로 표의 각 수치는 각 부문 생산활동의 비중을 보여준다.

우선 경제활동부문을 민간부문과 정부부문으로 대별할 경우, 정부부문 비중은 1950년 이래 대체로 12~17%의 범위를 안정적으로 유지하고 있다. 바꾸어 말하면 미국의 민간부문의 비중은 83~88%로서, 정부주도의 경제개발을 추진하거나 혹은 정부재정의 기능을 강조하고 있는 국가들에 비하여 매우 높은 수준이다.

민간부문 활동 중 물품생산 비중은 꾸준히 하락한 반면 서비스생산 비중은 반대로 그만큼 상승하여 왔다. 2015년의 경우 민간서비스부문의 비중은 68.2%이며 물품생산부문의 비중은 18.9%로 20%에 미치지 못하고 있다.

물품생산에서는 특히 농업과 제조업의 비중이 1950년의 각각 6.6%와 26.8%에서 2015년에는 1%와 12%로 낮아졌으며, 광업과 건설업의 경우 국내외 경제여건에 따라 약간의 변화를 보이면서도 추세적인 변화를 나타내지는 않았다. 광업은 특히 국제유가의 급변동에 따라 미국내 원유와 천연가스 생산활동의 변화를 보였으므로 그 비중이 등락을 거듭해 왔다.

서비스의 비중은 전반적으로 상승하였지만, 서비스의 특성에 따라 눈에 띄는 변화가 없는 업종이 있는가 하면 운수창고, 도소매 등의 비중은 상당히 하락하였으며, 정보, 금융보험·부동산, 전문서비스와 사업서비스, 교육 및 의료서비스의 비중은 크게 상승하였다. 세부업종으로 볼 때 전문과학서비스(1.4% → 7.2%), 금융보험서비스(2.7% → 7.2%), 보건의료서비스(1.6% → 7.2%) 등의 비중 상승이 두드러졌다.

한편 정부의 비중은 전체적으로 12~15%의 수준을 유지하였지만 연방서비스의 비중은 1960~70년대에 비하여 근래에 와서 절반수준인 4%로까지 하락하였으며, 주와 지방정부 비중은 1950년대에 비하여 크게 상승하여 2000년대 들어서는 9% 전후의 수준을 보이고 있다.

표 9-20 미국 GDP의 부문별 산업별 구성

(단위: %)

연도	부문		민간					
	민간	정부	농림어업	광업	건설	제조업	물품생산	서비스생산
1950	88.0	12.0	6.6	2.6	4.3	26.8	40.2	47.8
1960	85.4	14.6	3.7	1.9	4.3	25.4	35.2	50.2
1970	83.2	16.8	2.5	1.4	4.6	22.9	31.4	51.8
1980	85.7	14.3	2.2	3.2	4.6	20.5	30.4	55.3
1990	85.5	14.5	1.6	1.5	4.1	17.3	24.6	61.0
2000	87.1	12.9	1.0	1.1	4.5	15.1	21.7	65.4
2010	85.7	14.3	1.1	2.2	3.6	12.2	19.1	66.6
2015	87.0	13.0	1.0	1.8	4.1	12.0	18.9	68.2

자료: Bureau of Economic Analysis(2016), "Value Added by Industry"(2016. 11. 3).

표 9-21 미국 GDP의 서비스 세부 업종별 구성

(단위: %)

연도	유틸리티	도소매	운송창고	정보	금융보험부동산	전문사업서비스	교육의료	오락숙박요식	정부	
									연방	주·지방
1950	1.6	14.9	5.6	3.2	11.2	3.5	2.0	3.0	7.2	4.7
1960	2.2	14.0	4.3	3.5	13.7	4.2	2.6	2.7	8.3	6.3
1970	2.0	14.0	3.7	3.8	14.2	4.9	3.8	2.8	8.4	8.4
1980	2.1	13.5	3.6	4.2	15.7	6.1	4.7	2.9	6.2	8.1
1990	2.4	12.5	2.9	4.5	17.5	8.8	6.3	3.4	5.7	8.8
2000	1.8	12.9	3.0	4.6	19.4	10.8	6.6	3.8	4.1	8.8
2010	1.8	11.6	2.8	4.9	19.7	11.6	8.3	3.6	4.7	9.6
2015	1.6	12.0	3.0	4.7	20.3	12.2	8.3	3.9	4.0	8.9

자료: Bureau of Economic Analysis(2016), "Value Added by Industry"(2016. 11. 3).

3.2 고용의 업종별 구성

2015년 비농업부문 미국 노동자의 업종별 구성을 보면, 총피고용자 1억 4,200만 명 중 물품생산부문에 고용된 경우는 약 14%인 1,960만 명에 불과하며 86%에 해당하는 1억 2,230만 명은 서비스산업에 고용되어 있다. 2015년의 물품생산부문

피고용자는 1970년대(당시 총피고용자는 2015년의 절반수준)의 경우보다도 낮은 수준이다. 특히 2010년의 경우 제조업부문 피고용자는 1,153만 명으로 전체 피고용자의 9%에도 못 미치는 수준이다.

서비스부문의 피고용자 중에는 전문사업서비스와 교육·보건 서비스 부문의 고용이 4,170만 명에 달하여 전체의 약 30%에 근접하고 있어, 이들 부문은 미국 고용의 핵심 산업으로 부상했다.

비농업부문 민간고용에서 차지하는 각 산업의 비중을 나타내는 〈표 9-22〉에서 보듯이, 대공황 직전인 1929년의 경우 제조업이 34.2%, 서비스가 57.6%를 차지했으며, 서비스 중에서 정부부문의 고용이 전체 비농업부문 민간고용의 10%를 밑돌았다. 특히 연방정부 피고용자는 2%에 못 미치는 미미한 수준이었다.

뉴딜 기간을 거치면서 연방정부의 고용은 3% 수준으로 크게 상승한 데 이어, 제2차 세계대전 기간 중에는 국방관련 업무의 확대(군인은 민간고용에 포함되지 않음)와 원호관련 업무 증대에 따른 연방고용의 증대로 연방정부 고용의 비중이 6~7%로까지 상승했다.

제2차 세계대전 후 연방정부 고용의 비중은 꾸준히 하락하였으며, 특히 냉전체제 와해 및 정부의 재정적자 축소기간이었던 1990년대 중 연방정부 고용의 비중은 2% 수준으로 크게 하락하였다.

비농업부문 민간고용에 대한 주·지방 정부의 고용자 수는 계속적으로 증가하고 있다. 주정부와 지방정부 고용 비중은, 연방정부 고용의 비중이 대폭 상승하였던 제2차 세계대전 기간과 1990년대를 제외한다면 꾸준히 상승했다. 특히 1970년대 이후 주·지방 정부 고용이 상당한 폭으로 증가하고 있는 것은 주·지방 정부의 관할사항인 교육·경찰 등에 대한 사회적 수요가 꾸준히 증가하고 있음을 의미한다.

물론 정부부문 고용 비중의 변화는 전반적인 경기순환 국면에 따른 민간부문의 고용변화에도 상당한 영향을 받는다. 농업부문 종사자의 감소 추세, 제조업의 고용 비중 하락과 민간서비스의 비중 상승이라는 추세가 지속되면서, 복무 중인 군인규모와 민간실업률의 변동에 따라 전체 비농업 민간고용의 총수가 변화하기 때문이다.

표 9-22 비농업부문 민간고용의 산업별 분포(1929~1970)

(단위: 백만 명)

연도	광업	건설업	제조업	서비스업					총계
				소계	민간	정부			
						소계	연방	주·지방	
1929	1.1	1.5	10.7	18.1	15.0	3.1	0.5	2.5	31.3
1933	0.7	0.8	7.4	14.7	11.5	3.2	0.6	2.6	23.6
1935	0.9	0.9	9.1	16.2	12.7	3.5	0.8	2.7	27.1
1939	0.9	1.2	10.3	18.4	14.4	4.0	0.9	3.1	30.8
1940	0.9	1.3	11.0	19.2	15.0	4.0	1.0	3.2	32.4
1945	0.8	1.1	15.5	22.9	17.0	5.9	2.8	3.1	40.4
1950	0.9	2.3	15.2	26.7	20.7	6.0	1.9	4.1	45.2
1960	0.7	2.9	16.8	33.8	25.4	8.4	2.3	6.1	54.2
1970	0.6	3.6	19.4	47.3	34.7	12.6	2.7	9.8	70.9

자료 : US CEA(1967), US Bureau of Census(1975).

표 9-23 비농업부문 민간고용의 산업별 분포(1980~2015)

(단위: 백만 명)

연도	물품생산				서비스생산								총계
	계	광업	건설	제조업	계	판매 운송	정보	금융	전문 사업	교육 보건	레저 숙박 요식	정부	
1980	24.3	1.1	4.5	18.7	66.3	18.4	2.4	5.0	7.5	7.1	6.8	16.4	90.5
1990	23.7	0.8	5.3	17.7	85.8	22.7	2.7	6.6	10.8	11.0	9.3	18.4	109.4
2000	24.6	0.6	6.8	17.3	107.1	26.2	3.6	7.7	16.7	15.1	11.9	20.8	131.8
2010	17.8	0.7	5.5	11.5	112.6	24.6	2.7	7.7	16.7	20.0	13.5	22.5	130.4
2015	19.6	0.8	6.4	12.3	122.3	26.9	2.8	8.1	19.7	22.1	15.1	22.0	141.9

자료 : US CEA(2016), *Economic Report of the President*(Table B-14).

제 IV 부

주요 산업의 발전과정과 경쟁구조

- 산업 발전은 창의와 경쟁으로 -

제 10 장
농업

미국농업의 구조와 특성 및 농업생산성 증가의 원인을 찾아본다. 농가가 구매하는 농업투입물 시장에서는 공급자들의 독점력이 높으며 그리고 농가가 생산하여 판매(공급)하는 농업산출물(농산물)시장에서는 수요자들의 시장지배력이라는 어려운 상황에 직면한 미국농가들의 대응을 학습한다[1].

그리고 원자적 구조의 농가들이 처한 경쟁구조 속에서 진행되어 온 미국 농업의 생산성증가와 성과를 평가한다. 이를 뒷받침하는 정부의 농업부문 정책을 이해한다.

1. 미국농업의 특성과 국제 위상

1.1 특성

농업은 기본적으로 식품원료와 일부 산업용 원료를 공급하는 산업으로서 국민의 식생활과 국민경제에 필수적으로 중요하다. 저소득 국가들은 대부분 농업생산성이 낮아 국민의 대부분이 농업에 종사하며, 국민소득이 높아지면서 농업에 종사하는 노동력의 비중도 낮아진다. 가난한 나라들은 전체 인구의 50~80%가 농촌에 살면서 농업에 종사하지만 서유럽은 5% 이하이고 미국은 2% 정도가 농업에 종사한다.

일반적으로 경제발전은 농업의 성과에 달려있고, 농업부문의 성과는 농업의 조

1) MacDonald & Marion(2016)와 북미지역경제(2011) 제7장의 내용을 중심으로 최근 산업동향과 데이터를 반영하여 새롭게 작성하였다.

직, 시장구조, 그리고 농업관련 기술을 개발하고 활성화시키는 연구교육기구에 달려있다.

미국에서 농업은 생산효율성과 비용하락 측면에서 지난 세기 동안 괄목할만한 성과를 나타냈다. 생산성이 꾸준히 높아졌으며 그에 따른 혜택의 대부분은 미국 소비자(국민)들에게 돌아갔다. 세계최대의 경작면적과 과학적 영농기술의 활용, 그리고 농업부문의 경쟁적 산업구조 등을 바탕으로 미국농업은 높은 국제경쟁력을 지속했다. 즉 미국농업은 효율성 개선 없이는 살아남을 수 없는 원자적 농업구조, 토지공여대학과 연방정부 및 민간산업에서의 농업관련 기술혁신, 그리고 농산물 생산자인 농가들이 시장지배력이 없어 가격수용자(price-taker)인 상황이 복합적으로 이루어 낸 것이다. 특히 미국에서는 토지를 지원받은 대학교들과 연방정부가 국제적으로 독특한 역할을 하였는데, 이들이 미국농업의 생산성 향상을 북돋운 연구와 교육의 주요 원천이었다.

농장의 소유와 농업경영은 여타 산업들의 그것과 매우 다르다. 대부분의 농장은 한 가족이 소유하고 경영하며, 비가족 농장은 서로 잘 아는 두세 명의 소유-경영자가 소유하고 경영한다. 그리고 대기업들이 소유 또는 경영하는 경우는 많지 않다. 농업은 대체로 규모가 작으며, 하나 또는 두세 사람이 의사결정을 한다. 농장은 전형적으로 가격수용자들이다. 즉 그들이 생산한 농산물의 판매 가격이나 투입하기 위하여 구입하는 물자의 구입가격에 대한 통제력이 거의 없다. 농업기업들은 경쟁시장에서 운영되며, 어느 정도의 수요 독점력을 행사하는 구매자들을 자주 대하게 되며 또는 가격에 약간의 독점력을 행사하는 투입물 공급자들을 만나기도 한다. 이들 가격은 크게 변동될 수 있고, 농업생산도 날씨와 질병에 크게 영향 받을 수 있으므로 농업기업들은 상당한 금융 리스크에 처할 수도 있다.

1.2 국제적 위상

미국농업은 임업·수산업을 포함한다 해도 부가가치로 볼 때 미국 GDP의 1%에 못 미치며 고용측면에서도 2% 미만에 불과하지만, 미국은 생산과 수출에서 세계 제1위의 위상을 유지한다. 〈표 10-1〉에서 보듯이, 주요 품목의 생산량이 세계 전체에서 차지하는 비중이 매우 높을 뿐만 아니라 수출의 경우 옥수수, 콩, 면화, 가금육 등의 경우 세계전체 수출시장의 4분의 1 이상을 차지하고 있다.

미국의 농산물수입은 수출보다 빠르게 증가하고 있으며 2015년 농산물 수입규

모는 1,000억 달러를 넘어섰으며, 미국은 중국에 이어 세계 제2위의 농산물수입국이 되었다. 그러나 미국은 대체로 100~300억 달러의 농산물 무역흑자를 기록하고 있다.

미국 농업생산량의 약 20%가 수출되고, 농산물 수출액이 미국전체 수출의 약 10%를 차지한다. 밀 생산의 거의 반과 목화 생산의 3/4이 수출되고, 옥수수 생산의 약 20%와 콩 생산의 약 30%도 수출된다. 그리고 미국은 옥수수와 콩으로 길러지는 가금과 가축의 고기 즉 가금육, 쇠고기, 돼지고기의 10~15%를 수출한다[2].

농산물의 수출이 수입보다 많지만 그 격차는 점점 작아져 농산물 수입도 이제 미국 전체 국내 농산물 소비의 약 18%에 이른다. 수입에는 커피, 바나나, 코코아와 같이 국내에서 생산되지 않는 약간의 열대성 산물과, 치즈, 꽃, 설탕, 채소, 쇠고기와 같이 미국산 제품과 경쟁하는 품목도 있다.

농산물 국제무역은 미국 농민들에게 판매기회를 주는 장점도 가지지만, 다른 나라들의 거시경제상황과 환율변동에 따른 수출량과 수입량을 크게 변동시키는 위험성을 초래한다. 농업은 선진국들의 농업보조금 문제, 많은 나라들의 농산물에 대한 수입제한 조치, 그리고 식품안전성 등 국제무역협상의 주요 논쟁거리를 제공한다.

표 10-1 주요 농산물의 생산과 수출

(단위: %)

품명	단위	미국생산 (세계비중)		미국수출 (세계비중)	
		2008	2015	2008	2015
옥수수	백만 톤	306 (38.2)	345 (36.0)	47 (55.8)	42 (40.9)
밀	백만 톤	68 (10.0)	56 (7.6)	28 (19.2)	21 (12.4)
면화	백만 베일 (480 파운드)	13 (11.8)	13 (13.3)	13 (43.8)	10 (26.3)
콩	백만 톤	81 (38.1)	107 (33.4)	35 (45.1)	46 (35.1)
쇠고기	백만 톤	12 (20.7)	11 (18.5)	0.9 (11.9)	1.0 (10.8)
가금육	백만 톤	17 (22.7)	18 (20.3)	3 (37.7)	3 (27.9)

자료: USDA(2016), Foreign Agricultural Service, Supply and Distribution database, (WTO(2016), *Trade Policy Review: US*에서 재인용).

2) 제2장 4.4 농수산물과 광물생산을 참조.

표 10-2 미국 농산물 무역의 추이

(단위: 10억 달러, %)

연 도	수 출	수 입	수 지
1990	39.8	24.9	14.7
1995	57.3	31.2	26.1
2000	50.9	42.4	8.2
2005	61.1	63.8	-2.7
2010	115.7	86.2	29.5
2015	132.4	122.0	10.4
연평균 증가율	4.9	6.6	-

자료: USDA(2015), Foreign Agricultural Service.

표 10-3 미국의 주요 농산물 품목의 수출·수입 규모

(단위: 10억 달러)

수출			수입		
품목	2012	2015	품목	2012	2015
콩	24.8	19.0	주류	6.7	7.4
옥수수	9.7	8.7	쇠고기	3.5	6.4
기타 넛트	6.1	7.7	커피	6.8	6.0
밀·메슬린	8.2	5.6	신선포도주	5.3	5.6
식품조제품	4.8	5.4	몰트 맥주	3.9	4.7
쇠고기	4.7	5.2	빵	3.4	4.0
돼지고기	4.8	4.0	대추야자·파인애플 등	2.0	3.0
대두유·오일케이크	3.5	3.9	기타 채소	2.4	2.9
면화	6.2	3.9	생수	2.1	2.9
동물사료	2.7	2.7	과일, 넛트	2.4	2.9

자료: USDA(2016), Foreign Agricultural Service, Supply and Distribution database, (WTO(2016), *Trade Policy Review: US*에서 재인용).

표 10-4 세계 농산물 무역의 주요국 비중

농산물 수출				농산물 수입			
국가	비중(%)		금액(10억달러)	국가	비중(%)		금액(10억달러)
	2000	2015	2015		2000	2015	2015
미국	13.0	10.4	163	중국	3.3	9.5	160
브라질	2.8	5.1	80	미국	11.6	8.8	149
중국	3.0	4.6	73	일본	10.4	4.4	74
캐나다	6.3	4.0	63	캐나다	2.6	2.3	38
인도네시아	1.4	2.5	39	한국	2.2	2.0	33
태국	2.2	2.3	36	인도	0.7	1.6	28
EU(28)역외	10.0	10.0	158	EU(28)역외	13.2	9.8	166
소계	38.7	38.9	612	소계	44	38.4	648

자료 : WTO(2016), *World Trade Statistical Review*(Table A14).

표 10-5 미국 농산물무역의 대상국별 구조(2015)

(단위: 10억 달러)

수출		순위	수입	
대상국	금액		대상국	금액
캐나다	22.2	1	캐나다	22.4
중국	20.4	2	멕시코	22.3
멕시코	17.9	3	프랑스	5.0
일본	11.5	4	이탈리아	4.4
한국	6.1	5	중국	4.3
전체	132.4	–	전체	122.0

자료: USDA(2015), Foreign Agricultural Service.

2. 농산물의 가격탄력성

농업은 많은 종류의 농산물을 생산하고 대부분의 작물은 각각 별개의 시장과 유통경로를 가지며, 시장가격의 변화에 따라 수요와 공급이 반응함에 있어 몇 가지 특성을 갖는다. 개별 작물의 생산과 유통 및 소비의 특성에 큰 영향을 받는다.

2.1 공급의 가격탄력성

대부분 농산물의 공급은 단기적으로 가격에 매우 비탄력적이다. 농산물 가격이 변하더라도 농산물을 공급하는 농가들이 단기적으로 공급량을 조정하기가 어렵기 때문이다. 따라서 농업경영은 여러 이유로 모험적인 사업이다.

우선 농장경영자는 생산을 시작하기 전에 토지, 구조물, 장비들에 상당한 자본 투자를 하여야 한다. 그리고 농업생산물을 판매하여 수익을 내기 훨씬 전에 노동을 투입해야 하고 작물이나 가축의 생산과 관련된 직접비용을 부담해야 한다. 작물을 심고 나면 이런 투자의 어느 것도 단기에 조정할 수 없다. 또한 농업생산은 예기치 못한 기후나 질병의 변화에 크게 영향을 받으므로, 농산물 공급은 외생적인 요인에 따른 변동성이 크다.

가격변화에 대한 농산물의 단기적인 공급은 비탄력적이지만, 장기적으로 대부분의 농산물은 제조업에 비하여 상대적으로 진입과 퇴출이 쉬워서 가격변화에 대한 농산물의 공급은 장기적으로 탄력적이다.

2.2 수요의 가격탄력성

대부분의 농산물이나 식품은 생활필수품이므로 사람들은 농산물 값이 하락한다 해서 농산물 소비 즉 수요가 그리 크게 증가하지 않으며 가격이 상승한다 해도 수요가 많이 감소하지 않는다. 또한 농산물은 대부분 대체재가 없어서 가격이 변하더라도 다른 재화로의 수요 전환이 어렵다. 따라서 농산물에 대한 수요도 가격에 대하여 상당히 비탄력적이다.

이렇게 농산물의 공급과 수요가 단기적으로는 가격변화에 비탄력적이라는 특성을 가지는데, 이를 바꾸어 말하면, 예기치 못한 공급 또는 수요의 변동이 생기면, 큰 폭의 가격변동을 가져올 수 있음을 의미한다.

2.3 공급능력 확대와 수요정체

더욱이 농업관련 과학기술의 발전으로 농업생산성이 꾸준히 향상되고 있어 장기적으로 농산물의 공급능력이 증가하고 있는 반면, 식품의 소득탄력성(소득증대에 따른 식품수요의 증가 비율)이 낮고 인구증가율도 높지 않아 식품과 농산물에

대한 미국 국내수요는 공급만큼 빠르게 증가하지 않는다.

이런 장기적인 공급과 수요는 두 가지 중요한 의미를 가진다. 첫째, 농산물의 실질가격이 꾸준히 낮아지고 있어, 생산비용을 낮추는 새로운 기술을 채택하지 못하는 농민들은 심각한 소득감소의 위험에 봉착한다. 둘째, 미국 농산물을 수출할 수 있는 해외시장이 미국농업에서 매우 중요하게 된다.

3. 농장조직과 영농규모

3.1 농장조직

농업생산의 기본조직인 농장의 수는 1935년 680만 개를 정점으로 그 후 급격히 하락하였다. 1974년에는 230만으로 낮아지고 그 뒤로 감소율이 느려져 2011년 220만을 기록하였다. 농지는 1950년 11.6억 에이커를 정점으로 하여 그 후 9.4억 에이커로 천천히 감소하였다. 미국 농업의 생산성은 제2차 세계대전 이후 빠르게 증가하였다.

〈표 10-6〉은 1996년 이후 15년간 미국 농장구조의 변화를 나타내고 있다. 농장수에 있어서는 매출액 1만 달러 미만의 소규모 가족농장과 100만 달러 이상의 대규모 가족농장 및 기업농장이 많이 증가하였으며, 생산액에 있어서는 소규모 및 중간규모 가족농장의 비중은 큰 폭으로 하락하고 대규모 가족농장과 기업농장의 비중이 크게 증가하였다. 연 매출액이 1만 달러를 넘지 못하는 영세한 소규모 가족농장의 수가 전체 농장에서 차지하는 비중은 높아졌지만 생산액에서의 비중은 오히려 낮아져 전체 생산액의 1% 수준에 그쳤다. 이는 많은 사람들이 전원형 농촌생활을 선호한 현상을 반영한다.

그러나 다른 한편으로는 보다 큰 영농규모로의 구조조정도 뚜렷하다. 연매출 1만~35만 달러의 소규모 상업성 가족농장은 그 수와 매출에서의 비중이 낮아진 반면, 매출액 100만 달러 이상의 대규모 가족농장과 비가족농장의 생산액 비중은 크게 높아졌다. 1996년 연매출 100만 달러를 넘는 가족농장이 3만 4천개로 전체 생산의 27%를 차지하였으나 2011년에는 4만 2천개로 많아지고 전체 생산의 35%를 점하였다. 기업형 비가족농장도 많이 증가하여 2011년 5만 8천개에 달했으며, 그들의 생산액은 전체생산액의 14.6%로 상승하였다.

표 10-6 미국농장구조의 최근 변화추이

		농장수(천 개, %)		생산액(10억 달러, %)	
		1996년	2011년	1996년	2011년
총 계		2,025 (100)	2,173 (100)	282 (100)	335 (100)
가족농장	o 매출액 〈 1만$	859 (42.4)	1,158 (53.3)	(1.3)	(1.0)
	o 1만$~5만$	498 (24.6)	423 (19.5)	(4.3)	(2.8)
	o 5만$~35만$	477 (23.6)	369 (17.0)	(35.3)	(21.8)
	o 35만$~100만$	115 (5.7)	123 (5.7)	(25.0)	(24.8)
	o 100만$이상	34 (1.7)	42 (1.9)	(26.5)	(35.0)
비가족농장(기업농장)		42 (2.1)	58 (2.7)	(7.6)	(14.6)

자료: USDA(2014), *Agricultural Resource Management Survey.*

3.2 영농규모의 증가

밭작물, 채소, 과수, 축산물 등 거의 모든 부문에서 미국농업은 대규모 경영으로 나아갔다. 〈표 10-7〉에서 보는 바와 같이, 주요 품목의 영농규모의 중간 크기를 기준으로 측정할 때, 1987년 이후 25년간 2배 이상 규모로 증가한 품목이 많으며, 옥수수, 감자, 오렌지 등은 3배 수준으로 증가했으며 비육돈(돼지)이나 젖소의 경우 각각 33배와 11배로 영농규모가 대폭 증가하였다.

다만 아스파라가스와 상추 등 대도시 근교에서 일찍이 대규모 영농이 추진되었던 품목의 경우 영농규모의 증가가 상대적으로 작았다.

3.3 농산물시장의 수요독점력

영농규모가 커지고 있지만, 농산물시장은 농산물을 공급하는 농가의 위상이 낮은 수요자중심 시장이다. 농가는 여전히 거의 모든 농산물시장에서 판매자가 많고 어느 개별 판매자도 가격에 영향을 미치지 못하는 가격수용자(price-taker)이며, 대형 곡물창고, 가공업자, 포장업자, 농산물을 구매하는 소매상과 같은 농산물 구매자들이 시장지배력을 가진다. 즉 대부분 농산물시장은 구매자의 숫자가 적은 수요독점적 시장이다.

표 10-7 품목별 영농의 중간 규모의 변화

구 분	품 목	1987년	2012년	증가율(%)
밭작물 경작면적 (에이커)	옥수수	200	633	216.5
	콩	242	567	134.3
	밀	404	1,005	148.8
	면화	450	970	115.6
채소 경작면적 (에이커)	아스파라거스	160	200	25.0
	상추	949	1,275	34.4
	감자	350	1,054	201.1
	토마토	400	930	132.5
과수작물 경작면적 (에이커)	사과	83	179	115.7
	아몬드	203	547	169.5
	오렌지	450	1,335	196.7
축산 (연간판매 두수)	양계	300,000	680,000	126.7
	돼지	1,200	40,000	3,233.3
	비육우	17,532	38,369	118.9
	젖소	80	900	1,025.0

자료: USDA(2014), National Agricultural Statistics, Census of Agriculture.

품목별로 수요독점력은 전국적인 높은 집중도, 운송비용, 부패가능성, 작물 특성, 정보 비대칭성 등과 같은 여러 요인에서 생겨난다. 몇몇 농산물 가공업은 규모의 경제, 광고와 제품차별화 또는 대기업들의 합병 등으로 크게 집중되어 해당 농산물시장에서 매우 높은 수요독점력이 존재한다. 예를 들면 소 도축업의 4대 기업 시장점유율(집중도)은 1980년 36%에서 2005년 80%로 높아졌다. 돼지 도축, 가금류 가공, 우유 가공, 곡물과 채유용종자 가공업과 소비자 상품을 생산하는 맥주와 같은 많은 식품제조 산업에서도 전국적인 집중도가 높아졌다.

많은 농산물시장은 높은 운송비용 때문에 전국시장이기보다는 지방 또는 지역시장이다. 예를 들면 소는 일반적으로 100마일 이내의 도축공장에 출하된다. 곡물과 채유용종자는 좋은 가격을 찾으면서 보관되지만, 가축은 적정 몸무게를 넘으면 상품성을 잃게 된다. 많은 신선 과일과 채소는 쉽게 상하고 우유는 적어도 이틀 안에는 판매되어야 한다. 상품의 부패성 때문에 농가들은 이 농산물에 대한 좋은 판매가격을 여유있게 찾기가 어려워진다.

그리고 농가들은 점점 더 특정 품종들을 생산하도록 요청받는다. 시장규모가 작은 특정 품목을 생산하는 이런 농가들이 선택할 수 있는 구매자(판매처)는 두세 명에 불과하다. 농산물 구매자들은 하루에 수백 차례 거래를 하지만 농가들은 한 해에 몇 차례만 거래한다. 구매자들은 대체시장을 잘 알고 있고 이를 이용해 수요독점력을 가진다. 농산물시장의 구매집중도가 높다고 하더라도 구매자가 하나밖에 없는 순수 수요독점(monopsony)은 매우 드물다.

농가들은 그들의 제품을 보관하거나 수송할 수 있다면 선택범위를 넓힐 수 있다. 또한 농가는 특정 작물의 생산을 결정하기 전에는 그 범위가 좀 더 넓다. 그러나 잠재적인 수요독점력이 농가의 결정과 유통기구의 설계에 강한 영향을 끼친다.

4. 농가의 위험관리 방안

농산물은 시장외적 요인에 의한 가격 급등락의 가능성이 높다는 점과, 가격변화에 대하여 농가가 단기적으로 공급량을 조절할 수 있는 능력이 크게 제한되어 있다는 점에서 농업은 매우 모험적인 사업이라 할 수 있다. 위험을 축소하거나 관리하기 위한 방안들이 모색되어야 한다.

4.1 판매계약과 생산계약

예상하지 못한 가격변동에 따른 피해를 피하기 위하여 많은 미국의 농가들이 가공업자 또는 중개상들과 공식적인 계약(contracts)을 맺는다. 생산계약이나 판매계약을 맺은 비율은 1969년 미국 전체 농산물 생산의 12%에서 2011년에는 40%로 높아졌다. 계약의 이용은 작물마다 크게 다르다. 양계, 사탕무, 양돈, 우유, 몇몇 과일, 가공채소들은 계약을 많이 이용하는데, 이 생산자들은 전형적으로 두세 구매자만 있고 부패성과 높은 운송비용이 그들의 선택을 제한한다. 이와는 대조적으로 장기간 저장이 용이하고, 보다 쉽게 장거리로 운송할 수 있고, 구매자도 많은 식용·사료용 곡물과 콩의 생산자들은 계약을 거의 이용하지 않는다.

생산과정이 끝나기 전 또는 생산의 시작에 앞서 미리 판매가격, 거래량, 보상조건 등 계약조건을 협상함으로써 농가들은 수요독점의 가혹한 요소들을 피할 수 있다. 농가들은 판매계약(marketing contracts)으로 작물이 수확되기 전에 구매자를 찾아 인도시기를 정하고, 가격을 정하는 방식을 마련한다.

또한 농가들은 생산계약(production contracts)을 맺기도 하는데, 축산업과 양계업에서 널리 이용된다. 예를 들면 양계업에서 농가가 병아리는 물론 사료, 수의약품, 운송서비스, 생산가이드라인과 조언까지 받아 농가는 축사와 전기수도, 노동력을 제공하여 6~8주간 키워서 닭을 가공업자에게 넘기는 계약이다. 이와 같은 생산계약은 축산업 등 많은 분야로 넓혀 가고 있다. 생산계약 농가들은 전형적으로 변동하는 가격보다는 그들의 서비스에 대한 요금을 받는다.

계약은 여러 가지 기능을 가지지만 중요한 기능은 가격변동의 위험을 전가하는 것이다. 계약을 많이 이용하는 품목은 닭고기, 계란, 사탕무우, 돼지(돼지고기), 우유, 일부 과일과 채소 등이다. 이 품목들은 장기간 보관이 어렵거나 원거리 시장으로 운송하는데 드는 높은 비용으로 인하여 제약을 받기 때문에, 단기간에 좁은 지역에서 수요독점적인 구매자에게 가격 등을 협상하기 어려운 상태에서 판매해야 하는 위험을 안게 된다. 따라서 계약을 통하여 이러한 위험을 피하거나 감소시킬 수 있게 된다.

계약의 또 다른 목적은 생산의 질과 시기의 조정을 통하여 구매자의 선호에 맞춘다는 것이다. 계약은 또한 의사결정 관리를 옮기는 수단으로 육계 산업에서처럼 긴밀히 조정되고 효율적인 수직체계를 개발하는 데에 기여한다. 육계 산업에서 Tyson, Pilgrim Pride와 Gold Kist(조합)와 같은 통합업자들은 부화장, 사료공장, 육계 가공공장을 소유하고 통합업자들이 제공하는 병아리에 모이를 주는 사육농가들과 계약한다.

이렇게 긴밀히 조정되는 통합은 기술진보와 효율성에서 월등한 기록을 보인다. 제2차 세계대전 때에 닭고기는 특별한 경우에 먹는 사치품이었고 많은 농가에서 소규모로 닭을 키웠다. 하지만 오늘날 닭고기는 가장 값싼 육류 중 하나이고 약 40개의 통합업자와의 계약으로 사육농가들이 생산한다.

4.2 선물시장

위와는 대조적으로 장기간 보관이 용이하고 장거리 운송이 쉬운 품목들은 더 많은 수의 구매자들을 만날 수 있으므로 다양한 선택수단을 가지게 된다. 따라서 계약에 많이 의존하지 않는다. 밀, 옥수수, 콩, 소(쇠고기) 등은 현물시장이나 선물시장(futures market)에서 가격 등 계약조건을 시간을 가지고 협상할 수 있어 수요독점적인 가혹한 상황을 피할 수 있다.

4.3 가격정보의 제공

가격은 시장의 핵심적인 요소로서. 가격은 해당상품의 공급이 부족한지 넘치는지를 알려주는 신호이며 이를 통해 생산의사결정을 돕는다. 가격이 폭넓고 정확하게 공개되고 전달됨으로써 경쟁적인 시장이 기능을 하게 된다. 미국의 농가들이 왜곡되지 않은 시의적절한 가격정보를 얻는 것이 중요하다고 판단한 미국 농무부는 1915년 이후 수백 개 농산물의 전국 수천 개 시장의 일별, 주별, 월별 시장소식을 제공해왔다.

그러나 현물시장(spot market)가격이 가지는 한계가 있다. 하나는 선물거래의 증가추세이며 다른 하나는 농산물시장에서 농가들은 가격수용자의 입장에 처해 있다는 점이다.

첫째, 판매계약의 이용자들은 기초가격으로 현물시장 가격지수를 많이 이용하지만, 농가와 고객들이 현물시장보다는 계약으로 옮겨가면서 현물시장에서의 거래물량이 줄어들고 현물시장은 전체시장을 덜 대표하게 된다. 어떤 경우에는 국가의 기준시장으로 이용되던 현물시장이 얇아지면서 국가전체의 대표가격의 기초로서 그 위상이 낮아졌다. 오히려 선물시장의 가격이 더 중요하게 간주되고 활용된다.

둘째, 농가는 대체로 가격수용자이다. 당해 농산물의 국가전체 생산에서 개별농가가 차지하는 비중이 매우 작다. 따라서 농산물 가격은 객관적인 시장에서 결정되어 농가들은 그 가격을 수용할 수밖에 없으므로 이익을 낼 수도 손실을 볼 수도 있다. 또한 농가들은 점점 커지는 시장지배력을 가진 기업(구매자)들에게 판매한다. 대략 1만 6,000개의 식품가공 제조업체가 있지만 1995년의 경우 최대 20개사가 부가가치의 50%를 넘고 매체광고의 75%를 차지하였다. 이들은 그야말로 대기업들이며 높은 시장지배력을 가진다.

또한 개별농가는 농업을 위한 중간투입물을 시장지배력을 가지는 공급자에게서 구매한다는 점에서 불리하다. 농가가 구입하는 비료, 종자, 사료, 연료와 장비 등 투입물의 산업들은 두세 개의 지배적 기업에 집중되어 있으며, 생산비용과 시장여건에 따라 가격을 높이거나 낮출 수 있는 힘을 가지고 있다.

4.4 협동조합

가격협상력을 가지기 위해 농가들은 때로 협동조합(cooperatives)을 조직하거나 정부에 시장 변동에 따른 위험으로부터의 보호를 요청하기도 하였다. 그러나 여기서도 농가들은 농업경영에 진입장벽이 거의 없으므로, 시장지배력을 유지하기가 어렵다.

개별농가들이 그들 생산물 가격에 대한 통제력이 너무 약하다는 점을 감안하여 입법된 1922년 캐퍼-볼스테드법(Capper-Volstead Act)은 농가들로 하여금 조합을 통하여 그들 농산물을 공동으로 판매할 수 있도록 하였다. 그 결과 농가들은 셔먼독점금지법을 위배하지 않고도 농가들이 공동으로 그들의 제품을 판매할 수 있게 되었다. 미국 농무부에 따르면, 2012년 미국에서는 약 2,238개의 농업협동조합이 1,320억 달러의 농산물을 판매하고 650억 달러 상당의 농업투입물을 구매했으며, 회원들의 농장생산 서비스에 대하여 60억 달러를 제공하였다.

협동조합 대부분은 농산물의 중개상으로 활동하며 부가가치를 추가하지는 않는다. 예를 들면 대형 곡물창고 조합은 옥수수, 콩, 밀과 같은 곡물들을 지방 농가에서 사서 식품이나 사료 또는 수출을 위해 곡물이나 채유용 종자를 가공하는 기업들에게 화물차나 화물선으로 출하한다. 이들은 그 제품들을 차별화할 수 없어 시장지배력을 거의 가지지 못하였다. 협동조합은 투입물 구매와 농산물 판매를 대규모로 함으로써 또 마케팅, 구매, 생산기술 부문의 전문가를 고용함으로써 농부들의 거래비용을 낮출 수 있다. 그들은 조합회원들에게 시장접근을 마련하거나 독점적 구매자들에 대해 중요한 판매 대안을 마련하기는 하지만 대개는 지속적인 시장지배력을 가지지 못하였다.

그러나 예외적으로 회원들의 생산물을 더욱 가공하여 상표력 있는 제품을 개발하는 조합들도 있다. Land O' Lake 버터, Welch's 포도제품, Sun-Maid 건과, Sunkist 오렌지, Florida Natural 감귤주스, Blue Diamond 견과, Ocean Spray 크랜베리 제품들이 그 예이다. 그러나 여기서도 진입장벽의 유무가 시장지배력에 큰 영향을 미친다. 대부분의 조합은 회원가입이 자유롭다. 조합이 상당한 이익을 내어 조합원들에게 나누면 다른 농가들이 가입하고 이에 따라 조합이 판매하는 양을 늘리고 이는 다시 가격을 내리게 한다.

5. 생산성향상과 소비자후생

5.1 농업생산성 향상

미국 농업은 오랜 기간 동안 높은 생산성증가를 보였다. 〈표 10-8〉은 주요 농산물의 연평균 수확량 추세를 보이고 있다. 제1차 세계대전 전에 미국의 농가는 1에이커에 해마다 평균 옥수수 26부셸을 생산하였지만 2009~2013년에는 150부셸을 생산하였다. 젖소 한 마리에 연간 3,840파운드를 생산하던 우유는 2009~2013년에는 거의 2만 1,200파운드로 높아졌다.

산출량은 생산성증가의 단순 요소측정치로서 토지 외에 장비, 비료, 농약과 같은 다른 투입물의 비용을 고려하지 않았다. 미국 농무부는 제2차 세계대전 뒤의 기간에 총요소생산성의 증가를 측정했다. 1950~2004년에 미국 농업의 총요소생산성의 증가는 연평균 2.1%이며 상당히 꾸준하게 증가했다. 이와 대조적으로 민간 비농업부문의 총요소생산성의 증가는 같은 기간에 연평균 1.15%에 그쳤다. 높은 농업의 생산성증가는 농산물 가격의 변화에서도 나타난다. 1980~2005년에 농산물 가격은 15% 오름에 그쳤지만 전체 소비자물가는 122% 올랐다.

표 10-8 미국농업의 연평균 생산성 변화

농산물	단 위	1910~1914	1945~1949	1965~1969	1982~1986	2001~2005	2009~2013
옥수수	부셸/에이커	26	36	49	109	143	150
밀	부셸/에이커	14	17	26	37	41	46
감자	100파운드/에이커	60	118	205	284	374	408
사탕수수	톤/에이커	11	14	17	20	22	27
면화	파운드/에이커	201	273	505	581	747	814
대두	부셸/에이커	---	20	24	31	39	42
우유	100파운드/암소	38	50	83	127	188	212

자료: USDA(2014), National Agricultural Statistics Service.

5.2 기술진보

위와 같은 농업 생산성증가의 원동력은 과학기술의 진보라 할 수 있다. 기술진

보는 농업용 기계장비, 농화학 즉 비료와 농약 등 그리고 종자개량과 가축육종을 비롯한 유전학과 같은 여러 영역에서 이루어졌다. 유용한 기계들이 농업생산의 모든 단계에서 이용되고 농업용 최신장비는 생산과정을 보다 잘 관리하고, 농약과 비료를 비롯한 농업용 화학물품을 보다 잘 적용하도록 하는 전자정보기술을 응용한다.

과학기술은 거의 모든 유형에서 진보했다. 새로운 변형품종은 점점 더 유전자조작에 의존한다. 유전자조작생물(genetically modified organism, GMO)은 미국의 밭작물에서 널리 사용되었다. 콩 경작지의 약 90%, 목화재배지의 65%, 옥수수 재배지의 40%가 제초제나 해충 저항성 GMO를 재배한다. 농가는 효과적이거나 비용이 적게 들고 화학제품의 사용을 줄이므로 GMO를 택한다. 미국에서 가장 보편적으로 사용되는 GMO는 생산비를 낮추는 '투입물 특성'을 가지지만 다른 GMO는 비타민 A를 함유한 쌀이라든가 천천히 익는 과일과 같이 소비자들이 선호하는 '제품 특성'을 가진다. GMO는 환경이나 식품안전을 우려하는 논쟁을 일으킨다. 또한 소비자의 수용도 나라마다 다르다. 미국에서 판매되는 몇몇 GMO 작물들은 유럽에서는 판매가 승인되지 않는다. 그리고 유럽연합은 GMO를 원료로 사용하여 만든 모든 식품에 이를 표시하게 하고 미국은 GMO로 실질적으로 달라진 제품만 표시하게 한다.

기술혁신 대부분은 대학, 정부연구기관이나 재단과 같은 비영리부문의 연구자들 또는 종자, 화학품과 장비를 제조하는 기업들과 같은 투입물공급자들이 수행한다. 농가들은 기술혁신을 직접 담당하지는 않지만, 새로운 기술을 채택할 강한 유인이 있다. 개별 농가는 가격수용자들이므로 그들이 소득을 높이기 위한 방법은 비용을 줄이거나 생산을 늘릴 기술을 채택하는 것이다. 그러므로 농가들은 새로운 기술을 빠르게 채택해 왔다. 기술을 초기에 채택한 농가들은 일시적인 혜택만 거둔다. 비용절약 기술은 나중에 그 작물의 전체 생산량을 높이고 이는 가격과 초기 채택자들의 이윤을 내리며 늦은 채택자들로 하여금 새로운 기술을 채택하게 한다.

이런 과정에서 미국의 농가들은 매우 진취적이며, 이런 과정을 통한 생산성증가는 농산물의 가격하락을 가져으며, 그 이익은 소비자들에게로 이전된다. [그림 10-1]에서 보듯이, 미국 노동성이 발표한 자료에 따르면, 식품의 실질소매가격은 지난 64년간 거의 변하지 않았지만 1948~2012년 기간 중 농가가 출하한 농산물의 실질가격은 절반정도로 하락한 것으로 나타났다.

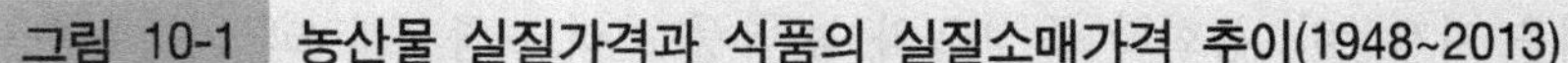
그림 10-1 농산물 실질가격과 식품의 실질소매가격 추이(1948~2013)

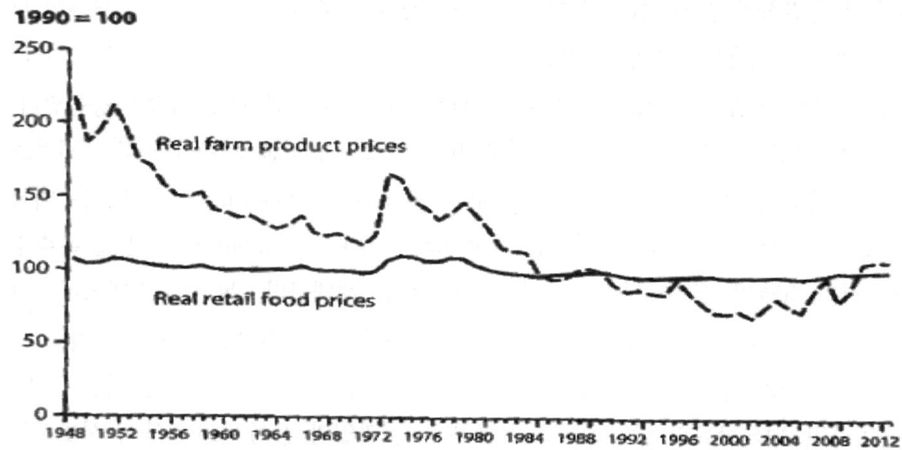

자료: Bureau of Labor Statistics, Producer Price Index for Farm Products.
Bureau of Labor Statistics, Consumer Price Index(CPI) for Food.

5.3 정부정책

연방정부의 농업 프로그램들은 농업관련 과학연구와 연구성과의 전파를 지원하고, 농작물에 대한 해충과 질병을 찾아서 제거하는 일을 도와주며 시장정보를 파악하여 전파하는 것으로 요약된다. 그러나 농업에 대한 정부지원의 대부분은 농가에 대한 소득지원과 농가를 금융적 위험으로부터 보호하는 정책을 통하여 이루어진다. 이에 관한 세 가지 주요 프로그램은 ① 작물생산보험, ② 품목별 프로그램, ③ 보존지불 프로그램이다.

첫째, 작물생산보험(Crop Insurance)이다. 농민들은 작물의 수확이나 판매소득이 일정수준 이하로 떨어지면 보상해주는 보험증권을 구매한다. 이 보험증권은 민간보험회사들이 판매하지만, 미국농무부가 농가의 보험료와 보험회사의 관리운영비(A&O expenses)를 보조하고 보험회사의 인수 이익 및 손실을 공동으로 떠맡는다. 2012년의 경우 보험료 보조금이 71.5억 달러였으며, A&O보조금은 13.8억 달러에 달하였다.

둘째, 품목별 프로그램(Commodity Programs)이다. 연방정부 지원방식은 서로 다르지만, 옥수수, 면화, 쌀, 콩, 밀 등 밭작물에 직접 지원되는 보조금을 1930

년대부터 농가에 제공하여 왔다. 품목별 보조금 프로그램 지급액은 2012년 69.3억 달러였다.

셋째, 미국농무부의 일부 보존 프로그램(Conservation Programs)은 농업생산 토지에 대한 보존관행을 채택하거나 설치하거나 유지하는 농가에 대하여 금융지원을 제공한다. 또 보존준비 프로그램(Conservation Reserve Program)은 토양침식과 수질오염을 저감시키기 위하여 일정유형의 토지에서는 농사를 짓지 않도록 농가에 지원한다. 이들 보존을 위하여 2012년 중 농민에게 37억 달러를 지급했다.

제 11 장

석유산업

세계석유시장은 오랜 기간 동안 수직으로 통합된 국제 석유 메이저기업들에게 지배되었으나, 1970년대를 포함한 10년 남짓한 기간에는 OPEC 회원국들이 세계시장을 지배했다. 경제적 국제정치적 요소들이 세계석유시장과 미국내 석유시장의 수급과 가격을 결정해 왔다.

세계석유시장은 OPEC 회원국들, 국제 석유메이저기업들, 새로운 공급국들과 독립 석유기업의 행동들을 반영할 것이다. 이런 다양한 형태의 기업들과 국가들은 때로는 공모하고 때로는 경쟁할 것이다[1].

1. 세계석유시장의 구조

1.1 석유산업의 특성

석유산업(petroleum industry)은 원유생산, 정유, 원유와 석유제품의 판매와 운송이 수직적으로 관련된 네 단계로 구성된다. 생산은 지하 매장지로부터 석유와 가스를 탐사하고 추출한다. 매장지가 지표에 가까우면 석유가 땅 위로 스스로 스며오를 수도 있고, 어떤 곳에서는 아주 너른 지역에 여러 개의 시추공을 깊게 박아야만 한두 개의 유정에서 원유를 발견할 수도 있다. 해안에서 수마일 떨어진 바다에 높은 비용이 드는 해상구조물을 설치하여 넓게 시추해야 할 수도 있다. 정유

1) Martin(2016)과 북미지역경제(2011)의 제8장 내용을 근간으로 최근의 산업동향과 데이터를 반영하여 새롭게 작성하였다.

는 석유코크스로부터 경유와 자동차 휘발유 그리고 항공유에 이르는 정제품을 제조하며, 도소매 판매는 이런 제품들을 소비자에게 판매한다. 운송은 파이프라인, 유조선, 트럭을 이용하여 원유를 정유소로, 그리고 정유제품을 정유소에서 판매지로 이동시킨다.

이 네 단계를 각각 독립적인 기업들이 공급할 수 있으며 어떤 지역에서는 그렇게 하는 경우도 있다. 그러나 석유산업의 역사는 대부분의 경우 기업들이 네 단계가 하나로 수직통합하고 생산에서 유통까지의 전 과정을 운영하는 흐름이었다. 이러한 수직통합은 산업의 구조와 성과의 결정짓는 데에 중요한 역할을 해왔다.

1.2 석유 메이저기업

1950년대 이후 10여 년 동안 세계석유시장은 8개의 석유 메이저기업들(oil majors)이[2] 지배하였다. 5개는 미국기업이었으며 그 중 Exxon, Mobil, Chevron 등 3 기업은 록펠러의 Standard Oil Trust를 여러 개의 회사들로 분할한 1911년 독점금지 결정의 생존자들이고, 나머지 둘은 Texaco와 Gulf였다. 다른 둘은 British Petroleum(BP)과 Royal Dutch/Shell로 BP는 영국정부가 지분의 반을 소유하고 있었다. 나머지 하나는 프랑스의 Compagnie Française des Pétroles(CFP, 후일 Total)로 프랑스 정부가 지분의 25%를 소유하였다. 이 정부소유 기업들은 전략적으로 중요한 자원인 석유는 민간기업들에게만 맡기기에는 너무 중요하다는 정부의 신념을 나타내는 예였다.

1950년의 경우 이 8개 기업이 북미와 공산진영을 제외한 세계원유생산의 100%를 점유하였다. 20년 뒤에도 이들의 점유율은 80% 이상을 유지하였다. 이런 점유율의 근거는 수직통합된 메이저기업들이 세계에서 가장 풍부한 중동지역 유전을 개발하는 기업들을 나누어 소유하는 합작기업 체계에 있었다.

이런 합작의 연결망은 각기 국가안보를 이유로 자국기업들의 원유자원 접근을 확고히 하려는 석유메이저기업 본국 정부의 지원으로 이루어졌다. 미국정부는 1948년 사우디아라비아의 석유를 생산하기 위해 Aramco(Arabian-American Oil Company)를 Exxon, Texaco, Chevron, Mobil의 합작회사로 재편하는 데에 큰 역할을 하였다. 1953년 미국은 이란의 팔레비(Muhammad Rida Pahlevi)

2) 서방국가에 본사를 두고 대규모 자본을 근거로 하여 원유생산 정유 수송 판매 등을 수직으로 통합하고 있는 주요 국제석유회사(major oil companies)를 지칭한다.

국왕의 쿠데타를 도와 이란의 석유국유화를 되돌리며 석유생산공동체에 미국기업들이 참여하게 하였다.

중동의 합작기업들은 서로 정보를 공유하고 공동이익을 위해 생산제한을 보장하는 효과를 내는 규제 아래에서 운영되었다. 국제 석유메이저기업들이 수평과 수직적인 연결망에 참여하여 세계석유시장은 경쟁시장이 아니라 유전개발, 마케팅노력, 상품성 개발로 나타나는 몇몇 기업의 과점시장으로 작동하였다. 이 메이저기업들의 번창은 원유 매장지에 대한 확실한 접근에 달려 있었다. 그러나 메이저기업들은 세계 여러 지역의 매장지에서 생산할 수 있는 원유생산면허, 본국 정부로부터의 굳건한 정치적 지원, 그리고 최종 소비자들에게 유통하는 경로들에 대한 지배를 갖추고 있었기 때문에, 고품질의 원유매장이 있는 산유국 정부들의 압력에도 큰 부담을 받지 않았다.

1.3 미국의 석유수입 정책

석유 메이저기업들은 세계석유시장과 하위시장인 미국석유시장의 공급을 함께 지배하였지만, 미국정부의 규제가 두 시장을 분리시켰다. 1930년대부터 1950년대까지 미국의 주정부들(특히 텍사스철도위원회)이 석유생산을 통제함으로써 미국시장의 원유가격은 인위적으로 높은 수준에서 유지되었고, 높은 미국내 가격은 값싼 외국 원유의 수입을 촉진하여 1948년 미국은 석유의 순수입국이 되었다.

1950년 미국의회는 석유회사들에게 적은 석유수입을 선호함을 표명하였다. 미국 내 석유생산자들이 미국원유의 가격을 올리고 석탄산업은 원유수입에 대한 쿼터설정을 주장하게 되자, 1954년과 1958년에 정부는 원유에 대한 수입자율규제를 설정하였지만 수입억제 효과가 없자, 미국정부는 1959년에는 강제적인 수입할당(import quota)을 부과하였다.

석유수입할당이 국가안보라는 근거로 정당화되었을지라도, 국내에서 인위적으로 유지되는 높은 석유가격은 고비용인 미국원유의 생산을 북돋우고 미국에 매장된 원유자원의 소모를 빠르게 하고 세계 다른 지역에 매장된 저비용 원유매장을 보존케 하는 효과를 가져왔다.

1.4 독립기업과 공급증대

세계석유시장에서 메이저기업들의 시장지배는 이윤을 추구하는 새로운 기업들의 시장진입을 불러일으켰다. 1950년대 중반부터 1973년까지 새로운 기업들이 시장에 진입하였으며, 석유시장이 메이저기업들의 지배로부터 산유국 정부가 지배하는 시장으로 옮겨가게 했다.

첫 단계는 1954년 미국정부가 메이저기업들에게 9개의 독립 석유기업도 참여할 수 있게 한 이란의 원유생산 컨소시엄 설립이었다. 중동지역에서 발판을 마련한 독립 석유기업들은 그들의 역할을 넓히려 하였다. 메이저기업들이 생산확대 압력에 대응하여 생산국을 옮기면서 나라와 나라를 저울질하였던 것처럼, 이제는 산유국들이 독립 석유기업들과 메이저기업들을 저울질하는 선택권을 갖게 되었다. 1956년 리비아 정부는 17개 기업에게 석유생산 면허를 주었으며, 이제 독립 석유기업들은 리비아 생산의 반을 차지하고 독립 석유기업들의 정유품은 점차 유럽시장으로 나갈 길을 찾게 되었다.

이란 등에서 석유공급을 추구하였던 이탈리아 국립석유기업 ENI(Ente Nazionale Idrocarburi)도 드디어 소련에서 석유공급을 할 수 있게 되고 1959년 이후 러시아 석유정유품들이 독립기업 제품들과 함께 세계시장에 나서게 되었다. 독립기업의 증가와 그들의 석유생산 증가는 세계석유시장에서 공급과잉을 가져왔으며, 그 결과 메이저기업들도 어쩔 수 없는 가격인하압력을 받아 실제 거래가격은 하락하고 있었다.

2. OPEC의 세계시장 지배

2.1 OPEC과 산유국 조치

실제 거래가격의 하락에도 불구하고, 산유국 정부들은 거래가격과는 상당히 동떨어진 (높은) 공시가격(posted price)을 기준으로 세금을 거두었다. 과거 높았던 공시가격에 근거한 세금의 부과는 석유판매이윤의 더 많은 부분을 산유국 정부가 가져가게 됨을 의미한다.

이런 상황에서 1960년 8월 Exxon이 공시가격을 내리고 다른 메이저기업들도 이에 동조하였다. 메이저기업들의 이런 행동은, 산유국의 관점에서 보면 조세수입의 일방적인 감소를 의미하므로, 사우디아라비아, 이란, 이라크, 쿠웨이트와 베네수엘라는 산유국의 경제적 이익 확보를 위하여 1960년 9월 석유수출국기구[3](Organization of Petroleum Exporting Countries, OPEC)를 결성하였으며, 그 후 13년 동안은 메이저기업들과 석유생산국 사이의 느슨한 과점이 형성되어 두 세력은 다툼을 계속하였다.

큰 변화는 독립기업들과 리비아 혁명정부의 상호작용으로 초래되었다. 1969년 집권한 리비아 혁명정부는 석유면허의 조건들을 재교섭하고 1970년 독립기업들은 리비아의 높은 가격과 높은 세율의 요구에 동의했는데, 이는 여타 석유생산국들을 자극하였다. 1971년 석유기업들은 이란정부의 높은 가격 요구에 동의하고 리비아에서 메이저기업들도 그들의 계약조건을 개정하였다. 1971년 알제리는 알제리 원유매장에 대한 프랑스 소유지분 51%를 국유화하고, 이라크도 1972년 이라크 석유회사를 국유화하고, Aramco는 오랜 협상 끝에 면허의 25%를 사우디아라비아 정부에 넘기기로 하였다.

2.2 OPEC의 공급축소와 석유파동

① 1973년 중동전쟁과 제1차 석유파동

1970년대에 들어 선진공업국가들의 석유수요가 증가하였다. 1973년 북미, 서유럽 및 일본에서 동시 호황으로 석유에 대한 수요가 최고에 이르렀다. 그리고 원유의 공급은 저생산비용의 중동지역에 점점 집중되어 갔다. 매장원유의 탐사와 개발은 오랜 시간이 걸리고, 특히 바다나 혹독한 기후 속에 있을 때는 더욱 그러했다. 비OPEC 공급자들의 공급은 단기적으로는 적었고, 생산비용은 중동산유국들보다 상당히 높았다.

1973년 10월 이집트-이스라엘 전쟁 즉 제1차 중동전쟁에서 서방국가들이 이스라엘을 지원하자, 아랍산유국들은 석유생산을 줄이고 서방국가들에 대한 석유공급을 중단(oil embargo)하였다. 산유국들이 메이저기업들에게 원유공급을 줄이고 메이저기업들이 독립기업들에 대한 공급을 줄이게 되자, 생존여부가 위협받게 된 독립기업들은 장기계약에 묶이지 않은 시장 즉 현물시장(spot market)으로 관심을

---

3) 그 후 1975년까지 카타르, 인도네시아, 리비아, UAE, 알제리, 나이지리아, 에콰도르, 가봉 등이 가입하였다가, 1990년 이후 에콰도르, 가봉, 인도네시아가 탈퇴함으로써, 현재에는 10개 회원국으로 구성되어 있으며, 오스트리아 빈에 본부를 두고 있다.

돌렸다. 독립기업들이 현물시장의 가격을 높이고 이에 따라 OPEC의 공식 가격도 곧 높아졌다. 그 결과 1973~1974년에는 공식원유가격이 3~4배 높아졌다.

OPEC의 1974년 석유 판매수익은 1972년의 6배로 증가하고, 미국의 실질 GNP는 1972년 5.2% 성장에서 1973년에는 0.5% 감소하고(-0.5% 성장) 1974년에는 1.3% 감소(-1.3% 성장)하였다. 소위 제1차 석유파동(oil shock)이 발생했다.

② 1979년 이란회교 혁명과 제2차 석유파동

원유생산의 지배력이 종전의 메이저기업에서 산유국으로 옮겨가기는 했지만, 제1차 석유파동 이후 석유의 소비감소와 여타지역에서의 석유생산증가 같은 구조변화가 일어나지 않았다. 1974~1975년에는 주요 선진국의 석유수요가 조금 감소하였지만 1978년에는 다시 최고조로 높아졌고 미국 등 주요 선진국의 수입원유 점유율과 OPEC원유의 점유율도 1977년에 최고조에 이르렀으며 1973년보다 높은 수준을 유지했다.

국제석유가격급등에도 불구하고, 세계원유생산에서 OPEC의 점유율은 조금 낮아지는 데에 그쳤다. 새로운 석유 매장지역을 개발하고 에너지를 절약하는 주거용 및 산업용 설비를 설치하는 데에 드는 시간 때문에, 1979년 이란혁명 즉 제2차 석유위기를 맞이하던 때의 석유시장(수요 공급) 여건은 1973년 이집트-이스라엘 전쟁 때와 마찬가지였다. 즉 석유수요는 감소하지 않았고 석유공급은 중동에 집중되었으며, 그리고 서방세계의 석유공급 여력은 부족하였다. 산유국과 메이저기업들로부터 안정적으로 원유를 공급받지 못하는 독립기업들은 현물시장으로 달려가고 석유 가격은 다시 2배로 높아졌다.

이란은 1979년 2월 팔레비 국왕을 축출하고 회교지도자인 아야톨라 호메이니(Ayatollah Khomeini)의 지도를 받는 이슬람 정부를 수립하였는바[4], 소위 이란 회교혁명에 성공하였다. 특히 혁명과정에서 이란 대학생들의 테헤란 주재 미국 대

---

4) 팔레비 국왕은 1950년대 집권 이래 장기간 독재정치를 지속했으며 친미적 성향의 서구화 개혁 등을 강압적으로 추구하여 빈부격차 등 실정이 노출되어 1978년 이후 이란 대학생들을 중심으로 하는 데모가 이란 회교혁명으로 발전하였다. 프랑스 대혁명과 러시아의 볼셰비키 혁명이 왕정을 타파하고 각각 민주주의 공화국과 사회주의 국가 건설을 가져온 것과는 달리, 이란 혁명은 팔레비 왕정을 전복하고 종교지도자의 지도를 받는 신권을 중시하는 정부를 세웠다는 점에서 독특한 의미를 가진다. 이후 이란 정부는 오랜 기간 동안 반서구적, 반미적 자세를 견지함으로써 미국 등 서구와 대립적 관계는 물론 국제 석유수급과 중동의 정치안정에서 큰 걸림돌이 되어왔다.

사관 침입과 대사관 직원의 인질사태 및 미국의 인질구출작전 실패 등으로 인한 미국-이란 관계의 악화는 국제원유가격 급등과 함께 미국의 국제적 위상저하와 카터 대통령의 재선 실패, 유가 폭등과 그에 따른 세계경제 침체 등의 긴 파장을 남겼다. 소위 제2차 석유파동의 큰 충격이 야기되었다.

2.3 비OPEC의 생산증가

제2차 석유파동에 대한 주요국의 대응은 제1차 때와는 달랐다. 수요측면에서 GDP당 에너지 사용량(에너지 집약도)은 제1차 석유파동 기간 중에는 비슷한 수준을 유지하였으나, 제2차 석유위기 이후에는 에너지 집약도가 일본과 유럽에서 소폭 낮아지고 미국에서는 큰 폭으로 낮아졌다. 에너지 가격상승과 에너지 소비로 인한 환경오염 등의 문제로 에너지사용의 효율성을 높이려는 노력이 강화되었으며 그 결과 1980년대에는 에너지와 석유의 수요가 감소하였다.

원유의 생산은 OPEC이외 국가 특히 중동 이외의 지역에서 크게 증가하였다. 미국의 원유생산은 1970년에 피크를 이룬 뒤 줄곧 낮아졌지만, 영국과 노르웨이의 북해유전의 생산증대로 서유럽의 생산은 뚜렷이 증가했다. 북해 석유생산은 1990년대 중반 고점에 이르고 그 후 줄어들었지만 천연가스의 중요 산지로서의 위치를 유지하였다. 이 기간에 중남미의 석유공급도 높아졌다. 베네수엘라는 OPEC 회원국이지만 석유매장량이 증가했으며 나아가 정유와 주유소 판매망을 적극적으로 확보하였다. 페루, 콜롬비아, 멕시코 등 다른 중남미 나라들도 석유산업을 확대했다. 중국과 아프리카 국가들을 비롯한 제3세계의 원유생산도 증가하였다. 옛 소련 지역에서도 석유생산을 늘렸다. 석유 메이저기업들은 불확실한 정치적, 법적 환경에서도 특히 중앙아시아 옛 소련의 공화국에서 석유개발을 추진하고 있다.

후진국들의 석유공급도 늘어나는데, 어느 정도는 경제적 고려에서보다 정치적 고려에서 나온 것이다. 이는 석유 메이저기업들과 후진국들 사이의 합치된 이해관계를 반영한다. OPEC회원국들의 석유국유화로 중동 유전지에서 물러난 메이저기업들은 OPEC영역 밖에서 새로운 석유매장지를 찾고 있었다. 그리고 후진국들은 외국원유 수입의존으로 고통 받았던 쓰라린 경험과 정치적인 이유 때문에, 설령 생산비용이 현물가격보다 높을지라도 국내석유개발을 도모하곤 하였다.

메이저기업들의 오랜 세계석유시장 지배가 독립기업들의 진입과 확대를 가져왔듯이 OPEC의 지배는 새로운 원유생산지를 개발하게 했다. 독립기업들의 진입은

메이저기업들의 자원 원천을 줄이고, 이에 메이저기업들은 새로운 석유공급을 추구하였다. 새로운 석유생산국들의 등장은 OPEC 회원국들의 지배력을 떨어뜨렸으며, 이에 OPEC 회원국들은 새로운 석유판로를 확보하려 했다. 그 결과 OPEC 회원국들과 석유기업들이 다시 수직통합을 도모하며 석유산업의 모든 영역에서 수평적 집중도가 낮아졌다.

아래 [그림 11-1]에서 보는 바와 같이, 세계원유생산에서 OPEC이 차지하는 비중은 제1차 석유파동 이후 1979년까지 단지 5%정도만 하락했지만 제2차 석유파동 기간에는 약 20%이상 크게 하락하였다. 1970년대 초 최고 약 54%에 달하였던 OPEC의 비중은 1980년대 초 30%로 까지 하락하였으며, 그 후 OPEC의 원유증산에도 불구하고 OPEC의 비중은 40% 초반수준에 머물렀다. 즉 비OPEC의 비중이 60%수준으로 크게 높아졌음을 의미한다.

그러나 아래 〈표 11-1〉에서 보는 바와 같이 중동원유의 생산비용에 비하여 여타 지역의 생산비가 워낙 높아 장기간 저유가가 지속될 경우 한계적인 상황에서 채굴하는 지역의 원유생산은 감소하지 않을 수 없었다. 북해, 러시아, 멕시코 만 지역 및 셰일원유의 경우 생산비가 높아 원유생산 및 탐사의 중단 등을 고려할 가능성이 높다 할 수 있다.

그림 11-1 세계원유 생산의 비중

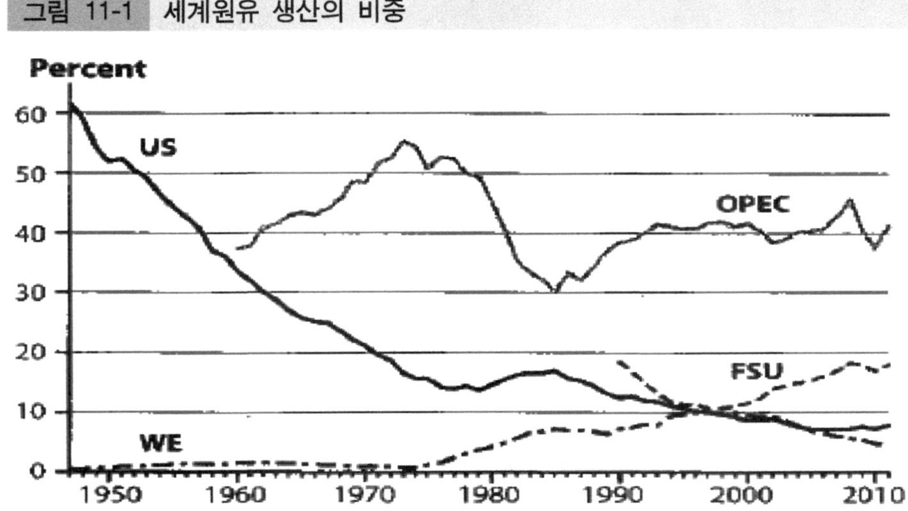

자료: American Petroleum Institute (2014, Section IV, Table 1, Section XIV, Table 2).

표 11-1 석유 및 천연가스의 생산비용(2007~2009)

(단위: 배럴당 2009년 달러)

지 역	채굴비용	탐사비용	총비용
중동	9.89	6.99	16.88
캐나다	12.69	12.07	24.76
중남미	6.21	20.43	26.64
아프리카	10.31	35.01	45.32
미국 육지	12.73	18.65	31.38
미국 해양	10.09	41.51	51.60

자료: U.S. Energy Information Administration, (http://www.eia.gov/tools/faqs/faq.cfm?id=367&t=6).

〈표 11-2〉에 제시된 지역별 세계 원유생산 비중의 변화를 보면, 제1차 석유파동 이후 약 40년간의 미국과 중동지역의 비중이 크게 하락한 반면 아시아 중남미 아프리카 등의 비중은 상승하였다. 주요 OPEC 회원국들이 위치한 중동의 비중은 30.9%로 40년 전에 비하여 8%포인트나 하락하였으며, 미국도 약 7%포인트 하락했다[5].

표 11-2 국가·지역별 원유생산 및 정유제품 수요

(단위: 백만 배럴(비중, %))

지 역	원유생산			정유제품 수요
	1974년	1990년	2012년	2012년
미국	3,203 (15.6)	2,685 (12.4)	2,375 (8.7)	6,767 (21.1)
유럽	–	1,553 (7.1)	1,135 (4.2)	5,272 (16.5)
중남미	1,789 (8.7)	2,487 (11.5)	3,461 (12.7)	3,152 (9.8)
아시아	816 (4.0)	2,262 (10.4)	2,763 (10.1)	10,900 (34.0)
아프리카	1,990 (9.7)	2,174 (10.0)	3,175 (11.6)	1,289 (4.0)
중동	7,987 (38.9)	5,997 (27.7)	8,442 (30.9)	3,058 (9.5)
계	20,538 (100)	21,664 (100)	27,311 (100)	32,050 (100)

자료: American Petroleum Institute(2014), *Basic Petroleum Data Book*, 34(1) (February 2014), Section 4, Table 1, Section 7, Table 1.

5) 미국 에너지정보청(EIA)의 최근 자료에 따르면, 2014년 이후 셰일오일 등의 생산증가를 반영하여, 2015년 경우 미국은 사우디아라비아와 러시아를 넘어서 세계최대 원유생산국으로 올라선 것으로 보고되었다.

2012년 기준 지역별 정유제품 수요를 보면, 경제성장이 왕성한 중국과 인도와 같은 개도국들의 석유소비 증가를 반영하여 아시아 지역의 세계비중이 34%를 넘어섰으며, 미국은 1개 국가이지만 그 비중이 21% 넘는 수준을 나타내었다. 유럽이 16.5%로서 큰 비중을 보였다.

그림 11-2 미국의 정제 석유제품 수요

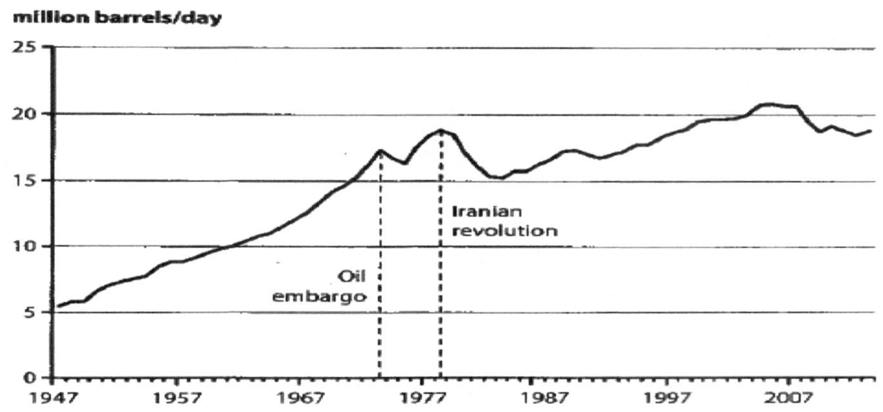

자료: American Petroleum Institute (2014, Section VII, Table 2).

표 11-3 주요국의 확인 원유 매장량 추정치

(단위: 10억 배럴)

순위	국가	2002년	2012년
1	베네수엘라	77.7	297.6
2	사우디아라비아	259.3	265.4
3	캐나다	–	173.1
4	이란	89.7	154.6
5	이라크	112.5	141.4
6	구 소련	57.0	118.9
7	쿠웨이트	94.0	101.5
8	UAE	97.8	97.8
9	리비아	29.5	48.0
10	나이지리아	24.0	37.2
11	카타르	15.2	25.4
12	중국	24.0	23.7
–	세계	1,032.0	1,637.0

자료: American Petroleum Institute (2014, Section 2, Table 4).

주요국의 확인된 원유매장량 수준은 〈표 11-3〉에서 보는 바와 같이 베네수엘라, 사우디아라비아, 캐나다 순으로 나타났다. 다만 매장량 통계는 탐사노력과 탐사기술 등에 따라 크게 변할 수 있으며, 특히 최근 크게 주목받고 있는 셰일원유 등의 매장에 관한 정확한 데이터를 파악하기 어려운 측면이 상존하고 있다.

3. 시장행동과 세계원유가격

3.1 석유기업들의 합병과 통합

OPEC의 결성과 두 차례의 석유파동을 겪는 과정에서 석유 메이저기업들은 서로 합병하고 구조조정을 통하여 비용을 줄이려 했다. 1970년대 국유화의 산물인 산유국의 국영석유기업들이 생산에서부터 정유와 유통으로 통합하며 모든 수직 영역에서 메이저기업들과 경쟁하게 되었다.

OPEC 초기에 석유산업을 국유화한 많은 산유국들이 메이저기업들로 하여금 신중히 통제된 조건으로 되돌아와 새로운 매장지를 개발하도록 허용하였다. 기본적인 의미에서 세계석유시장의 구조는 OPEC 시대 이전으로 돌아가고 있다. 그러나 그때보다 시장참여자들이 더 많아졌다.

미국의 국내 정유와 유통시장에 원유를 공급하는 기업들도 전형적으로 생산에서 소매 유통까지 수직으로 통합되어 있다. 지역시장의 집중도는 도매보다는 소매부문에서 낮은 편이다. 휘발유 소매가격의 변동은 대체로 원유가격 변동에 따라 결정된다.

1990년대 석유기업들의 합병 물결은 미국 국내 정유시장의 시장집중도를 높였다. 1990년대 말 합병 물결로 생겨난 기업들은 절대적으로는 크지만 시장의 크기에 비해서는 작다. 가장 큰 합병인 Mobil과 Exxon은 세계 원유생산의 4%를 공급한다. 국영기업들과의 경쟁을 고려한다면, 미국 석유부문 사기업들의 합병이 세계석유시장의 성과를 악화시키지는 않는다.

3.2 OPEC의 시장지배력

세계석유시장에서 사우디아라비아는 매장량과 생산량 그리고 생산비의 관점에서 시장지배적 공급자의 위치에 있다. 사우디아라비아는 확인된 세계 원유매장량

의 약 20%를 보유하며, 사우디아라비아의 원유 배럴당 생산비용은 세계에서 가장 낮은 것으로 알려져 있다. 그러나 사우디아라비아가 가격을 올리면 다른 생산자들이 생산을 늘리면서 사우디아라비아의 점유율은 낮아질 것이므로 이 나라가 세계시장을 좌지우지하지는 못한다. 시장지배력이 높지 않다는 의미이다.

주요 석유생산국들의 모임인 OPEC이 한 그룹으로 담합하여 세계석유가격을 올릴 수는 있는가? 그러나 이 역시 OPEC이 원유가격을 올리면 비OPEC산유국들이 생산을 늘리면서 OPEC의 시장점유율은 낮아지므로 원유가격을 높이 유지하기가 어려워진다. 1973년 제1차 석유파동 이후 12~15년간은 OPEC이 어느 정도 그렇게 할 수 있었다. 세계 원유생산에서 OPEC의 점유율은 1973년부터 1979년 사이에 매우 느리게 낮아졌다. 그러다가 1980년대에는 OPEC의 점유율이 크게 낮아져 1985년에는 30%로까지 낮아졌다. OPEC이 낮은 가격으로 OPEC의 시장점유율을 높이면서 21세기 들어서는 40% 수준으로 높아지고 그 수준에 머물렀다. 그러다가 2007년 이후 국제유가의 급격한 상승은 다시 OPEC의 점유율을 크게 낮추었다.

3.3 OPEC 회원국의 상호작용과 국제유가

① OPEC 회원국 사이의 단결력

과점시장에서 지배적 기업 또는 지배적 그룹의 행동 분석에서는 과점적 상호작용(oligopolistic mutual interdependence)이 중요하다. OPEC 회원국들에게 있어 원유가격이 생산비용보다 높을 때에는 이들은 원유가격을 유지하면서 생산량을 늘려 수익을 증대시키려는 유인을 갖게 된다. 여타 카르텔과 마찬가지로 OPEC이 높은 가격을 유지하는데 성공하기 위해서는 전체 원유공급량의 억제와 이를 위한 국별 생산량 쿼터에 대한 합의가 제대로 지켜져야만 한다.

그러나 OPEC은 각 회원국들이 그들의 주요 자산인 매장원유를 가처분 소득(현금)으로 바꾸려는 긴급성의 차이 때문에 그 합의를 고수하는데 어려움을 겪어왔다. 사우디아라비아, 쿠웨이트, 아랍에미리트(UAE) 같은 나라들은 인구가 적고 일인당 소득이 높으며, 그들의 거대한 원유매장량을 서서히 개발하여 장래에 석유판매수익을 거둘 것을 확신하는 여유가 있다.

반면 인도네시아, 나이지리아와 알제리 같이 인구가 많고 일인당 소득이 낮으며 원유매장량도 작은 국가들은 단기 석유판매수익을 극대화하여 빠른 경제발전을 하려는 바램을 가지고 있다. 각국의 국내 정치적 압력도 이런 경제적 유인을 강화한다. 따라서 OPEC회원국들이 단결하여 시장지배력을 행사하는데도 어려움이 크다.

② OPEC 할당량 미준수: 장기간 저유가 지속

1985년까지 대부분 사우디아라비아의 강력한 생산량 감축으로 인해 OPEC의 시장점유율은 30%로 낮아졌다. 사우디아라비아는 하루 약 440만 배럴을 생산한다는 OPEC 할당량을 받았지만 실제로는 1985년 9월 250만 배럴만 생산했다. OPEC의 공식가격은 배럴당 28달러였지만 현물시장의 가격은 그 절반도 되지 않았다. 이때에 사우디아라비아는 원유가격을 소비국의 정유제품의 가격으로부터 역산하는 제도인 네트백방식 가격책정제도(netback pricing)를 도입하고, 다른 OPEC 회원국들도 이에 따르면서 원유가는 1986년 배럴당 6달러까지 내려갔다. 1986년 OPEC 회원국들은 모두가 지키지 않던 생산 할당량의 준수를 다시 다짐하였지만, 1980년대 초보다 낮은 가격에 머물렀다. 1980년대 중반 이후 배럴당 10~20달러대로 폭락한 국제유가는 1991년 제1차 걸프전쟁 기간을 제외하고는 1998년 초 까지 장기간 저유가를 지속하였으며, 이는 1990년대 세계경제 호황의 밑바탕으로 작용하였다.

1990년 이라크의 쿠웨이트 점령과 미국의 이라크 공격 즉 제1차 걸프 전쟁으로, 주요 산유국인 이라크와 쿠웨이트의 석유공급이 멈추며 가격급등을 초래했지만, 과잉생산능력을 갖춘 사우디아라비아의 증산으로 유가상승은 단기간에 그쳤다. 이라크가 철수한 뒤 중동의 산유국들은 원유생산능력을 높이려는 투자계획을 실행하고 사우디아라비아도 생산능력을 높였다. 그리고 OPEC의 효과 없는 담합이 이어졌다. 1997~1998년의 겨울은 온화하였고 아시아의 심각한 경기침체로 석유수요가 낮아지고 큰 폭의 원유재고가 쌓이면서 원유가격이 크게 내려가자 사우디아라비아가 OPEC 비회원국들에게 협조를 구했다.

그림 11-3 국제 석유가격 추이 (1970~2015)

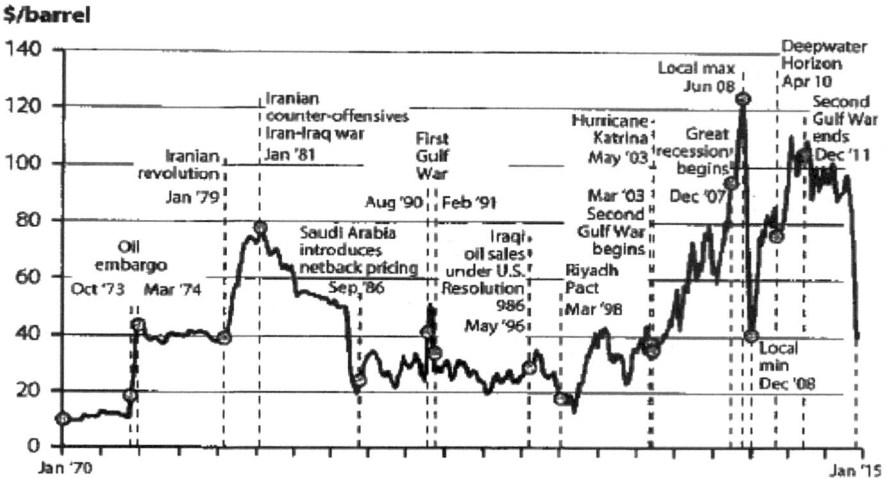

자료: James W. Brock, *The Structure of American Industry*, 13th edition(2016), p.35.

그림 11-3A 국제 원유가격 추이 (1861~2011)

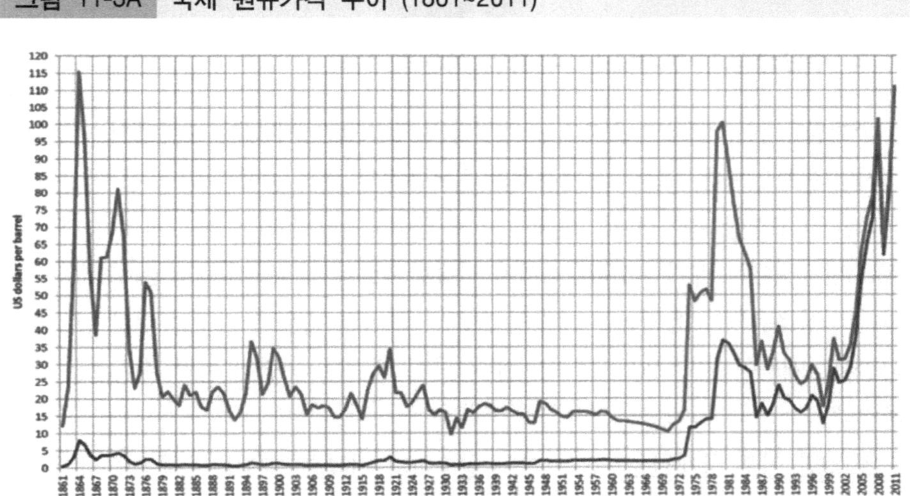

주: 위 선은 경상가격(배럴당 달러)이며 아래 선은 2011년 달러로 표시한 불변가격임
자료: Wikipedia, (www.wikipedia.org)

③ OPEC의 감산, 개도국의 수요증가와 제2차 걸프전쟁: 유가상승

1998년 3월 OPEC회원국인 사우디아라비아와 베네수엘라가 비회원국 멕시코와 하루 생산량을 150만 배럴(세계생산량의 약 2%)을 감축하기로 합의하고 나중에 추가적인 감축도 다른 회원국들과 비회원국들이 약속함으로써 원유가격은 1998년 말 배럴당 약 9달러에서 2000년 초 30달러를 넘으며 1년 사이에 3배로 상승했다.

2001년 9.11 테러에 따른 세계경제 침체로 국제유가는 단기간 하락하기도 하였으나, 중동과 베네수엘라 등 주요 산유국에서의 지정학적 불안요인으로 국제유가는 급상승하기 시작하였다. 2003년 이라크의 핵무기개발 의혹과 미국의 이라크 공격으로 발생한 제2차 걸프전쟁은 세계석유시장에 제1차 때만큼 근본적인 충격을 주었다. 베네수엘라의 지속적인 불안정도 석유시장을 불안정하게 하였다.

2000년대 들어 원유가격이 지속적으로 상승한 것은 근본적으로 세계에너지 수요가 크게 증가하였기 때문이다. 특히 중국과 인도 등 아시아 개도국들의 석유수요가 폭발적으로 증가하였다. 〈표 11-2〉에서 보듯이 석유제품에 대한 아시아의 수요는 1970년에는 세계수요의 13.5%였으나 2012년에는 34%로 2.5배 수준으로 높아졌다.

④ 수요급증과 투기요소: 유가의 폭등과 폭락

국제원유가는 2004년 초까지도 배럴당 30달러를 넘지 않는 수준에서 안정적인 움직임을 보였으나, 그 후 세계경제의 회복움직임 특히 중국과 인도 등 아시아 신흥국들의 고성장 속에서 세계원유수요가 급증하면서 유가는 빠르게 상승하였다. 2008년 7월에는 배럴당 130달러까지 상승함으로써 세계경제를 긴장시켰으나, 이러한 사상초유의 고유가는 투기적인 요소가 가미된 매우 단기적인 현상으로 평가되면서 4개월이 지난 2008년 12월에는 다시 배럴당 40달러 이하 수준으로 폭락하였다.

2009년 이후 국제원유가격은 다시 상승하기 시작하여 2012년에 배럴당 120달러 수준을 기록하였으며 2014년 9월까지도 100달러를 넘는 고유가를 지속하였으나, 2014년 10월 이후 폭락세를 보이면서 2015년 초에는 다시 50달러 아래로 내려간 후 50~60달러 수준에서 등락을 거듭하였다.

4. 미국의 원유생산과 수입

4.1 원유생산과 소비

2015년 미국의 원유생산은 34.4억 배럴(하루 986만 배럴)로 미국의 연간 원유 소비 71.3억 배럴(하루 1,953만 배럴)의 절반에 못 미치는 48.2%에 그쳤다. 원유 생산의 소비에 대한 비율은 제2차 석유파동시기인 1980년대 상반기에는 50%를 넘었으나 1980년대 중반 〈표 11-4〉에서 보듯이 이후 국제원유가격의 낮은 수준이 지속되면서 미국 내 원유생산이 급속히 감소하고 소비가 꾸준히 증가했음을 반영하여 그 비율이 20~30% 수준으로 하락하였다.

2010년대 셰일오일 등 비전통적 원유생산의 증가를 반영하여, 2015년의 경우 생산:소비의 비율이 48%를 기록하여 1980년대 하반기 수준을 회복하였다.

표 11-4 미국의 원유생산과 소비

(단위: 백만 배럴)

연도	생산 (A)	소비 (B)	수입 (C)	A/B (%)
1981	3,129	5,861	1,605	53.4
1983	3,171	5,559	1,215	57.0
1985	3,274	5,740	1,168	57.0
1987	3,047	6,082	1,706	50.1
1989	2,779	6,324	2,133	43.9
1991	2,707	6,100	2,111	44.3
1993	2,499	6,291	2,477	39.7
1995	2,394	6,469	2,639	37.1
1997	2,355	6,796	3,003	34.6
1999	2,147	7,125	3,187	30.1
2001	2,118	7,172	3,405	29.5
2003	2,062	7,312	3,528	28.2
2005	1,892	7,593	3,696	24.9
2007	1,853	7,548	3,661	24.5
2009	1,954	6,852	3,290	28.5
2011	2,061	6,892	3,261	29.9
2013	2,726	6,921	2,821	39.4
2015	3,437	7,129	2,687	48.2

자료: U.S. Energy Information Administration(2016).

① 원유소비와 생산

원유소비량은 국제 원유가격에 따른 대체에너지 소비에도 큰 영향을 받지만, 국내 생산활동과 소득증가 속도 및 기후적 요인에 따른 산업용, 차량용, 난방용 수요를 반영한다. 2008~2009년의 글로벌 금융위기시의 대폭적인 소비감소가 이를 잘 나타내고 있다. 금융위기 직전연도인 2007년의 경우 소비량이 75.5억 배럴에 달하여 1980년 초에 비하여 36%나 높은 수준을 보였으나, 2009년에는 2007년보다 10% 감소하였다.

미국의 원유생산은 제2차 석유파동 직후인 1985년의 경우 32.7억 배럴까지 증가하였으나 그 후 장기간 지속된 저유가 기간 중 꾸준히 감소하여 2007년에는 18.5억 배럴까지 낮아졌다. 2000년대 들어 국제원유가의 상승 움직임 속에서 함께 발전된 원유 생산기술이 활용됨으로써, 수압파쇄식 생산 등 비전통적 원유생산이 빠르게 증가하면서 2015년 연간 원유생산량은 34.4억 배럴을 기록하면서 석유파동 이전인 1972년 이래 최고수준을 나타냈다.

EIA의 통계에 의하면, 미국 원유생산에서 수압파쇄식 유정(hydraulically fractured wells)에서 생산되는 원유의 비중은 2010년의 경우 2% 수준이었으나,

그림 11-4 미국 원유생산 추이(1860-2015)

자료: U.S. Energy Information Adminstration, Today in Energy(March 15, 2016).

그림 11-5 원유와 기타액체 연료의 주요국 생산량 추이

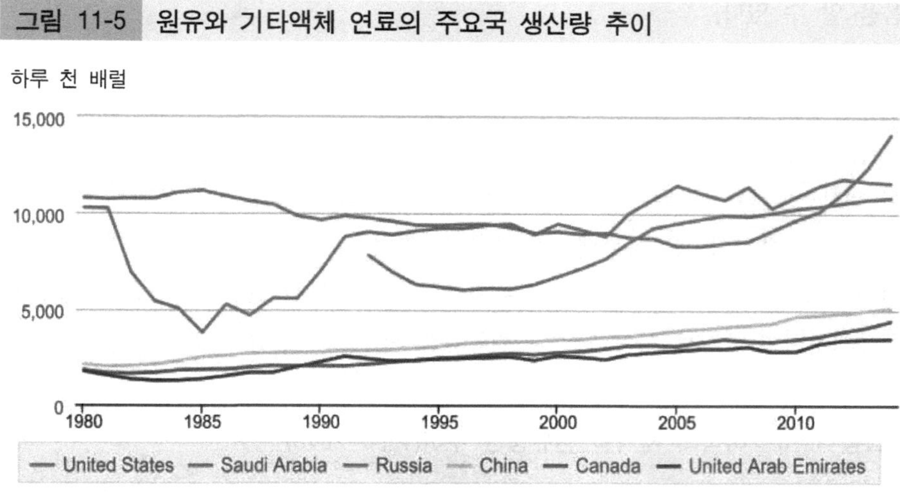

자료: U.S. Energy Information Adminstration(2016).

그 후 급증하여 2015년에는 51%를 넘어선 것으로 나타났다. 수압파쇄식 유정은 2000년의 경우 약 2.3만 개였으며 2015년까지 약 30만 개로 증가하였다. 이 방식의 원유생산지로는 텍사스의 Eagle Ford와 Permian Basin, 몬태나와 노스다코다의 Bakken과 Three Forks이다. 이러한 미국 내 원유생산 증가로 [그림 11-5]에서 보듯이 미국은 2014년 원유와 기타액체 연료 생산에서 사우디아라비아와 러시아를 제치고 세계 1위의 국가로 올라섰다.

② 미국내 지역별 원유생산

미국내 원유생산은 텍사스, 노스다코다, 캘리포니아, 알래스카 및 오클라호마, 뉴멕시코, 루이지애나 등의 주에서 주로 이루어지고 있다. 미국 최대 원유생산지역인 텍사스의 경우 2015년 하루 346만 배럴 수준의 원유를 생산하여, 미국 전체 원유생산의 약 37%를 점하였다. 텍사스 다음으로는 멕시코 만 해역(Federal Offshore Gulf of Mexico)으로 하루 150만 배럴 수준이며, 노스다코다와 캘리포니아 등의 순으로 원유를 생산하였다. 아래 [그림 11-6]에서 보는 바와 같이, 텍사스와 노스다코다의 생산량 급증은 이 지역에서의 수압파쇄식 원유 생산증가를 반영하는 것으로 해석된다. 반면 전통적으로 미국의 중요한 원유생산 지역이었던 캘리포니아와 알래스카의 경우 지난 20년간 꾸준히 생산량 감소추세를 보이고 있음을 알 수 있다.

텍사스에는 27개 정유공장이 있으며 10개 미국 석유회사 모두가 이 지역에서 정유공장을 운영한다. Exxon-Mobil, Conoco-Phillips, Valero Energy, Marathon Oil, Tesoro, Western Refining, Holy Frontier, Shell, CITCO 등이 텍사스에 본사를 두고 있다. 텍사스는 미국 안에서 가장 많은 유전을 보유하며 텍사스 내 유전지역은 동부텍사스, 북서 지역의 Permian Basin, 그리고 휴스턴 지역에 있다. 2010년 4월 미국 남부의 멕시코 만 해안에서 영국석유회사(BP)의 석유시추시설 폭발로 사상 최악의 원유유출 사고도 근접한 지역에서 일어났다[6].

그림 11-6 미국의 지역별 원유생산 추이(1980~2015)

(단위: 천 배럴)

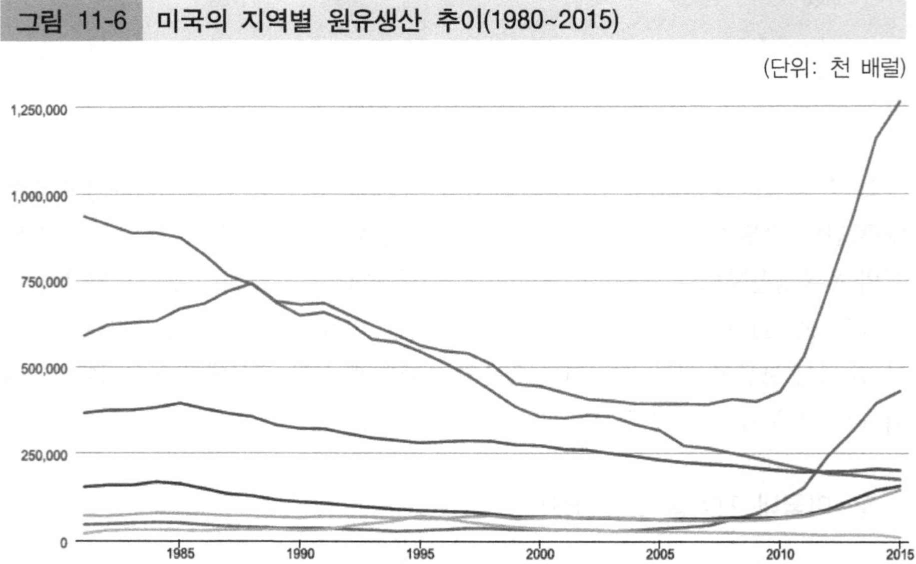

주: 2015년 기준 위로부터 순서대로 Texas, North Dakota, Mexican Gulf, California, Alaska, Oklahoma, New Mexico 임.
자료: U.S EIA(2016), *Petroleum Supply Annual*.

---

6) 방제작업이 어려움을 겪다가 5개월 만에 사고 유정의 완전밀봉에 성공하면서 일단락되었으며, 인류역사상 최악의 재앙으로 기록된 멕시코만 원유유출 사태는 막대한 경제적, 환경적 피해를 남겼으며, 미국정부는 490만 배럴의 원유가 유출되어 이 중 80만 배럴을 회수한 것으로 추산했다. 기름띠가 연안으로 밀려들면서 멕시코만 인근 루이지애나, 플로리다, 미시시피, 앨라배마의 4개 주가 어업 12억 달러, 석유업계 21억 달러, 관광업계 76억 달러 등 2010년에만 100억 달러의 경제적 피해를 입은 것으로 추산했으며, 환경 피해로는 이들 지역 늪지대와 연안오염으로 심각한 생태계 파괴가 우려되고 회복에 10년이 넘을 것으로 예상하였다.

4.2 원유수입

세계최대 석유소비국인 미국은 기본적으로 소비량만큼 원유를 생산하지 않으므로 부족한 양을 수입해왔다. 석유파동이 있기 전인 1972년까지만 해도 연 8억 배럴 수준이었으나, 1차 석유파동 이후 오히려 급속히 증가하여 1979년에는 24억 배럴로 증가하였다. 제2차 석유파동 직후인 1983년에는 12억 배럴로 감소하다가 그 후 국제유가의 하락안정국면 동안 꾸준히 증가하여 2007년에는 약 37억 배럴에 달하였다. 2007년 이후 배럴당 100달러를 넘어서는 고유가와 유가의 급변동이 지속되는 기간 동안 미국 내 원유생산 증가추세를 반영하여 미국의 원유수입은 다시 감소하는 추세를 보여 2015년에는 약 27억 배럴을 기록하였다(〈표 11-4〉 참조).

2015년의 원유수입 대상국 구조를 보면, 인접한 캐나다와 멕시코로부터 각각 11.0억 배럴(41.4%)과 2.5억 배럴(9.5%)을 수입하였다. 인접한 NAFTA회원국으로부터 절반이상을 도입한 셈이다. 그밖에 남미의 콜롬비아로부터 1.4억 배럴 등 총 16.6억 배럴(62.5%)을 비OPEC국가로부터 수입하였으며, 사우디아라비아 등 OPEC국가들로부터 10억 배럴(37.5%) 수입하는데 그쳤다. 과거에는 원유수입에서 중동산 원유에 크게 의존하였으나, 최근에는 중동산 원유의 비중이 크게 하락하였음을 보여주고 있다(〈표 11-5〉 참조).

표 11-5 미국의 원유수입 대상국 구조와 가격 (2015년)

구 분	수입량		수입액		수입가격
	백만 배럴	비중 %	10억 달러	비중 %	배럴당 달러
OPEC	998.7	37.5	50.2	39.9	50.3
사우디아라비아	394.1	14.8	20.4	16.2	51.8
베네수엘라	289.4	10.9	13.2	10.5	45.5
이라크	84.5	3.2	4.3	3.4	51.3
에콰도르	84.4	3.2	4.2	3.3	49.4
쿠웨이트	77.8	2.9	4.3	3.4	55.7
비OPEC	1,663.4	62.5	75.5	60.0	45.4
캐나다	1,098.2	41.2	46.9	37.2	42.7
멕시코	253.5	9.5	12.5	9.9	49.2
계	2,662.0	100.0	125.8	100.0	47.2

자료 : US Bureau of Census(2015), “U.S. International Trade in Goods and Services.”

5. 정부정책

5.1 스탠더드 석유회사 분할

미국의 독점금지정책 수립 과정에서 석유산업이 큰 영향을 미쳤다. 의회의 1890년 셔먼법(Sherman Act, Antitrust Act) 통과를 촉진한 것은 경쟁제한적인 전략적 행동을 통하여 시장지배력을 가진다고 생각되던 Standard Oil Trust를 미워하는 당시의 사회분위기라 할 수 있다. 이 법은 미국경제에서 경쟁을 촉진하기 위한 것이었으며, 1911년 미국 대법원은 Standard Oil Trust회사가 석유를 생산, 판매 및 수송함에 있어 시장지배적 위치를 획득하여 셔먼법을 위배했다고 판단하고, 모회사는 33개의 자회사에 대한 지배적인 주식을 철회하도록 판결하였다.

이 소송건은 석유산업과 관련하여 성공한 마지막 주요 소송이었다. 1940년대에 22개 주요 석유기업이 제소되기도 하였으나 제2차 세계대전 발발로 연기되고 법무부의 요청으로 1951년 소송이 기각되었다. 제2차 세계대전 후에 미국 석유기업들에 대한 독점금지 기소는 국가안보를 근거로 유예되었다. 그리고 미국 민간단체의 OPEC 기소를 미국법원은 미국의 외교정책에 개입한다는 근거로 기각했다.

독점규제기관들은 1998~2001년에 합병기업들이 그들의 생산, 정유, 유통과 소매 시설에서 여러 부문을 철수하도록 요구한 뒤에 Exxon의 Mobil 합병, BP의 Amoco와 ARCO 흡수, Chevron-Texaco와 Conoco-Phillips의 합병과 같이 석유 대기업들 사이의 합병을 승인하였다.

5.2 석유위기와 정부정책

1973년 제1차 석유위기가 6년 후 제2차 석유위기로 되풀이 되었는데, 이는 미국 등 서방국가 정부들이 제1차 석유위기 이후 적절한 에너지정책을 개발하지 못했음을 말해준다. 1974년 국제에너지기구(International Energy Agency, IEA)의 설립은 서방 석유소비국가들 간의 협력의 중요성을 강조하였지만, 프랑스는 IEA에 가입하지 않았고 산유국가들과의 정부 대 정부 양자협상을 선호하게 하였다. 석유수급사정이 더 어려워지고 안정적 원유공급 확보가 문제되었던 제2차 석유위기 때에는 이러한 정부 대 정부 양자협상이 더 많아졌다.

1980년대 초 이후에는 현물시장(spot market)에서 더 많은 석유가 거래되면

서, 정부가 간여하는 석유거래 즉 장기간 공급계약에 의한 석유거래가 감소하였다. 석유산업에 대한 적절한 정부정책과 관련하여, ① IEA의 설립과 운영, ② 전략적 석유비축(Strategic Petroleum Reserve, SPR) 그리고 ③ 저유가와 에너지 자립 사이의 선택문제 관점에서 볼 때, 정부의 대책들은 시장이 작동하는 방법을 제대로 활용하지 못한 것으로 평가된다[7].

첫째, IEA의 설립운영과 관련해서, 27개 회원국들은 "원유공급 부족사태" 발생 시에는 원유공급을 공유하기로 약속했다. "공급부족"은 물리적인 공급중단으로 정의되며 IEA의 초점은 정치적 이유로 발생하는 원유수출국의 수출금지(embargo) 상황이었다. 그러나 과거 석유쇼크의 중요한 측면은 가격인상이었으므로, 가격보다 물리적 공급부족으로 시장상황을 판정하는 것은 시장경제에서 가격의 역할을 제대로 이해하지 못했음을 의미한다. 따라서 급격한 공급 감소뿐만 아니라 급격한 가격인상에 대하여 적절히 대응할 수 있는 IEA의 절차를 찾아서 바꾸는 것이 더 바람직할 것이다.

둘째, 전략적 석유비축 문제를 보면, 1975년 미국의회는 외국의 원유공급이 중단될 때를 대비한 보험조치로 SPR을 설립하였다. 비축목표는 1980년까지 5억 배럴 그리고 1985년까지 10억 배럴이었으며, 실제로 1988년 3월까지 멕시코 만 주위의 소금동굴에 5억 4,500만 배럴이 비축되었다. 그동안 1차 걸프전쟁 때와 허리케인 카트리나 직후에 미국정부는 SPR에 비축된 원유를 방출한 것으로 알려졌다. SPR이 존재한다는 사실이 세계원유시장 가격을 안정시키는 심리적 효과는 있지만, 비상시 대비 비축보다는 원유가격이 급등 시에 비축원유를 방출하도록 하는 것이 더 바람직할 것이다.

셋째, 저유가와 에너지 자립의 선택에 관한 이해가 부족했다. 석유산업에 대한 정부정책은 시장이 부과하는 제약요건을 제대로 이해하지 못하여 문제가 생기곤 한다. OPEC의 공급량 감축과 그에 따른 원유가격 상승은 단기적으로 인플레이션과 전반적인 경제활동 위축 그리고 무역수지 악화를 초래하므로, 미국의 정책 당국자들은 저유가를 원한다. 그러나 국내 석유산업을 배려하여 미국의 역대 행정부들은 국제유가가 낮기를 바라면서도, 동시에 해외 원유수입을 억제하여 석유의 수입의존도를 줄이려 한다.

물론 OPEC회원국들은 높은 원유가격과 동시에 많은 원유판매(수출)를 원할 것

7) Martin(2016) p.56 참조.

이다. 그러나 장기적으로는 완전한 카르텔 혹은 독점자는 수요곡선(가격과 수요량 간의 역의 관계)의 어떤 위치에 있을 수밖에 없다는 제약요건을 이해해야만 한다. 즉 장기에 있어서 시장은 양측 모두(석유수출국과 수입국) 원하는 두 가지(가격과 수량) 모두를 달성할 수는 없다.

5.3 에너지 안보

많은 원유매장량과 수출중단조치의 가능성을 가진 중동과 일부 남미국가 등 정치 불안지역에서 생산되는 원유에 의존해야 한다는 것은 미국에게 매우 힘든 상황이므로, 미국은 원유자립(수입의존도 감축)에 고심해왔다.

단기적으로는 최근 몇 년간의 생산실적에서 보듯이 수압파쇄식 원유생산 기술로 미국 내 생산이 증가했을 뿐만 아니라, OPEC이외의 지역에도 석유매장량이 널리 존재하는 상황이 됨으로써, 이제 미국의 에너지안보 문제는 전 세계 시장으로 확산되고 있다 할 수 있다. 관련된 이슈는 다음과 같다.

첫째, 미국산 원유수출금지를 해제하는 일이다. 미국은 1975년 에너지정책 및 보전법(Energy Policy and Conservation Act) 이후 원유수출은 금지해 왔으나, 미국 내 원유생산 증가에 따라, 최근 들어 제한적으로 수출을 허용하고 있다. 미국산 원유수출 확대는 결국 원유가격의 상승으로 석유회사들의 이윤은 증가하지만, 미국 소비자들이나 정유업자들은 높은 가격을 부담해야 하는 비용을 초래한다. 석유기업의 이윤과 미국 내 석유소비자들의 비용 간의 충돌은 정부가 판단해야 하는 문제이다.

둘째, 대체에너지를 개발해야 한다. 장기적으로 에너지 안보는 세계 석유공급의 다양한 원천뿐만 아니라 전통적 원유와 천연가스를 대체하는 셰일오일, 석탄의 가스화, 태양열, 핵융합, 풍력 등을 포함한 대체에너지를 찾아내는데 있다. 대체 에너지의 연구와 개발은 많은 자본과 장기간의 노력을 요구하기 때문에 완전히 시장과 민간 기업에만 맡길 수는 없으며 정부의 지원이 필요하다. 수요측면에서는 에너지의 보전과 에너지의 효율적인 사용 또한 에너지 안보에 중요하다.

부록 11-1

액체연료의 분류

❑ 액체연료 중 석유는 전통석유와 비전통석유로 구분되는데 셰일오일은 비전통석유로 분류(IEA, World Energy Outlook 2012)

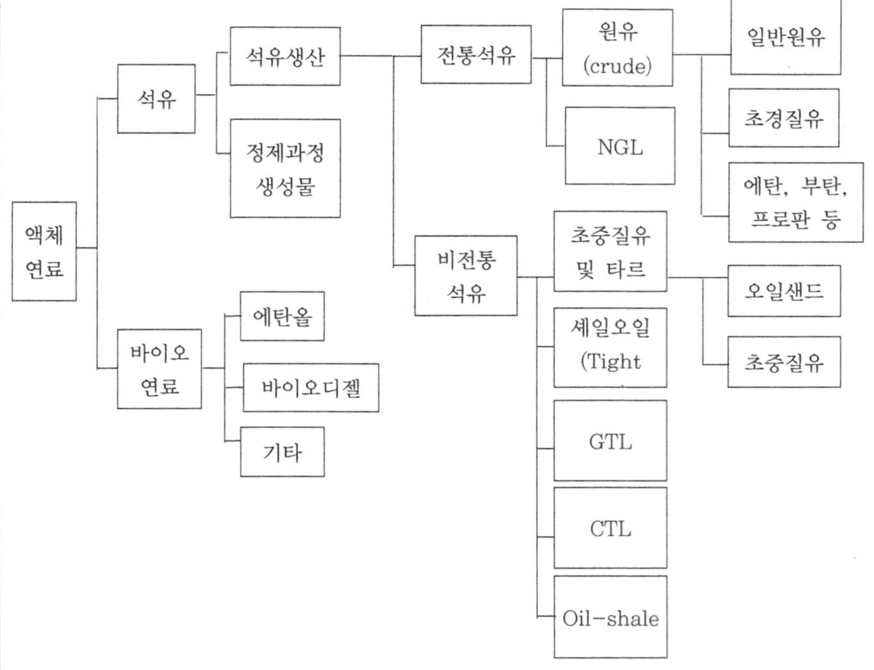

❍ NGL(Natural Gas Liquids): 천연가스 시추 중 부산물로 나오는 석유
GTL(Gas to Liquids): 천연가스를 화학과정을 거쳐 석유로 변환
CTL(Coal to Liquids): 석탄을 화학과정을 거쳐 석유로 변환

자료: 한국은행, 「국제경제분석」, "미국 셰일오일 산업의 현황과 지속성장 가능성"(2015. 5. 19).

부록 11-2

미국 셰일오일 산업의 발달 배경

❑ 미국에서 셰일오일 산업이 여타 국가에 비해 빠르게 발달할 수 있었던 것은 자원개발에 대한 소유권, 단순한 지층구조, 정부의 적극적 지원 등에 기인

- ❍ (자원개발 소유권 민간보유) 자원개발 관련제도가 토지를 소유한 개인이나 기업이 지하에 매장된 자원소유권을 자유롭게 행사할 수 있도록 되어 있어* 개발업체와 토지소유자간 계약만으로 개발이 가능* 러시아의 경우 토지소유와 동 토지에 매장된 광물소유(대부분 국가 소유)는 별도로 분리
- ❍ (단순한 지층구조) 미국 내 대부분의 지층이 케익형태의 단순한 수평층으로 이루어져 있어 상대적으로 개발이 용이
- ❍ (정부의 적극적 지원) 1970년대 오일쇼크를 경험한 이후 미국 정부가 각종 R&D 프로그램 및 세제 혜택으로 셰일오일 개발을 적극 지원
- ❍ (풍부한 수자원 및 전력) 셰일오일을 생산하기 위한 과정에서 필요한 수자원 및 전력이 매우 풍부하며 접근성도 다른 국가들에 비해 뛰어남
- ❍ (원유 선물시장 발달) 생산자들이 미래 생산량에 대한 가격 헷지가 가능하여 불확실성에 대한 원활한 조정이 가능

자료: 한국은행, 「국제경제분석」, “미국 셰일오일 산업의 현황과 지속성장 가능성”(2015. 5. 19).

제12장 자동차산업

미국의 자동차시장은 시장행동과 산업성과를 설명함에 있어 산업의 경쟁구조가 결정적으로 중요한 역할을 했음을 잘 보여주고 있다. 오랫동안 GM, 포드와 크라이슬러 등 과점 3대사(Big 3, Detroit 3)가 시장을 지배하며 평행주의를 유지하면서 암묵적으로 공모하고 경쟁을 회피함으로써, 일본과 독일자동차기업에게 경쟁력 우위를 상실하였다.

외국과의 경쟁이 심해지면서 보다 경쟁적이고 덜 집중된 산업구조가 되면서 미국 자동차 기업들의 행동이 크게 변형되었다.

1. 자동차산업의 중요도와 특징

자동차산업은 그 자체로도 시장규모가 큰 산업이며, 전후방 산업연관 효과가 매우 큰 산업으로서, 자동차기업은 알루미늄, 구리, 납, 강철, 고무, 유리, 플라스틱, 섬유, 비닐, 컴퓨터칩과 반도체 등의 주요 구매자이다. 자동차 생산기업은 약 170만 명을 직접 고용하고 있으며, 추가로 6백만 명의 사람들이 자동차부품 공급업자와 자동차 판매딜러들에 고용되어 있다. 자동차산업은 미국 전체 민간 피고용자의 17분의 1을 점하는 셈이며 연간 임금과 샐러리가 약 5,000억 달러를 상회한다.

자동차 사용과 관련된 비용측면에서는 미국 석유소비의 약 3분의 2를 점하며, 연간 약 4천만 톤의 일산화탄소, 5백만 톤의 질소산화물과 3백만 톤 이상의 휘발성 유기복합물을 대기 중으로 쏟아내고 있다. 더하여 연간 3만 2천 명이 자동차

사고로 사망하고 약 4백만 명이 다치며, 이에 따른 경제적 비용이 연간 3,000억 달러를 넘는 것으로 추정된다[1]. 미국인들은 해마다 3조 마일을 운전하며 미국 자동차제조업자연맹(Alliance of Automobile Manufacturers)은 자동차의 기동성이 미국 개인주의를 받치는 핵심이며, 더 많은 고용기회와 더 많은 상품과 서비스 및 학습기회에 대한 접근성을 제공한다고 평가했다.

1.1 자동차산업의 전개

자체적으로 추진되는 운반수단으로서 자동차의 꿈은 멀리 다빈치(Leonardo da Vinci)와 뉴턴(Isaac Newton)으로까지 올라갈 수도 있지만, 오늘날과 같은 자동차는 1890년대 후반에 그 모습을 보였다. 초기의 개척자들은 자동차의 추진동력으로 가솔린기관, 증기기관, 압축공기, 자동적으로 감기는 스프링모터(self-winding spring motors), 탄산 그리고 전동기를 실험했으며, 결국 가솔린기관 즉 내연기관(internal combustion engine)으로 낙착되었다. 이들은 1900년까지는 약 5,000대를 판매하였지만 그 뒤로 생산이 크게 늘어 1910년에는 연간 18.1만 대가 생산되었으며 미국에서 46.8만 대가 등록되어 운행되고 있었다. 이 시기에 자동차 제조자들은 주로 외부 부품조립자들이었기에 자동차산업의 진입이 쉬웠다.

1910년대에는 포드자동차(Ford Motor Company)가 지배적인 기업으로 등장했다. 자동차의 수요는 가격에 탄력적이라고 믿은 포드(Henry Ford)의 목표는 가능성이 큰 시장에 다가갈 수 있는 비싸지 않은 차를 생산하는 것이었다. 그는 표준화, 전문화와 대량생산이 제조비용을 낮추고 끊임없는 가격인하가 더 많은 수요층을 연속적으로 이끌어낼 것이라고 믿었다. 그는 "우리 자동차 가격을 1달러 낮출 때마다 우리 자동차를 사려는 새로운 고객이 1천 명씩 증가한다"고 말하면서, 한 대당 이윤을 낮추더라도 판매량을 늘여 이윤총액을 높여나가려고 했다. 20년 동안 거의 바뀌지 않은 포드의 T 모델은 1921년까지 시장의 50% 이상을 점유했다. 그 기간 동안 자동차 가격은 85%나 낮추었으며 생산라인을 처음 12시간 이상에서 2시간 미만으로 줄여나갔다.

1920년대에는 시장지배력이 포드로부터 GM(General Motors)으로 넘어갔다. 7개 독립회사(Chevrolet, Oldsmobile, Oakland, Cadillac, Buick, Fisher

---

1) James W. Brock(2016), "Automobiles."

Body, Delco)의 합병체인 GM은 두 갈래 전략을 채택했다. 하나는 포드의 단일 모델과는 달리 시장의 모든 부문을 커버할 수 있도록 다양한 여러 모델을 제공하고, 다른 하나는 포드의 전략과는 달리 해마다 진보된 기술공학, 편의성 개선 및 외형변화로 모델을 변경하는 것이었다. GM은 비용이 들어도 해마다 모델을 변경함으로써 대체수요를 일으키고 판매가 늘 것으로 믿었고, 이 전략은 그 뒤로 반세기 동안 GM이 미국 자동차산업의 선두로 나서게 만들었다. 그리고 이 시기에 자동차산업의 특징이 된 '높은 산업집중의 기반'이 마련되었다.

그러나 1950년대 중반부터 이어진 자동차 수입의 물결이 점점 국내 과점에 도전하고, 1970년대에는 수입 자동차의 미국시장 점유율이 4분의 1을 넘게 되었다. 이에 자동차 3대사는 전미자동차노조(United Auto Workers Union, UAW)와 함께 정부에 외국과의 경쟁으로부터 국내시장의 보호를 거듭 요청했다. 1980년대에 국내산업의 정치적 활동에 대응하여 외국기업들은 미국 내에 현지 생산시설을 세우기 시작했다. 이 현지 생산공장들의 전체생산은 이제 GM, 포드, 크라이슬러(Daimler Chrysler) 등 미국 자동차 3대사 전체생산의 반에 가까운 연 400만 대에 이르게 되었다.

1.2 자동차산업의 국제위상

자동차 등장 후 초기 수십 년 동안은 세계자동차산업을 미국이 선도하였다. 대공황 직전인 1929년의 경우 미국에서 운행하던 자동차는 약 3,200만 대로 세계 자동차의 90%를 넘었으며, 당시 미국인 4.87명당 1대의 비율이었다[2]. 2차 대전 이후에도 미국은 세계 자동차의 75%를 생산하였다.

1980년 처음으로 일본이 미국을 넘어섰으나 그 후 1994년~2008년 기간에는 미국이 다시 세계 최대 자동차생산국의 지위를 찾아서 지켰다. 미국의 자동차 수입규제 때문에 외국자동차 회사들이 미국 내에 그들의 자동차 공장을 건설하여 생산하였기 때문이다. 2009년 이후 중국이 최대생산국 지위를 차지한 이후 미국은 그 뒤에 쳐져 있으며 2015년의 경우, 〈표 12-1〉에서 보는 바와 같이, 미국은 중국 자동차생산량의 절반수준에 못 미치는 1,210만 대를 생산하였다.

기업별 자동차 생산순위에서도, 미국의 GM과 Ford사는 일본 토요타, 독일 폭스바겐, 한국 현대에 뒤이은 제4위와 제5위 수준으로 떨어져 있다.

---

2) Wikipedia, "History of the Automobiles", (www.wikipedia.org).

표 12-1 세계자동차생산의 국가·기업별 순위 (2015)

(단위: 백만 대)

국가	생산 대수	순위	기업	생산 대수
중국	24.5	1	토요타	10.1
미국	12.1	2	폭스바겐	9.9
일본	9.3	3	현대	8.0
독일	6.0	4	GM	7.5
한국	4.6	5	포드	6.4
인도	4.1	6	닛산	5.2
세계	90.1	–	세계	90.1

자료: Wikipedia, "Automotive industry by country", (wikipedia.org).

미국 자동차산업의 생산성과 국제경쟁력 약화를 반영하여 자동차무역에서 미국은 연간 1,000억 달러를 상회하는 대규모 무역수지 적자를 보이고 있다. 〈표 12-2〉에서 보는 바와 같이, 2015년 중 미국은 1,545억 달러의 수출과 3,503억 달러의 수입실적을 보이면서 1,950억 달러의 수지적자를 기록하였다. 승용차부문의 1,120억 달러 적자와 함께 자동차부품에서도 680억 달러의 적자를 합한 금액이다.

표 12-2 미국 자동차 무역의 대상국

(단위: 십억 달러)

구 분		2000	2010	2015		
				총 계	승용차	부품
수출	총계	79.7	116.2	154.5	54.5	80.9
	캐나다	44.7	50.4	57.5	14.2	29.4
	멕시코	16.5	21.0	34.6	3.1	30.3
수입	총계	197.3	226.5	350.3	166.3	148.9
	캐나다	64.1	52.2	62.1	42.2	17.3
	일본	47.7	45.9	51.0	35.8	14.5
	멕시코	40.5	58.3	105.8	23.5	53.2
	독일	18.6	24.0	38.1	26.6	11.3
	한국	5.9	11.7	26.2	17.3	9.0
수지	총계	–117.6	–110.3	–195.8	–111.8	–68.0

자료: US Bureau of Census(2016), "U.S. International Trade in Goods and Services."

자동차수출은 자동차수입액의 절반에도 못 미치는 수준이며 수출은 인접한 캐나다와 멕시코에 대한 수출이 920억 달러로서 전체 자동차수출의 60%를 점한다. 즉 여타 국가에 대한 미국의 자동차수출은 아주 작은 규모이다. 미국의 자동차수입은 멕시코로부터의 수입이 전체의 30%에 해당하는 약 1,060억 달러였으며, 캐나다, 일본, 독일, 한국 등으로부터 수입이 그 뒤를 이었다.

1.3 자동차산업의 특징

미국 자동차산업에서 중요한 구조적 특징은 구매자 수요와 제품의 성격, 제조업 경쟁자들의 수와 그들의 시장점유율(집중도), 규모의 경제와 규모의 비경제 그리고 새로운 경쟁자들의 시장진입에 대한 장벽의 측면에서 살펴볼 수 있다.

① 신차수요와 대체수요

자동차에 대한 수요는 여러 경제적 요인에 영향을 받지만, 신차에 대한 수요는 주로 대체수요이므로 신차 구매의 시기는 가격변동에 따라 조정될 수 있다. 따라서 시장수요의 가격탄력성이 높다. 자동차 구매는 개인에게 있어 중요한 투자이기 때문에 신차 수요는 소득, 실업과 이자율을 비롯한 거시경제여건에도 매우 민감하다.

신차 수요는 일반적으로 가격에 탄력적이지만, 특정 제조회사나 모델의 수요는 가까운 대체재가 상존하고 있으므로 훨씬 더 가격에 민감하다. 신차 수요의 구성이 기존 차에서 경트럭이나 특히 스포츠용차(sports utility vehicle, SUV)로 옮겨 가는 혁명이 일어났다. 이런 구성은 가솔린 가격에 크게 영향을 받는데, 2005년 기록적인 휘발유 가격 오름의 영향이 가장 컸다.

② 기업규모와 산업집중

오랫동안 미국의 자동차산업은 거대 규모의 3대사 소위 디트로이트3에 지배되어 왔다. 일본차와 독일차 등 수입자동차가 증가하면서 소매시장에서 3대사의 지배력이 약화되었고, 외국 현지 생산공장의 등장은 생산에서 국내의 집중도를 낮추었다. 이런 경쟁촉진적인 진전이 있었지만, 정부의 수입제한을 이끌어 낸 3대사의 정치적 성공, 미국 과점사들을 외국 경쟁자들과 연계시키는 합작과 동맹, 그리고 3대사와 외국 자동차사들 사이의 합병과 흡수에 의해서 3대사는 여전히 상당한 지

배적 지위를 유지하고 있다.

〈표 12-3〉은 미국 자동차생산의 집중도를 보이고 있다. 디트로이트3가 1930년대 이후 1980년대까지는 과점적 지배를 유지해 왔다. 그중에서도 1946~1985년에는 88~98%의 고점에 이르기도 했다. 보다 최근에는 미국 내 외국 제조사들이 세운 현지 생산공장의 생산증가로 3대사의 점유율을 잠식했다. 이들은 거의 400만대의 승용차와 경트럭을 조립하여 미국 전체 생산의 약 3분의 1을 차지하게 되었다. 그리고 직간접적으로 180만 근로자를 고용하는 43개 미국공장을 운영하고 있다. 이들의 생산량 합은 3대사의 개별 생산량을 넘어선다. 그러나 몇몇 현지생산공장은 미국 3대사와 협력합작사(Ford-Mazda, GM-Toyota 등)로서 완전히 독립적인 경쟁자로 보기는 어렵다.

자동차 유형별로 보면 3대사의 지배력은 경트럭, 특히 스포츠유틸리티, 픽업 등의 대형차량에서 가장 높다. 자동차 유형별로 다르고 최근에는 GM의 점유율이 낮아졌지만 3대사는 미국 자동차 시장을 지배해 왔다. 2000년대 중반 3대사는 신차 판매의 60%와 미국에서 신차 생산의 3분의 2를 차지했다.

표 12-3 미국 자동차 생산의 시장점유율과 산업집중도

(단위 : %)

연도	GM	포드	크라이슬러	다른 미국 생산자	디트로이트 3
1913	12	40	-	48	-
1923	20	46	2	32	68
1933	41	21	25	13	87
1946~1955	45	24	19	12	88
1956~1965	51	29	14	6	94
1966~1975	54	27	17	2	98
1976~1985	59	24	13	4	96
1986~1995	45	24	12	19	81
1996~2005	34	20	8	38	62
2013	18	16	11	55	45

자료: Lawrence J. White(1971), *The Automobile Industry Since 1945*; Automotive News, Market Data Book. [Brock(2016) p.145에서 재인용].

표 12-4 자동차 3사의 차 유형별 시장점유율 (2012)

(단위: %)

구 분	GM	포드	크라이슬러	디트로이트 3
소형차	12	11	1	24
하이브리드/전기차	9	16	0	25
중형차	18	11	9	38
스포츠 유틸리티 (대형차)	18 (71)	17 (16)	21 (0)	56 (87)
크로스오버 (대형차)	19 (78)	12 (10)	36 (0)	67 (88)
픽업 (대형차)	34 (37)	33 (38)	15 (18)	82 (93)
대형차	2	33	65	100

자료: Ward's Automotive Yearbook(2013), U.S. Light Vehicle Sales by Segment, (wardsauto.com); and EV Obsession, Electric Car Sales, January 27, 2014.

③ 외국차 수입과 외국회사의 미국내 생산

제2차 세계대전 직후 미국시장에서 수입자동차의 점유율은 0.4% 수준이었으나 1976~1983년에는 21%로 높아졌다. 처음에는 폭스바겐 그리고 뒤이어 일본기업들이 3대사와 경쟁하였다. 외국기업들은 처음에 저가의 소형차 부문에 주력하였지만 1980년대 3대사가 정부로 하여금 일본 자동차 수입의 수량을 제한하도록 하는 데에 성공한 뒤로 일본기업들은 중형차 부문으로 나아갔다. 또한 일본과 유럽 기업들은 고급차에서도 비중을 높여 나갔다. 정부의 무역제한을 피하기 위하여 외국생산자, 특히 일본기업들은 미국에 자동차공장을 건립하였다.

그리고 외국기업들이 그들의 미국 공장에서 조립된 자동차의 미국내 판매에 노력하면서 수입차의 미국 판매 점유율은 20%로 내려갔다. 동시에 미국 3대사도 멕시코와 캐나다에 있는 그들의 조립공장에서 상당한 양의 자동차를 미국으로 수입한다. 또한 3대사는 외국에서 외국기업이 생산한 차를 수입하여 다른 상표로 미국시장에서 판매하기도 한다. 1990년대에 3대사는 일본 자동차 회사들이 그들의 미국 현지 생산공장에서 생산할 수 있는 차량의 수에 대한 제한과 일본 자동차 판매에 대한 수량제한을 의회에 요청했다. 3대사와 외국 생산자들 사이의 합병도 미국시장에서 경쟁을 제한할 수 있다.

④ 외국차 회사와의 합작과 동맹

또한 디트로이트3사와 주요 외국 자동차기업들 간의 합작과 동맹도 하나의 특징이다. GM, 포드, 크라이슬러는 외국의 여러 기업을 소유하거나 합작 동맹하고 있다. 전체적으로 세계의 5대 자동차회사를 포함하는 세계적 동맹은 전 세계 자동차 시장의 4분의 3을 점하고 있다. 미국과 외국에서의 연구협력조합은 자동차 선도기업들 사이의 연계를 보강한다. 미국 자동차연구위원회(United States Council for Automotive Research)는 재료와 복합재료, 전자, 제조, 재활용, 변속을 비롯한 자동차의 여러 영역에서 3대사와 협력한다. 미국정부도 3대사에 협력과 보조를 위한 재정지원을 한다.

이와 함께 유럽자동차연구개발위원회(European Council for Automotive Research and Development)도 집합적 노력의 후원자로서 유럽 자동차기업들을 연계시킨다. 이러한 규모의 동맹과 제휴 협정은 미국의 과점기업들을 서로 그리고 그들의 외국 주요 경쟁자들과도 연결시켜서 이들과 소통하고 조정하고 협력하게 한다. 이러한 합작과 제휴는 시장에서의 유효경쟁에 필수적인 의사결정의 독립성을 손상하기도 한다.

⑤ 규모의 경제와 진입장벽

자동차산업의 높은 집중도가 대규모 생산에 따른 이익 즉 '규모의 경제' 때문인지는 의문이다. 자동차의 디자인, 조립, 자금조달, 마케팅을 효율적으로 하려면 운영규모가 어느 정도 커야 하겠지만, 여러 연구에 따르면 자동차산업의 규모의 경제가 생각만큼 크지는 않고 몇몇 중요한 부문에서 덜 그러해지고 있음을 보인다. 즉 자동차 생산에서 규모의 경제는 분명한 한계가 있다.

3대사는 한두 개의 거대공장에 모으지 않고 많은 공장과 장소에서 자동차를 조립한다. 최근 3대사는 부품제조에서 빠지면서 규모를 줄였다. 변화하는 소비자 취향과 선호에 신속하게 대응하는 것이 점점 더 중요해지는 자동차산업에서 생산효율성을 달성하기 위해서는 적지만 보다 유연한 조립공장들을 운영함이 점점 필수적으로 여겨지고 있다. 그리고 3대사의 자체 경험이 지나친 조직규모가 상당한 '규모의 비경제'를 초래하고 거대함이 효율의 보장이 아님을 보이고 있다.

시장구조의 요소로서 자동차 시장에 대한 진입장벽은 매우 높다, 생산과 조립

공장을 건설하는 비용이 매우 크다. 새로운 진입자는 차량의 조립뿐만 아니라 소비자들에게 판매하고 보급해야 한다. GM은 해마다 4,000억 달러가 넘는 광고비를 지출한다. 생산과 판매에 더하여 새로운 진입자는 자동차를 소매하고 관리할 중개상 딜러체계를 모아야 한다. GM, 포드, 크라이슬러의 차들은 전국에 약 1만 5,000개의 중개상을 통해 판매된다. 제2차 세계대전 뒤로 미국에서 새로이 생산을 시작한 자동차기업은 거의 없고, 그런 기업들은 이미 설립된 외국기업들이었다.

2. 시장행동과 산업성과

2.1 가격책정과 제품경쟁

자동차산업의 시장행동은 산업조직론에 가르치고 있는 것이 옳다는 것을 잘 보여준다. 즉 수십 년 동안 높은 산업집중으로 과점상태였던 자동차기업들은 암묵적 공모와 비경쟁 과점적 평행주의를 행동하여 왔다. 그러나 외국차와의 경쟁으로 보다 경쟁적이고 덜 집중된 산업구조가 되면서 이 산업에서 기업들의 행동은 크게 달라지고 있다.

시장점유율이 가장 큰 GM은 수십 년간 전통적으로 가격선도자(price leader)였다. 가을을 겨냥해 새로운 모델을 준비하는 늦여름에 GM은 연례적인 가격인상을 시작하고, 포드와 크라이슬러는 GM의 가격발표를 기다렸다가 이에 대응했는데 3대사의 가격차이는 몇 달러에 그쳤다. 과점적 자동차 시장에서 3대사가 가격책정을 서로 따라함으로써 자동차 제조사들은 이윤을 크게 높일 수 있었다.

그러나 외국자동차 기업들과의 경쟁, 현지 생산공장의 등장 그리고 국내시장 집중도의 잠식은 이런 비경쟁적 가격유형을 무너뜨렸다. 이제 가격은 연중 끊임없이 변경된다. 또한 기업들로 하여금 할인, 대여 조건, 금융할인, 종업원 가격 등 각종 인센티브를 끊임없이 조정하는 경쟁의 결과로 자동차가격은 보다 유연하게 움직인다. 판매가 부진할 때에는 큰 폭의 가격할인을 단행한다. 이러한 가격경쟁의 결과로 신차를 사는 데에 필요한 소득은 1990년대 31개월분에서 2007년에는 24~25개월분으로 낮아졌다. 또한 이러한 경쟁적 가격인하는 수요증가와 생산증가를 가져와 거시경제적 후퇴를 완화시킨다.

제품경쟁에서도 꽉 짜인 과점의 수십 년 동안 상호의존적인 행동 유형을 조성해 왔으며, 이는 3대사의 제품 구성에서 유사한 제품들을 내놓곤 했다. 본질적으로 의미 있는 차별적인 제품을 출시하지 않고 피상적으로 약간 다른 제품들만 등장하였다. 그러나 1990년대에 경쟁이 치열해지면서 새로운 유형, 디자인, 개념의 제품들을 쏟아내기 시작하였다.

2.2 생산효율성

자동차산업의 산업집중도가 높은 것은 대량생산의 경제성, 현대적 기술혁신의 비용, 현대적 산업계획 때문에 필연적이라는 주장도 있었으나, 그동안 이룬 3대사의 성과로 볼 때 이제 그렇게 주장할 사람은 거의 없다. 유효경쟁의 출현은 도전받지 않은 과점적 우위 기간에 3대사의 성과가 얼마나 나빠졌는가를 드러낸다.

1980년대 초 근로자 1인당 자동차 생산대수는 GM 4.5, 포드 4.2, 크라이슬러 4.8, 닛산 11.6, 토요타 16.4로 일본자동차의 생산성은 미국 3대사보다 3~4배 높았다. 〈표 12-5〉와 〈표 12-6〉은 거대규모와 시장지배가 효율을 보장하지 않음을 보여준다. 또한 국내과점이 외국의 기술혁신에 따른 최첨단 생산 관행에 뒤졌음을 보여준다.

외국과의 경쟁에 직면하여 최근 몇 십 년간 3대사는 그들의 효율성을 높이려고 부풀려진 비용구조를 줄이려고 노력해 왔다. 그들은 생산라인을 다시 설계하고, 낡은 공장을 없애고, 경영구조를 다시 조직하고, 시설과 구매관행을 현대화함으로써 그들의 비용을 삭감해야만 했다. 3대사가 그들의 생산규모를 줄이고 생산성을 높이며 고용을 줄이면서 현직고용 대비 퇴직자의 비율이 높아져, 이제 그들은 그들이 과거에 노조와 협상한 퇴직자연금과 의료비용을 부담하는 수십억 달러의 이른바 '유산비용'에 직면하게 된 것이다. GM은 2006~2016년의 연금채무를 1,240억 달러로 측정하고 포드는 830억 달러로 추정하였다.

표 12-5 자동차 회사별 노동생산성 비교(1980년대 초)

회사	노동자당 연간 생산 대수	지수
GM	4.5	100
포드	4.2	93
크라이슬러	4.8	107
닛산	11.6	258
토요타	16.4	364

자료: Michael A. Cusumano(1985), *The Japanese Automobile Industry*, p.197.

표 12-6 자동차제품 개발의 미국-일본 비교 (1980년대 중반)

구 분	일본 (A)	미국 (B)	배율 (B/A)
신차당 평균 엔지니어링 시간 (백만)	1.7	3.1	1.82
신차당 평균 개발기간 (월)	46.2	60.4	1.31
개발팀의 피고용자 수 (명)	485.0	903.0	1.86
다이 개발 기간 (월)	13.8	25.0	1.81

자료: James P. Womack, Daniel T. Jones, and Daniel Roos(1990), *The Machine That Changed the World,* p.118. [Brock(2016) p.156에서 재인용]

2.3 동태적 효율성

미국 자동차산업이 다수의 독립기업으로 구성되었던 시기에 제품혁신은 그 범위와 깊이에서 상당하였고 혁신경쟁도 치열했다. 새로운 구상을 가진 새로운 사람들은 그 개념들을 실행에 옮길 수 있었다.

그러나 3대사의 과점이 굳어지는 시기에 기술혁신의 속도는 느려졌다. 전륜구동, 연비 높은 소형차, 실용 소형 밴, 디스크 제동, 연료분사와 같은 혁신은 3대사의 손에서 시들고 말았다. 자동변속기가 개발된 1949년부터 1970년대 말까지 자동차회사들은 이 기술을 도입하지 않았다.

국내과점이 제자리에 머무는 동안 외국생산자들은 자동차 기술을 높이고 이를 상업화하는 데에 앞장섰다. 디스크 제동, 연료분사, 톱니바퀴 조향장치, 레이디얼 타이어, 석영 전조등, 조정 1인 좌석, 5단 수동 변속기, 개별 완충, 진보된 충격흡수, 고효율 캠축 엔진, 엄격한 충돌 내구성에서 외국기업들이 앞서 나갔다. 1980년대까지 몇 십 년간 3대사는 시장지배와 관료체제로 혁신능력을 잃고 있었다.

외국과 경쟁하게 되면서 미국 3대사는 엔진(다각패, 연료분사), 제동(컴퓨터 제동, 안티로크), 변속기(5단, 6단, 연속 변동), 외형(스포츠용, 크로스오버, 복고풍) 등 여러 면에서 더욱 혁신적으로 나아가게 되었다. 그러나 여기에서도 몇 십 년간 과점 속에서 안주해온 미국 3대사들이 극복해야 할 간격은 더 넓게 벌어졌다.

미국 3대사는 신차개발 시간을 단축하였지만 일본 제조사들도 마찬가지였다. 몇 십 년간 자동차산업에서 가장 중요한 변혁의 하나인 하이브리드 자동차의 경우 미국 3대사는 앞장서기보다는 뒤따르고 있다. 1998년과 1999년 혼다와 토요타가 개발한 하이브리드 차들을 외면하다가 휘발유 가격이 크게 오르자 3대사는 이 차들을 제공하고 따라가기 위해 다투게 되었다. 2000년에 9,000대 판매된 하이브리드 차는 2006년 중반 20만 대를 넘었다.

토요타와 혼다가 3세대 하이브리드 기술을 그들의 생산공정에 퍼뜨리고 있다. 2006년 3대사는 오히려 지난 수십 년 동안 해 오던 것처럼 시장이 원하지 않는 더 크고 저효율적인 SUV와 픽업들을 내놓았다. 다음번 주요 기술변혁이 될지 모르는 것으로, 전자와 컴퓨터공학에 기술력 있는 테슬라 같은 독립적인 미국기업들이 전기 스포츠카를 내놓기 시작했다.

2.4 사회적 효율성

사회적 효율성은 산업이 공해, 자동차 안전성, 연료소모와 국가의 외국석유 의존에서 얼마나 공익에 이바지하느냐의 문제이다. 이런 분야에서 3대사는 몇 십 년 동안 무관심과 부정 그리고 저항과 불가능하다는 변론으로 일관해 왔다. 자동차 3대사는 1950년대 처음에는 자동차 배기가스로 인한 공기오염을 부정했다. 하지만 나중에 공기오염이 심해지고 국가적으로 걱정이 높아지자 3대사는 배기가스 억제 기술 연구개발에 경쟁을 않기로 공모하기도 하였다. 1970년대에 배기규제가 법제화되자 일본기업들은 가스배출이 적은 혁신적인 엔진으로 대응하였지만 3대사는 규제 준수가 불가능하다고 주장하였다. 1990년대에 몇몇 주가 보다 엄격한 배기기준을 실행하자 외국기업들은 기준을 충족하는 새로운 엔진설계로 대응하였지만 3대사는 불가능하다고 반박하였다. 1990년대 말 포드가 배기가스 제로의 경트럭 설계 목표를 선언하자 GM과 크라이슬러가 신사협정을 어겼다며 격분한 것으로 전해진다.

1920년대와 1930년대에 3대사에 주어진 완충받이와 접는 운전대 같은 안전성 관련 특허는 정부규제로 장착이 강제될 때까지 실행되지 않았다. 업계는 안전성은 선택사항으로 소비자가 요구할 경우에만 제공해야 한다고 주장했다. 정부와 오랜 논쟁 끝에 3대사는 좌석벨트의 이점을 인정하고, 안전성이 소비자들에게 중요하다는 것이 입증된 1990년대에 에어백을 장착하기 시작하였다. 수백 명의 인명손실, 정치적 분노와 연방규제의 위협이 있은 후에 3대사는 스포츠용 차량을 더욱 안전하고 안정되게 그리고 치명적 전복을 막을 수 있게 설계하기 시작하였다.

제1차 석유파동 몇 달 전 3대사 차량의 평균연비가 갤런당 21마일이었을 때에 GM회장은 미국의 에너지 문제에 대한 대응으로 자동차연비 기준보다는 원자력발

표 12-7 자동차 연비, 안전 및 오염 배출

구 분		1997 (A)	2011 (B)	변화율 (B/A)
미국산 승용차 평균연비 (갤론당 마일)		17.6	33.1	1.88
사망률 (1억 마일 주행당 사망지수)		3.26	1.10	0.34
오염 배출량 (대·마일당 그램)	탄화수소	4.00	0.87	0.22
	일산화탄소	42.89	9.20	0.21
	질소산화물	2.70	0.61	0.23

자료: James W. Brock(2016), *The Structure of American Industry*, 13th edition. (Chapter 6)

전을 강조했다. 1979년에도 GM은 자동차연료 경제 기준은 미국에게 불필요하고 좋지 않다고 주장했다. 1990년대 초 혼다가 갤런당 55마일의 고연비 엔진을 공개했는데도 3대사는 수년간 크고 군건한 차들을 발표하며 연료효율 개선은 기술적으로 불가능하다고 했다. 이어 토요타와 혼다가 높은 연료효율의 하이브리드차를 개발하는 동안 3대사는 의회에 연비기준의 동결을 요청하고 많은 연료가 드는 경트럭과 스포츠용 차의 판매를 늘렸다. 2001~2003년 3대사는 가장 크고 가장 무겁고 가장 저연비로 갤런당 12마일을 비롯한 스포츠용 차량을 내놓았다. 이에 따라 미국 신차들의 연료경제성이 22년래 최저로 낮아졌는데, 이는 대부분 경트럭과 스포츠용 차량 때문이었다.

자동차 연료효율성을 어느 정도 개선하여 중동에서의 석유수입을 줄이면 외국산 석유의존도를 상당히 낮출 수 있는데 이는 분명히 미국의 국가안전, 외교정책, 군사적 도전과 관련된다. 이 모든 분야에서 미국 3대사의 빈약한 성과는 수십 년간의 과점적 상호의존성으로 설명할 수 있다.

3. 정부정책

3.1 독점금지법과 정부구제

독점금지정책이 자동차산업의 집중 구조에 직접적으로 도전한 적이 없다. 1969년 기업간 경쟁을 회피하려는 불법 공모를 이유로 정부는 3대사를 제소하였지만 오직 매연통제 분야만 제소하였다. 1970년대 정부는 GM과 포드를 가격담합으로 제소하였지만 오직 기업과 임대대리점들에 대한 신차 판매시장에서만이었다.

그리고 1990년대에 반경쟁 관행을 조사하였지만 인터넷 판매를 방해하려는 판매 대리점들에 영향을 끼쳤기 때문이었다. 1979년 정부는 크라이슬러의 비상구제를 꾀하였다. 이는 자동차산업의 추가적인 산업집중을 막는 데에 기여했다.

3.2 외국과 경쟁에서 보호

외국과의 경쟁이 마침내 자동차 3사의 과점적 상호의존성을 허물기 시작하자, 미국 자동차업계는 수입자동차에 대한 정부규제의 보호를 요청하였다. 1981년 그런 노력이 성공하여 정부는 일본제품에 자율적 수출규제(voluntary export restriction, VER) 강요하였다. 3대사에 숨 쉬는 공간(시간)을 주는 것으로 명시하였지만 이 규제는 1980년대 내내 계속되었다.

이 규제는 일본차의 가격을 높이고 이는 다시 3대사가 가격을 올리게 만들었다. 그러나 이 자율적 수출규제는 일본기업들에게 더 크고 이윤 높은 중형 고급차 시장으로 가게하고, 미국에 현지생산 조립공장들을 짓게 하였다. 1990년대 초에도 3대사는 수입제한 노력을 재개하여 일본기업들이 미국에서 조립하는 수량도 제한하도록 요구하였다.

3.3 정부-산업간 제휴와 비상구제

1990년대와 2000년대에 정부와 산업간의 제휴협력 계획들이 추진되었다. 이 계획들은 정부의 후원과 자금지원 아래 3대사가 함께 기술혁신을 달성하는 것으로 그 주요 목표는 연비가 3배정도 높아 연료비용과 공해가 매우 낮으며 값도 비싸지 않은 승용차와 트럭을 개발한다는 장기목표와 함께, 외국석유 의존도를 낮추기 위하여 새로운 자동차 연료로 수소를 개발하는 것이었다.

1993년부터 2003년 사이에 16억 달러가 지출되었지만 적당한 가격에 혁명적인 하이브리드차를 개발한 회사는 미국정부와 함께한 3대사가 아니라 토요타와 혼다였다. 또한 전기차 기술에 앞장서고 이를 상업화하는 회사들은 정부지원 없이 회사자체의 제한된 자금만으로 운영하는 독립기업들이었다.

GM은 고유가로 소비자들이 중·소형차를 선호하면서 2004년을 정점으로 판매가 줄기 시작하면서 경영이 악화되었다. 특히 2008년 9월 미국발 금융위기에 따른 세계 자동차산업의 침체로 자동차 판매가 급감하면서 현금 유동성 위기를 일으

키고, 그 해 12월 현금 유동성이 바닥나면서 미국정부는 긴급구제금융 134억 달러를 시작으로 2009년 5월 말까지 모두 194억 달러를 지원하였다. 정부가 요구한 빠르고 강력한 구조조정에 실패하면서 GM은 결국 2009년 6월 법원에 파산보호를 신청하였으며, 이 파산보호 신청은 GM과 미국 내 3개 계열사만 해당되고 미국 외 지역의 계열사들은 해당되지 않았다. GM의 파산보호 신청은 기업규모에서 미국역사상 네 번째로 크고 제조업에서는 최대 규모였다. 파산보호 신청에 들어간 GM은 미국 파산법원과 정부의 주도로 약 40일 만에 미국정부가 대주주인 'New GM'으로 다시 태어나게 되었다.

GM의 우량자산은 New GM에 대부분 매각되었다. 미국정부는 GM에 300억 달러를 추가로 지원해 New GM 지분의 60.8%를, 캐나다 정부도 별도로 95억 달러를 지원해 지분의 11.5%를, 전미자동차노조(UAW)가 17.5%를, 과거 GM의 채권단이 10%를 갖게 되었다. New GM은 2011년까지 14개 공장과 3개 서비스와 부품 계열사를 폐쇄하고 2만 1,000명을 추가 감원하며 수요가 증가하고 있는 소형차 생산을 본격화하기로 하였다.

2009년 1월 미국정부는 크라이슬러에 40억 달러의 구제금융을 지원하면서 회생가능성 증명을 요구하였다. 크라이슬러도 결국 4월 30일 파산보호를 신청하고, 6월 10일 피아트가 크라이슬러의 인수를 최종적으로 확정하였다. 피아트 주도의 새로운 크라이슬러는 피아트 20%, 노조의 건강보험기금 55%, 미국 재무부 8%, 캐나다 정부 2%의 지분을 갖게 되었다.

제 13 장

전력산업

19세기 말 에디슨의 상업용 전기생산으로 시작된 전력산업은 20세기 중 그 자체로 눈부신 발전을 했을 뿐만 아니라, 그 후 전기를 이용한 기계화의 확대를 가능하게 한 제2차 산업혁명과 전자통신기술의 발전을 통한 제3차 산업혁명의 진전에 핵심적인 기초가 되었으며, 오늘날 인간의 모든 일상생활의 필수품으로 전기는 발전해 왔다.

전력산업은 처음에는 정부감독하의 수직통합업체에 의한 독점체제였으나, 점차 경쟁을 도입하면서 정부규제를 줄여 경제적 성과를 개선해 왔다.

국가의 경제적 건강을 유지하는데 필수적인 전력산업에 대한 규제정책의 변천 내용과 효과를 학습함으로써 향후의 바람직한 정책을 모색해 본다[1].

1. 전력산업의 역사

1.1 자연독점 인정과 정부규제

미국에서 상업적 목적으로 전기를 생산하여 상업화한 것은 1882년 9월 4일 에디슨(Thomas Edison)이 뉴욕 시의 펄가(Pearl Street)에 발전소를 세우면서 시작되었다. 에디슨의 발전소는 560KW의 직류전기(dircet current, DC)를 생산하여 59명의 소비자에게 1KWH당 24센트에 판매했다. 그로부터 14년 뒤인 1896년

1) Moss(2016)와 북미지역경제(2011) 제11장을 근간으로 최근의 산업동향과 데이터를 반영하여 정리하였다.

웨스팅하우스(George Westinghouse)가 교류전기(alternating current, AC)를 발명했는데, 이는 에디슨의 직류전기보다 더 우수함이 입증되었다.

20세기에 접어들면서 미국에는 3,000개 이상의 발전소가 세워졌는데, 지방정부가 소유·운영하는 발전소는 가로등이나 전차에 전력을 공급하고, 민간 소유 기업들은 도시의 다른 용도에 전기를 공급했다. 그 후 60년 동안 지속될 전기공급의 기본적 개념은 전기를 생산하는 발전소로부터 전선을 통한 전기의 송전 그리고 지역에서 최종 고객에게 전기를 공급하는 배전 등 세 단계 모두를 통제하는 하나의 수직통합 기업이 가장 효율적으로 기능한다는 것이다.

전기서비스의 중요성이 높아짐과 더불어 전력산업의 자연독점(natural monopoly) 성격이 경쟁을 방해한다는 믿음에 따라, 각 주들은 독점적 지위의 전력회사들의 남용을 방지하면서도 독점의 효율성을 얻기 위해 이 분야를 규제하게 하였다. 위스콘신, 조지아 그리고 뉴욕이 선도하여 1907년에 전기에 대한 주 차원의 규제를 제정하고, 1914년까지는 45개 주가 전기분야를 규제하는 법규를 만들었다.

전기사업은 이제 주 규제위원회(state regulatory commissions)가 지정한 허가영역의 지역경계 안에서 정당한 가격에 공정한 조건(just and reasonable rates)으로 공중에게 공급하는 전통적인 공익사업(utility firm)으로 운영하게 되었다. 이 산업에서 연방정부는 국가 대부분의 수력자원을 보유하여 그 역할을 하였는데, 1920년에 연방전력위원회(Federal Power Commission, FPC)가 만들어져 수력발전소의 건설 및 운영을 규제하게 되었다.

1.2 1935년 공익사업지주회사법

20세기 들어 전력산업은 30년 동안 연평균 12%의 성장을 이룩하고, 1920년대 초에는 전력조직이 7,000개에 가까워지며 고점을 이루었다. 그러나 지방정부가 소유·운영하는 전력기업들의 수와 전력생산 비중은 줄어들었다. 그리고 연방정부의 전력체계는 계속 확대되었지만 민간소유 사업체가 전력의 90% 이상을 생산하면서 산업을 지배하게 되었다. 전력 가격은 3분의 1수준으로 떨어지고 전기를 공급받는 미국가정은 8%에서 거의 70%로 높아졌다.

1920년대에 갑작스런 새로운 사태가 산업의 모습을 바꾸었다. 수십 개의 전력기업이 합병을 시작하여 훨씬 큰 지주회사를 만든 것이다. 흡수와 합병이 해마다 200~300건으로 가속되고 이어 지주회사들의 지주회사가 생겨나면서 1920년대 말 16개의 거대기업이 국가전체 전력의 4분의 3을 차지했고, 그들 중 United Corporation, Electric Bond and Share, Insull Empire 등 3기업이 45%를 장악했다.

금융사기와 대공황은 많은 거대 지주회사들을 무너뜨렸으며, 그 결과 1935년에는 공익사업지주회사법(Public Utility Holding Company Act)이 제정되었다. 이 법은 증권거래위원회(Securities and Exchange Commission, SEC)가 전력기업의 자본구조, 자금운영, 회계 관행, 자회사들 사이의 내부거래 등 광범위한 분야에 대하여 규제할 수 있도록 권한을 부여했다.

이 법에 의하여, 기업에게는 사형선고와 같은 조치로서 즉 미국기업에게 적용된 가장 엄격한 교정조치로서, SEC는 900개가 넘는 전력사업체를 지주회사 지배에서 분리시켰다. 1958년 지주회사는 20년 전 218개에서 18개로 줄어들었다. 또한 공익사업지주회사법은 연방전력위원회에게 더 많은 지역에 걸쳐 전력의 조율과 신뢰를 높이는 풀(pooling)제를 형성하도록 하는 책임을 부여하고, 주와 주 사이의 전력송전을 규제하는 권한을 주어 연방전력위원회의 역할을 확대하였다.

1940년대와 1950년대는 전력산업의 황금기였다. 전쟁동안에 전력수요가 증가하였고 전후에도 꾸준히 높아졌다. 더 큰 발전소와 송전거리 개선 등 송전 및 배전에서의 기술진보로 비용과 가격을 낮추면서도 전력기업의 수익은 안정되고 건전하였다. 1954년 민간기업들에게 허용하면서 수십 개의 핵발전소도 계획되었다. 전력생산은 해마다 7.5~8.5% 증가하고 발전의 생산성은 35% 높아지고 전기가격은 점점 낮아졌다.

1.3 1990년대 구조개편: 경쟁도입

미국 전력산업의 좋은 추세는 1960년대에 무너지기 시작했다. 1965년 Northeast 발전소의 정전으로 신뢰성이 낮아지고 1970년대의 에너지 위기로 비용과 가격이 요동치고, 환경운동으로 환경오염 문제가 부각되고 1970년과 1977년의 청정공기법(Clean Air Act)은 전력사업체에게 배출가스를 통제하고 줄이게 했다. 높아지는 건설비용과 1979년 펜실베이니아 Three Mile Island의 핵발전소 사고는 원자력기술의 확대를 멈추게 했다. 전기료가 오르기 시작했다.

1980년대 중반까지의 이런 사태들이 그 동안 전력산업이 기반하고 있던 믿음에 의문을 불러일으켰다. 곧, 전력산업은 자연독점 성격 때문에 정부규제의 직접적인

감독 아래 "중앙통제 수직통합 독점기업"에 의해 가장 효율적으로 수행된다는 주장에 대한 의문이었다. 이제 규제와 독점을 줄이면서 경쟁과 효율을 높이고 비용과 가격을 낮추기를 바라는 방식으로 산업을 근본적으로 재조직하자는 주장이 높아지기 시작했다.

1992년 에너지정책법(Energy Policy Act)은 규제받지 않는 발전소를 세워 경쟁적 도매시장에 판매할 전력생산을 전문으로 하는 새로운 계층의 전력생산자들을 허용하였다. 이런 도매시장의 작동을 위해 필요한 송전체계가 개방되어, 발전 쪽에서는 비통합 전력생산자 혹은 비공익 발전업자(non-utility generators)에게, 배전 쪽에서는 지방 사업체들과 소비자들에게 차별 없이 이용되도록 하였다. 수직통합 공익사업 독점기업이 소유 운영하는 송전체계는 서비스의 신뢰성이 보호되는 한편 전력가격은 경쟁적으로 결정될 것으로 기대하였다. 그래서 이런 목표를 달성하기 위한 규제조치가 1996년과 1999년에 연방전력위원회의 후신인 연방에너지규제위원회(Federal Energy Regulatory Commission, FERC)에 의해 시행되었다. 매사추세츠, 로드아일랜드, 펜실베이니아 등과 같이 전력가격이 높은 주들은 이 새로운 정책을 받아들였다. 2001년까지 24개 주가 발전부문에서 경쟁을 촉진할(송전과 배전의 규제는 종전대로 유지하고) 구조개편계획에 착수하였다.

그러나 새로운 전력제도에 대한 전망은 2000년과 2001년의 캘리포니아 정전사태, 거듭되는 정전, 회계 부정으로 인한 에너지 기업 엔론(Enron)의 몰락 등으로 어두워졌다. 전력시장의 새로운 경쟁을 구상하던 주들도 그들의 구조개편 계획을 중지하고 이미 시작한 주들은 그 계획을 변경하기도 하였다.

1.4 전력산업의 규모

전력산업은 지난 20년 중에도 계속 성장하여, 〈표 13-1〉에서 보는 바와 같이, 2015년 기준 1억 4,800만 고객에게 연간 40억 메가와트시간(megawatt-hours, MWH)의 전력을 공급하여, 3,910억 달러의 소매판매액을 기록하였다. 발전량과 소매판매액의 경우 금융위기에 따른 산업활동 위축을 반영하여 2000년대 들어 증가율이 낮아진 것으로 나타났다.

표 13-1 미국 전력산업의 시장규모

시장규모	1990	2000	2010	2015	증가율 (%)	
					1990/2000	2000/2015
발전량 (백만 MWH=TWH)	3,038	3,802	4,125	3,919	2.2	0.2
소매 판매수익 (십억 달러)	178.2	233.3	368.9	391.0	2.7	3.5
소비자 고객 (백만)	110.6	127.6	144.1	147.8	1.4	1.0

- 1 kilo watt hours (KWH) = 1,000WH = 10^3 watt hours
- 1 mega watt hours (MWH) = 1,000KWH = 10^6 watt hours
- 1 giga watt hours (GWH) = 1,000MWH = 10^9 watt hours
- 1 tera watt hours (TWH) = 1,000GWH = 10^{12} watt hours

자료: U.S. Energy Information Administration(2017), (www.eia.gov/eletricity).

2. 전력의 특성과 산업구조

2.1 전력의 성격과 수요의 특징

전력산업은 수직적인 세 단계의 구조로 이루어져 있다. 첫 번째 단계는 발전소에서의 전력생산인데, 미국에는 1만 7,000개의 발전소가 있다. 발전소에서 생산된 전력은 발전소를 떠나 10만~76.5만 볼트로 승압되어 송전네트워크로 들어가 지역 배전시스템으로 이동하는 송전단계를 거친다. 전기가 목적지에 도달하면 변전소에서 변압기를 통해 전압이 낮아진다. 마지막 단계는 지역배전으로 더욱 낮아진 전압으로 각 가정과 기업에 이른다.

전기의 가장 중요한 특징은 저장되지 않는다는 점이다. 전류는 빛의 속도로 흐르므로 전력의 발전, 송전, 배전과 소비는 동시에 일어난다. 이는 산업의 세 단계가 완전히 서로 의존적인 부분들이 균형되게 그리고 서로 동시에 작동해야 하는 하나의 체계 또는 전기시설망(grid)을 형성함을 뜻한다.

전기는 일상생활의 필수품으로서, 소비자들은 전력가격의 변화에 민감하지 않은 것처럼 보이지만, 가격변화에 대한 소비자(수요자)의 반응정도 즉 수요의 가격탄력성은 고객(소비자)의 유형에 따라 다르다.

주거 소비자(일반 가정용)들은 가격변화에 대해 상대적으로 덜 민감하여 비탄력적이고, 산업용 전기수요자(기업)들은 전기사용료가 중요한 생산비용이기 때문에 전력가격에 훨씬 민감하다. 또한 일부 대규모 산업용전기소비자들 즉 대기업들은

공장에서 전기를 자체적으로 생산하기도 한다. 상업용 소비자들은 그 중간쯤으로 이해된다.

또한 전기소비자 특히 주거용소비자와 상업용소비자의 경우 꾸준하고 일정하게 전기를 사용하지 않기 때문에 계절과 날짜와 시간에 따라 사용량이 다르다. 시간과 용도에 따른 요금차이가 없는 균등 전력가격 체계는 피크타임 소비를 촉진하고 여타시간 소비를 줄이는 효과를 가지기 때문에 전력의 가격은 시간대에 따라 용도에 따라 다르게 책정되기도 한다.

2.2 조정기능의 중요성과 조정방식의 변화

전기의 발전-송전-배전-소비의 동시성 때문에 전력체계는 크게 조율된 방식으로 운영되어야 한다. 전통적으로 이런 조정기능은 자신들의 발전, 송전 및 지역 배전체계를 통합하여 운영하는 수직통합 사업체가 내부적으로 수행하였다. 그러나 이런 핵심적인 조정기능의 중심이 지난 수십 년 동안 바뀌어 왔다.

사업체들 사이에서 그들의 운영을 경제적이고 합리화하려는 협력기구의 방식으로 '전력 풀제 협정'(power pooling agreements)이 1927년부터 개발되었다. 풀제는 그들이 얼마나 긴밀히 또는 느슨히 조직되는가에서 차이가 있었다.

1965년 Northeast 전기의 정전사태는 보다 넓은 지역에 걸쳐 운영을 더 긴밀히 조율하여 신뢰성을 높이려는 지역위원회를 형성하게 하였다. 1960년대 말까지 전력기구들이 자발적으로 참여하는 10개의 신뢰성위원회가 세워지고, 국가 후원기구인 북미전기신뢰성위원회(North American Electricity Reliability Council, NERC)에 속하게 되었다. 이 지역 위원회들은 균일한 운영절차와 기술표준을 개발하고, 전력의 수요와 공급을 감시하고, 고장과 정전을 평가하고, 지방·주·연방 기관들과 교섭하는 기능을 하고 있다.

1990년대부터는 독립서비스운영체(Independant Service Operators, ISO)와 지역송전기구(Regional Transmission Organization, RTO)로 불리는 새로운 지역운영체들이 나타났다. 전력산업을 재편하려는 연방에너지규제위원회(FERC)의 노력과 더불어 산업이 재편되고 도매전력 시장이 개방되면서, 이 새로운 운영체들이 조정기능을 담당한다. 이런 지역에서는 공정하고 개방적이며 편중되지 않게 관리하는 책임을 지는 독립적이고 비영리의 제3자가 조정기능을 수행한다. 이들 지역에서는 전력의 생산자와 구매자가 전기공급을 계약하고, ISO 또는 RTO가 전체적인 수요와 공급을 일치시키며 발전의 운영을 배치하고, 전기시설망의 부하를 균형시키려고 송전을 지휘한다.

이런 지역송전기구들은 그 범위가 넓다. 예를 들면, PJM 체계는 인디애나와 오하이오로부터 메릴랜드와 뉴저지 등 13개 주에 1,400개 발전소와 900개 이상의 회원들로 이루어져, 6.2만 마일의 송전선을 통하여 6,100만 고객에게 18.4만 mw의 전기를 보내는 세계최대의 중앙통제 전기시설망이다. 유사한 예로서 중부 ISO(MISO)는 미국 중부 15개 주와 캐나다의 매니토바 주의 4,000만 고객에게 17.5만 mw의 전기를 공급하고 있으며, 미국 남부 루이지애나에서부터 시작되는 6.6만 마일의 송전선을 관리한다.

전국 발전시설의 약 절반이 이런 새로운 지역송전기구(RTO)들의 관할에 있다. 그러나 Southeast, Mountain West와 Northwest 지역들은 이를 채택하지 않고 대신 신뢰성위원회(reliability council)에 자발적으로 참여하는 수직통합사업체의 전통적인 제도를 유지하고 있다. 이 제도에서는 수직통합된 송전체계에 대한 발전회사의 접근은 강제적이고 전기시설망을 운영하고 조정하는 제3의 중앙통제자가 없다.

2.3 발전소 유형과 규모의 경제

① 발전용량

전통의 발전소는 수력으로 또는 연료를 태워 터빈을 돌려서 전기를 생산한다. 석탄, 석유 또는 가스를 이용하는 화력발전소는 전체 발전용량의 68.7%에 이른다. 1970년 뒤로는 미국에서 핵발전소가 세워지지 않았지만 약 9%의 전기를 생산하고 있다. 최근에 부분적으로 에너지 독립과 국가 안보에 대한 염려로 원자력 발전에 대한 관심이 다시 높아지고 있다. 수력발전소는 전체 발전용량의 약 8.5%를 점한다. 수력 외 재생에너지원의 전력생산은 2000년 뒤로 증가하였으나 아직도 그 비중이 그리 높지는 않지만, 풍력발전이 빠르게 증가하고 있다.

미국공공전기협회(American Public Power Association, APPA)가 분석한 자료에 의하면, 2008~2015년간 미국의 발전용량 증가는 총 16.8만 MW였는데 그 중 42%는 천연가스 발전이었으며 그 다음으로 풍력부문의 비중이 33%였다.

표 13-2 에너지원별 발전용량 (2016)

(단위: 천MW = GW)

순위	에너지원	발전용량 (비중)	
1	천연가스	500.2	(42.7)
2	석탄	305.0	(26.0)
3	원자력	107.0	(9.1)
4	수력	100.1	(8.5)
5	풍력	72.2	(6.2)
전체		1,182.3	(100)

자료: APPA(2016), "America's Electricity Generation Capacity 2016 Update" (www.publicpower.org).

② 에너지원별 발전량

〈표 13-3〉에서 보는 바와 같이, 미국의 연간 발전량은 꾸준히 증가하여 2007년에는 40억 MWH(4,000 TWH)를 기록한 후 2008년 금융위기에 따른 경제활동 위축 이후 8년간 39억 MWH 수준에서 소폭적인 등락을 보이고 있다.

표 13-3 미국의 발전량 추이

(단위: 백만 MWH = TWH)

연도	석탄	석유	천연가스	원자력	수력	계
1950	155	34	45	–	96	329
1960	403	48	158	1	113	756
1970	704	184	373	22	248	1,532
1980	1,162	246	346	251	276	2,286
1990	1,572	119	309	577	290	2,901
2000	1,943	105	518	754	271	3,637
2010	1,828	35	901	807	258	3,972
2015	1,341 (34.2)	27 (0.7)	1,238 (31.2)	797 (20.3)	248 (6.3)	3,919 (100)

주: 괄호속의 수치는 각 부문의 전체에 대한 비중(%)임.
자료: EIA(2017), "Monthly Energy Review January 2017."

2015년의 경우, 39.2억 MWH의 에너지원별 구성을 보면, 석탄 34.2%, 천연가스 31.2%, 원자력 20.3%, 수력 6.3% 순으로 나타났다. 이러한 에너지원별 발전량구성을 지난 65년 동안의 흐름에서 보면, 천연가스에 의한 발전의 비중이 크게 증가한 반면 석유에 의한 비중은 크게 하락하였다. 석탄, 천연가스, 석유 등 화석연료에 의한 발전의 비중은 65~75%를 점하는 것으로 나타났다. 그리고 수력의 비중은 점차 하락하고 원자력의 비중은 상승하였다.

③ 규모의 경제

전통적인 전력생산 발전소들은 거대한 규모의 재정투자를 필요로 한다. 보일러, 터빈, 발전기, 전압기 등은 수십억 달러의 비용이 든다. 특히 원자력발전소는 규모의 경제가 더 높은데, 안전성을 위한 설계와 건축비용이 많이 든다. 그러나 발전에서도 규모의 경제에 한계가 있다. 1950년대부터 1970년대 초 사이에 더 크고 고압인 발전소를 세우는 흐름이 바뀌었는데, 거대 발전소들은 낮아진 신뢰성과 높아진 장애발생 시간, 높아진 운영비용에다 다른 생산자들에게서 비싸게 대체전력을 사와야 했다. 또한 기술발전으로 여러 형태의 가스와 유류 발전소들에서 규모의 경제를 줄일 수 있었다. 작은 규모가 큰 규모만큼 효율적으로 전기를 생산할 수 있게 되었다.

〈표 13-4〉는 발전소 유형에 따라 적정발전규모와 자본비용 및 운영비용을 비교하고 있다. 원자력발전소는 많은 시설비용이 들지만 운영비용은 매우 낮은 반면, 천연가스와 석탄발전소는 시설준비를 위한 자본비용이 낮지만 운영비용이 높음을 알 수 있다.

하지만 송전에서는 거대한 규모의 경제가 따른다. 30만 V(볼트)가 흐르는 하나의 송전망은 10만 V가 흐르는 3개의 송전망보다 평균비용이 낮다. 또한 고압선을 세우는 비용도 크고 설치지역 주민들의 저항도 크며, 하나의 중앙 운영자가 송전망의 운영을 가장 효과적으로 수행한다.

배전선, 변압기, 전봇대에서 여러 개의 망은 비효율적이고 비용이 더 든다. 지역의 배전도 장거리 송전과 마찬가지로 시설비용이 많이 들어서 자연독점의 특성을 보인다.

표 13-4 신규 발전소의 경제적 특징

발전소 유형	적정발전규모 (MW)	자본비용 ($/KW)	운영비용 (mills/KWH=$/MWH)
석탄(정제된)	600	1,290	4.32
재래식 가스연소터빈	160	420	3.36
재래식 수력	500	1,500	3.30
진보된 원자력	1,350	2,081	0.47
통합 석탄 가스화	550	1,491	2.75
풍력	50	1,206	0.00
바이오매스	80	1,869	2.96

자료: U.S. Energy Information Administration(2007), Electricity Market Module, April.

2.4 전력업체의 유형

미국의 전력업체들은 주로 네 가지 유형이 있는데, 연방전력기구와 지방정부 등 공공부문이 보유한 공익사업체(Publicly Owned Utilities, POU), 협동조합(cooperatives), 민간투자자 보유 공익사업체(Investor-Owned Utilities, IOU), 민간소유 비공익기업(Non-Utility Firms)이다.

표 13-5 미국 전력공급자의 유형별 통계 (2015)

공급자	업체수	고객수(천 명)	전력판매 (TWH)	판매수익 (십억 달러)	발전량(TWH)
IOU[1]	189 (5.7)	101,150 (68.4)	1,952 (52.3)	223 (59.0)	1,601 (38.7)
POU[2]	2,013 (60.9)	21,394 (14.5)	574 (15.4)	56 (14.8)	411 (9.9)
협동조합	877 (26.9)	18,920 (12.8)	416 (11.1)	42 (11.2)	207 (5.0)
연방전력기관	9 (0.3)	39 (0.0)	37 (1.0)	1 (0.4)	266 (6.4)
전력판매업자[3]	218 (6.6)	6,344 (4.3)	756 (20.2)	55 (14.6)	1,647 (39.9)
계	3,066 (100)	147,849 (100)	3,735 (100)	378 (100)	4,134 (100)

주: 1) IOU: Investor-Owned Utilities(민간투자자 소유 공익사업체)
2) POU: Publicly-Owned Utilities(공공소유 공익사업체)
3) 발전량의 경우에는 민간보유 비공익 발전업자(Non-Utility Generators)임.
* 괄호 속의 수치는 전체에 대한 비중(%)임.
자료: APPA(2016), *2015-2016 Annual Directory and Statistical Report.*

지방정부 소유의 공기업들은 2,000개가 넘는데, 소규모 배전을 하는 작은 기업에서부터 대규모의 전력공급 기업까지 다양하다. 전력 협동조합은 47개 주에서 운영되는데, 협동조합은 서로 이윤을 나누는 고객들이 소유하며 보통 농촌지역에 많다. 연방전력기구로는 테네시계곡공사(Tennessee Valley Authority, TVA), 미육군공병단(U.S. Army Corps of Engineers), 간척국과 인디언사업국에서 운영하는 발전시설 등이 있다. 연방 전력기구들은 수력발전에 크게 의존하는데, 수력에서 연방전력기구들이 60%를 생산한다.

민간투자자 보유 공익사업체(IOU)는 대규모의 회사로서 189개에 불과하지만 발전량이나 전력판매량과 소비고객의 숫자 등에서 단연 가장 큰 조직이고 고압 송전선의 약 70%를 소유한다. 지난 10년 동안 대부분의 기업이 FERC의 허락을 받아 여러 지역에 걸쳐 사업체들을 흡수 합병하여 지주회사로 재조직하였다. 예를 들면 듀크 에너지(Duke Energy)는 지주회사로서 발전 자회사를 통하여 노스캐롤라이나, 사우스캐롤라이나, 오하이오, 인디애나와 켄터키 등 다섯 주에 걸쳐 81개 발전소에서 37,000mw의 전력을 생산한다. 2만 마일이 넘는 고압 송전선과 10.6만 마일의 지역 배전선, 그리고 400만 소비고객에게 전력을 공급하는 자회사 사업체들을 소유하고 있다.

최근 전력산업의 주요 동향으로는 규제받는 공익사업과 직접 관련되지 않는 민간보유 비공익발전업자(Non-Utility Generators) 비공익전력판매업자(Non-Utility Power Marketers)의 등장이다. 주정부의 구조개편 정책에 부응하여 등장한 새로운 유형의 전력기업들로서, 전자는 비통합 발전기업들(상업발전회사 또는 독립전력생산회사), 지주회사들의 발전 하청업체 또는 협력업체들을 뜻한다. 후자는 전력을 거래하지만 발전시설이나 송전 배전 시설이 없는 기업들이다. 비공익 발전업자들이 전국 발전능력에서 차지하는 비율은 1993년 8%에서 2015년 40%로 높아졌으나 독립 송전기업은 거의 없으며, 218개의 전력판매업자들이 연간 706억mwh를 거래하여 550억 달러의 매출을 올려 전체 전력매출액의 14.6%를 정하였다.

2.5 전력기업의 흡수 및 합병

지난 10년 동안 전력산업에서는 60년 전 거대한 지주회사가 형성된 이래 가장 큰 규모로 탐욕스런 인수와 합병이 이루어졌다. 1999~2014년 기간 중 미국 전력업체의 M&A의 규모는 4,500억 달러에 달하였으며, 2005~2012년 중 550GW의

발전용량의 발전소의 주인이 바뀌었는데 그중 65%는 M&A를 통하여 이루어졌다[2].

전력산업에서 최대기업들의 상대적 크기 즉 산업집중도는 전력시장의 지리적 경계, 경쟁자의 수와 그들의 상대적 규모가 전력산업의 세 단계에서 서로 다르기 때문에 일률적으로 정의하기는 어렵다.

지역배전 단계에서 집중도는 극도로 높다. 보통 하나의 규제받는 기업이 정부가 정한 허가시장(지역)에서 모든 전기공급과 판매를 통제한다. 주 전체 지역으로도 집중도가 매우 높다. 45개 주에서는 전력 소매 최대5사가 전체 판매의 65%를, 32개 주에서는 75%를 넘는다. 앨라배마와 캘리포니아에서는 각기 78%이다.

송전 단계에서도 집중도가 매우 높다. 발전소와 생산자를 지역 공익사업체와 소비자에 연결시키는 고압 송전선의 소유는 매우 집중되어 있다.

송전선의 대부분은 거대 전력지주회사들이 자신의 발전소와 소매영업망에 서비스하는 수직통합 기업들이 다년간 건설하여 소유하고 있다. 여기에서 반경쟁적 행위의 우려가 대두된다. 그들이 다른 경쟁자들을 배척하거나 차별하여 그들의 발전 배전망에 유리하게 운영할 수 있다. RTO와 ISO가 설립된 지역에서 송전선의 운영은 FERC가 규제하는 하나의 중앙통제공사가 담당한다.

발전 단계에서는 주 차원에서 집중도가 높다. 그리고 전력을 매매하는 보다 넓은 시장 내에서는 집중도가 낮아지지만 그래도 상당하다.

3. 가격결정과 시장지배력

3.1 지역배전의 가격설정

지역배전에서 최종소비자가 부담하는 전력가격(요금률)은 각 주의 공익사업위원회(State Public Utility Commissions)가 결정하는데, '요금률의 기초는 수익률'(rate-base, rate-of-return)이라는 전통적인 원칙에 따른다. 공익사업위원회가 주기적으로 청문회를 열어 전력회사의 비용과 자산을 평가하며, 기업비용을 감당하고 자산에 대해 적정한 수익 또는 이윤을 벌게 하는 '요금률 구조(rate structure)'를 승인한다.

2) Moss(2016) pp.72~73.

표 13-6 수요자별 전력 소매판매 통계

구분(단위)	2005년				2015년			
	고객수(백만)	판매량(TWH)	판매액(십억 달러)	가격 센트/KWH	고객수(백만)	판매량(TWH)	판매액(십억 달러)	가격 센트/KWH
주거용	121	1,359	128	9.45	130	1,404	178	12.65
상업용	17	1,275	111	8.67	18	1,361	145	10.64
산업용	0.7	1,019	58	5.73	0.8	987	68	6.91
전체	138	3,661	298	8.14	148	3,759	391	10.41

자료: EIA(2016), (www.eia.gov/electricity/annual/html/epa_01_02.html).

이런 요금률 구조는 소비자 집단에 따라 다른 가격을 적용한다. 주거 소비자들에게는 높은 가격, 산업 이용자에게는 낮은 가격, 그리고 상업 이용자에게는 중간 가격이 적용된다. 이런 가격차별은 여러 근거에서 정당화된다. 주거 소비자들은 하루 두세 시간 동안 소비가 집중되므로 공급비용이 상대적으로 많이 드는 반면 산업이용자들은 비교적 안정적인 전력소비를 하고 있기 때문이다.

지역별로도 전력가격은 상당한 편차를 보이는데, 북동부와 캘리포니아 지역은 가격이 높고 중서부와 북서부 지역은 전력요금이 낮다. 이는 지역별로 발전비용이 다르기 때문이다. 일부 주에서는 전력 소비자들에게 지역의 배전사업체는 독점으로 하면서도 발전업체는 선택하도록 허용한다. 이때 다른 공급자를 고르지 않거나 혹은 다른 공급자가 공급하지 못하는 소비자들에게는 지역사업체가 최종 공급자가 된다. 소량을 소비하는 주거 소비자들보다 많은 전력을 사용하는 산업소비자와 상업소비자들이 전력업체 선택에 훨씬 더 민감하다.

〈표 13-6〉에서 보는 바와 같이 수요자유형에 따라 전력의 소매가격이 상당한 차이를 보이며 최근 10년간 그 격차는 더 확대되었음을 알 수 있다. 주거용 전력의 KWH당 12.65센트에 비하여 산업용전력은 거의 절반수준인 6.91센트로 나타났는데, 이는 각각 9.45센트와 5.73센트였던 10년 전보다 격차가 확대되었다.

3.2 도매 발전의 가격설정

발전단계에서 도매전력 가격은 판매자와 구매자 사이의 협상으로 결정된다. 만약 발전소가 연방에너지규제위원회(FERC)로부터 '시장기반 요금설정 권한'(market-based rate authority)을 부여받으면, 규제받지 않는 시장가격이 정당하고

합리적인 것으로 간주되고 서비스비용 규제를 받지 않는다. 도매전력의 가격은 전력이 지역송전기구(RTO) 관할지역에서 매매되는가의 여부에 따라 다르다.

RTO가 없는 지역에서는 구매자와 판매자가 가격, 전력 규모, 날짜와 시간을 협상한 다음 전력을 보내 줄 송전업체와 계약한다. RTO 관할 지역에서는 구매자와 판매자가 가격, 전력 규모, 날짜와 시간을 협상하고 계약시간이 되면 발전회사가 전력을 RTO 망에 넣고 판매자는 같은 양을 빼낸다. 판매자는 이때 RTO망에서 설정한 가격을 받고 구매자는 그 가격을 지불한다. 구매자와 판매자는 원래 계약된 가격과 이 당시 지불되었던 가격의 차를 사후에 정산한다.

3.3 송전요금과 장애 비용

연방에너지규제위원회(FERC)는 송전선을 운영하는 모든 전력업체는 '공개접근 송전요금제'(Open Access Transmission Tariff, OATT)를 통해 송전선에 접근할 수 있도록 한다. 송전요금에는 두 가지 유형이 있다.

네트워크 송전서비스(network transmission service)를 위한 OATT 계약은 전력을 전기시설네트워크에 넣고 이를 꺼내는 계약이다. 이 경우 이용자는 이 체계의 전체 전력량에서 차지하는 비중(부하 비율, load ratio share)에 따라 월별 요금을 지불한다. 이것이 첫째 유형이다. 송전요금의 둘째 유형인 점-대-점 송전서비스(point-to-point transmission service)는 특정한 지역 간 송전을 보상하는데, 이 경우 이용자는 사용된 송전체계의 시설용량에 기초하여 요금을 지불한다.

지역송전기구(RTO)의 경우에는 송전요금에 더하여, 송전체계에 장애가 생기면 추가적으로 장애비용을 지불한다. 장애가 생기면 그 장소의 전기가격은 장애청구금액을 반영하여 오른다.

3.4 시장지배력과 가격조작

전력시장에서 시장지배력의 행사와 조작은 도매시장에서의 경쟁촉진과 관련하여 중요한 논쟁거리다. 전력산업의 조정기능이 달려 있는 중추시설인 국가송전망의 대부분을 보유하고 있는 수직통합 기업과 반경쟁적 방식으로 송전망 접근을 조종할 수 있는 그들의 능력 때문에 시장지배력이 관심의 대상이 된다.

수직통합 기업은 자회사에게 보다 유리한 송전조건을 제시하고, 송전 가능성을

미리 알려주고, 절차를 자회사에게 유리하게 바꾸고, 다른 회사들에게 송전정보를 적시에 알려 주지 않고, 협상을 지연시키는 반경쟁적인 행동 등을 FERC는 찾아냈다. 장기적인 송전계약 이용의 제한도 독립경쟁자들에게 비용과 위험을 높인다.

또 다른 관심은 전력시장에서 가격 조작의 가능성이다. 이 문제는 특히 최고 전력수요에 대비하여 대기하는 주요 발전소들에 대해, 발전부문의 높은 집중도와 전력입찰의 단일가격 규칙제도의 복합성에서 비롯된다. 입찰에서 전력공급을 미루거나 혼잡한 모습을 보여 인위적으로 부풀린 수요를 제시함으로써 발전기업들은 수요와 공급을 균형시키는 가격을 올려 이윤을 크게 높일 수 있다.

4. 전력산업의 성과

전력산업의 성과를 측정하는 중요한 측면은 생산성, 기술혁신, 서비스의 신뢰성 그리고 환경에 미치는 영향이다.

4.1 생산성 악화와 과잉투자

제2차 세계대전 이후 전력산업은 30년 동안 효율과 생산성의 측면에서 좋은 성과를 거두었다. 1947~1973년 사이에 전력산업의 연평균 총요소생산성 증가율은 2.7%였는데, 이는 연구대상 45개 산업 가운데 세 번째였고, 1948~1979년 사이에 전력산업의 연평균 노동생산성 증가율은 4.9%로 미국 산업전체의 2배 수준이었다.

그러나 이 시기의 후반부터 이미 생산성과 효율성이 나빠지기 시작했다. 총요소생산성은 1947~1953년의 연평균 6%에서 1966~1973년에는 −0.4%로 떨어졌다. 이러한 생산성 악화는 1970년대의 에너지 가격상승에 따른 붕괴를 비롯하여, 환경규제와 통제 등에 기인한다. 또한 큰 발전소들이 규모의 경제를 실현하지 못하고, 오히려 신뢰성을 낮추고 운영비용을 높였다. 원자력발전소에 수십억 달러의 투자도 예상보다 큰 비용이 들었다. 1975~1989년에 모든 개선은 오히려 중소형 발전소에서 이루어졌다.

1990년대 들어 전력기업의 생산성은 다소 개선되어 노동생산성은 연평균 2.9%로 상승했지만, 전체 제조업의 연평균 4.1%보다는 낮은 수준이었다.

전력산업의 효율성과 관련하여 다음 쟁점은 정부의 규제가 전력기업들로 하여금 주요 공장과 설비에 비효율적으로 과잉투자하게 하는가이다. 주 정부의 위원회

가 공익사업체들로 하여금 그들의 자산에 투자한 자본의 수익률을 보장하도록 전력가격을 설정하기 때문에 비효율적인 과잉투자가 발생할 수 있다. 그 결과 전력산업에서 비용이 부풀려지고 투자의 효율성이 낮아졌다. 그러나 이러한 비효율적 투자는 원자력발전과 더 큰 재래식 발전소 건설을 계속한 결과이기도 하다.

최근 전력산업의 구조개편에서 효율성이 개선되었는가 하는 것도 중요한 쟁점이다. 한 연구는 노동생산성이 증가하고 평균적인 연료 및 비연료의 비용이 감소했다고 밝혔다. 하지만 어떤 다른 연구는 적어도 구조개편이 일어나는 과도기에는 규제완화가 효율성을 해친다고 주장한다.

4.2 기술혁신

전반적으로 볼 때 전력산업에서 혁신은 1970년대까지 진화적 성과를 거두었다. 이때의 생산성 증가는 점진적인 규모의 증대, 증기압력, 재래식 화석연료 발전소의 가동 온도의 산물이었다. 1950년대 후반 원자력발전소의 등장은 전력산업이 거대화하는 과정이었다. 기술진보는 보일러 설계, 터빈발전기, 공해저감 설비, 자동제어에서 이루어졌다. 그러나 대규모 기업들은 큰 몫을 하지 못했고 중소규모 기업들이 긍정적으로 기여했다. 신규 석탄발전소의 평균 규모는 1970년대 초까지 꾸준히 커졌으나, 대규모 발전소의 열효율은 야금기술이 한계에 이르면서 나빠지기 시작했다. 거대 발전소들은 안전성과 좋은 성과를 거두기 위해 과다한 관리체계와 관리비용이 소요되었고 작은 발전소보다 더 많은 부품이 필요했다. 지난 40년 동안 석탄발전소의 열효율은 크게 개선되지 않았다.

또한 전력사업체들은 전후 수십 년 동안 기술부문에서 수동적인 자세를 보이면서 점점 제너럴일렉트릭(GE)이나 웨스팅하우스(Westinghouse) 같은 전력장비 제조업자들에게 의존하는 경향을 보였다. 기계장비의 제조자보다는 이용자로서 전력사업체들은 큰 발전소들의 위험을 빨리 파악하지 못했다. 1971년에 이들은 집단연구조직인 전력연구기구(Electric Power Research Institute, EPRI)를 설립하였지만 이는 의회가 세우려하던 연구기관 설립을 막으려는 의도에서 시작됐다.

전력산업은 연구개발에 작은 노력만을 하고 있다. 1999~2003년에 모든 공익사업체가 연구개발에 지출한 돈은 6억 달러로 전체 수익의 0.08%였는데, 이는 미국 전체 산업의 3.4%보다 크게 낮은 수준이다. 공익사업체들이 EPRI 부과금과 자신들의 연구 프로그램을 줄이면서, 연구개발 지출이 최근에도 감소한 것으로 나타났다.

4.3 신뢰성과 장애

일상생활의 필수품으로서 전기의 신뢰성은 전력산업의 중요한 요소이다. 신뢰성은 전기시설망에서 발생하는 장애의 빈도와 직접 관련된다. 신뢰성을 측정하는 주요 지표는 국가전력체계에서 발생하는 주요 장애(major disturbances)의 횟수이다. 여기에는 통제되지 않은 전력과 전압의 손실 또는 전력 서비스의 신뢰성을 훼손하여 에너지부나 북미전기신뢰성위원회(NERC)에 보고되는 기타 비정상적 사건들이 포함된다.

신뢰성 측정의 다른 지표는 전력체계의 기능을 위협할만큼 심각한 전기흐름을 안정시키려는 송전부하구제(Transmission Loading Relief, TLR) 절차를 요하는 장애이다. 이 절차의 수도 최근 크게 증가하였다. 송전장애와 송전중단은 국가에 200~1,000억 달러의 손해를 끼치는 심각한 문제이다. 2003년 8월 13일의 정전만으로도 40~100억 달러의 손해를 끼쳤다.

구조개편 후 새로운 환경에서는, 전력수요의 증가와 송전능력을 초과하는 발전부문의 과도한 투자 때문에 전기신뢰성이 손상될 우려가 있다. 신뢰성과 장애는 무임승차자가 이익을 보는 공공재 문제를 겪을 수 있다. 더욱이 송전선을 소유한 수직통합 지주회사가 다른 발전사들이 그들의 발전부문과 잘 경쟁하도록 송전시설을 늘리는 데에 덜 적극적일 것이기 때문이다. 발전부문에서의 경쟁심화가 송전과 배전 체계의 질을 높이는 데 쓰일 투자자금 규모를 감소시킬 수도 있다.

4.4 환경오염

환경보호청(EPA)에 따르면, 미국에서 발전소의 매연은 공기오염의 주요 원천이다. 화석연료 발전소가 국가 아황산가스 배출의 67%, 이산화탄소 배출의 40%, 질소산화물 배출의 23%를 차지하고 있다. 미국은 연간 이산화탄소 25억 톤, 아황산가스 1,030만 톤, 질소산화물 400만 톤을 배출한다. 재래식 발전소가 1995~2005년에 질소산화물이나 아황산가스 배출을 각각 13%와 50% 줄였지만 기후온난화의 주범인 이산화탄소는 오히려 20% 증가했다.

표 13-7 발전과정에서의 오염물질 배출

(단위: 백만 톤)

연 도	이산화탄소(CO_2)	아황산가스(SO_2)	질소산화물(NOx)
2005	2,543.8	10.3	4.0
2010	2,388.6	5.4	2.5
2015	2,031.5	2.5	1.8

자료: EIA(2017), "Annual Directory and Statistical Report", (www.eia.gov/electricity/annual/html/epa_01_02.html).

최근에 발표된 미국 에너지정보청(EIA)의 보고에 따르면, 2005~2015년 기간 중 발전부문에서 연간 배출하는 대기오염물질이 크게 감소한 것으로 나타났다. 〈표 13-7〉에서 보는 바와 같이, 아황산가스는 4분의 1 수준으로, 질소산화물은 절반 이하로 크게 감소했으며, 그 동안 증가세를 보이던 이산화탄소도 지난 10년 중 20%정도 줄어들었다.

원자력발전의 환경오염 문제는 다른 측면에서 나온다. 원자력발전소와 폐연료봉의 방사능은 20만 년 동안 유해하기 때문에 안전하게 처리되어야 한다. 2만 톤 이상의 폐연료봉이 영구처리를 기다리고 있다. 최근의 관심사는 정부의 네바다 주 유카산 저장소가 핵폐기물을 받아 저장하도록 허가될 것이냐의 문제이며, 다른 하나는 이 산업이 원자력발전소의 안전한 해체에 필요한 수억 달러의 자금을 충분히 적립해 왔느냐 하는 문제다.

5. 정부정책

5.1 규제완화와 구조개편

① 규제와 규제완화

자연독점 성격의 공공재로서 전력을 공급하는 기업에 대한 규제는 이 산업의 초기부터 개별 주 차원에서 시작되었다. 주들은 공익사업규제위원회를 구성하여 '정당하고 합리적'이라는 일반적 규제기준에 맞게 운영하도록 전력기업의 가격체계, 이윤, 회계 방식, 자본구조, 서비스 조건 등을 검토했다. 전력사업체들은 이런 규제적 감독과 통제를 받는 대신, 규모의 경제와 효율성 향상을 이루도록 자신들의 서비스 지역에서 독점적 영업권을 허가받았다.

연방차원에서는 수력발전소 건설과 운영을 규제하도록 연방전력위원회가 1920년에 설립되었다. 1954년에는 원자력법(Atomic Energy Act)이 원자력 개발을 민간에 개방하고 원자력에너지위원회가 원자력 발전을 규제하게 하면서 연방차원의 규제가 확대되었다.

전력산업은 자연독점이라는 근본적 전제가 1970년대부터 크게 흔들리면서 예상치 못한 방향으로 바뀌었다. 1978년에는 공공재규제정책법이 1970년대의 에너지 위기에 대처하여 제정되었는데, 이 법은 국가의 에너지 소비를 줄이려는 목적을 갖고 있었다. 이 법은 전력사업체가 그들의 전기시설망을 열병합발전시설(주로 제조업 기업들이 운영)과 적격 운영기준을 충족하는 다른 전력생산자들에게도 연결하도록 했다. 이에 따라 등장한 새로운 전력이 크게 증가한 것은 공익사업체가 아닌 발전회사(비공익 발전업자)가 전기시설망을 훼손하지 않고도 경쟁할 수 있음을 보여주었다.

1992년 에너지정책법은 전력규제의 부담을 많이 면제해 주는 새로운 범주의 도매전력기업을 만들어 전기시설망 경쟁에 대한 개방을 높이려 하였다. 또한 이 법률은 연방에너지규제위원회(FERC)의 권한을 확대해서 공익사업체들로 하여금 그들의 송전시설을 개방하여 다른 발전회사의 전력을 송전하도록 명령할 수 있게 하였다. FERC는 전기시설망이 공정하고 비차별적으로 기능하도록 지휘 통제하는 독립적인 제3자인 지역송전기구(RTO)의 형성을 촉진함으로써 수직통합 전력사업체들이 그들의 송전체계를 반경쟁적 방식으로 이용하기 어렵도록 하였다.

2005년 에너지정책법은 1935년의 공익사업지주회사법을 폐지하고 대신 FERC와 각 주들이 전력지주회사들의 회계 및 금융기록에 접근하여 감독할 수 있게 하였다. 또한 이 법은 전력기업들이 열병합발전소로부터 전력을 구매해야 하는 의무를 없애고, 에너지부로 하여금 전력공급의 장애문제를 검토하고, 국가의 송전능력을 높이기 위해 '국익송전경로'를 지정하도록 했다.

② 구조개편에 대한 찬반

1990년대에 모두 42개 주에서 전력구조개편 연구를 시작하였다. 24개 주에서는 수직통합 공익사업체들이 허가지역에서 발전·송전·배전의 개별 비용을 반영하여 소매가격을 분리시키려는 구조개편 노력이 이루어졌다. 소비자들이 발전회사를

선택하게 하고, 몇 개 주(캘리포니아, 코네티컷, 메인과 뉴햄프셔)는 수직통합 사업체들이 그들의 발전회사 운영의 전부 또는 일부를 매각하게 하거나 그들을 별도의 지사들에게 양도하게 하였다.

공공정책에서 시급한 문제는 구조개편이 성공하고 있으므로 계속되어야 하느냐, 아니면 실패하였으므로 포기해야 하느냐 하는 것이다.

구조개편을 지지하는 사람들은 지금 성공하고 있고 예기치 못한 방해와 복잡성으로 어려움도 겪지만 과거의 시대착오적 인식과 제도보다는 잘하고 있다고 주장한다. 이들은 산업에 나타난 폭넓은 변화를 지적한다. 국가 송전체계가 전통적인 독점분야를 개방하여 생산자와 소비자들의 접근을 높이는 데에 성공하였으며, 경쟁시장에 필수적인 수요 공급과 가격의 실시간 정보를 모두가 이용하고, 국가 발전능력의 반 이상을 지역송전기구(RTO) 아래에서 운영되고, 40% 이상의 전력이 규제되지 않은 발전소에서 생산된다고 지적한다.

또한 이들은 전기 가격이 낮아져 최근 몇 년 동안 소비자가 340억 달러를 절약할 수 있었다고 주장한다. 이들은 2000년과 2001년의 캘리포니아 대정전은 소매가격을 규제하고 이를 고정해 놓았지만 도매가격은 변동할 수 있도록 한 치명적인 오류를 지닌 프로그램 때문이라고 주장한다. 이들은 정책입안자들이 경쟁적 시장의 힘이 작용하게 하는 방향으로 규제와 제도를 개편하면 구조개편이 가격과 비용을 낮출 것이라고 주장한다.

한편 구조개편에 반대하는 사람들은 발전소, 송전시설 및 배전시설들은 이전과 마찬가지로 수직통합 기업들에 의해 확고히 통제되고 있기 때문에 구조개편은 환상에 불과하다고 지적한다. 1935년 공익사업지주회사법을 1990년대에 폐지한 이후 1930년대에 전력산업을 지배하던 거대 지주회사들이 부활되고, 거대 지주회사들이 다시 자회사들 사이에서 가격과 이윤을 부풀리는 다양한 금융요술을 부리게 했다고 평가한다. 구조개편이 캘리포니아의 재앙을 일으켰고 금융 투기자들과 거대 지주회사들이 암묵적으로 공모하고 과점 전력업체들이 전력시장을 조작한다고 해석한다.

전기는 동시에 생산되고 소비되는 실시간 제품이며, 저장될 수 없을 뿐만 아니라 현대생활의 필수품으로 합리적 대체재가 없다. 구조개편 반대론자들은 이런 독특한 특징과 이 산업의 실제 전개과정을 감안할 때, 보이지 않는 손이 전기를 신뢰할 수 있고 또 효율적으로 공급해 줄 것이라고 기대할 수 없다고 주장한다.

5.2 환경정책

전력산업은 산성비와 지구온난화의 주요 원인인 이산화탄소, 아황산가스와 질소산화물 배출의 원천이며 특히 석탄과 석유 연소에 의존하는 재래식 발전소가 이에 해당한다. 또한 원자력과 그 부산물로 생산하는 방사능 폐기물에도 해당된다. 석탄과 석유를 연소시키는 재래식 발전소에 대한 정부의 규제는 주로 1970년의 청정공기법(Clean Air Act)과 그 개정에 따라 이루어지고 연방과 주의 환경규제 부서가 연합으로 시행한다. 연방 환경보호청(EPA)은 특정 시기에 허용되는 최대 오염량으로 대기 청정기준을 정하고, 주들은 이런 연방기준에 따라 공기오염을 줄이는 실행계획을 수행한다.

이산화탄소 배출은 기술기준에 따라 규제를 받는데, 이 기준은 발전소가 채택해야 하는 특정 오염통제기술을 명시한다. 이런 규제는 지역마다 다른데, 그 지역이 환경보호청이 정한 오염수준에 부합하는지 아닌지에 따라 그리고 발전소들이 새로 세워지는지 아니면 기존의 것인지에 따라 다르다.

이산화황과 질소산화물 배출은 시장지향적인 오염배출권거래(pollution permit trading) 정책을 통하여 규제된다. 오염량의 한도가 환경보호청에 의해 설정되고, 특정한 배출허가량(배출권)을 발행하고 기업들은 이를 사고팔거나 미래를 위해 저축할 수 있다. 기업들은 이 허가량을 지켜야 하고 그들이 보유한 허가량을 넘으면 벌금을 낸다.

이런 환경규제를 준수하는데 드는 비용은 상당하다. 전력산업협회에 따르면, 전력산업은 이 규제를 준수하는 데 2002년부터 2005년까지 210억 달러를 사용했다. 환경보호청(EPA)은 전력기업들이 이산화황과 질소산화물의 배출을 통제하는데 매년 30억 달러를 사용하는 것으로 추정하고 있다.

원자력발전은 폐연료봉의 안전한 처리와 발전소 해체에 따르는 환경과제를 제기한다. 연방정부는 1982년 핵폐기물정책법(Nuclear Waste Policy Act)으로 방사능 물질이 부식방지상자에 넣어 보관되는 지하 저장소에서 핵폐기물을 영구 처리하는 책임을 맡았다. 2002년 에너지부와 대통령은 처리장을 라스베이거스에서 북서쪽으로 100마일 떨어진 유카 산에 설치되도록 추천했다. 이 처리장 완공에 드는 비용은 185억 달러로 추정하고 있다.

5.3 대체에너지 개발

에너지 자립과 안보 측면에서 22개 주가 '재생에너지 구성비율' 기준을 정하여 전력의 특정 비중이 앞으로 언제까지 대체에너지나 재생에너지에서 생산되도록 요구하고 있다. 주별로 계획이 다르지만 일반적으로 전기의 10%에서 20%가 2015~2025년까지 재생에너지 자원에서 생산되도록 요구하고 있다.

대체에너지 개발 지지자들은 재생가능 에너지 자원들(풍력, 태양력, 지열, 바이오매스) 사이에서의 경쟁을 높이고, 이 자원과 기존 연료들의 경쟁을 높이며, 소비자들을 화석연료 비용의 상승으로부터 보호하여 전력가격을 낮출 수 있다고 주장한다. 반대자들은 이런 정부의 명령은 더 비싼 연료자원을 경제적으로 바람직한 수준보다 더 많이 쓰게 하여 소비자들이 부담하는 전력가격을 높일 것이라고 주장한다. 이들은 재생자원의 유용성에서 지역별 차이를 무시한다고 지적하고, 풍력발전을 위한 터빈이 세워질 먼 지역까지 송전선 건설의 높은 비용도 지적한다.

제 14 장

항공운송산업

항공운송산업은 미국경제에서 중요한 기반산업으로 미국인의 복지에 매우 중요하다. 미국항공운송협회(Air Transport Association, 2011년 Airlines for America, A4A로 개칭)에 따르면, 미국의 민간항공이 직간접적으로 미국 GDP의 5.1%에 해당하는 8,070억 달러의 부가가치를 생산하며, 항공운송산업은 1,128만 이상의 일자리를 제공한다. 또한 미국의 도시들과 보다 작은 공동체들 사이에 필수적인 사회적 사업적 연결로서 하루에 2.7만 편 이상의 항공기 출발이 이뤄지며 연간 국내여행 탑승객 약 7억 명과 국제여행 탑승객 2억 명 그리고 659억 톤·마일의 화물을 수송한다. 민간항공운행과 관련된 재화·서비스의 2014년 총매출액은 1.54조 달러에 달하였다고 A4A는 발표했다.

1930년대 말 이후 연방정부의 광범위한 규제를 받아오던 미국의 항공운송산업은 1970년대 말 많은 규제가 폐지되었다. 규제폐지로 경쟁적 시장이 될 것이라는 당초 기대와는 달리, 항공운송산업은 산업집중이 높게 유지되고, 전국 노선에서는 과점가격 그리고 지방노선에서는 독점가격이 부과되고 있다. 항공운송산업의 규제와 경쟁촉진 정책의 주요 내용과 그 성과를 학습한다[1].

---

1) Shepherd and Brock(2016)과 북미지역경제(2011)의 제12장의 내용을 중심으로 최근 산업동향과 데이터를 반영하여 정리하였다.

1. 규제와 규제완화

1.1 1938년 민간항공법과 규제

미국의 민간항공운송은 1910년대 시작되어 1920~30년대에 크게 성장하였으며, 연방정부는 이 산업을 지원하기 위하여 1920년대부터 항공사들과 우편물을 수송하는 계약을 시작하는데 처음에는 범위가 제한되고 경쟁입찰로 이루어졌지만, 그 후 정부의 항공우편계약은 몇몇 항공사에게 주요 노선과 도시들에 대한 항구적인 운영권을 주는 특혜의 수단이 되었으며, 이는 1938년 민간항공법(Civil Aeronautics Act)에 공식적으로 규정되는 독점권이 되었다.

민간항공법은 민간항공위원회(Civil Aeronautics Board, CAB)를 창설하고 이로 하여금 높은 수준의 안전성, 건전한 재정, 그리고 나라의 상업, 우편, 안보의 필요에 적합한 적응을 위해 미국의 주간 항공운송(interstate air transportation)을 규제하게 하였다. CAB는 사업의 진입, 요금책정, 합병과 담합의 네 분야에 대한 승인권을 가지게 되었다. 자연독점의 성격을 가지는 전화나 전력과는 달리 처음에는 CAB의 임무를 달성하는 데에 경쟁이 중요한 역할을 할 것으로 기대하였다. 따라서 민간항공법은 항공 지역, 노선, 이륙과 착륙 지역 또는 항공시설에 어떤 특권이나 배타적 권리가 주어지지 않을 것을 강조하였다.

1926년 6,000명이던 탑승객은 1930년 40만, 1940년에는 300만, 1960년에는 5,000만 명을 훌쩍 넘었다. 그러나 항공 교통이 200배나 늘어난 1975년까지 약 40년간 CAB는 기존의 American, United, Eastern, TWA 등 4개의 주요 항공회사(majors) 외에 어떤 기업도 미국의 항공 기간노선에 진입을 허용하지 않았다. 제2차 세계대전 후 잉여군용기를 퇴역조종사들과 결합시켜 원거리 수송에 크게 할인된 요금을 제공하며 산업에 진입하려는 부정기 항공사들을 CAB는 괴롭히고 단단히 제한하였다.

4개의 주요회사 외의 다른 회사들은 특정 지역의 지리적 구역에 엄격히 구획된 보조적 지선(subsidiary feeder status)으로 보내졌다. 또한 노선별로 경쟁이 허용되는 주요회사의 수를 제한하여 경쟁을 억제하였다. CAB는 가격경쟁의 가능성도 싫어하는 것처럼 보였다. 특히 기존 항공사의 이윤감소를 위협하면 다른 항공사들보다 낮은 요금의 제의도 거부하였다. 점차 CAB는 항공사들이 담합하게 하는 기능을 하게 되고 반경쟁적 합병을 승인하며, 때로 이를 권장하고 독점금지법에서

면제되는 항공관행의 범위를 꾸준히 넓혀 나갔다.

1970년대까지 40년간 지속된 정부규제의 결과는 좋지 않았다. 항공운송산업은 산업의 성장으로 보다 많은 항공사를 수용할 수 있음에도 몇몇 주요 항공사에게 인위적으로 집중되고, 노선은 기존 항공사들에게 유리하도록 비효율적으로 배분되었다. 또한 주간 노선(interstate routes)의 요금은 규제되지 않고 주 항공 기관들에 의해 가격경쟁이 허용된, 특히 텍사스와 캘리포니아 같은 큰 주들의 주내 노선(intrastate routes)보다 배로 높았다. 좌석도 반쯤 빈 상태로 운항되었다. 산업의 규제를 풀자는 비판의 요구가 쌓여 가면서, CAB 규제가 경쟁을 막고 비효율을 제도화하고 요금을 부풀린다는 경제학 연구들에 뒷받침되어 규제해제의 요구가 정치권에 확산되었다.

1.2 1978년 규제완화

마침내 1978년 항공규제해제법(Airline Deregulation Act)이 통과되어 1980년까지 시장진입을 자유화하고 1983년까지 요금을 자유화하며 1985년까지 CAB를 없애게 하였다[2]. 이 법의 궁극적 목적은 “실질적이고 잠재적인 경쟁에 의존하여 효율, 혁신, 낮은 가격을 제공하고, 항공서비스의 다양성, 품질과 가격을 결정하도록 하는 항공운송체계의 장려, 개발, 유지”라고 선언하였다.

규제해제는 산업에 막대한 지각변동을 초래했다. 항공운송산업에 대한 정부의 통제가 사라진 후, 항공회사들은 낯설고 불확실한 환경에서 자신들의 진로를 모색하기 위해 부심했다. US Airways, Piedmont, Delta와 같은 보다 작은 지방항공사들이 활발히 운항지역을 넓혀 가고 주요 항공사들도 빠르게 그들의 노선과 시간을 조정하기 시작하였다. 1983년까지는 60개가 넘는 새로운 항공사가 주간 항공운송을 개시하고 요금을 20~40% 내리면서 항공운송은 더욱 빠르게 성장하였다. 낮은 임금의 비노조원 조종사와 승무원을 고용하여 더 값싸게 서비스를 제공하고, 불필요한 서비스를 과감히 없앤 새로운 경쟁기업들이 등장한 것이다.

2) 경쟁을 촉진시키려는 목적으로 많은 규제들이 1970년대 후반 이후 철폐되었다. 카터행정부 시절 연방의회는 항공기와 트럭, 철도를 보호하는 대부분의 규제를 철폐하는 일련의 법안을 통과시켰으며, 기업들은 스스로 항로나 철로, 도로의 노선을 선택함으로써 경쟁을 하게 되었고 서비스에 대한 가격도 더욱 자유롭게 정해졌다. 교통기관에 대한 규제를 철폐하는 과정에서 의회는 결국 2개의 중요한 경제적 규제기관인 주간통상위원회(Interstate Commerce Commission, ICC)와 함께 민간항공위원회(Civil Aeronautics Board, CAB)을 폐쇄시켰다.

그때까지 정부가 정해 준 요금으로 자신들의 비용을 충분히 감당해오던 대형 항공사들 중 팬암(Pan American World Airways)과 이스턴(Eastern Airways)을 비롯해 일부 항공사는 적응에 실패하여 파산하였다. 최대항공사였던 유나이티드(United Airlines)는 경영난에 빠졌고, 종업원들이 회사를 인수하기로 합의함으로써 겨우 살아남았다. 소비자들도 새로운 항공사와 새로운 서비스 및 요금체계를 혼란스러워 했다.

정부규제 하의 독점기업들은 일반적으로 자신들의 비용을 커버할 수 있는 선에서 요금을 정해왔으며, 승객에 대한 서비스가 항공료에 맞게 제대로 이루어지느냐에 대해서는 그리 걱정하지 않았다. 규제받던 시절에는 대륙횡단 요금이나 장거리 노선요금 그리고 대도시 지역 운항요금은 운행서비스 비용보다 높게 책정되고, 반면 단거리 노선과 인구밀도가 낮은 지역으로 가는 항공요금은 서비스 비용보다 낮게 정해졌다.

규제가 해제되자 처음에는 소규모 경쟁사들이 저렴한 가격으로 진입하여 경쟁이 심해지기도 하였으나, 이런 도전에 대응하여 기존 항공사들은 항공요금을 할인하거나 수익성이 낮은 노선의 운항을 감축하거나 통근용 항공기(commuter)로 대체했다. 시간이 감에 따라 규제해제 초기에 등장했던 저가격 항공기는 사라지고, 항공회사 간의 합병 물결로 특정노선에 대한 경쟁은 줄어들었다. 분석가들은 규제가 있던 시절보다 항공 요금이 낮아졌다고 평가하고 있으며, 항공 여행은 증가하였다.

1.3 인수합병과 대도시집중노선체계

1980년대 중반 이후 나타난 다음과 같은 일련의 사태들이 항공운송산업의 모습을 결정해 갔다. 첫째, 1980년대 중반 잇따른 흡수합병으로 주요 항공사들이 그들의 장래 경쟁사들을 흡수하면서 그들의 지위를 강화하였다. Northwest가 북 중서부에서 주요 지역 경쟁자의 하나인 Republic Airlines를, TWA가 남 중서부에서 성장하는 지역 항공사인 Ozark를 흡수하였고, Delta도 로키산맥 서부에서 거대한 지역 항공사인 Western Airlines를 흡수하였다.

그림 14-1 규제완화 이후 항공사들의 합병

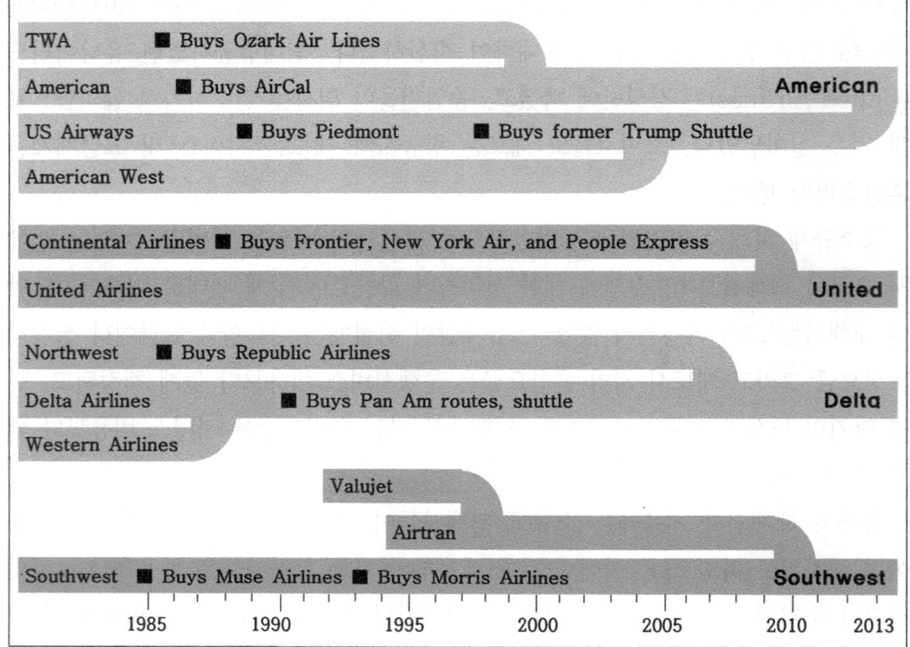

자료: The Wall Street Journal, February 12, 2013, p. B-1.

둘째, 주요 항공사들은 많은 뛰어난 소형 항공사들을 운영협정을 통해 직접 또는 간접적으로 통제함으로써 집단적인 지배를 공고히 하였다. 이 소형 항공사들이 만약 독립적으로 운영되었다면 운항영역을 넓혀서 지역적 또는 전국적으로도 경쟁력을 가졌을 회사들이었다.

셋째, 주요 항공사들은 대도시집중노선체계(hub-and-spoke route system)를 구축하여 승객을 대도시중심공항으로 모으고 여기서 환승시켜 마지막 목적지로 배분하면서 전국을 몇몇 중심도시별 독점 구역으로 구분하였다.

그리고 9·11 테러로 공항을 전면 폐쇄하고 모든 항공기의 운항을 금지하였으며, 그 후 경기침체와 유가상승은 항공 산업 특히 대규모 항공사들에게 큰 상처를 안겼다. 민간항공운송은 2001~2002년에 감소했다가 2002년부터 다시 증가하고 2004년에 고점을 이루었지만 성장에서의 이런 중단은 이미 진행된 주요 항공사들의 높은 비용구조를 더욱 악화시켰으며 2002~2005년에 United, US Airways, Delta와 Northwest가 파산하였다.

2. 산업규모와 조직

2.1 규모와 최근 동향

미국 교통부 교통통계국의 자료에 따르면, 미국 내에서 영업하는 미국항공사와 외국항공사들이 수송한 여행객이 2015년 중 8억 9,660만 명을 넘었으며, 이 수치는 2010년에 비하여 약 14%가 증가한 수준이다. 국제여행객의 증가가 탑승객의 높은 증가세를 주도하고 있다. 항공화물운송은 연간 약 659억 톤·마일로 큰 변화가 없으나, 높은 가격의 귀중한 품목과 신속한 운송을 요구하는 신선식품의 국제무역에서 항공화물운송은 중요한 역할을 담당하고 있다.

미국항공사의 비행운항 수는 연간 9백만 건 정도가 이뤄지고 있으며 최근 들어 국내운항 수는 다소 감소하는 추세를 보이고 있다. 미국항공사의 운항수익은 2015년 중 2,054억 달러를 기록하여 2010년에 비하여 17.6%나 증가하였는데 증가의 대부분은 국내운행에서 발생하였다.

표 14-1 미국 항공운송산업*의 현황

구분		2010	2015	증가율(%)
승객수 (백만 명)	국내여행	629.5	696.0	10.6
	국제여행	157.9	200.6	27.0
	계	787.5	896.6	13.9
화물운송 (10억 톤·마일)	국내운송	12.5	13.2	5.6
	국제운송	52.5	52.7	0.3
	계	65.0	65.9	1.4
운항 수** (천 건)	국내운행	8,700	8,060	-7.4
	국제운행	799	837	4.8
	계	9,499	8,897	-6.3
운영수익** (10억 달러)	국내운행	119.1	146.9	23.3
	국제운행	55.6	58.5	5.1
	계	174.7	205.4	17.6

주: *는 미국항공사는 연간 매출액이 2천만 달러 이상인 경우이며 외국항공사는 월평균 탑승객이 1만 명 이상인 경우만을 대상으로 함.
**는 미국항공사에 관한 수치임.

자료: Bureau of Transportation Statistics(2016), Data Elements (www.transtats.bts.gov/data_elements).

2.2 가격탄력성과 가격차별

300마일 이상의 거리에서 항공여행의 속도에 가까운 대체재는 없다. 항공수요는 여행의 긴급성에 따라 구별될 수 있다. 여가 여행자(leisure traveler)들은 그들의 여행계획에 상당한 여유가 있다. 어느 때라도 가까이나 멀리 그리고 항공기 대신에 승용차, 기차 또는 버스로 여행할 수 있다. 그래서 이들은 가격에 상당히 민감하다. 이에 대해 사업목적의 여행(professional travelers, business trips)은 이런 유연성이 없다. 긴 거리를 갑자기 자주 여행해야 한다.

여행계층의 수요의 가격탄력성을 고려하여 항공사들은 직업여행자들에게는 높은 요금을, 여가여행자들에게는 낮은 요금을 내게 하는 가격차별을 한다. 가격차별의 정도는 물론 높은 요금과 낮은 탄력성의 직업여행자들에게 타 여행사와의 경쟁을 제한할 수 있는 항공사들의 시장지배력에 따라 다르다.

2.3 항공사의 규모와 집중도

미국에는 약 90개의 인가받은 항공운송사가 정기선 여객운송 서비스를 제공하고 있고 이들은 세 부류로 나뉜다. 첫째로 주요 항공사들(major carriers)은 전국에 걸쳐 넓은 지역과 국제노선을 운항하는 대형 항공사들이다. 둘째, 국내항공사(national carriers)는 덜 넓은 지역에 보다 집중하는 단선 운항노선체계다. 이들은 전형적으로 낮은 비용과 낮은 요금으로 저가항공으로 불린다. 예를 들면 주요 항공사인 Delta는 97개국 457 목적지에 매일 1,500회 운항하는 반면 국내 항공사인 JetBlue는 50개 목적지를 운항한다. 셋째, 지방항공사(commuter/regional carriers)는 80여 개로 수적으로는 가장 많고, 승객이 적은 보다 작은 지역들을 더 작은 항공기로 운항하며, 주로 주요 항공사의 허브공항까지 운송하고 주요 항공사의 전국적이고 국제적인 노선으로 여행객을 연결한다.

주요 항공사들이 미국 상업 항공여객운송의 대부분인 84%를 점유하고 국내항공사와 지방항공사들이 각기 13%와 3%를 차지한다. 〈표 14-2〉와 〈표 14-3〉은 주요 항공사들의 경영실적과 고용상황을 보여준다. 표에서 보는 바와 같이 4대 주요항공사들은 연간 운영수익과 항공기 보유대수 및 피고용자 수에서 여타 항공사들을 압도하고 있다.

표 14-2 미국항공사의 경영지표

		연간운영수입 (십억 달러)	연간승객수송 (백만 명)	연간운행출발 (천 건)	항공기 (대)	피고용자 (천 명)
4대 항공사	American	41.2	130.8	1,390	939	95.8
	United	37.7	64.9	506	698	88.0
	Delta	37.4	97.6	707	707	78.5
	Southwest	17.4	114.1	1,131	621	45.3
기타 항공사	JetBlue	5.3	25.7	242	174	12.3
	Alaska	5.1	17.8	155	120	9.2
	Sky West	3.3	55.3	1,454	745	10.5
	Spirit	1.6	10.6	82	45	3.0
	Frontier	1.4	9.8	76	59	4.4
	Republic	1.3	21.5	440	258	5.8
	Allegiant	1.0	7.2	51	69	2.1

자료: Shepherd & Brock(2016), p.219.

표 14-3 항공사 그룹별 고용현황 (2015년 12월 말)

(단위: 천 명)

그 룹	연간운영수입	항 공 사	정규직	시간제	계
주요 항공사	10억 달러 이상	Amercian 등 17개	474.5	103.2	577.8
국내 항공사	1억~10억 달러	Allegiant Air 등 20개	30.5	1.9	32.4
대규모 지방항공사	2천만~1억 달러	Aloha 등 18개	30.7	0.2	3.9
중규모 지방항공사	2천만 달러 미만	Dynamic 등 8개	0.6	0.1	0.7
계			509.3	105.5	614.8

* 항공사 그룹 분류는 BTS 기준임.
자료: Bureau of Transportation Statistics(2016).

〈표 14-4〉는 전국 수준에서 항공운송산업의 집중도를 나타낸다. 1978년 규제 해제 초기에는 새로운 항공사들이 진입하고 기존의 항공사들이 운항을 넓히면서 항공운송산업의 전국적인 집중도는 낮아졌지만, 그러나 1980년대 중반 잦은 흡수 합병으로 인하여, 1992년까지 상위 4대사와 상위 8대사의 시장점유율은 66%와 81%로 높아졌다.

그 후에도 거대 주요 항공사들의 집중도는 더욱 높아져 2013년의 경우 70%와 84%를 각각 기록하였다. 이는 2001년 American Airlines의 TWA 흡수, 2005년

US Airways와 American West의 합병, 2008년 Delta의 Northwest 흡수, 2010년 Southwest의 Airtran 합병과 United의 Continental 흡수 및 2013년 American의 US Airways합병의 효과를 반영한 것이다.

〈표 14-5〉는 주요 노선별 최대항공사의 점유율을 나타낸다. 이 표는 피츠버그-필라델피아, 댈러스-디모인, 보스턴-디트로이트 등의 노선에서는 최대 항공사

표 14-4 전국규모의 산업집중도

(단위: %)

연도	상위 4대사 비중	상위 8대사 비중
1978	51	78
1983	45	63
1992	66	81
2000	61	86
2013	70	84

자료: Shepherd&Brock(2016) p.219.

표 14-5 주요 항공노선별 최대항공사 점유율

도시-도시	최대 항공사	점유율
Denver-Houston	United	44
Washington DC-San Francisco	United	46
Los Angeles-Portland	Alaska	47
Orlando-New York	Jet Blue	48
Dallas-Los Angeles	American	55
Dallas-Chicago	American	56
Cleveland-Philadelphia	US Airways	67
Minneapolis-Kansas City	Delta	68
Boston-Detroit	Delta	69
Minneapolis-Indianapolis	Delta	83
Philadelphia-Raleigh/Durham	US Airways	86
Dallas-Des Moines	American	89
Pittsburgh-Philadelphia	US Airways	90

자료: Office of Aviation Analysis(2014), U.S. Department of Transportation, *Domestic Airline Fares Consumer Report,* Table 1, February.

표 14-6 주요 허브항공의 최대항공사와 집중도

공 항	1980년		2013년	
	운영 자회사 포함	비중%	운영 자회사 포함	비중%
Atlanta	Delta	52	Delta	79
Chicago O'Hare	United	32	American	47
Cleveland	United	41	United	54
Dallas/Ft. Worth	Braniff	36	American	82
Detroit	Republic	21	Delta	73
Houston	Texas International	18	United	84
Miami	Eastern	40	American	78
Minneapolis/St. Paul	Northwest	42	Delta	67
Philadelphia	Eastern	21	USAir	52
Salt Lake City	western	28	Delta	75

자료: Bureau of Transportation Statistics, Department of Transportation, "Airport Snapshots," (www.transtats.bts.gov/homepage.asp.)
Julius Maldutis(1993), *Airline Competition at the 50 Largest U.S. Airports*, Salomon Brothers, May 6.

1개가 60% 이상을 점하고 있음을 보여준다. 물론 상위 2대 항공사의 점유율은 훨씬 높을 것으로 기대된다.

한편 주요 허브공항별 집중도를 보여주는 〈표 14-6〉에서와 같이, 주요 공항의 최대항공사의 점유율은 지난 30여 년 동안 크게 상승하여 댈러스/포트워스, 디트로이트, 휴스턴, 애틀랜타 등은 80% 전후의 매우 높은 점유율을 기록하고 있다.

2.4 운영협정과 동맹

전국수준, 노선별 수준에서 그리고 주요 허브공항에서 높은 시장집중도를 보이고 있는 가운데, 항공사들은 조밀한 그물망의 항공운항협정(Airline Operating Agreements) 제휴와 동맹들을 운영하고 있다. 공동운항편성(code sharing)은 선도적인 지방항공사들을 주요 항공사들과 연결시키고, 이를 통하여 주요 항공사들을 서로 연결시킨다. 〈표 14-7〉에서 보는 바와 같이 Delta는 2001년 흡수한 Comair 지방지사 운영에 더하여 SkyWest, Chautauqua, Shuttle America, Freedom 등 항공사들과 지선서비스를 위한 공동운항협정을 체결하였다. Air Wisconsin은 United 및 US Airway와 지선서비스를 제휴하였다.

표 14-7 국내항공사 운영협정 (2013년 8월)

주요항공사	지역브랜드	운영협정 제휴 항공사
American	American Eagle	American Eagle, Executive Inc.
	American Connection	Chautauqua, ExpressJet, Midwest, SkyWest
Delta	Delta Connection	Chautauqua, Comair, Compass, Endeavor Air, ExpressJet, GoJet, Shuttle America, SkyWest
United	United Express	Cape Air, Chautauqua, CommutAir, ExpressJet, GoJet, Mesa, Republic, Shuttle America, Silver Airways Group, SkyWest, Trans States
US Airways	US Airways Express	Air Wisconsin, Chautauqua, Mesa, Piedmont, PSA, Republic, SkyWest, Trans States

자료: Regional Airline Association 2014 Annual Report, p.16.
(http://www.raa.org./news.)

그리고 근년에 주요 항공사들은 국내운항에서 운항일정, 매표, 마케팅에 서로 협력하는 제휴를 맺었다. 수익에서 각각 2위와 6위인 United와 US Airways는 2003년 서로의 비행항공권을 발행하고, 서로의 비행을 목록에 올리고, 서로의 항공기를 이용하여 여행자가 쌓은 비행기록을 인정하는 협정을 실행하였다. 각각 3, 4, 5위인 Delta, Northwest와 Continent도 비슷한 판매제휴협정(marketing partnership agreement)에 참여하였었다. 이들 항공사들은 [그림 14-1]에서 본 바와 같이 2008년 이후 2013년 기간 중 더 큰 항공사에 흡수합병 되었다.

주요항공사들은 주요 외국 항공사들과도 국제항공동맹(global airline alliances)을 맺었다. 이 동맹은 〈표 14-8〉에서 보듯이 점차, OneWorld, SkyTeam, Star Alliance 등 3대 국제항공동맹으로 진화하였다. 이 동맹은 미국의 지배적인 항공사들과 세계의 사실상 모든 선도적인 항공사들이 연계하는 중요한 협력협정이다.

이러한 연계는 국내에서와 국제적으로 실제 또는 잠재적인 주요 경쟁자들 사이에 넓은 협력을 필요로 한다. 그러므로 산업의 의사결정에서 집중도의 효과는 개별 기업들의 시장점유율이 보이는 것보다 더 크다고 할 수 있다. 미국과 유럽의 항공사들 사이에 국가 간 장벽을 낮추고 경쟁을 높이려는 항공자유화(Open Skies)의

표 14-8 국제항공동맹

동맹	OneWorld	SkyTeam	Star Alliance
미국 제휴사	American	Delta	United
회원 항공사 수	13	19	28
운항 국가 수	151	178	195
일일 출발 편수	10,117	15,000	21,900
주요 제휴사	Air Berlin British Airways Finnair Iberia Japan Airlines Malaysia Airlines Quantas Qatar Airways S7 Airlines (Russia)	Aeroflot AeroMexico Air France Alitalia China Airlines KLM Korean Air Saudia –	Air Canada, Air China Air New Zealand Asiana Egyptair Lufthansa Scandinavian Singapore Air South African Air Turkish Airlines

자료: Alliance websites.

경쟁촉진 효과도 이 항공사들이 국제적으로 제휴하여 협력할 때에는 의심받을 수 있다.

2.5 진입장벽과 규모의 경제

1970년대 후반 미국에서 항공분야 규제해제가 시작될 때에 많은 경제학자들은 항공 산업이 '경쟁적 시장'이 될 것이라고 예고하였다. 기존 항공사들은 다른 노선에서 경쟁하기 위해 항공기를 쉽게 옮기며 운항일정을 바꿀 수 있고, 새로운 항공사는 새 항공기를 선정된 노선에 쉽게 투입하면서 독점이나 과점적 시장지배력은 금방 지나가고 중요하지 않을 것으로 예상했었다.

그러나 기존의 항공사들은 쉽게 깨기 어려운 많은 장벽들을 만들어냈으며 결과적으로 "경쟁적 시장"이론이 틀렸음을 증명하였다. 장벽 내용을 보면 다음과 같다.

첫째, 미국의 주요 공항들(시카고 O'hare, 워싱턴 National, 뉴의 La Guardia와 Kennedy 등)은 하루 중 특정한 시간대에 이착륙하도록 허락한 정부 운항시간대(government slot)를 가진 항공사들만 접근이 가능하다. 이런 운항시간대의 대부분은 이 공항의 지배적 항공사들에게 배정되었지만 이들은 그 몫을 유지하거나 늘려왔다. 예를 들면 2001년 American과 United가 시카고 O'hare공항 운항시간대의 90%를 통제하였다.

둘째, 지배적인 항공사들은 탑승구, 터미널, 매표소, 수화물 및 지상 처리시설 등을 독점사용하기로 지방공항당국들과 맺은 협정을 통하여, 이들 공항과 다른 허브공항 접근을 통제하는 추가적인 수단을 행사한다. 국내 큰 공항에서 대여된 탑승구의 94%를 통제하는 주요 항공사들은 그중 86%를 배타적 이용으로 대여 받았다. 이들은 자신들의 탑승구를 다른 항공사들에게 대여하지 않거나 부담스런 요금으로 대여함으로써 경쟁을 제한할 수 있다.

셋째, 주요 항공사들은 발매와 예약체계에서 경쟁을 막는 또 다른 장벽을 만들었다. 1980년대와 90년대 American과 United가 운영한 컴퓨터예약체계(computer reservation system, CRS)는 거의 모든 여행사와 기업의 여행부서들이 이용하게 되었는데, 여타 항공사들이 그들의 비행스케줄을 컴퓨터 전시에 포함시키려면 비싼 수수료를 내도록 하고 한편 화면에 표시되는 비행스케줄 전시를 조작하여 다른 항공사들을 불리하게 할 수 있었다. 보다 최근에는 주요 항공사들이 인터넷 여행사이트에 자신들의 비행을 경쟁자들보다 우선 전시하기도 하였다.

넷째, 기존 항공사들은 새로운 경쟁자들의 운항을 제한하게 한다든가 부담스런 노선 제한을 부과하게 한다든가 또는 항공정체를 막으려는 규제를 이용하여 저가항공사들의 주요 공항접근을 제한하는 것과 같은 방식으로 경쟁을 막는 추가장벽을 세우도록 정치권에 운동하기도 한다.

그리고 주요 항공사들이 새로운 경쟁자들에 맞서 치명적인 가격할인을 할 수 있는 능력도 항공운송산업 진입에 유력한 장애가 되어 왔다.

항공운송산업의 높은 집중도가 특별히 큰 규모의 경제나 범위의 경제에서 비롯되었다는 증거는 거의 없다. 오히려 사실상 대형 항공사들이 높은 비용과 낮은 생산성을 보였으며, 오히려 규모의 비경제(diseconomies of scale)가 9·11 사태 후에 더욱 두드러졌다. 소규모의 저비용 항공사에 비하여 대형 주요항공사들이 상대적으로 더 비효율이었다.

대형 항공사들의 고비용의 한 요인은 그들이 운항경험이 많고 더 상급이며 고임금인 노동력을 고용하는 것이다. 또 하나의 요인은 규제완화 이후에 등장한 주요 항공사들의 독점허브공항 시스템에 기인한다. 이 시스템에서는 짧은 시간에 많은 항공기가 허브공항에 도착하고 출발할 수 있도록 많은 비행기와 공항시설 그리고

표 14-9 항공사별 비용과 생산성 비교

항공사		가용좌석·마일당 총 비용(센트)	풀타임 피고용자당 승객 수	10억 출발·좌석당 지상직원 수
주요 항공사	American	14.26	1,340	184
	Delta	13.80	1,489	161
	United	14.19	1,052	324
	US Airways	13.25	1,737	141
기타 항공사	Southwest	12.83	2,962	97
	JetBlue	11.42	2,346	138
	Frontier	11.79	2,420	153
	Virgin America	10.83	2,612	68
	Alaska	11.90	2,019	119
	Allegiant	10.45	3,877	36

자료: MIT Global Airline Industry Program, Aviation Data Project, "Expenses and Related," and "Employee Productivity," data for 2012, (http://web.mit.edu/airlinedata/www/default.html.) [Shephard and Brock(2016) p. 225에서 재인용]

지상 인원이 대기해야 하므로 운영비용이 높아진다. 그리고 대규모의 항공사 흡수합병에 따른 조직적 소용돌이와 노동조합의 요구를 수용하는 과정에서 지나친 규모의 비경제를 가져왔다.

이러한 요인들의 결과로 주요 항공사들의 평균 운항비용은 모든 비행거리에서 여타 항공사들보다 더 높았다. MIT의 연구 결과를 담은 〈표 14-9〉에서 보듯이, 좌석·마일당 비용은 4대 항공사의 경우 기타항공사에 비하여 30~40%씩 높았으며, 탑승객 수당 풀타임 피고용자의 수치도 1.5~2배정도 높았다.

3. 항공요금의 책정

전국차원에서 가격책정은 상호의존과 평행주의(mutual interdependence and parallelism)에 기반한 암묵적 공모패턴의 특징을 가지며, 독점적 지역허브에서의 가격은 독점가격책정으로 이뤄지며, 주요 항공사들 간의 가격책정 원칙을 지속하는 가운데서도 새로운 경쟁자의 진입을 저지하거나 없애려는 약탈적인 가격인하 조치가 가끔 취해진다. 최근 독립항공사들이 많아져 보다 경쟁적인 가격책정이 도입되고는 있으나 어디까지나 이런 행동은 오직 주요항공사들의 약탈적 행동을 피할 수 있는 노선들에서만 일어난다.

3.1 암묵적 공모와 과점가격

규제해제 이후 흡수합병을 거쳐 거대 항공사의 시장점유율이 높아지고 과점적 구조가 형성되자, 산업집중도가 높아지면서 상호의존적 행위가 나타났다. 주요 항공사들 중 한 회사의 가격변경은 다른 회사들로부터 즉각적인 반응을 일으키고, 특히 가격인하는 빠르게 다른 회사에게로 이어져 모두의 이윤이 낮아지게 되었다.

이들은 가격 선도와 추종의 암묵적 공모(tacit collusion)로 항공요금의 일반적 구조를 형성해 갔다. 한 항공사가 요금변경의 의도를 먼저 나타내면 다른 항공사들은 그 선도자를 따라서 비슷하게 변경하거나, 아니면 그 선도를 거부하여 선도자를 되돌리거나 변경을 포기하도록 한다. 어떤 경우라도 주요 항공사들의 요금은 균일하며 요금의 움직임도 항공사들이 함께 발맞추어 이뤄진다.

여러 항공사의 요금정보가 함께 들어오는 집중화된 컴퓨터체계에서는 주요 항공사들 사이에 소통과 신호를 쉽게 보낼 수 있다. 구체적인 요금정보를 이용하여 주요 항공사들은 상대방의 행동을 면밀히 감시하고 서로에게 자기의견을 전달할 수도 있다. 예를 들면 주요 항공사들은 경쟁 항공사가 어떤 노선이나 지역에서 경쟁적인 가격책정 행동(가격인하)을 하면 이를 포기시키기 위하여 경쟁사의 가장 수익성 좋은 노선에 선택적으로 요금할인을 집중함으로써 그들 사이의 가격규율을 세울 수 있다. 주요 항공사들 사이에서 이뤄지는 항공요금에 대한 암묵적 공모는 항공요금외의 다른 가격의 책정과 마케팅 활동으로 퍼지기도 한다.

3.2 독점가격

지방노선 차원에서, 주요 항공사들은 그들이 지배하는 허브공항과 노선에서 독점가격을 행사할 수 있다. 이런 노선에서는 경쟁적 구조의 공항에 비해 높게는 약 40% 이상 높은 요금이 부과된다고 분석된다[3). 〈표 14-10〉에서 보는 바와 같이 지배적 항공사의 시장점유율이 높은 공항에서는 독점력을 배경으로 12~58%정도 더 높은 항공요금을 설정하였다.

---

3) US Department of Transportation, "Dominant Hub Fares," January 2001.

표 14-10 독점 허브 가격책정

공 항	지배적 항공사 (시장점유율, %)		항공요금 프리미엄(%)	
			단거리 비행	장거리 비행
Houston	United	84	29	29
Atlanta	Delta	79	12	19
Minneapolis	Delta	65	13	20
Newark	United	63	58	17
Washington DC	United	55	31	17
Cincinnati	Delta	55	61	19
Chicago O'Hare	United	39	18	19

자료: U.S. Department of Transportation, Office of Aviation Analysis(2014), Domestic Airline Fares Consumer Report, Table 7, February. [Shepherd&Brock(2016), p.277에서 재인용.]

독점가격 행사는 저가 항공사의 진입을 막기 위해서 기존 항공사가 요금을 크게 내리는 데에서도 드러난다. 예를 들면, SouthWest가 US Airways의 필라델피아 허브공항에서 운항을 시작하였을 때에 US Airways는 피닉스까지의 항공요금을 1,180달러에서 299달러로, 라스베이거스까지는 921달러에서 299달러로, 시카고까지는 700달러에서 99달러로까지 낮추었다.

또한 주요 항공사들은 같은 비행기 운행에 가격 탄력성이 낮은 수요(사업적 여행자)에 높은 요금을 가격탄력성이 높은 수요(여가 여행자)에 낮은 요금을 부과할 수 있는 능력 즉 요금차별화도 독점가격능력을 말해준다. 1990년의 경우 2.89배였던 주요 항공사의 정규요금(full fare)과 할인요금(discount fare)의 비율이 2002년에는 3.59로 상승한 것으로 보고되었다. 탑승객 그룹별로 일인당 운송비용의 차이가 그렇게 크지 않은 상황에서 이렇게 큰 폭의 요금차별화는 경쟁이 이뤄진다면 주요 항공사들의 지배력이 낮아지고 이런 종류의 요금차별화를 하지 못하게 될 것이다.

3.3 경쟁자 축출을 위한 약탈가격

경쟁이 발생하는 경우 항공요금을 둘러싼 항공사간 경쟁은 치열해 지는데, 자기회사의 손실을 감수하면서도 경쟁자를 퇴출시키기 위한 목적으로 초저가격을 제시하는 소위 약탈가격책정(predatory pricing)전략을 구사한다. 예를 들면 Delta가 지배하던 애틀랜타 공항에서 2003년 AirTran과 JetBlue가 로스앤젤레스까지 운항을 시작했을 때에 Delta는 그 노선의 편도 요금을 1,013달러에서 119달러로 낮추었다.

그러나 새로운 항공사가 진입하는 특정 노선에 요금인하가 집중되면, 기존 항공사들은 단기간의 급격한 가격할인을 통하여 경쟁자를 약탈적으로 제거할 수 있다. Frontier가 덴버에서 빌링즈까지 운항에 United의 기존요금의 반값인 평균 100달러를 제시했을 때에 United는 그 요금을 Frontier에 맞추어 내리고, Frontier가 그 노선을 나갔을 때에 United는 요금을 본래의 수준 이상으로 올렸다.

새로운 경쟁자 등장에 대한 기존 항공사들의 대응에 대한 분석에 따르면, 조사대상 열두 경우 중 열 경우에서는 새 진입자의 요금이 기존 항공사의 평균 요금보다 적어도 50% 낮았으며, 아홉 경우에 기존 항공사의 평균 요금이 경쟁자 진입 6개월 안에 1/3 이상 낮아졌다. 그러나 새롭게 진입하였던 항공사가 2년 안에 그 노선을 떠나면서 기존 항공사들은 그들의 요금을 다시 올릴 수 있었다.

4. 산업성과와 정부정책

4.1 독점과 경쟁의 산업성과

교과서적인 설명과 같이, 항공산업에서 산업집중도 상승과 독점적 시장지배력은 부정적인 산업성과를 초래하였다. 독점적 노선과 허브공항에서의 요금은 경쟁이 있는 노선과 공항의 요금보다 크게 높았다. 높은 항공요금은 항공운송의 소비를 줄임으로써 자원배분을 왜곡한다. 이런 자원배분의 왜곡 즉 비효율성은 새로운 항공사가 지배적 노선에 진입하여 요금이 낮아지며 여행이 증가할 때에 잘 드러난다. 한 연구에 의하면 경쟁자의 시장진입과 이에 따른 가격인하는 이용승객을 61~86% 높인다. 또한 대도시 지역의 독점적 허브공항이 없어지면 그 후의 요금인하로 지역의 경제발전이 높아진다는 연구도 있다.

그리고 주요 항공사들의 독점적 허브공항체계는 비용을 부풀리고 운영효율을 낮춘다. 거대 항공사들의 운항비용이 가장 높고 저효율적인 체계를 가지고 있다. 항공운송산업은 9·11 테러 이후 2001~2005년에 350억 달러의 금융손실을 겪었지만, 이익의 감소는 1998년에 이미 시작되었고 대부분 주요 항공사들의 손실이었

으며, 보다 작은 항공사들은 이익을 냈다. 12개의 소규모 항공사도 파산을 맞았지만 United, US Airways, Delta와 Northwest의 대규모 파산이 있었다는 사실은 대규모 회사라 하여 좋은 성과를 내거나 경제적 충격을 견디는 능력을 높이지는 않음을 보여주었다.

시장지배적 거대 항공사들의 존재가 혁신을 촉진했는지에 관해서는 분명한 판단을 하기 어렵다. 한편으로 주요항공사들은 새롭고 더 조용하고 연료 효율적인 항공기들을 신속히 도입하였고, 운항내용을 컴퓨터화하고 인터넷에 투자하는 데에 빨랐다. 그러나 다른 한편으로는 자신들의 노선들을 이롭게 하려고 컴퓨터예약체계를 조종하며 항공요금책정을 공모하려고 컴퓨터체계를 이용하며, 그리고 항공권 판매에 다른 항공사들과의 경쟁을 미리 줄이려고 인터넷을 조종하면서 자주 이런 신기술들이 시장지배력의 수단으로 사용되기도 하였다. SouthWest 같이 새로 등장한 항공사들은 그들의 항공노선과 지상운영을 효율적으로 설계하고 관리하는 데에 더 혁신적이었다.

4.2 재규제보다는 경쟁촉진

1990년대의 항공운송산업에 대한 규제해제(deregulation)가 잘못이었는지의 문제, 기술과 비용의 특성 때문에 항공부문에서는 본질적으로 경쟁이 제대로 작동할 수 없는가의 문제, 그리고 항공운송산업을 다시 규제(reregulation)하여야 하는지의 문제에 대한 대답은 아니오이다. 독점이나 과점이 불가피할 정도로 엄청난 규모의 경제가 있다는 증거가 없다.

오히려 고비용은 거대 항공사들과 독점화된 허브공항체계가 일으킨다. 실제로 규제해제의 초기에 새로운 항공사들이 들어오면서 경쟁이 가능했으며 또 경쟁이 바람직함을 보여주었다.

4.3 독점금지기관의 미온적 태도

항공운송산업에서의 공공정책 실패는 규제해제에 있는 것이 아니라, 경쟁을 촉진하지 못한 데에 있으므로, 경쟁을 회피하려는 민간기업들의 획책을 막아내는 독점금지법의 엄격한 집행이 반드시 필요하다. 그동안에 발생한 문제는 규제해제 때문이 아니라, 정부규제가 없어지면 자동적으로 유효경쟁이 초래된다고 기대하는 것이

잘못이었다. 독점금지현대화위원회(Antitrust Modernization Commission)는 최근 항공운송산업에 대한 독점금지법의 실행이 중요하다고 강조하였다.

1980년대 중반 항공운송산업에서 장거리 주요노선의 지배적인 항공회사들이 빠르게 성장하였으며, 잠재적으로 경쟁적인 지역항공사들을 합병하는 많은 인수·합병이 허용되었다. 독점금지기관들과 교통부는 주요 항공사들이 선도적인 지방항공사들에 통제를 집중시키는 운항협정, 동맹과 제휴협정의 확산을 용인하였다.

1978년 규제해제법은 교통부에 반경쟁적 합병을 막을 권한을 주었으나, 일부는 법무부 독점금지국이 반대하였음에도 교통부는 인수·합병을 인가하였다. 그 후 의회는 항공사 합병의 독점금지권한을 법무부 독점금지국으로 옮겼고 법무부는 2000년 마침내 United와 US Airways의 합병을 막았다. 그러나 법무부는 동시에 소형 저가항공사가 금융 어려움을 겪는 TWA를 흡수하지 못하게 하였으며, TWA와 St. Louis 허브공항 독점을 American이 흡수하도록 허가하였다. 그리고 2005년에는 US Airways가 America West를 흡수하도록 허가하였다.

또 독점금지기관들은 주요 항공사들이 국제항공동맹을 통하여 국제항공에 대한 통제강화 움직임을 계속 허용하였다. 최근 들어 독점금지기관들은 American이 British Airways와 제휴를 강화하려는 노력을 저지하였는데, 만역 이것이 성사되었다면 미국의 주요 도시들과 런던 Heathrow공항 사이의 항공여행을 독점하게 되었을 것이다.

정부기관들은 주요 항공사들이 경쟁을 막는 진입장벽들(항공운항시간대, 탑승구, 공항지상시설) 설치를 막거나, 이미 세워진 장벽을 없애는 일을 거의 하지 않았다. 법무부는 컴퓨터를 통한 항공요금 전시 관행들을 통하여 서로 소통하고 신호를 보내는 방법들에 이의를 제기하여 1990년대 초 주요 항공사들의 공모행위를 기소하였지만, 몇몇 과점기업들이 지배하는 분야에서 공모가 필연적으로 발생하는데도, 법무부는 높은 산업집중도 문제에 대해서 이의를 제기하지 않았다.

새로운 경쟁자들을 댈러스 허브공항에서 불법적으로 몰아냈다하여 American을 독점금지법 위반으로 법무부는 제소함으로써 1999년 항공산업에서 약탈적 가격행위를 기소하였다. American이 문제의 노선 항공요금을 삭감하였다가 신규 경쟁회사가 축출된 후에 다시 항공요금을 인상했다는 증거가 충분했음에도 불구하고 법원이 법무부의 기소를 기각하였다.

4.4 항공통제와 항공안전

교통부의 연방항공청(Federal Aviation Administration, FAA)은 공항관제탑, 노선운행통제, 비행장, 레이더시설, 통신 컴퓨터체계, 항행규칙과 규제를 비롯한 국가의 항공운행체계를 운영한다. FAA는 안전하고 효율적인 항공우주시스템을 제공함을 그들의 임무로 하고 있다.

항공 안전을 높이려는 계획과 절차들도 9·11 테러 이후 크게 확대되었다. 구체적으로는 여행객에 대한 보다 철저한 비행 전 심사, 개선된 폭발물 탐지 대책, 더 철저한 수하물 검사, 더 많은 항공기에 더 많은 보안원, 강화된 비행장 공항안전, 항공기에 단단한 조종실 문과 화물용기 설치 등이다. 항공안전 비용은 확대된 대책들에 비례하여 9·11테러 이전에는 한 해 10억 달러에서 그 후에는 약 50억 달러로 증가하였다.

4.5 항공자유화와 국제항공

1940년대 시작된 항공사들의 국가간 장거리 운항능력은 나라들간의 협상으로 이뤄지는 개별적인 쌍무협정으로 일정한 범위에 제한되어 왔다. 이 협정들은 전통적으로 서로 자국의 주요 항공사들을 보호하고 이롭게 하는 데에 중점을 두고 전형적으로 두 나라를 운항하도록 허락된 항공사, 허락된 도시와 공항, 그리고 이들에게 허락된 구체적인 비행 횟수를 명시하여 그 범위 내에서만 국제운항이 허용된다.

그러나 지난 20년 동안 이른바 항공자유화협정(open sky agreement)을 통하여 당사국 사이의 취항 항공사 수와 노선 및 운항 횟수 등에 제한 없이 국제운항을 자유화하자는 노력이 계속 되었다. 미국과 EU 개별 회원국들 사이에 과거에 체결된 쌍무적인 항공협정들은 이 협정의 당사국인 아닌 모든 EU 회원국들의 항공사들에게 불리하게 차별하므로 EU의 통상정책을 어겼다고 한 2002년 유럽사법재판소의 판결에 대한 긴급대책으로 항공자유화협정이 나왔다. EU와 미국 사이의 이 협정은 EU의 어떤 항공사도 미국의 어느 도시로든 운항할 수 있고, 미국의 어떤 항공사도 EU 회원국의 어느 도시로든 운항할 수 있다(open skies)고 명시하였다.

EU 집행위원회(European Commission)는 낮아진 정부 장벽과 EU와 미국 사이에 높아질 경쟁으로 여행객 수송은 50%까지 늘어나고, 200억 달러의 소비자 혜택이 발생하며, 8만의 새로운 일자리가 생길 것이라고 주장한다. 그러나 지배적 지위에 있는 기존의 주요 항공사들은 이 정책에 격렬히 저항하고 있으며, 대부분의 미국 주요 항공사와 외국 항공사들이 이미 운항제휴를 맺고 있으며, 반경쟁적인 인수합병과 집중 그리고 세계적 독점허브공항체제가 뒤따르면 소비자 혜택은 적을 것으로 보인다.

제 15 장
통신서비스산업

사회적, 문화적, 정치적 차원을 고려하면 통신서비스산업은 미국에서 가장 강력하고 영향력 있는 산업이다. 현재 우리세대가 경험하고 있는 사회변혁과정에서 통신이 담당하고 있는 중추적 역할에 동의하지 않을 사람은 없을 것이다. 21세기 초 미국경제에서 통신은 가장 중요한 산업부문이다. 무선기술, 인터넷 규약(Internet Protocol, IP), 그리고 광섬유기술은 미국인의 광대역(broadband) 서비스에 대한 왕성한 수요를 만족시키고 있다. 미국의 통신부문 시장규모는 9,230억 달러로 세계 최대이다.

통신기술분야의 혁신은 통신산업에 격랑을 일으키고 있다. 대역폭 문제는 송신능력을 의미하는 기술적 문제인 동시에 경제적 유인의 문제이기도 하다. 앞으로는 어떤 제도가 재화와 서비스를 통신소비자들에게 전자적으로 잘 전달할 것인가? 경쟁하는 시장인가 아니면 규제받는 시장인가 또는 이들의 어떤 결합인가? 그것이 21세기 온라인 경제의 환경을 결정할 것이다[1].

1. 통신부문의 규제와 경쟁촉진

통신서비스산업은 1876년 벨 회사가 전화 사업을 시작한 후 지난 140여 년 동

---

1) McConnaughey and Goldberg(2016)와 북미지역경제(2011)의 제11장의 내용을 바탕으로, 최근의 산업동향과 미연방통신위원회(FCC) 등에서 발표되는 데이터를 반영하여 작성하였다.

안 발전하는 과정에서, 규제와 경쟁이라는 측면에서 크게 세 단계로 변모하여 왔다. 미국의 통신서비스 산업은 특허에 의한 독점, 규제 속의 독점, 기업분할과 경쟁촉진의 단계를 거친 것으로 정리된다.

1.1 특허에 의한 독점

첫 단계는 벨(Alexander Graham Bell)이 1876년 특허를 신청하여 독점력을 향유한 후 1894년 벨 전화회사(American Bell Telephone Company)의 특허권이 만료될 때까지 기간이다. 이 하나의 회사가 미국의 전 지역에서 모든 통신사업을 독점하던 시기였다[2].

이 회사는 각 지역의 지역전화서비스를 영위하는 전화회사들에게 배타적 영업권을 주고 그 회사의 소유권을 가지며, 전화장비를 제조하는 Western Electric을 벨 시스템 아래에 두었고, 장거리 전화선을 벨의 지역전화 사업에 연결하는 회사(장거리전화회사)를 세웠다. 따라서 이 회사는 수평으로 전 지역의 지역전화회사들 사이에 통합되고, 장거리통신과 지역통신 사이에 수직으로 연결되며, 통신서비스와 통신장비제조 사이에서도 수직으로 통합되어 있었다.

1.2 규제와 독점

벨의 특허기간이 끝나자, 짧은 기간이지만 통신서비스의 경쟁시대가 도래했다. 미국 각 지역에는 독립적인 전화회사들이 세워지고 장비제조에서도 독립적인 공급자들이 생겨나면서 경쟁의 시대가 시작되었다. 그 결과 전화요금이 낮아지고 이용이 늘면서 생산성도 높아졌다. 독점기업이던 AT&T(American Telephone and Telegraph Company)의 시장점유율은 20세기가 시작될 무렵 거의 50%수준으로까지 낮아졌다.

---

2) Bell Telephone Company는 특허권가 A. G. Bell이 재정지원자 G. G Hubbard와 T. Sanders와 체결한 계약으로 1879년 설립되었으며, 그해 3월 National Bell Telephone Company로 개명된 후 1880년에는 American Bell Telephone Company(American Bell)로 다시 이름을 바꾸었으며, 또한 전화기를 만드는 기업인 Western Electric을 매입했다. American Bell은 1880년 장거리전화사업 프로젝트를 시작하여 1885년 3월에는 이 사업을 담당할 별도회사인 American Telephone and Telegraph Company(AT&T)를 설립하였다. AT&T는 1899년 12월 30일 American Bell의 자산을 매입하여, AT&T가 벨 시스템의 모기업이 되었다.

그러자 AT&T는 경영에서 능력주의를 채택하여 비용을 낮추고 품질을 개선하며 장거리 전화시설을 서부해안으로까지 넓히고, 거대한 통신기업인 Western Union Telegraph Company도 흡수하였다. 또한 독립전화회사들을 꾸준히 사들이고 지역 경쟁자들에게는 장거리 접속을 거부하고 전화장비를 전화가입자들에게 판매하지 않고 빌려 주며, 자회사들로부터만 장비를 구매하였다[3]. 1910년까지는 연구개발 활동을 집중시켜 뒤에 세계적인 명성을 얻는 민간연구소의 기반을 마련하였다.

수십 년 간 AT&T는 미국 전화사업의 거의 모든 부분을 지배하는 독점회사였다. 전화서비스는 자연스럽게 독점으로 가는 경향이 있다는 논리를 내세워 요금을 규제해야 한다는 입장이었다. 규제를 전제로 독점을 인정하는 상황이었다. AT&T의 요구로 1910년 의회는 주간통상위원회법을 개정하여 주간통상위원회(Interstate Commerce Commission, ICC)가 주간 장거리전화서비스(interstate long distance call)도 규제하고 감독하게 하였다. 그리고 AT&T는 전화서비스와 전화시설에 대한 주정부의 규제도 지지하였다. 이러한 규제과정에서 AT&T는 독점금지법에 따른 규제와 기업분할에서 면제되었고, 결국 AT&T는 미국 역사상 최대 규모의 기업으로 성장하고 번성하였다

1920년대에 AT&T는 통신장비 제조업체인 Western Electric과 AT&T의 연구개발 업무를 빼내어 벨 전화연구소(Bell Telephone Laboratory)를 설립하였다. AT&T는 대공황을 견뎌냈을 뿐만 아니라 매년 9달러의 배당도 하였다. 2차 세계대전 중 AT&T는 Western Electric과 벨 전화연구소는 국가방위에 크게 공헌하였다.

그러다가 1949년 법무부는 AT&T가 규제받지 않는 통신장비제조회사인 Western Electric을 자회사로 소유하는 것은 독점금지법 규정에 어긋난다고 AT&T를 제소하였다. AT&T의 독점적 시장지배에 대한 도전이 생긴 셈이다. 결국 1956년 AT&T는 관련 특허권들을 모든 이용자에게 개방하고 AT&T의 사업은 규제받는 전화서비스에 한정하는 데에 동의하였다.

1.3 경쟁기업의 진입허용

벨 체계는 1956년 이후 28년 동안 심각한 동요의 시기를 경험하였다. 우선 연

3) 1907년 당시 AT&T 사장이던 Theodore Vail은 "One Policy, One System, Universal Service"를 추구한다고 언급한 것으로 알려졌다.

방규제기관들이 AT&T의 시장지배구조와 미국 통신정책의 기본전제에 대하여 의문을 제기하기 시작하였다. AT&T는 독점금지법과 공익사업규제(public utility regulation)로부터 공격을 받게 되었다. 새로운 회사들의 전화시장 신규진입을 허용하는 것은 '전화사업은 자연독점'이라는 전제를 허무는 것이었다.

전화시장에 대한 신규진입은 주간통상위원회의 후신이며 법원의 지지를 받는 연방통신위원회(Federal Communications Commission, FCC)[4)]가 허용하였다. FCC의 이러한 진입허용은 단지 시작이었고, 1970년대까지 FCC는 전화가입자가 그들의 전화기를 벨 체계에 붙일 수 있게 허용하고, 새로운 회사들이 민간 주간장거리전화시장에 진입할 수 있도록 했으며, 위성통신회사들이 국내시장에서 영업할 수 있도록 허용했고, 그 회사들이 벨의 전화회선을 최종이용자에게 대여하며 재판매할 수 있도록 규정하였다. 그 이전의 관행과는 전혀 다른 이러한 결정에 대하여 AT&T와 주의 공익사업위원회(Public Utility Commissions)는 격렬히 반대하였다.

법무부도 1974년에 AT&T를 독점금지법 위반으로 제소하였다. AT&T가 전화서비스 신규 공급자들의 진입을 막고, 장비제조업체들의 전화장비 판매를 방해하고, 경쟁회사들의 구내교환기를 벨 통신망에 접속하는 것을 저지하며 장거리 경쟁자들에게 지역회선 접속을 거부하였다고 주장하면서, 법무부는 벨 체계의 해체를 의미하는 AT&T의 수평적 그리고 수직적 기업분할을 추구하였다. 이러한 기업분할은 1911년 스탠더드 석유회사(Standard Oil)의 분할에 관한 법원 판결과 같은 것이었다.

법무부의 제소와 법원의 기업분할 판결의 과정에서, 1982년 AT&T는 23개 지역 전화운영회사를 AT&T로부터 분리하고 이들을 독립적인 7개의 지역전화운영회사(Regional Bell Operating Companies, RBOCs)로 개편하기로 동의하였다.[5)] 지역별로 개편된 RBOCs의 영업범위는 해당지역의 주내(intrastate) 전화서비스에 한정하도록 하며, AT&T는 Western Electric과 벨 전화연구소를 보유하면서 주간장거리전화 서비스를 계속하기로 하였다.

---

4) 1934년 통신법에 근거하여 설립되었으며, 라디오, TV, 유선, 위성 및 케이블에 의한 주간 통신을 규제하기 위하여 설립된 독립규제기관이다, FCC는 ICC로부터 유선통신의 규제업무를 승계하였다. 현재 FCC의 활동은 대역폭, 경쟁, 스펙트럼, 미디어, 공공안전, 국토안보를 목표로 한다.

5) NYMEX, Bell Atlantic, BellSouth, Ameritech, Pacific Telesis, Southwestern Bell, US West 등 7개였다.

1.4 기업분할과 경쟁촉진

① 1984년 AT&T의 지역자회사 분할

통신시장의 독점을 깨고 경쟁을 도입하는 과정은 크게 보아 2단계로 추진되었다. 1984년 법정의 판결과 1996년의 통신법 개정을 통하여 이루어졌다.

1974년 법무부의 제소와 1982년 AT&T의 동의 및 1984년 법원판결은 거대기업 AT&T에게 지역 자회사를 분할하라고 명령을 내림으로써, 미국 통신서비스산업의 독점시대가 끝났다. 그 내용은 1984년 발효되었다. 물론 그 후에도 AT&T는 장거리전화사업은 계속 독점할 수 있었지만, MCI사와 스프린트사 같은 적극적인 경쟁자들이 더 낮은 가격으로 더 나은 서비스를 펼치면서 장거리통신시장조차 잠식하기 시작했다. 그리고 AT&T는 지역전화시설 이용에 대하여 RBOCs에게 접속료를 지불하도록 하였다. 이는 장거리전화 이용자들이 지역전화 이용자들을 보조하며 전화가입을 보편화하려는 목적의 재원으로 사용되었다.

② 1996년 통신법의 경쟁촉진

의회는 1996년 통신법(Telecommunications Act)을 제정하고, 지역전화시장에 경쟁을 도입하고 RBOCs가 장거리전화시장에 진입할 수 있도록 허용하였다.

이 입법은 지역통신시장의 독점을 경쟁으로 바꾸려는 획기적인 노력이었다. 이 법 이전에도 일부 주에서는 경쟁적지역통신사(competitive local exchange carriers, CLECs)로 불리는 신규진입회사가 도매요금으로 기존 지역통신망에 연결하도록 하는 대여제도를 마련하였었다. 연방통신위원회도 기존의 지역통신사의 정보서비스 자회사와 같은 조건으로 독립적인 자료통신회사와 개별적으로 협의하도록 하였다. RBOCs 중 Ameritech는 자기회사의 통신망을 경쟁통신사에게 쓰게 하는 대신에 장거리통신시장으로 들어갈 수 있도록 하는 보상협약을 법무부와 맺었다. 이런 조치들은 지역전화시장의 경쟁을 가져오는 토대가 되었다.

그 후 장거리통신시장의 경쟁이 높아지고 일련의 정책조치들이 지역전화시장을 겨냥하면서 통신부문 구조를 근본적으로 바꾸게 되었다.

2. 통신서비스의 산업구조

2.1 시장규모와 성장

미국 국민들의 연간 통신서비스 소비지출 규모는 2,840억 달러에 달한다. 이 가운데 지역전화서비스의 지출은 1,120억 달러이고 장거리통신서비스는 510억 달러이다. 지역과 장거리전화가 섞인 휴대전화와 그 밖의 무선통신서비스는 1,210억 달러로 이는 1990년대 말 이후 배가 넘게 늘어난 수준이다. 음성통화와 자료전송으로 나누어보면, 음성통화는 연평균 한 자릿수로 늘지만 비음성 또는 자료전송은 연평균 약 200%씩 증가한다. 자료전송에 속하는 인터넷 수요는 연평균 500% 느는 것으로 측정된다. "데이터라는 큰 바다속에 한 방울의 목소리(a drop of voice in an ocean of data)"라고 말하듯이 미국 통신서비스 공급회사들은 2010년 월평균 6,299 페타바이트(peta byte=10^{15}byte, 천조 바이트) 중 98%가 데이터였으며, 그 비율이 2012년에는 99%로 증가했으며, 2016년에는 99.5%로 상승할 것이라고 예측했다[6].

최근 들어 전자상거래가 제 모습을 갖추면서 인터넷 사용이 급속히 증가하고 있다. 기업들이 고객의 접근을 늘리고 비용절감을 위해 인터넷을 채택한다. 기업 공급자들이 고객의 데이터베이스에 그들의 컴퓨터를 연결하여 고객의 수요에 빠르게 대응한다. 전자상거래로부터 생기는 이득은 가격하락을 통하여 고객에게 돌아간다. 인터넷을 통하여 기업은 전통적인 유통판매 경로를 우회한다. 웹사이트는 구매자의 취향 변화에 대한 적응시간을 단축시킨다. 시장의 요구에 따라 전자상거래의 채택이 늘어나고 있다.

미국가정의 유선전화 가입률은 90% 중반에서 고원을 유지하고 있는 가운데, 홈인터넷, 컴퓨터 및 컴퓨터 유사기기의 증가가 뚜렷하다. 1997년 이래 가정에서는 인터넷, 고속 광대역(broadband) 및 컴퓨팅 기기의 도입이 연평균 4%, 17% 및 2%씩 성장하였다. 특기할 사항은 통신시장에서 무선통신의 역할이 폭발적으로 증가하는 점이다. 2013년 시점에서 미국성인의 91%가 무선전화를 사용하며, 38%이상의 가정에서는 유선전화 없이 무선전화만을 보유하고 있으며, 미국성인의 약 56%가 스마트폰을 가지며, 2013년 중에만 1억 2천만대의 스마트폰이 미국에서 판매되었다.

6) Brock(2016), p.195

그림 15-1 미국가정의 통신기술 활용률 변화

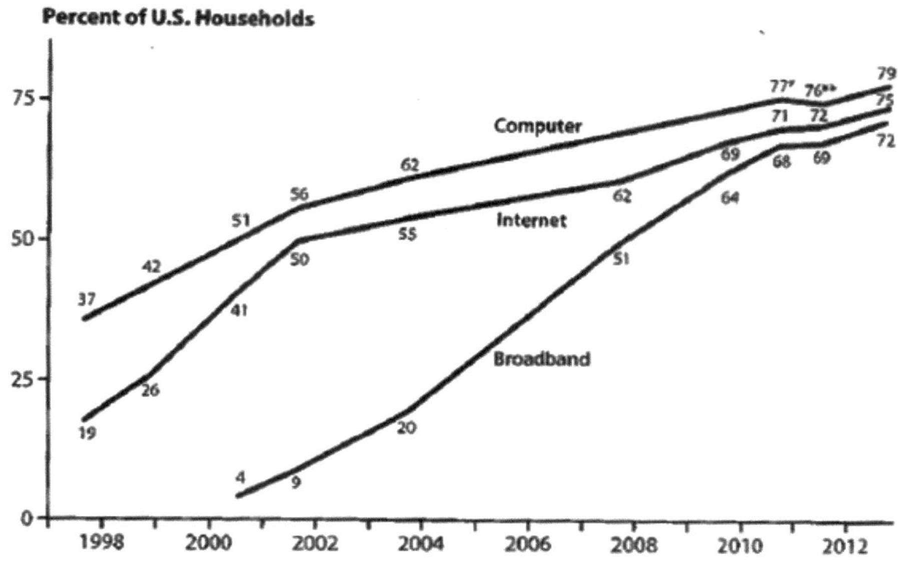

주: 1. computer 2010년에는 스마트폰과 태블릿이 포함됨.
2. computer 2011~2012년에는 태블릿은 포함되고 스마트폰은 포함되지 않음.
자료: National Telecommunications and Information Administration.

2013년 5월까지 미국과 캐나다에는 4세대 이동통신방식인 LTE(Long Term evolution)기기를 가진 5700만 명의 무선통신고객이 있으며, 전문가들은 2017년까지 무선가입자의 70%가 이 기술을 사용하게 될 것으로 내다보았다.

2.2 Bell분할 이후 통신기업

[그림 15-2]는 1984년 벨 전화회사의 분할 이후 30여 년간 진행된 통신기업들의 합병과 분할과정을 보여주고 있다. 지역전화서비스(local call service)는 장거리통신과 장비부분을 맡은 새로운 AT&T로부터 분리되었지만, 벨에서 분리된 이들 통신회사들(7 RBOCs)과 그 이전에 독자적으로 존재하던 MCI, GTE, Alltel, Sprint, CenturyTel 등의 기업들이 복잡한 과정을 거쳐, AT&T, Verizon 그리고 Century Link라는 세 개 회사로 재편되어 지역전화서비스를 제공하게 되었다. 물론 앞으로도 추가적인 분리와 인수합병이 이루어질 가능성은 배제할 수 없다.

그림 15-2 미국통신기업의 분리와 합병과정

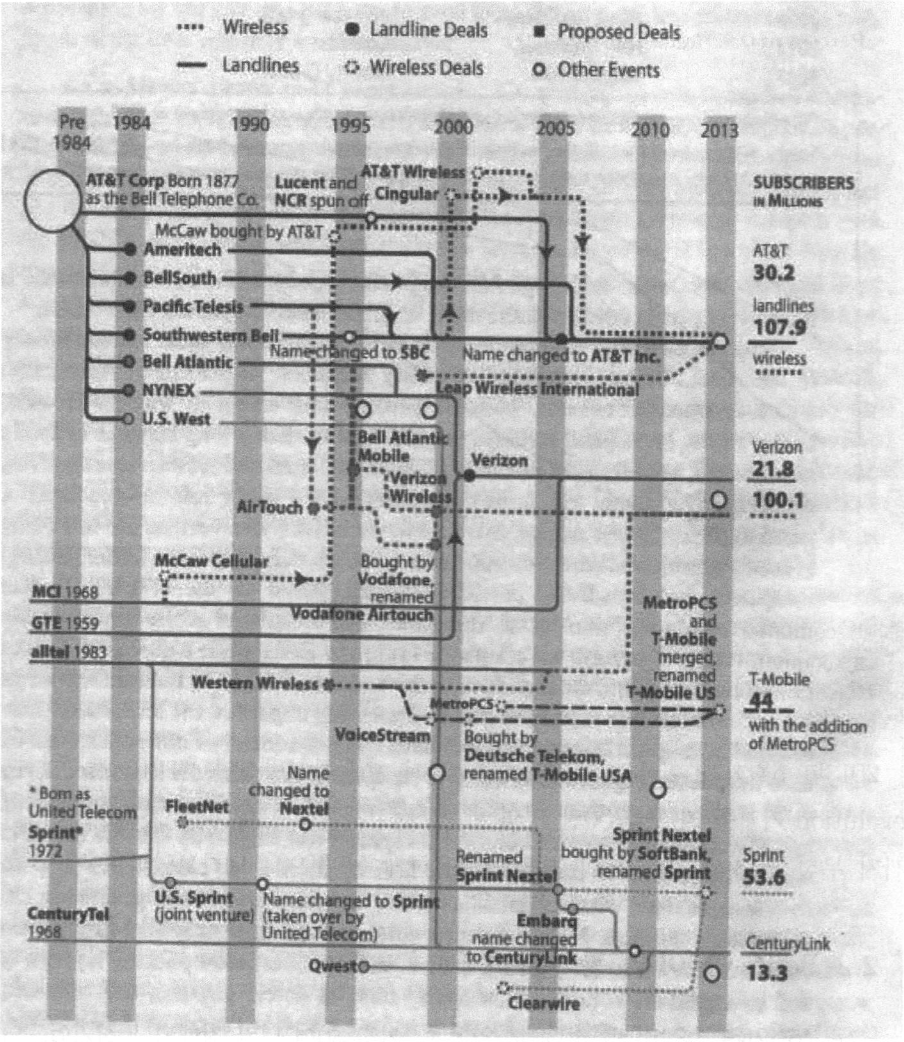

자료: The Wall Street Journal, June 18, 2013.

① 전환기의 유선전화시장

인터넷기술에 따른 통신혁명의 결과 새로운 통신세계에서는 음성, 데이터, 영상의 전달이 광대역이나 고속인터넷에서 통합적으로 적용된다. 유선과 무선방식이 장거리통신과 지역통신서비스의 모두에 적용되기 때문에, 장거리통신시장과 지역통신시장 혹은 통신서비스 기업들 사이의 전통적인 영역구분이 불분명해졌다.

② 인터넷의 충격

인터넷은 전통적인 유선교환전화망에 심대한 충격을 주었다. IP디지털음성(Voice over Internet Protocol, VoIP)서비스가 전통적인 전화서비스를 대체하고 있는데, 새로운 통신기술의 빠른 보급 속에서 이제 매설된 전화선을 이용하는 오래된 유산과 같은 전화서비스를 끝내는 티핑포인트(tipping point)가 가까워진 것으로 보인다. 2000년대 들어 통신고객들이 이동통신을 선호하여 유선통신을 떠나기 시작하면서 분기당 수백만의 유선접속선이 감소하였다. Verizon과 AT&T 같은 통신회사들은 번창하는 무선데이터 사업으로 유선전화부문의 손실을 메울 수 있었지만, 그런 새로운 기술에 기반을 둔 대체수단이 없는 전통적 유선전화회사들은 심각한 도전에 직면하였다.

인터넷, 무선, TV 제공 등 소위 '3중 플레이 패키지'를 가진 대표적인 통신회사는 케이블TV 회사였으므로, 통신기업들은 새로운 상황에서 자신들의 영업범위와 경쟁력을 확보하기 위하여 케이블회사 인수에 적극 뛰어들었다. 〈표 15-1〉에서 보듯이 1998년 이후 지난 15년 동안 있었던 케이블회사의 M&A규모는 3,500억 달러를 넘었다.

표 15-1 케이블회사의 대규모 M&A

발표	피인수기업	인수기업	규모(10억$)
1998	TCI	AT&T	54
2001	AT&T Broadband	Comcast	47
2014	Time Warner Cable	Comcast	45
1999	MediaOne	AT&T	45
1999	CBS	Viacom	30
2014	Time Warner Cable	Charter Comm.	39
2009	NBC Universal	Comcast	24
2005	Adelphia comm.	Investor group	18
2013	NBC Universal	Comcast	17
2013	Virgin Media	Liberty Global	16

자료: Adapted from David Gelles, "In Wake of Telecom Consolidation, Few Deals Are Left," The New York Times, June 5, 2014.

③ 광대역의 영역확대

또 하나의 중요한 통신부문은 광대역(broadband)이다. 미국인의 93%가 유선 광대역에 접속 가능하며, 98%는 무선 광대역에 접근 가능하다. 무선통신처럼 광대역 시설은 장거리통신과 지역통신 모두에 사용되며 이메일이나 브라우저 검색 등 온라인 접근도 가능하다.

AT&T 등 전통적 유선전화회사들도 광대역에서 중요한 역할을 하지만, 무선통신시장에서의 높은 시장점유율에 비하면, AT&T와 Verizon이 덜 지배적이다.

케이블회사와 광대역 공급업체 중에서는 Comcast가 선두주자이다. 미국상무부 정보통신관리청(National Telecommunications and Information Administration, NITA)과 FCC의 국가광대역지도(National Broadband Map)에 따르면, 미국의 87%가 케이블공급자를 통한 광대역 접속이 가능하고 75%는 전화회사의 DSL을 이용할 수 있다. 미국의 4분의 1은 광섬유를 통하여 광대역 접속을 제공한다.

경쟁적 지역통신사(CLECs), 인터넷서비스공급자 및 무선통신공급자들이 지역 대역폭시장에 충격을 주는 가운데, 고속인터넷서비스는 다양한 유형으로 이루어지고 있다. 우선 CLECs는 전통적인 전화다이얼모뎀의 30배 이상으로 대역폭능력을 증가시키는 DSL장비를 도입했다. 케이블회사가 제공하는 케이블 모뎀은 구리선보다 70배 이상의 대역폭 능력을 제공한다. 2013년 시점에서 케이블 모뎀은 미국 광대역시장의 68%를 점한다.

2.3 통신시장의 점유율과 집중도

유선통신에서는 AT&T와 Verizon이라는 두 전화회사가 높은 시장점유율을 가지며 수백 개의 소규모 서비스공급회사들이 나머지 시장을 점한다. 〈표 15-2〉에서 보듯이 전통적인 유선 교환전화방식을 의미하는 교환접속선은 2012년 6월 1억 183만 회선에서 2015년 6월에는 6,810만으로 약 33% 감소하였다. 유선접속을 통한 전화를 대신하는 VoIP와 이동음성통신 가입자가 빠르게 증가했음을 보여준다.

표 15-2 음성전화서비스의 연결

(단위: 백만)

	교환접속선	VoIP 가입	이동음성 가입
2012. 6 (A)	101.8	39.8	301.6
2014. 6 (B)	77.0	51.0	314.5
2015. 6 (C)	68.1	56.8	326.5
변화율 (C/A, %)	−33.1	42.7	8.3

자료: FCC(2016), "Voice Telephone Service: status as of June 2015."

〈표 15-3〉은 유선음성전화서비스 시장의 고객별 통신기술별로 그리고 규제여부에 따른 구성을 보여주고 있다. 가정용에서는 교환접속선보다 VoIP가 많은데 비하여, 기업용에서는 아직도 교환접속선이 많은 것으로 나타났다. 통신서비스의 기술과 관련해서 보면, 교환접속선이 6,800만선 VoIP가 5,700만선으로 교환접속선이 많았다. 다만 교환접속선의 경우에는 기존 전화회사인 ILECs(Incumbent Exchange Carriers, 기존지역전화회사)가 큰 비중을 차지하는데 비하여, VoIP의 경우에는 비ILECs 즉 경쟁적 지역전화회사(CLECs)가 많이 공급하는 것으로 보고되었다.

표 15-3 유선 음성전화서비스 구성(2015년 6월)

(단위: 백만 회선)

구분		교환접속선	상호연결 VoIP	계
가정용	ILEC	27.9	10.0	37.9
	비ILEC	1.9	29.1	31.0
	계	29.8	39.1	68.9
회사용	ILEC	26.7	2.3	37.9
	비ILEC	11.6	15.4	31.0
	계	38.3	17.7	68.9
계	ILEC	54.6	12.2	66.9
	비ILEC	13.5	44.5	58.0
	계	68.1	56.8	124.9

자료: FCC(2016), "Voice Telephone Service: status as of June 2015."

표 15-4 무선이동통신회사의 시장점유율 (2015년)

무선통신회사	가입자 수(백만)			서비스수익 (10억 달러)		
	2012	2015 (비중, %)	증가율(%)	2012	2015 (비중, %)	증가율(%)
Verizon Wireless	117	141 (35.5)	20.5	64	70 (38.1)	10.5
AT&T	107	129 (32.5)	20.1	59	60 (32.4)	1.0
T-Mobile	30	63 (15.9)	110.0	29	26 (14.0)	-11.3
Sprint	56	59 (14.9)	5.4	17	25 (13.5)	44.2
US Cellular	6	5 (1.3)	-16.7	4	3 (1.8)	15.0
계	330	397 (100)	20.3	185	185 (100)	0.0

자료: FCC(2016), *Annual Report and Analysis of Competitive Market Conditions.*

무선통신부문에서도 기업간 인수합병이 왕성하게 이루어져, 무선통신부문의 산업집중도는 크게 높아졌다. 〈표 15-4〉에서 보듯이, 2015년의 경우 Verizon과 AT&T 등 소위 Big-2가 3분의 2 이상을 차지하고 있으며 그 다음 순위인 Sprint와 T-Mobile이 25~30%를 차지함으로써, 상위 4사가 시장의 90% 이상을 점하고 있다.

가입자 수의 경우 지난 3년간 20% 정도 증가하여 2015년에는 약 4억에 근접했으며, 그중 전국적으로 서비스하는 상위 4개 업체가 99%의 시장을 점하였으며, 일정 지역에서 서비스를 공급하던 지역의 4개 업체들 중에서 Metro PCS 등 3개 업체는 상위 거대업체들에게 흡수되었으며 2015년 현재 지역업체로는 US Cellular 하나만이 남아있다.

가입자 수의 증가에도 불구하고 지난 3년 중 서비스판매수입은 증가하지 않아 1,850억 달러 규모로 나타났다. 이를 업체별로 보면 Verizon과 AT&T가 각각 38%와 32%를 점하면서 두 업체가 70%를 차지하고 그 다음 두 기업을 포함한 4대업체의 점유율은 98%를 기록하였다.

3. 경쟁과 산업성과

통신시장에는 가격경쟁과 비가격경쟁이 격렬하게 이루어지고 있다. 장거리시장에서 통신기업들은 경쟁자의 가격전략에 민감하게 반응하고 통신서비스의 가격은 수렴되는 경향이 있다. 어떤 기업이 서비스요금을 할인하면, 어김없이 경쟁기업들

은 대응한다. 가격경쟁이 표준적인 기업행위인데 특히 광섬유로 전송하는 새로운 장거리통신업자들의 요금에서 잘 드러난다. 그들에게 있어 요금은 시간과 거리에 기초한 것이 아니라 소비자들이 이용하는 대역폭의 품질을 반영한다. 무선통신회사들과 지역전화회사들도 지역-장거리-무선서비스를 묶어서 월 일정요금을 제시하거나 가끔은 장거리전화에 무제한 또는 긴 블록의 시간을 제공하면서 장거리통신시장에 새로운 압력이 되었다.

그리고 통신시장은 비가격경쟁을 특징으로 한다. 장거리통신회사들은 상표와 소비자 충성도를 조장하며, 여타 경쟁사들이 자기회사의 회선품질을 따라올 수 없다고 선언하기도 한다. 가끔 지역통신과 장거리통신의 경계 그리고 전화와 케이블 TV의 경계를 애매하게 하면서 점점 묶음 서비스를 표준으로 강요하기도 한다.

전화시장은 과점에 가깝지만 낮아진 진입장벽에 힘입어 가격, 생산성, 비용과 혁신에서 긍정적인 성과를 가져왔다. 주기적으로 통신가격 전쟁이 일어 평균 장거리전화 요금이 지금은 1센트에 지나지 않는다. 1993~2013년의 20년 기간 동안 미국의 월평균 전화요금은 36% 하락하였으며, 연간 총 음성전화시간은 2조 6,000억 분을 넘었다. 낮아진 요금은 이용률을 높여 연간 장거리전화 이용횟수가 1984년 12억 회에서 2004년에는 719억 회로 60배 정도 많아졌다.

신규기업의 진입경쟁은 자본지출 증가를 통해 현대화를 서두르게 한다. 1980년대 MCI사와 Sprint사의 광섬유 채택은 AT&T에게도 그 자신의 광섬유 투자계획을 실행하게 하였다. 새로운 광섬유 회사들은 장거리전화 비용과 가격을 크게 낮추었다. 이에 따라 전송부문 생산성이 크게 높아졌다. 1975년 광섬유 한 가닥이 6,000회선을 수용하였지만 1995년에는 150만 회선으로 늘어났고, 최근의 새로운 다중송신기술은 그 능력을 16배 더 높였다.

이제 통신사는 음성회선전환기술보다는 IP장비 접속을 추진한다. 그 중에서도 자료중계장치(data router)와 다발전환컴퓨터(packet switching computer)로 통신시장은 생산성향상을 쌓아가고 있다. 그 결과로 인터넷장비 가격이 해마다 20~30%씩 내려가면서 비용을 크게 낮추고 있다.

통신회사들이 무선기술과 서비스에 참여하면서 무선요금이 낮아지고 있다. 1992~2006년에 월평균 요금이 25% 이상 내려가면서 이용도가 증가하여 2006년 전체 이용시간은 2조 분에 이르게 되었다. 국제통신동맹(International Telecommunication Union, ITU)의 자료에 따르면, 세계적으로 유선전화선은 12억 정도인데 비하여,

이동전화 가입자는 그 5배인 67억 정도로 예상된다.

한편 CLECs와 무선전화회사들은 RBOCs의 지역전화회선을 피하고자 광대역접속을 채택한다. 몇몇 케이블 TV 회사는 장거리-지역-인터넷 서비스 묶음을 제공하는데, 이는 인터넷전화는 무상재가 될 것이라는 전망을 낳게 한다.

제 16 장 보건의료산업

미국에서 보건의료산업(Healthcare Industry)은 중요한 산업이다. 미국의 연간 보건의료비는 미국 GDP의 18%에 이른다. 2015년 국가 전체로는 3.2조 달러 그리고 1인당 약 1만 달러를 지출하였다. 또한 보건의료산업은 의료개혁과 보건복지예산 등 가장 격렬한 정책이슈들과 관련되어 있다. 1990년대 초 비보험자 수의 증가와 보건의료비의 지속적이고도 빠른 증가추세는 보건의료체계의 전면적인 개혁요구로 이어졌다.

1993년에 전면적인 개혁이 제안되어 국회와 언론매체에서 뜨거운 논쟁을 일으켰으나 결국 더 나아가지 못했다. 21세기 들어 의료비의 빠른 상승과 비보험자의 증가로 보건의료에 대한 국민들의 관심이 다시 높아졌다. 2010년 오바마 행정부에서 추진한 의료보험개혁은 소위 오바마 케어(Affordable Care Act, ACA)로 결실을 보았으나, 2017년 취임한 트럼프 대통령은 취임 직후 이를 폐지하기 위한 절차로 행정명령을 내린 바 있다.

환자, 의료보험자, 의사, 병원 및 다른 의료서비스 공급자들은 새로운 비전을 찾으려고 노력한다. 의료산업의 비전은 의료품질을 보장하면서도 의료전달체계 중에서 소비자들이 합리적으로 선택할 수 있는 경쟁적인 시장이다.

1. 미국 보건의료의 전개

1.1 블루크로스 블루실드의 등장

20세기 초 미국에서 의료서비스는 크게 비싸지 않았고 의료보험은 사실상 없었다. 국가 의료비에 관한 자료가 있는 첫 해인 1929년 의료소비는 GDP의 약 3.5%라는 낮은 수준에 그쳤는데, 이는 의료시설이 당시에 상당히 제한적이었기 때문이다. 소득이 증가하고 의료기술이 개선되면서 병원의 성격이 바뀌었다. 과거에는 가난한 사람들만 이용하는 자선시설에서 점차 심한 질병이나 상해를 치료하는 의료시설로 진화하기 시작하면서 의료비가 크게 증가하였다.

건강의료보험의 첫 원형인 블루크로스(Blue Cross)가 1929년 등장하였다. 가입자들이 매달 조금씩 지불하고 병원치료가 필요할 때 일시에 많은 비용을 부담하지 않도록 하는 의료보험으로서, 텍사스 댈러스에 소재하는 Baylor대학 의료센터에서 처음 개발되었다. 대공황 기간 동안 병원수익을 늘리는 방법으로 판단한 병원 그룹들이 이 보험계획을 널리 이용하여 이 개념은 퍼져나갔으며, 1960년 블루크로스 협회(Blue Cross Association, BCA)가 설립되었다.

한편 의사의 의료서비스에 대하여 선납하는 장치로 의사들이 조직한 블루실드(Blue Shield) 제도도 1939년부터 나타나기 시작하였다. 최초의 공식적인 블루실드는 캘리포니아에서 설립되었다.

1.2 민간 의료보험

1940년대 초까지도 의료비 지출은 크지 않았고 일부의 국민들만 민간의료보험에 가입하였다. 1940년의 경우 민간의료보험을 가진 미국국민의 비율은 9% 수준이었고, 전체 의료비지출은 GDP의 4.1%에 그쳤다.

그러나 제2차 세계대전이 중대한 전환이 되었다. 노동자를 구하기 어렵던 전쟁기간 중, 미국기업들이 종업원에게 주는 의료비지원 등 복리후생비(fringe benefits)는 정부의 임금·가격통제의 대상이 아니었으므로, 고용주들의 입장에서 복리후생비는 근로자를 모으는 중요한 수단이 되었다. 전쟁 후에도 기업의 의료보험 비용은 종업원의 과세소득에서 제외되었으므로, 의료보험은 선호되는 보수 형태였다.

동시에 의료기술이 진보하고 병원의료비용이 높아졌으므로, 의료보험이 없는 경우 발생할 수 있는 금융상의 리스크가 높아졌다. 이런 복합적인 요인들 때문에 의료보험은 빠르게 확산되었다. 1950년에는 미국국민의 절반 이상이 민간의료보험을 가지게 되었으며 1975년에는 그 비율이 82%로 높아졌다. 2012년에는 민간보험의 84%가 자신 또는 가족원의 직장을 통하여 민간보험을 갖게 되었다.

여러 이유로 개인적으로 가입하는 의료보험보다는 단체로 구입하는 의료보험의 가격이 더 저렴하고, 기업에서 고용주가 마련하는 의료보험은 세제상 혜택이 있어 민간의료보험은 통상 직장과의 연계가 높았다.

1.3 공적 의료보험

1960년대에 정부는 보험을 갖기 어려운 계층에게로 의료보험의 범위를 넓혔다. 존슨(Lynden B. Johnson) 행정부는 위대한 사회(great society)라는 정책 슬로건 하에서 사회복지증진을 목적으로 정부의 예산으로 운영되는 의료보험을 신설했다. 1965년 메디케어(Medicare)와 메디케이드(Medicaid)가 법률로 제정하였는데, 메디케어는 65세가 넘는 거의 모든 사람들과 65세 미만인 약간의 장애인들에게 불완전하지만 상당한 보험혜택을 마련해 주는 연방정부의 의료비 지원계획이다. 메디케이드는 저소득층에게 의료보험을 마련하는 것을 목표로 하는 연방정부와 주정부가 함께 운영하는 합동 정책계획이다. 그러나 메디케이드가 실제로 모든 가난한 사람들에게 의료보험을 주지는 못하였고 보험의 범위도 주마다 상당히 달랐다.

이 두 공적 보험정책은 보험이 없는 사람의 수를 줄이는 데에 크게 이바지하고 있으며, 블루크로스·블루실드협회(Blue Cross Blue Shield Association, BCBSA)에 따르면 직간접적으로 이 공적보험이 1억 명 이상의 미국인들에게 의료보험을 제공하고 있다.

전후 60년 동안 전체적으로는 의료보험가입자가 확대되어 왔지만, 최근 들어 민간보험은 오히려 다소 줄어들었으며, 아무런 보험도 없는 국민 즉 무보험자의 비율이 높아졌다. 1990년 국민의 86.1%가 의료보험을, 73.2%는 민간보험을 가졌는데, 2012년에 그 비율이 각각 84.6%와 63.9%로 낮아졌다.

1.4 의료비 증가

의료보험의 확산보다 더 뚜렷한 현상은 의료비지출의 증가이다. 1960년부터 2015년 사이에 1인당 의료비 지출(2012년 달러로 조정)은 787달러에서 9,990달러로 10배 이상 높아졌다. 같은 기간에 1인당 실질 GDP는 약 2배 높아진 것과 비교하면, 5배나 빠른 속도로 증가한 셈이다.

〈표 16-1〉은 1960년 이후 의료비 지출의 증가를 보여준다. 미국전체 보건의료비는 미국 GDP보다 매우 빠르게 증가했다. 1960년 270억 달러였던 보건의료비는 매년 평균 9%씩 증가하여 2015년에는 3조 2,000억 달러를 넘어섰다. 보건의료비 연평균 9% 증가율은 GDP의 연평균 6.7% 증가율보다 2.3% 포인트나 높은 수준이었다. 물론 2000년대 들어 GDP의 성장률이 낮아진 시기에는 보건의료비 지출의 증가세도 다소 낮아졌다.

한편 인구 일인당 보건의료비는 1960년 146달러에서 연평균 8%씩 증가하여 2015년에는 9,990달러로 증가하였다.

표 16-1 미국의 보건의료비 지출 추이

연도	보건의료비 (10억 달러)	개인의료비 (10억 달러)	1인당 보건의료비 (달러)	1인당 개인의료비 (달러)	GDP (10억달러)
1960	27 (5.0)	23	146	125	543
1970	75 (7.0)	63	355	300	1,076
1980	255 (8.9)	217	1,108	942	2,863
1990	721 (12.1)	615	2,843	2,425	5,980
2000	1,370 (13.3)	1,162	4,867	4,121	10,285
2010	2,596 (17.3)	2,195	8,404	7,103	14,964
2015	3,206 (17.8)	2,717	9,990	8,468	18,037
기간 중 연평균 증가율(%)					
1960~2000	10.3	10.3	9.0	9.1	7.6
2000~2015	5.8	5.8	4.9	4.9	3.8
1960~2015	9.0	9.0	8.0	8.0	6.7

* 보건의료비 괄호 속의 수치는 GDP에 대한 비중(%)임.
자료: Centers for Medicare and Medicaid Services, National Health Statistics Group.

장기간의 고속의 의료비지출 증가에 대하여, 대부분의 경제전문가들은 의료보험과 의료비 지출의 증가가 서로 얽혀 있어서 서로가 서로를 증가시키고, 의학지식과 의료기술의 진보 또한 제3의 요인이라고 분석한다. 새로운 의료기술은 비용이 높더라도 진단과 치료를 위해 새로운 시설을 늘리게 한다.

20세기 후반 대부분의 기간에는 시간이 지나면서 의료금융체계가 점차 치료받은 환자가 아닌 제3자 즉 정부, 보험회사 등이 지불하는 소위 '제3자 지불'로 되어가면서, 큰 비용이 들더라도 의학적으로 장점을 가진다는 가능성을 보이는 의료기술 혁신에 대해서는 그 혁신을 채택하거나 적용하려 하였다.

2. 의료비 조달과 의료서비스의 공급구조

2.1 의료비의 대상과 자금출처

의료산업은 매우 다양한 상품과 서비스를 아우른다. 미국 메디케어-메디케이드 서비스센터(The Centers for Medicare & Medicaid Services, CMS)의 구분에 따르면, 2015년 미국 의료비 지출의 구성은 병원치료 32%, 의사진료 20%, 처방의약품 10%, 요양소 비용 5% 등이 약 2/3를 차지하며, 그 밖에도 치과치료, 가정치료, 지압과 검안 같은 진료, 비처방 약제, 안경 등 건강내구용품, 정부의 의료관리 비용과 개인 의료보험, 정부 의료서비스와 연구 등에 지출된다.

이하에서는 의료산업의 주요 3요소인 의료보험(주로 관리의료의 형태), 의사와 병원이라는 공급 쪽 부문, 그리고 의료비지급의 원천을 알아본다. 〈표 16-2〉는 미국 전체의 의료비 지출의 자금원천과 지출형태를 보이고 있다. 모든 의료비 지출의 약 48%는 공공자금에서 나온다. 그리고 메디케어와 메디케이드가 각기 많은 부분을 차지한다. 군인의료보험, 주정부 병원과 의학연구 등 기타 공공자금도 약 12%를 차지한다. 민간부문에서는 민간의료보험의 지불이 약 33%를 점하며 소비자 직접지불은 약 11%에 그쳤다.

그러나 의료서비스의 유형에 따라 수익의 원천이 상당히 다르다. 예를 들면 병원치료의 경우 소비자 직접지불이 약 3%로 매우 작은 반면, 메디케어 하나만으로도 약 30%를 차지한다. 요양소 비용의 경우에는 메디케이드가 32%를 차지할 정도로 특히 중요하며 민간보험은 8.5%로 아주 작은 부분을 점한다.

표 16-2 미국 보건의료비의 지출형태별 자금원천 (2015년)

지불형태＼자금원천	본인직접지불	의료보험					기타제3자지불	정부공공보건활동	투자	계
		소계	민간의료보험	메디케어	메디케이드	기타의료보험*				
병원치료	32.1	909.1	403.6	257.0	185.1	63.3	94.9	–	–	1,036.1
전문서비스	125.3	643.6	357.2	166.0	88.2	32.3	71.3	–	–	840.2
의원진료	56.6	514.7	272.3	144.3	69.7	28.5	63.6	–	–	634.9
기타전문서비스	21.8	58.7	30.2	21.2	7.0	0.3	7.3	–	–	87.7
치과서비스	46.9	70.2	54.7	0.5	11.5	3.5	0.4	–	–	117.5
기타보건, 개인치료	6.2	112.0	12.3	5.0	92.4	2.3	45.1	–	–	163.3
가정의료	8.8	77.3	9.4	35.1	32.0	0.7	2.7	–	–	88.8
요양소 등	40.1	105.7	13.4	37.6	49.7	5.0	11.0	–	–	156.8
의료제품 구매	125.6	303.6	148.8	104.2	39.1	11.5	2.8	–	–	432.0
처방약품	45.5	277.0	139.8	94.1	31.8	11.4	2.0	–	–	324.6
내구성의료장비	23.3	24.3	9.0	7.9	7.3	0.1	0.8	–	–	48.5
비내구성의료제품	56.8	2.3	–	2.3	–	–	0.0	–	–	59.0
정부관리	–	38.0	–	9.6	23.6	4.8	4.6	–	–	42.6
의료보험 순비용	–	195.3	127.4	31.6	35.1	1.3	14.8	–	–	210.1
정부공공보건활동	–	–	–	–	–	–	–	80.9	–	80.9
투자	–	–	–	–	–	–	–	–	154.7	154.7
연구	–	–	–	–	–	–	–	–	46.7	46.7
구조물과 장비	–	–	–	–	–	–	–	–	108.0	108.0
계	338.1	2,384.5	1,072.1	646.2	545.1	121.1	247.2	80.9	154.9	3,205.6

주: *원호청, 국방부, 아동건강보험계획(Childeren's Health Insurance Program, CHIP) 등.
자료: CMS, Office of Actuary, National Health Statistics Group(2016), "National Health Expenditure Accounts(NHEA)."

2.2 전통의료보험: 행위별 수가

의료보험(health insurance)은 대부분의 국민들에게 의료서비스에 접근하도록 도와주는 수단이므로 의료산업 구조를 보기 위해서는 의료보험을 검토해야 한다. 1980년대 중반까지 대부분의 미국 민간보험회사들은 의료 서비스제공자의 선택에서 소극적인 역할을 하였다. 보험계약은 등록인(보험가입자)에 대하여 보험료, 의료서비스의 범위, 비용분담을 비롯한 보험증권의 금융조건만을 정하였다. 구체적

으로 어떤 의료서비스를 할 것인가의 결정은 환자와 의사에게 맡겨졌으며, 어느 의사나 어느 병원에서 의료서비스를 받을 것인가의 선택도 환자에게 맡겼다.

의료보험은 병원과 의사협회가 세운 비영리기관인 블루크로스와 블루실드가 먼저 하였다. 그 후 다른 영역에서 영업하던 Aetna, Travelers, NewYork Life와 Prudential과 같은 상업보험회사들이 의료보험시장에 진입하여 영업을 확장하여 1950년대 초에는 가입자 수에서 블루크로스와 블루실드를 앞서 나갔다.

상업보험회사들의 의료보험은 보상증권(indemnity policies)이라 불리는데, 이 보험에서는 의료서비스의 내용에 따라 서비스제공자(의사, 병원, 요양소 등)들이 청구한 의료비를 보험가입자(등록인)가 일단 서비스제공자에게 지불하고 나중에 보험회사로부터 보험금액을 보상받았다(reimbursement benefits).

메디케어 및 메디케이드와 같이 블루크로스와 블루실드의 경우에도 보상의 범위는 서비스 혜택(service benefits)의 방식이 보편적이었다.

보험회사의 경우에는 등록인(보험가입자, 환자)도 약간의 의료비를 분담하는 조건으로 보험회사는 필요한 구체적인 의료서비스들의 범위에 동의하였다. 이 경우 서비스제공자들은 의료비를 보험회사로부터 직접 지불받았다. 의사들은 그들이 제공한 서비스에 대한 의료비를 환자의 보험회사에 청구하고, 보험회사는 약간의 심사를 거쳐서 그 금액을 의사에게 지불했다. 병원과 그 밖의 서비스제공자들도 제공된 서비스 내용에 따라 그 비용을 변상 받았다. 소위 '서비스행위별 수가'(fee-for-service)제도였다. 어떤 방식이든 이때 보험회사는 의료서비스의 구체적인 내용을 선택함에 있어 적극적으로 역할하지 않았다. 그리고 이러한 보험회사의 태도는 다른 여러 요소들과 함께 미국의 의료비지출 증가를 가져왔다.

의료보험은 대기업 등에서 자체보험으로 구성되어 있기도 하다. 종업원 500인 이상인 큰 회사는 자체보험으로 의료보험 구입과 관련된 연방정부와 주정부의 규제를 피하기도 한다. 2001년 의료보험을 가진 전체 근로자들의 절반은 자체보험을 가지고 있으며, 보다 큰 회사에 고용된 근로자들일수록 자체보험의 비중이 더 높다.

2.3 서비스제공자 – 의사

① 의사양성교육의 비용과 수익

의료산업에서 대장은 의사들이다. 의사들은 의학적 수술서비스를 제공할 뿐 아니라, 의사들은 환자의 퇴원을 결정하거나 허락하며 진단과 검사를 지시하고 약을 처방하기 때문이다. 미국의사협회(American Medical Association, AMA)에 따르면, 미국에서 실제로 진료하고 있는 의사는 2011년 시점에서 약 77만 명이다. 보건의료체계가 발달하면서 의사와 함께 의사가 아닌 보건의료 종사자가 더 크게 요구되고 있다. 1세기 전에는 보건의료에 고용된 인원 3명 중 2명이 의사였으나, 이제는 그 비율이 13 대 1이 되었다.

의사들은 대부분 다른 근로자보다 교육과 훈련에 더 많은 시간을 보낸다. 의과대학은 일반적으로 학사학위 뒤에 의과대학에서 추가로 4년간의 의학교육을 요구하고, 전문의 또는 일반가정의 자격증을 얻기 위하여 병원에서 적어도 3년을 추가로 수련해야 한다. 의과대학에 입학하고 오랜 교육훈련기간을 거치는 것은 분명히 의사직업에 대한 중요한 진입장벽이다.

몇몇 경제학자는 의과대학 수와 교육훈련기간에 대한 AMA의 규제가 의사들의 소득을 인위적으로 높게 한다고 주장해 왔다. 반대로 의사 공급제한과 광범위한 교육훈련을 지지하는 주장은 소비자들이 평가하기 어려운 의료의 질을 높인다는 것이다. 의사 직은 소득이 매우 높은 직업이다. 2012년 평균 의사소득은 22만 달러이며 전문의들은 40만 달러에 달하는 것으로 알려지고 있다. 의과대학 학위는 경제적으로 매력적인 투자이며 높은 비용을 감안하여도 다른 직업분야보다 수익률이 높다고 평가된다.

② 진료유형과 그룹진료의 인센티브

미국에서는 주로 1960년대 말부터 시작된 의과대학시설의 증가와 외국인 의사들의 유입으로 의사 수가 증가했으며, 환자를 돌보는 의사 수는 인구 1인당 기준으로 1975년부터 2011년 사이에 거의 73%나 증가하였으며, 대부분 의사들의 개업장소는 진료실이다. 〈표 16-3〉은 환자치료와 관련된 의사들의 수와 진료유형을 보이고 있다. 2011년의 경우 75% 의사들의 개업장소는 진료실이었으며, 15%는 보통 병원에서 수련의 또는 다른 훈련 중이고, 10%의 의사만이 병원의 전임직원으로 고용되어 있었다.

표 16-3 진료 유형별 의사

(단위: 천 명, %)

유형	1975년		1985년		1995년		2000년		2011년	
진료실	215.4	(69)	330.2	(74)	427.3	(73)	490.4	(76)	575.6	(75)
수련	57.8	(19)	75.4	(17)	96.4	(17)	95.7	(15)	113.0	(15)
병원직원	38.7	(12)	43.2	(10)	58.5	(10)	61.3	(9)	79.2	(10)
전체	311.9	(100)	448.8	(100)	582.1	(100)	647.4	(100)	767.8	(100)

자료: AMA(2013), Physician Characteristics and Distribution in the U.S.

대부분 의사들은 전통적으로 자영업이거나 작은 그룹의 동업자였으나 점차 그룹진료의 형태로 변모하고 있다. 1969년의 경우 진료실 의사들의 78%는 1~2명의 의사가 있는 개인진료였으나, 1996년에는 개인진료 의사들의 비율이 54% 수준으로 하락했다. 즉 그룹진료가 46%로 증가하였다. 그룹진료의 평균 크기도 증가하였으며, 진료하는 전공도 단일보다는 복수전공을 진료하는 비율이 높아졌다. 큰 그룹의 그룹진료가 가지는 다음과 같은 경제적 이익이 점점 커졌음을 보인다.

첫째, 의사들이 제휴 의료요원들에게 임무를 위임하고 생산의 다른 투입물을 이용한다는 점에서 약간의 규모의 경제가 있다. 둘째, 의사그룹은 1인 개업 의사들이 할 수 없는 어떤 형태의 보조원이나 장비를 충분히 이용할 수 있다 셋째, 소비자들도 예약의 편리성으로 그룹을 좋아할 수 있다. 넷째, 그룹은 소비자들이 개인의사 수준에서는 평가하기 어려운 의료품질의 일종의 브랜드가치 이미지를 개발할 수 있다. 그리고 진료를 함께하는 의사들은 단독의사 진료보다는 업무부담과 소득이라는 측면에서 더 낮은 변동성(더 높은 안정성)을 경험할 것으로 보인다. 즉 그룹의 위험분산 특징이 장점으로 작용한다. 또 다른 측면은 등록인들의 어떤 집단에 대하여 여러 보건의료수요를 관리하고 자신들이 책임져서 '사람 수대로 지급'(capitation payment)을 받을 수 있다는 장점을 갖는다.

그룹진료의 규모 증가가 가지는 불리점도 있다. 의사들 그룹이 의료장비 세트의 비용을 공동으로 부담한다면, 그 장비의 비용을 최소화하려는 인센티브가 약해질 것이다.

표 16-4 그룹형태별 진료실 의사의 분포

유 형	진료실 의사 분포(%)			그룹의 평균 크기(명)		
	1969년	1980년	1996년	1969년	1980년	1996년
개인 진료	78.3	67.2	53.8	–	–	–
그룹 진료	21.7	32.8	46.2	6.2	8.2	9.3
–단일 전공	7.1	10.9	19.6	4.1	4.8	6.4
–복수 전공	13.2	20.1	24.9	10.1	15.2	23.4
–가정의·일반진료	1.5	1.8	1.7	3.5	4.5	5.4

자료: Paul J. Feldstein(2012), *Health Care Economics,* 7th ed, Table 11–2, [Goddeeris(2016) p.253에서 재인용].

③ 의사들의 고용방식

의사진료에는 위와 같은 다양한 사업모형으로 발달하고 있지만, 대부분의 의사들은 종업원이 아니라 독립전문인으로 진료하고, 의료서비스의 요금은 '서비스행위 수가제'의 형태로 의사들이 지불 받는다. 미국의사협회의 2001년 조사에 의하면, 비연방, 비수련 의사들의 53%가 자신들을 자기진료실의 완전 혹은 부분적 주인이라고 선언하고 있으며 42%는 종업원이라고 하였다.

개인의사 수준에서 '사람 수대로 지급'은 전체 의사수입에서 작은 부분이다. 2000년대 한 조사에서 의사의 88%가 적어도 약간의 관리의료 계약을 보고하고 의사 진료수입의 7%만이 '사람 수대로 지급'이었다. 진료과목이 복수전공인 대형 진료그룹의 형성도 부분적으로 행동조정의 어려움으로 최근 들어서는 점차 약해진 것으로 나타난다. 5~2명의 의사들이 중규모의 단일전공 그룹을 형성하는 것이 점점 보편화되고 있다.

2.4 서비스제공자 - 병원

① 공동체병원의 감소

미국에서 병원은 흔하지 않은 형태의 경제적 조직체이며, 대부분 비영리 회사로 조직된다. 2011년 미국 공동체병원(community hospital) 침상의 약 69%는 민간 비영리이고, 15%는 주정부 또는 지방정부가 운영하며, 16%는 민간 영리회사가 운

표 16-5 공동체병원 통계

연도	병원 수	침상(천개)	입원(1,000명)	침상점유율	외래환자(천명)
1946	4,444	473	13,655	0.72	–
1950	5,031	505	16,663	0.74	–
1960	5,407	639	22,970	0.75	–
1970	5,859	848	29,252	0.78	133,545
1980	5,830	988	36,143	0.76	202,310
1990	5,384	927	31,181	0.67	301,329
1995	5,194	873	30,945	0.63	414,345
2000	4,915	824	33,089	0.64	521,404
2005	4,936	802	35,239	0.67	584,429
2010	4,985	805	35,149	0.65	651,424
2012	4,999	801	34,422	0.63	674,971

자료: American Hospital Association, Hospital Statistics (Chicago: Health Forum LLC).

영한다. 〈표 16-5〉는 병원의 건설과 확장을 지원한 힐-버튼법(Hill-Burton Act)의 제정 해인 1946년 이후 미국에서 공동체병원의 변동을 보여준다.

공동체병원은 미국병원협회(American Hospital Association, AHA)가 사용하는 광의의 개념이다. 공동체병원이 미국 전체 병원침상의 86%를 점하며 4%만 연방병원이며, 10%는 여러 형태의 장기병원이다. 대략 1970년까지 병원 수가 크게 늘고 병원 침상 수는 더 크게 증가하는 이런 추세는 1980년대에도 이어졌다. 1990년대에는 병원과 침상 수가 약간 감소하였다.

② 병원입원의 감소

병원 입원환자 수는 1946년부터 대략 1980년까지 인구증가보다 더 빠르게 늘었으나 그 뒤로 줄어들기 시작하였다. 1980년 중반까지 침상 점유율은 70% 수준이었으나, 그 후 전국적인 침상 점유율은 60%대로 낮아져 침상시설의 과다 공급을 나타냈다.

외래환자 수가 매우 크게 늘어나고 있는데, 입원치료를 외래로 대체한 것으로 해석된다. 레이저를 이용한 수술기술과 오랜 병원생활에 대한 사람들의 인식 변화에서 비롯된 것으로 평가된다. 이는 또한 입원치료를 줄이는 데에 초점을 둔 관리

의료 기구들, 초기에는 메디케어의 비용억제 노력으로 더욱 촉진되었다. 바꾸어 말하면, 의사들이나 의료보험에 든 환자들은 가능한 혜택의 의료비용을 견주어 볼 유인이 거의 없었으므로 1960년대와 1970년대에 입원치료가 지나치게 많았던 것을 의미한다.

③ 병원의 적정규모와 인수합병

병원은 다품종 서비스를 공급하는 기업이다. 메디케어도 의료비 지불의 목적으로 750이 넘는 진단관련그룹(diagnosis-related groups, DRG)을 인정한다(포괄수가제). 입원 당 평균 치료비용이 병원마다 다른데, 이는 환자별 진단 믹스의 차이와 크게 관련된다. 연구의 결과로는 병원이 어느 정도의 규모만 넘어서면, '규모의 경제'가 거의 없는 것으로 나타났다. 200~300침상의 규모에서 규모의 경제가 다한다. 2011년 미국 공동체 병원의 약 72%가 200개 미만의 침상을 가지고 있다. 그러나 28%의 보다 큰 병원이 입원환자의 70%를 차지하였다.

병원시장은 1980년 이후 병원 수의 감소와 병원들이 공동 운영체계로 결합하면서 더욱 집중되었다. 같은 시장에서 운영하는 병원체계를 하나의 병원으로 본다면 각 지역시장의 평균 병원 수는 1981년부터 1994년 사이에 약 25% 줄었다. 1990년대 절정기에는 해마다 100개 이상의 병원 합병이 이루어졌다. 공공의 관심은 영리병원이 비영리병원을 흡수하는 경우, 특히 최대 규모의 공격적인 연쇄병원인 Columbia/HCA에 집중되었다. HCA는 1995년 1년 중에 35개 비영리 병원을 흡수하거나 합작협정을 협상하였다.

그러나 영리 연쇄병원들은 1977년부터 연방정부가 HCA의 불법행위 여부를 조사한 이후 확장에 덜 적극적이 되었다. 대부분의 병원합병은 비영리 부문에서 일어나고 좀 느려지기는 하였으나 여전히 이어지고 있다. 전국적으로 대표적인 12개 공동체를 조사한 연구는 병원시장 집중이 1996년부터 2000년 사이에 12개 모든 지역에서 높아진 것을 보인다.

2.5 새로운 서비스 제공자

의료 서비스제공자들이 특정한 진료과목들로 조직하는 새로운 흐름이 있다. 종종 진료과목은 특정한 질병이나 신체기관(암 치료, 심장 치료, 정형외과)을 위한 치료를 뜻한다. 그러나 다소 좁은 범위의 의료부문(화상 진료 또는 이동 진료)일

수도 있다.

진료과목의 초점은 가끔 진료를 전통적으로 종합병원에서 하고 이를 다른 환경으로 옮겨감을 뜻한다. 하나의 방법은 적어도 부분적으로 진료의사들이 소유하면서 한 유형의 치료에 특화하는 작은 병원을 통한다. 전문병원의 수가 1997년 31개에서 2003년 113개로 늘었다.

그러나 병원에 대한 진료과목 도전은 외래시설에서 시술하는 의사들 그룹에서도 나올 수 있다. 외래진료센터의 수는 1997년 2,462개에서 2003년 3,735개로 꽤 빠르게 증가하였다. 또한 병원들도 그들의 건물 안에서 가끔 의사들과 제휴하여 심장 센터, 암 센터 등과 같은 단위들을 만들며 그들 자신의 진료과목을 적극적으로 판매하고 있다.

3. 관리의료의 영향

한동안 관리의료(managed care)보험의 출현으로 의료비 지출은 증가속도가 낮아지는 긍정적 영향을 보이기도 하였으나, 관리의료체제에서는 의료비의 억제를 위하여 서비스제공자(의사와 병원)와 서비스행위에 대한 소비자(환자)의 선택을 제한하였다. 그러나 미국경제의 호전으로 의료개혁의 시급성이 약화되고, 관리의료의 선택제한 때문에 의사와 환자들의 항의가 증가하면서 '덜 간섭하는 보험'으로 되돌아갔으며 의료비는 다시 빠르게 증가하였다.

3.1 관리의료의 개념과 기구

1980년대 이후 보험회사의 역할이 크게 바뀌었다. 건강유지기구(Health Maintenance Organization, HMO)와 선호제공자기구(preferred provider organization, PPO) 등 관리의료(managed care) 보험회사가 나타나 서비스제공자의 선택과 서비스 내용의 선택에 더 많이 개입하는 경향을 보이면서 그 추세가 시장을 휩쓸었다.

관리의료의 개념은 의료보험회사가 소비자의 비용분담과 혜택범위 설정이라는 일반적인 보험의 영역을 넘어서, 의사와 병원의 선택과 등록인(환자)이 받는 의료서비스의 성격에 영향을 끼치려는 의도를 공유한다. 이러한 관리의료를 통하여 의료비 지출의 증가를 억제하고 건강관리의 질을 높이려는 목적을 가진다.

① 건강유지기구(HMO)

관리의료는 다양한 조직형태와 관리수단을 가진다. 관리의료의 전형적 형태는 건강유지기구(HMO)였다. 1973년 HMO법에 따라, 25인 이상의 근로자를 가진 고용자(회사)는 근로자들에게 연방에서 인증하는 HMO 옵션을 제공하도록 되었다. HMO는 등록인들로부터 보험료를 받고, HMO와 계약을 맺은 서비스제공자들이 등록인들에게 의료서비스 혜택을 제공하도록 관리하는 조직이다. HMO는 네 가지 유형 즉 직원모형, 그룹모형, 독립의사협회 모형 그리고 네트워크 모형으로 구분된다.

첫째, 직원모형(staff model)의 경우, 서비스제공자는 HMO에 고용된 종업원이거나 HMO의 부분적인 소유주이다. HMO는 고정된 보험료로 등록인들에 대한 의료혜택을 제공하기로 동의하였기 때문에 추가적인 의료서비스를 한다하더라도 HMO의 추가적인 수익을 올리지 않고 오히려 추가 비용을 가져와 결국 HMO의 이윤을 떨어뜨린다. 따라서 HMO는 의료비용을 최소화하려는 유인을 갖는다. 이를 위하여 평소에도 등록인들의 건강증진과 질병 예방에 노력하며 질병치료 시에도 서비스의 선택을 제한하고 의료비용을 최소화하는 방식을 모색한다. 직원모형 HMO는 수년간 실재하였고 1970년대 초에 HMO라는 용어가 만들어졌으며, 가장 성공적인 사례인 Kaiser Health Plan은 1972년 가입자가 250만 명에 이르기도 하였다.

둘째, 그룹모형(group model)의 경우에는, HMO는 서비스제공자 그룹과 계약하며 그 그룹에 고용된 종업원들(의사 등)이 의료서비스를 제공한다.

셋째, 독립의사협회모형(independent practice association, IPA model)에서는 독립적으로 개업하고 있는 의사협회(IPA)의 회원들이 의료서비스를 제공한다.

두 번째와 세 번째의 두 모형은 의사그룹이나 독립의사협회와 배타적이지 않게 계약한다. 이 두 모형에서는 한 의사가 여러 다른 HMO와 계약하여 그들의 등록인(환자)들을 진료하고, HMO의 등록인이 아닌 환자들도 진료할 수 있다. 따라서 직원모형보다는 보험계획과 의사들을 덜 긴밀하게 통합한다. 그러나 이 두 모형의 보험회사들은 ① 불필요한 병원입원을 줄이고 서비스 이용을 감시하거나, ② 등록인이 특수치료를 허락받게 하거나, ③ 등록인들이 의사와 병원을 무제한적으로 자유롭게 선택하지 않고 제한된 범위에서 선택하고 계약하게 하거나, ④ 서비스행위별 수가(fee-for-service)와는 다른 지불방법을 이용하는 등의 수단으로, 의료서

비스 제공에 영향을 미칠 수 있다. 그리고 처방약품의 범위, 약품의 종류, 구입방식도 제한된다.

넷째, 네트워크 모형(network model)은 위의 세 모형의 접근방법들을 조합하여 사용한다.

관리의료의 다른 기구들은 위의 네 가지 HMO모형의 다양한 결합으로서 각 모형의 여러 수단들의 전부 또는 일부를 이용하여 변형을 꾀한다. 그리고 관리의료 기구의 각 유형들 사이의 경계는 점점 불분명해지는 추세에 있다.

② 선호제공자기구(PPO)

선호제공자기구(preferred provider organization, PPO)는 의료제공자들과 계약을 체결하여 자기 네트워크의 등록인(가입자)들에게는 할인된 요금을 적용하도록 하는 의료네트워크를 운영한다. 전통적인 의료보험회사(블루크로스, 블루실드 및 상업보험회사)들은 이 네트워크를 이용하는 대가로 접속료를 내며, PPO는 접속료를 부과하여 수익을 창출한다. 이때 PPO와 계약을 체결한 의료제공자들을 선호제공자(preferred provider, PP)라 하며, PPO는 이 PP들과 요금(할인)스케줄을 협상하고 보험회사들과 PP들 사이에 발생하는 분쟁을 처리한다. 보험회사들과 보험회사들의 등록인(환자)들은 PP의 낮은 가격으로 의료서비스를 받으므로 의료비를 절감한다. PP의 입장에서는 PPO에 연결된 많은 수의 보험회사 등록인(환자)들이 방문하여 환자 수와 의료서비스 수입이 증가하는 이점이 있다.

HMO의 경우 보험료를 많이 낮추는 대신 등록인 병원/의사 선택의 폭을 크게 억제하는 것과는 달리, PPO는 약간 높은 보험료를 부과하지만 전반적으로 환자들에게 더 큰 선택 폭을 허용하기 때문에 최근 들어 인기가 높아지고 있다. 전통적인 의료보험과 관리의료 메커니즘을 응용한 경우라 할 수 있다.

③ 서비스 포인트(POS) 계획

점점 더 많은 HMO들이 서비스포인트(point-of-service, POS)계획을 선택하는 추세를 보인다. POS계획에서 등록인(보험가입자)들은 HMO 네트워크 안에서 주치의(primary care physician, PCP)를 선정하며, 이 PCP가 POS가 된다. PCP는 환자가 네트워크 밖에서도 서비스제공자를 찾을 수 있도록 허용함으로써 등록인들의 선택권을 확장하여 주는 대신 그들에게 높은 의료비를 부담시킨다.

POS계획은 표준적인 HMO보다는 신축적이며 더 많은 선택의 자유를 등록인에게 주므로 인기가 높아지고 있으나, 환자들에게는 더 많은 비용부담을 가져온다. 결국 POS계획은 HMO와 PPO의 특성을 결합한 관리의료의 한 유형이라 할 수 있다.

④ 관리의료가 의료보험시장에 미친 영향

관리의료의 확장이 미국 의료보험시장에 미친 영향은 다음과 같이 요약될 수 있다.

첫째, 전통적 의료보험의 감소와 HMO의 증가이다. [그림 16-1]은 의료보험시장의 빠른 진화를 나타낸다. 1980년에 관리의료의 형태는 HMO뿐이었다. 그리고 단체 의료보험시장에서 HMO의 점유율은 10% 미만이었으며 전통적 의료보험이 대부분이었다. 1988년까지 PPO가 나타났지만 기존의 전통적 의료보험이 아직도 전체 의료보험의 73%를 차지하고 있었다. 그 후 관리의료 방식이 급속히 증가하였는데 특히 PPO와 POS가 큰 비중을 차지하고 기존의 의료보험은 급격히 위축되어 2006년의 경우 기존 의료보험의 점유율이 3%로 낮아졌다.

둘째, 1990년대 의료보험료 증가가 둔화되고 경제성장과 소득증가가 지속되자, 소비자들은 까다로운 관리의료 행태에서 돌아서 보다 신축적인 관리의료 방식을 선택하기 시작했다. 치료방법의 결정과정에 보험회사들이 적극적으로 개입하는 것에 대하여 의사와 환자들이 반기를 들면서 의료시장은 관리의료의 적극개입 형태에서 보다 신축적인 대안들이 등장하였다. POS를 비롯한 HMO의 의료시장점유율은 크게 낮아지고 대신 PPO가 단체의료보험시장에서 60%를 차지한다.

2006년에는 HDHP라는 새로운 건강보험 형태도 나타났다. 저축옵션 고액공제 건강보험계획(high deductible health plan with savings options)을 의미하는 HDHP는 고액공제건강보험과 건강저축계좌(health savings account)를 연계하고 연금으로 노후 의료보험료를 납입하면 세제감면 혜택을 주고 있다.

셋째, 1990년대에는 공공자금으로 운영되는 메디케어와 메디케이드 계획에서도 관리의료를 이용하는 경우가 증가하였다. 1985년부터 메디케어는 등록인 일인당 일정한 금액을 지불하는 '사람 수대로 지급'(capitation payment)하는 모험계약(risk contract)을 HMO들과 체결하였다. 이 경우 HMO는 등록인 일인당 실제 의료비 지출이 '사람 수대로 지급액'(capitation amount)보다 적을 수도 클 수도 있다는 점에서 모험을 진다. 대신 메디케어는 실제로 지급하였던 해당지역 등록인들의 '서비스행위별 요금'(fee-for-service)의 의료비용의 평균액의 95%를 지

불한다. 모험계약에 참여하는 등록인의 수는 천천히 늘었다. 1987년에 약 1백만 명이 참여하였는데 이는 전체 메디케어 등록인의 약 3% 수준이었다. 이 계획은 Medicare Advantage로 이름이 바뀌었으며, 2007년에는 메디케어 등록인의 약 17%가 여기에 참여하였다.

메디케어의 관리의료 참여는 등록인의 선택에 맡겼지만, 많은 주들은 메디케이드 수혜자들에게 관리의료 계획에 참여할 것을 요구한다. 따라서 메디케이드의 경우 관리의료 참여는 빠르게 늘어서 2005년에는 전체 수혜자의 63%에 해당하는 약 2,900만에 달하였다.

넷째, HMO와 건강보험회사들이 비영리조직으로부터 점차 영리사업조직체로 변하는 추세이다. 초기 HMO들은 압도적으로 비영리형태로 조직되었고, 이런 형태의 조직만이 1973년 HMO법에 의한 연방보조를 받을 수 있었다. 1980년대 초 연방보조가 끝나면서 시장점유율은 영리형태로 기울기 시작했다.

이는 새로운 영리 HMO들의 진입과 성장에 더하여, 기존의 비영리HMO들이 영리형태로의 전환하였기 때문이다. 1981~1997년 기간에 비영리HMO 등록인들의 비율은 88%에서 37%로 낮아졌으며, 대체로 이 수준에서 안정되었다. 블루크로스 블루실드협회(BCBSA)도 1994년 처음으로 영리회사들도 연계할 수 있다고 결정함으로써, 일부 지역의 블루크로스 계획들이 영리로 전환할 수 있는 길을 텄다.

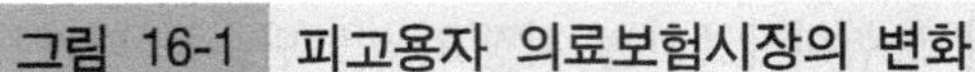

그림 16-1 피고용자 의료보험시장의 변화

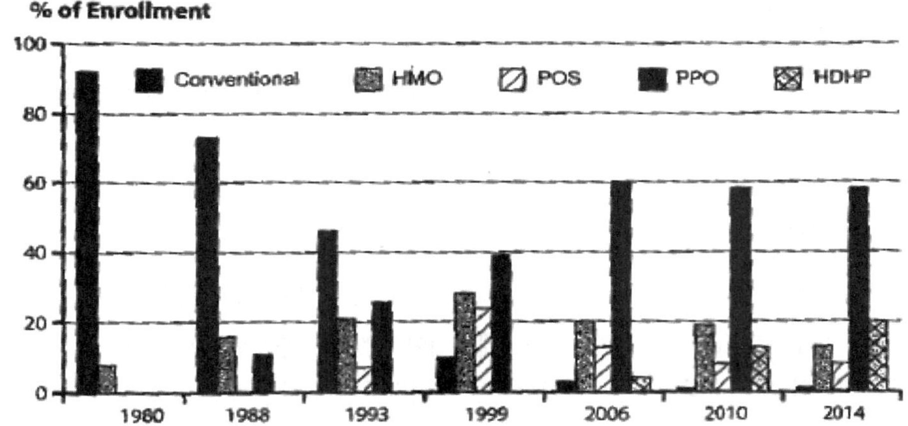

자료: Kaiser Family Foundation, 2014 Employer Health Benefits Survey, (http://kff.org/private-insurance/report/2014-employer-health-benefits-survey).

3.2 관리의료 이전의 행동

① 의사

제2차 세계대전 후 관리의료 이전 시기에 의사와 병원 의료시장은 명백한 가격경쟁으로 여겨지지 않았다. 대부분의 의사들은 '서비스행위별 수가' 요금기준으로 진료하였다. 1960년대 메디케어와 메디케이드 제도가 도입되기 전에는 의료서비스에 대한 비용지불의 60%는 소비자 주머니에서 직접 나왔다. 의사들은 요금을 정할 때 소비자 수요라는 통상적인 제약을 어느 정도 받았다.

의사가 제공하는 의료서비스 종류가 복잡하고 서비스 질의 평가가 매우 어려운데다 1982년까지는 의료광고도 금지하여 소비자들이 적절한 정보를 얻기도 어려웠다. 그래서 많은 의사들이 대도시에서 개업하였어도 개별 의사들은 어느 정도의 지역 독점력을 누렸다.

1975년까지도 의사 수입의 37%는 소비자 주머니에서 직접 나왔으며, 35%는 민간 보험회사들, 그리고 28%는 공공계획에서 나왔다. 따라서 그때까지 서비스에 대한 지불은 보험회사와 정부지급인 정책에 크게 영향을 받았다. 메디케어와 대부분의 보험회사들은 그 의사가 동일한 서비스에 통상적으로 청구하였던 수준 또는 같은 공동체의 다른 의사들의 통례적인 수준에서 벗어나지 않는다면, 의사가 청구한 금액을 그대로 지불하였다(usual, customary and reasonable approach).

시장의 작은 부분을 차지하는 개별 보험회사로서는 시장요금을 단순히 따라가려 하는 접근방법이 분별 있는 접근이었다. 그러나 이런 방식으로 지불하는 보험회사들이 시장을 지배하게 되자, 이 접근방식이 의사와 지역과 서비스 유형에 따른 기존의 의료비 격차를 고정시키고 또한 의료비의 계속적인 인상을 부추기는 경향을 나타낸다.

② 병원

1960년대 초에는 병원수입의 약 20%만 소비자들에게서 직접 나왔다. 1969년까지 그 비중은 10% 아래로 떨어지고, 메디케어 20% 등 공공부문에서 56% 나왔다. 메디케어와 대부분의 민간 보험회사들은 소비자들에게 값싼 병원을 선택하도록 하는 금전적 유인을 거의 주지 못했다. 만약 소비자가 병원입원의 비용으로 자기 주머니에서 얼마라도 지불한다면, 선택된 병원에 관계없이 그 금액은 보통 똑같

았다.

병원들은 환자들을 불러들이는 의사들이 필요했다. 그래서 의사들에게 인턴과 레지던트를 비롯한 보조직원을 제공하고, 최신 의료시설과 서비스를 추가하여 업무환경이 의사들에게 매력적이도록 만들었다. 의료진을 만족시키는 것에 더하여, 이런 행동들은 병원이사들과 공동체가 자부심을 가질 수 있는 고품질의 의료기관을 운영한다는 신호를 보냈다. 기술진보와 더불어 그 당시의 협조적인 의료비 지불시스템은 의료비 지출을 증가시키는 또 다른 요인들이었다. 의료비 지출 증가는 의료산업 전체보다도 병원에서 더 빨랐다. 1960년부터 1979년까지 기간, 공동체 병원의 의료비는 일반 물가상승률보다 7%포인트 이상 빠르게 증가하였다.

이러한 의료비 증가는 주목을 받지 않을 수 없었다. 각 주들과 연방정부 그리고 블루크로스도 병원비 지출의 증가를 억제하려는 여러 규제방안을 강구하였다.

필요증명(certificate-of-need, COD)규제는 병원들이 새로운 침상이나 비싼 장비에 투자하기 전에 이런 투자가 필요함을 증명하도록 하여 병원의 자본투자를 통제하려고 시도하였다. 그러나 전체 병원지출을 억제하는 데에 별 효력이 없었다. 어떤 주들은 병원요금 규제(hospital rate regulation)를 실험하여 약간의 효과를 거두기도 하였지만, 관리의료가 확산되면서 폐기되었다.

병원에 큰 중요성을 띤 사건은 1983년부터 시작된 메디케어의 입원치료 지불방식 변경이었다. 메디케어는 전체 병원 수입의 28%를 점하고 있었는데, 전형적인 공동체 병원에서 그 비율은 더 높았다. 메디케어는 실제비용 기준으로 병원에 변상하였는데 이것을 환자의 진단에 따라 정해진 요율(DRG)로 지불하는 체제로 바꿨다. 새로운 체계에서는 환자의 입원기간이 길어지면 병원의 비용이 증가하지만 병원에 추가적인 수입이 생기지 않으므로, 병원의 입장에서 환자의 입원기간을 줄이는 분명한 인센티브가 되었다. 병원들은 이런 유인에 강하게 반응하였다. 메디케어 환자들의 평균 입원기간은 1975년 11.2일에서 1982년 10.3일로 조금 낮아졌으며 새로운 체계가 발효한 후 3년 동안 1.7일이 더 짧아졌다.

③ 의료보험회사

관리의료 이전에 보험회사들은 대체로 의료서비스의 구성과 치료는 의료제공자들에게 맡겼다. 보험회사들은 기업들에게 보험계획을 판매하기 위하여 블루크로스 및 블루실드와 경쟁하였다. 블루가 가지는 이점들에도 불구하고 상업 보험회사들

은 1950년대부터 내내 전체 등록인들에서 블루 계획을 넘어서면서 의료보험시장에 침투하였다. 블루가 가지는 유리한 점으로는, 우선 비영리로 조직되어 그 자체로 영리적인 보험계획들에 비해 연방정부와 주정부 세제에서 혜택을 누렸다. 또한 블루들은 원래 병원협회와 의사단체에 의해 조직되었기 때문에 의료서비스 제공자들과 거래함에도 약간의 이점이 있었다. 예를 들면 어떤 주의 경우 블루크로스는 상업 보험회사들에게 청구하는 비용에 비해 병원치료에 상당한 할인을 받았다.

상업 보험회사들은 블루와는 다른 보험 패키지를 제시하고 가격도 다르게 하여 블루와 경쟁하였다. 블루는 병원치료에 서비스 혜택과 전액부보(first dollar coverage, 입원치료에 대하여 자기부담금이나 공제금액이 없이 모든 비용을 커버함)를 강조하였지만, 전체 입원일수에 제한을 두었다. 입원기한의 제한은 장기입원치료 환자들에게 큰 부담이 되었다. 이에 비해 상업 보험회사들은 예외적으로 큰 비용의 경우에 대해서는 공제금액, 자기부담금과 더 나은 부보를 내용으로 광범위한 서비스를 보상하는 대형 의료보험을 제공하였다.

블루의 철학은 한 공동체 내에서 보험료를 동등하게 책정하여 위험을 널리 분산시키는 공동 등급을 시행하는 것이었다. 그런데 경쟁적인 보험시장에서 공동등급의 문제는 자신들의 의료비용이 공동체의 평균보다 낮을 것으로 기대하는 그룹들은 자신들을 전체에서 분리하여 빠져나오려 한다는 점이다. 상대적으로 건강한 근로자들을 고용했다고 믿은 대기업들은 공동 등급보다는 그들 자신의 경험에 근거한 보험료를 책정받기 위하여 상업 보험회사들(또는 자체보험)에게로 갔다. 시간이 지나면서 블루도 큰 단체의 경험적 등급을 채택하고 상업 보험회사들과 같이 행동함으로써 경쟁에 대응하였다.

3.3 관리의료 이후의 행동

의료보험시장에서 관리의료로 가게 된 중요한 요인은 고용자들 특히 대기업 쪽에서 보험비용의 상승을 우려했기 때문이다. 1973년 HMO법은 HMO의 성장을 촉진시켜, HMO에의 등록인 수가 1970년대 낮은 수준에서 빠르게 증가하였다. 1980년대까지 관리의료의 개념이 더욱 친숙해지자, 고용주들은 보험회사에게 등록인의 서비스제공자에 대한 선택과 서비스 접근에 제한을 좀 두더라도 보험료 상승을 통제하는 방법을 찾으려고 했다.

PPO 개념은 1980년대 초에 느슨한 관리의료 형태로, 그리고 많은 근로자들에

게 더 구미에 맞는 형태로 생겨났다. 고용주들의 압력으로 의료보험회사들은 병원 및 의사들과 선별적으로 계약하고, 그들과 낮은 요금을 협상하며, 의료서비스의 필요성과 타당성 평가관리(utilization management, UM)의 다른 도구들을 이행하는 등의 새로운 방법으로 경쟁하기 시작하였다.

미국의 대부분의 의료보험회사들은 완화된 형태로라도 관리의료 기법을 받아들이고 있다. 관리의료 계획은 시장침투 정도, 가격경쟁의 적극성, 보험계획이 서비스제공자들에게 주는 압력의 정도에서 큰 차이가 존재한다. 특히 관리의료가 더욱 적극적인 곳에서 의료서비스제공자들은 자신의 행동을 바꿔야 한다는 압력을 느끼고, 그렇게 하지 않으면 관리의료 네트워크에서 밀려나 서비스 수요가 상당히 줄어들 수 있다는 위험을 느꼈다. 어떤 경우 그들은 단결하여 관리의료에 능동적으로 참여하기도 하였다. 특히 캘리포니아에서는 일부 큰 의사 그룹들이 '사람 수대로 지급'을 받아들이고 등록인들에 대한 진료를 맡았다. 많은 경우 관리의료기구들이 '서비스행위별 수가' 제도를 이용하는 서비스제공자들로부터 서비스를 구입하면서 가능한 한 가장 낮은 요금을 추구한다. 과거처럼 그들이 합리적이라고 생각하는 의료비용을 지급받기보다, 병원들과 의사들은 이제는 시장이 부담하는 것에 따라 지급액이 결정된다는 것을 알게 되었다. 따라서 그들은 예전에 경험하지 못할 정도로 동료들과 치열하게 가격경쟁을 하지 않을 수 없다는 점을 알고 있다.

관리의료는 병원이 경쟁하는 방식을 바꾸었다. 전에는 병원경쟁이 의사와 환자들을 끌어들이는 방법으로 품질을 강조하였으므로, 많은 병원이 있는 시장은 '의료 군비경쟁'을 겪고 서비스의 중복과 고비용으로 갈 수도 있었다. 그러나 1980년대와 1990년대 관리의료가 의료보험시장을 지배하면서, 경쟁이 더 치열한 곳에서 병원서비스의 가격이 더 낮았다.

병원과 의사들은 보험회사들과 협상력을 갖기 위한 수평적 결합 즉 병원의 합병 또는 의사그룹들의 흡수에 더 많은 관심을 보였다.

4. 미국 보건의료의 평가

4.1 의료비와 국민건강

미국 보건의료산업의 성과를 의료비 지출의 증가속도, 국민건강 지표의 국제비교, 국민들의 의료보험 가입비율 등의 측면에서 살펴보면 다음과 같다.

첫째, 의료비 지출이 빠르게 증가하였다. 의료비의 빠른 증가는 미국 의료산업의 주요 관심사였으며 최근 의료산업 구조변화를 추구하게 된 배경이었다. 고용주의 입장에서 높은 의료보험료는 노동비용 상승을 의미하므로, 고용주들은 관리의료에 큰 관심을 가졌다. 메디케이드의 비용증가와 이에 따른 정부예산에 대한 부담은 주정부와 연방정부를 같은 방향으로 몰아갔다.

관리의료 이전 시기에 의료비 지출이 너무 높았고 빠르게 올랐던 이유는 무엇이었는가? 이에 대한 설명은 부분적으로는 당시의 금융체계에 대한 평가에서 나왔다. 즉 의료제공자와 보험에 든 소비자는 서비스혜택이 기대되는 한, 비용에 신경쓰지 않고 서비스를 확대하려는 유인이 컸기 때문이다. 관리의료는 1990년대 중반에 한동안 이를 바꾼 것처럼 보였으나, 그 후 다시 의료비 지출은 빠른 증가세로 되돌아왔다.

둘째, 미국의 보건 지표들이 여타국가에 비하여 그리 좋은 것은 아니며, 개선이 필요한 것으로 평가된다. 미국은 의료비 지출규모에서 큰 차이로 1위이지만, 국민건강에 관한 대부분의 지표에서는 순위가 아주 낮다. 〈표 17-6〉은 OECD 30개국의 중간치와 몇 나라의 자료를 보인다. 미국은 1인당 의료비 지출은 OECD 중간치의 2.5배나 높은 수준이다. 나라별로 소득과 의료비 지출은 정의 상관관계가 강하지만 소득과 비교해서도 미국의 의료비 지출은 높다. 미국의 의료비 지출은 2013년 GDP의 16.4%로 다른 모든 선진국들보다 크게 앞선다. 이렇게 높은 지출에도 영아사망률이나 기대수명과 같은 국민건강의 가장 보편적인 지표들에서 미국은 다른 나라들에 뒤진다. 영아사망률은 OECD 평균 1,000명당 4.1명의 1.5배 되며, 기대수명에서도 남자와 여자 모두 OECD 평균에 못 미치는 것으로 나타났다.

셋째, 의료보험으로 보호받지 못하는 국민들의 비율이 높다. 미국은 공적 또는 사적 의료보험이 없는 사람의 비율이 1990년대 이후 줄곧 전 국민의 15% 이상으로 높다는 것이다. OECD의 거의 모든 다른 나라들은 실제로 모든 국민이 의료보험 혜택을 받고 있다.

표 16-6 주요국의 의료비 지출과 건강관련 지표 비교 (2013)

국가	GDP대비 경상의료비(%)	1인당 경상의료비 (PPP 달러)	기대수명(년)		영아사망률 (출생아 천 명당)
			남자	여자	
미국	16.4	8,713	76.4	81.2	6.0
캐나다	10.2	4,351	79.3	83.6	4.8
일본	10.2	3,713	80.2	86.6	2.1
한국	6.9	2,275	78.5	85.1	3.0
OECD평균	8.9	3,453	77.8	83.1	4.1

자료: OECD(2015), *OECD Health Data.*

4.2 관리의료 후 의료체계 성과

미국 의료체계에 미친 관리의료의 가장 분명한 영향은 의료비 지출이다. 의료보험이 엄격한 형태의 관리의료로 바뀐 이후 1990년대 중반 1인당 의료비 지출의 증가가 둔화되었으며, 최근 들어 의료비가 다시 빠른 증가세로 돌아선 것은 보다 덜 엄격한 형태의 의료보험으로 전환된 이후에 나타났다. 한결같이 HMO가 입원치료의 이용을 줄인 것으로 나타났다. 어떤 형태의 HMO에서도 의료의 질을 체계적으로 떨어뜨리지 않고 전통적인 '서비스행위별 수가' 요금 방식보다는 더 낮은 비용으로 의료를 제공하게 하였다는 것이다.

의료비증가를 억제한 것은 서비스제공자들에게 낮은 요금부과를 받아들이게 하려는 소비자들이 시장지배력을 행사하였기 때문이며 이를 통하여 관리의료가 의료보험의 비용을 낮추었다. 이는 대체로 그만큼의 서비스제공자의 손해를 의미한다.

4.3 서비스제공자들의 합병

관리의료 압박에 대하여 의료제공자들이 취한 하나의 대응은 더 큰 규모를 가지는 조직으로 합병하는 것이다. 많은 경우 의사들이 그룹을 형성하고 병원들이 다른 병원과 연계하는 수평적 통합을 추구하였다. 이러한 통합은 규모의 경제를 가져와 생산비용을 낮출 수 있지만, 시장집중도를 높이는 행동들은 언제나 가격에 대한 영향 때문에 독과점규제당국의 의심을 일으킨다. 많은 경우 병원합병의 주요 목적이 관리의료 보험자들에 대한 상대적인 협상력을 얻으려는 것으로 볼 수 있었

다. 연방거래위원회(FTC)와 법무부는 의료산업에서의 경쟁에 대해 여러 차례의 공청회를 열었다. 병원들은 점점 더 자주 같은 지역시장에서 다른 병원들과, 또한 다른 지역에서 직접적인 경쟁자가 되지 않는 병원들과 다병원체계로 연계하였다. 일부는 각 병원이 대체로 독립적으로 남아있어 연계가 약하고, 다른 것들은 공식적인 합병 또는 흡수의 형태를 띠었다.

합병은 의료비용을 낮출 수도 있다. 그러나 다른 한편으로는 시장집중도를 높이는 합병은 시장지배력과 의료가격(서비스요금) 통제에 대한 염려를 낳게 한다. 합병으로 인한 병원가격 효과에 대해서는 아직 일치된 견해가 나오지 않았다.

의료보험시장에서도 집중이 높아져 왔다. 그러나 그 효과에 대한 평가는 분명하지 않다. 최근의 보험시장의 많은 합병은 다른 지역에서 영업하는 보험회사들 사이의 합병이었다. HMO가 많은 시장에서 HMO보험료와 이윤이 낮다는 증거들이 있다. 몇 가지 지표로 지금 의료보험의 대부분의 지역시장들은 상당히 집중되어 있다. 최근 AMA는 정부의 합병지침에 따르면 95%가 고도집중으로 여겨진다고 결론지었다.

5. 정부정책

5.1 시장의 힘과 관리의료

질병과 치료수요의 불확실성 때문에 의료보험 수요가 생기는데, 의료보험 수요는 민간 의료보험과 메디케어 메디케이드 같은 사회보험계획으로 충족된다. 개인들은 심각하게 어려운 때에 의료비를 걱정하고 싶지 않기 때문에, 그런 만일의 사태로부터 자신을 보호하기 위하여 보험에 가입하여 보험료를 기꺼이 지불한다. 그리고 납세자들은 가난한 사람들이 예상할 수 없는 의료서비스가 필요할 때 그들을 도와준다.

의료의 효율성에 관한 환자의 불확실성과 의사와 환자간의 정보의 비대칭성이 존재한다. 즉 의사는 다양한 치료방법의 결과에 대하여 환자보다 많은 정보를 가지므로, 환자는 의사의 조언에 많이 의존하게 된다. 의료의 이런 특징 때문에 규제되지 않은 시장의 힘이 의료부문 자원안배에 대한 최선의 답이라는 데에 의문이 제기되어 왔다.

미국은 의료서비스의 과소공급과 낮은 서비스품질로부터 국민들을 보호하기 위

하여 면허 부여와 의사들의 윤리규약과 같은 사회적 제도를 오랫동안 갖추어 왔다. 보험적용 범위가 넓어지고 의료기술 진보가 의료비 지출을 증가시킬 가능성이 높아지는 가운데, 의료서비스의 혜택증가에 비추어 비용을 따져보는 유인은 거의 없는 의료보험제도는 의료비지출 증가를 가속시켰다. 이런 상황에서는 보험을 든 사람들이 서비스를 과다 사용하고 그에 따른 의료비 지출의 증가는 결국에는 보험료를 올리게 하고 빈곤층의 의료보험 가입을 더 어렵게 하는 도덕적 해이(moral hazard) 문제를 초래하게 된다.

관리의료는 이런 모습을 바꾸는 것처럼 보였다. 도덕적 해이를 상대하는 새로운 방법들을 찾으면서 관리의료가 시장을 휩쓸었다. 그러나 소비자들과 의사들의 반발 때문에, 관리의료 기구들은 그들의 네트워크를 넓히고 진료내용의 결정에 대한 간여 폭을 줄이게 되고 보험료가 다시 크게 높아지고 의료비용의 증가에 대한 걱정이 다시 커졌다.

5.2 단일지불제도와 관리경쟁

미국 의료시스템 개혁의 한 제안은 단일지불제도(single payer system)이다. 이 제도는 기본적으로 국내에서 발생하는 모든 의료서비스의 비용을 하나의 기구가 지불한다는 개념이다. 민간보험회사가 아닌 국가가 지불하는 제도로서, 캐나다, 영국, 호주 등이 이 제도를 운영한다. 캐나다는 국가가 민간 의료기관들과 의료 서비스를 계약하는 경우이며, 영국은 국가가 모든 의료자원을 소유하고 의료인력들을 고용하는 경우이다. 단일지불제도는 자금운영 메커니즘에 관한 용어로서 단일한 공공기구인 기금에서 의료비가 지불된다는 의미이며, 의료전달 유형이나 의사들의 활동 조직 등을 구체적으로 정하는 것은 아니다. 기금의 보유자는 국가이지만 그 조직의 형태는 공공일수도 민간일 수도 있다.

이 제도의 지지자들은 예방적 보건의료 활동(지출)을 통하여 의료비 발생을 줄일 수 있으며, 공적으로 운영되는 보편적 의료는 고용주와 소비자 모두에게 도움이 될 수 있음을 강조한다. 고용주들은 더 큰 잠재적 고객(전 국민) 풀을 형성함으로써 이득을 보며, 의료보험 행정비용을 절약하고 의료비용을 삭감하여 고용주의 부담을 덜어준다. 그리고 보다 경쟁적인 노동시장과 고용주 간의 불균등을 축소하는 의미를 가진다.

보편적 단일지불의료체제(universal single payer healthcare system)에 관한

최근의 제안으로는 2002년 미 하원에 상정된 국민의료법(U.S. National Health Care Act, "Medicare for All")이후 매년 의회에서 논의하였다. 이 제안이 입법될 경우 모든 의료서비스의 비용은 미국정부가 지불하며 따라서 민간의료보험과 보험료는 없어지며, 민간보험업자들은 단지 보조적인 보험카버만 제공하게 될 것이다.

이와는 달리, 시장기능을 신봉하는 사람들은 더 나은 의료제도로서 소위 관리경쟁(managed competition)을 제시한다. 핵심적 개념은 소비자들이 충분한 정보를 가지고 비용을 의식하는 선택을 해야 하는데(cost conscious consumer choice), 그 선택은 사람들이 환자가 된 시점에서 실제 의료서비스(진료)를 찾아다니는 방법으로서가 아니라, 오히려 의료보험을 선택하는 시점에서 그렇게 해야 한다. 그렇게 되면 보험회사들은 의료의 품질과 비용 모두에서 매력적인 패키지를 제공함으로써 소비자의 돈을 끌어들이기 위하여 서로 경쟁한다. 보험회사들이 의료서비스 제공자들을 선별하는 역할과 의료를 관리하는 효과적인 메커니즘을 개발하는 역할을 담당한다.

개인들이 더 비싼 보험계획을 선택하면서 추가적인 비용을 감당하는 한, 소비자들 사이의 선호의 차이가 수용될 수 있다. 어떤 사람들은 진료의사들을 자유롭게 선택하고 보상을 넓게 받기 위하여 많은 보험료를 지불하고, 다른 사람들은 적은 보험료를 내고 제한된 선택과 좁은 혜택을 받아들일 것이다. 시장의 힘을 인정하고 이를 활용하는 방향은 의료체계에서도 유지되어야 할 것이다.

5.3 오바마 케어

2000년대 들어 관리의료의 완화 추세에 따른 의료비의 급속한 상승과 미보험자의 증가에 당면한 미국정부는 2010년 소위 오바마 케어(Obama Care Act, Patient Protection and Affordable Care Act)를 도입하였다. 이 법은 당초 의료보험제도를 개선하여 소비자부담을 낮추며 보험범위를 확대하여 의료보험 미가입자를 줄이고 국가의료비용 증가를 억제하려는 목적으로 입법되었으며, 1965년 존슨행정부의 메디케어와 메디케이드 도입 이후 가장 획기적인 미국의 보건의료제도의 개혁으로 평가된다. 이 법은 2010년부터 2020년 기간 중에 발효되도록 규정되어 있으며, 대다수 규정들은 2014년 1월까지 단계적으로 발효되었고 나머지 일부 조항들은 2020년까지 점차적으로 시행되기 시작한다.

이 법은 위의 입법목적을 달성하기 위하여 관련자들의 의무, 연방정부의 보조금, 기존보험의 교환 등에 관한 새로운 메커니즘을 도입하였다. 의무조항을 보면, 개인들은 원칙적으로 보험에 가입해야만 하며, 만약 가입하지 않으면 벌금을 납부해야 한다. 이런 의무부과의 목적은 의료체계가 역선택(adverse selection)에[7] 굴복하지 않도록 하려는 것이다. 50명 이상의 피용자를 고용하고 있는 사용자(직장)들은, 조세감면 등을 통하여 풀타임 피고용자 의료를 정부가 보조하고 있다면, 풀타임 피용자들에게 의료보험을 제공해야만 하며 만약 그렇게 하지 않으면 벌과금을 납부해야 한다. 현재 미국 국민의 약 44%는 사용자(직장)를 통하여 직접 혹은 간접적으로 의료보호를 받고 있다.

보험업자들은 모든 보험가입 신청자의 보험을 받아들여야 하며, 구체적인 보험조건의 목록을 커버해야 하며, 과거의 조건이나 성에 관계없이 동일한 보험료율을 부과하도록 요구하고 있다. 입법과 법이행 과정에서 의회, 연방법원, 주정부, 보수단체, 노조, 중소사업체 등으로부터 많은 도전도 받았으나, 점차 병원들과 주치의들은 환자치료의 관행을 바꾸게 될 것으로 기대된다.

결과적으로 국민보건의 개선, 의료비 지출 억제, 의료전달 체계 및 의료접근방식의 개선 등이 예상되는 가운데, 오바마 케어 이후 의료보험 미가입자 수는 2016년까지 2,400만 명으로 크게 감소했으며, 의료비 지출의 증가추세도 완화된 것으로 평가되며, 미국 의회예산처(Congressional Budget Office, CBO)의 한 연구는 이 법의 시행이 재정적자를 줄일 것이며 만약 이를 폐지하면 예산적자를 증가시키게 될 것으로 분석하였다.

2017년 출범한 트럼프 행정부는 오바마 케어의 폐기를 목적으로 법 개정을 추진하고 있어 향후 미국 보건의료체계의 변화 방향이 주목되고 있다.

---

7) 건강한 사람들은 보험가입을 피하고, 발병가능성이 높은 사람들이 보험에 가입하게 되면, 보험회사는 보험료율을 높이게 되고, 그러면 점점 더 많은 사람들이 보험가입을 회피하게 되는 악순환을 초래하게 된다. 보험가입자에 대한 높은 보험료, 보험 미가입자의 증가와 의료범위 축소로 인하여 국가는 국민건강의 악화, 더 많은 질병 그리고 의료기관의 파산 등에 당면하게 된다.
보험시장에서의 이런 역선택 문제는 보험가입자는 자기의 건강상태를 잘 알고 있지만 보험회사는 가입자에 대하여 잘 알지 못하는 소위 '정보의 비대칭성'(asymmetry of informations) 때문에 생긴다. 이 문제에 대한 하나의 대응책이 집단전체를 의무적으로 보험에 가입하도록 의무를 부과하는 것이다.

참고문헌

제1장 연방헌법과 연방우위

미국사연구회(1996), 『미국역사의 기본 사료』, 소나무.

유종선(1999), 『한권으로 보는 미국사 100장면』, 가람기획.

Davis, Kenneth(1990), *Don't Know Much About History*, Crown Publishers, Inc. (진병호 옮김(1992), 『교과서에서 배우지 못한 미국인의 역사』, 고려원미디어.)

Robertson, Ross(1981), *History of the American Economy,* Harcourt Brace Jovanovich, Inc.

Seavoy, Ronald(2006), *An Economic History of the United States: From 1607 to the Present,* Routledge.

Wikipedia, 'Battles of Lexington and Concord' (www.wikipedia.org).

제2장 인구 영토 자원

통계청(2015), 국제통계연감.

International Energy Agency(2016), Statistics.

Jonathan Hughes and Louis P. Cain, *American Economic History,* 5th ed. Addison-Wesley, 1998. p.43(chapter 3).

NOAA(2016), National Marine Fisheries Service, *Fisheries of the United States.*

Robert Fogel and Stanley Engerman(1974), *Time on the Cross: The Economics of American Negro Slavery.*

USDA(2015), Natural Resources and Conservation Services, *Summary Report: 2012 National Resources Inventory.*

US Department of Commerce Bureau of Census(1975), *Historical Statistics of the United States: Colonial Times to 1970,* (Bicentennial Edition), 1975.

-----, *Statistical Abstract of the United States*(various years).

US EPA(2015), "1990-2013 Report: T*rends in Green house Gas Emissions*".
US Geological Survey(2016), *Minerals Yearbook* 2014.

제3장 공업육성과 산업혁명

권영민(2014), 「미국혁신론: 식민경제에서 최대경제대국으로」, 두남.
한국은행, 「국제경제분석」, "제4차 산업혁명: 주요국의 대응현황을 중심으로"(2016. 8. 18).
Gus Lubin (2011). "The 13 Richest Americans of All Time". *Business Insider* (April 17) ['List of Richest Americans' (www.wikipedia.org)에서 재인용].
Harry G. Shaffer(1999), *American Capitalism and The Changing Role of Government, Greenwood Publishing Group, Inc.*
Ronald E. Seavoy(2006), *An Economic History of the United States,* Talyor&Francis Group, LLC.
Wikipedia, 'List of Richest Americans' (www.wikipedia.org).

제4장 대공황과 뉴딜

양동휴 편저(2000), 「1930년대 세계대공황 연구」, 서울대학교 출판부.
양동휴(1992), 「1930년대 미국 대공황의 원인과 성격」, 『미국학』 15집, 서울대학교 미국학연구소.
Harry G. Shaffer(1999), *American Capitalism and The Changing Role of Government, Greenwood Publishing Group, Inc.*
Ronald E. Seavoy(2006), *An Economic History of the United States,* Talyor&Francis Group, LLC.

제5장 경제위기와 정책혁신

김남두(2000), 「미국경제에서의 연방정부의 위상」, 『미국학』, 서울대학교 미국학연구소.
미국사연구회(1996), 『미국역사의 기본 사료』, 소나무.
현대경제연구원(2004), 「레이거노믹스의 성과와 시사점」, 한국경제주평.
OECD(1999), *Regulatory Reform in the United States.*
Ronald E. Seavoy(2006), *An Economic History of the United States,* Talyor & Francis Group, LLC.
US CEA(2016), *Economic Report of the President.*

제6장 시장경제와 정부규제

옥규성(2001), 「미국의 경제제도-자유주의적 모습들」, 『한국방송통신대학교 논문집』 제32집, 한국방송통신대학교.

한국투자금융협회(2014), '주요국의 가계 금융자산비교'(2014.7.28.).

Audretsch, David(1989), *The Market and the State: The Government Policy Toward Business in Europe, Japan and the United States,* Harvester Wheatsheaf.

Bordo, Michael D. Claudia Goldin, and Eugene N. White(1998), *The Defining Moment: The Great Depression and the American Economy in the Twentieth Century,* The University of Chicago Press.

Graham, Andrew and Anthony Seldon(1991), G*overnment and Economies in The Postwar World : Economic Policies and Comparative Performance,* 1945-85, Routledge.

OECD(1999), *Regulatory Reform in the United States.*

Schumpeter, Joseph(1943), *Capitalism, Socialism, and Democracy,* Allen and Unwin.

Stigler, George J.(1975), *The Citizen and The State: Essays on Regulation,* University of Chicago Press.

제7장 연방정부의 재정금융정책

강병호·조성종(1996), 『주요국의 금융제도론』, 박영사.

옥규성·김남두(2011), 「북미지역경제」 제5장, 한국방송통신대학교 출판부.

Fusion Media Limited(www.investing.com).

US CEA(1967, 2000, 2010, 2011, 2016), *Economic Report of the President.*

World Bank(2016), *World Development Report.*

제8장 대외정책과 대외통상정책

김남두(1992), 『미국의 무역장벽』, 대외경제정책연구원.

김성한(2002), 「미국 부시 행정부의 동아태 전략」, 외교안보연구원 정책연구과제.

김재두(2003), 「이라크전쟁과 경제중심적 국가전략」, 『에너지 안보 컨퍼런스 자료집』.

대외경제정책연구원(1994), 『WTO 출범과 신교역질서』.

삼성경제연구소(2007), 「북미자유무역협정이 회원국 경제에 미친 영향과 시사점」, Issue Paper(4월 21일).

옥규성·김남두(2009), 『국제통상론』, 한국방송통신대학교출판부.

이대우(2005), "9.11 이후 미국의 안보정책변화와 한반도," 『세종정책연구』, 제1권 제1호

Brinkley, Alan(1993), The Unfinished Nation: A Concise History of the American People, McGraw-Hill Inc. (황혜성 등 옮김(1998), 『미국인의 역사』, 비봉출판사.)

이동휘(2002), 「9·11 이후 국제환경의 변화와 외교통상체제: 세계화의 도전을 중심으로」, 외교안보연구원 정책연구시리즈.

Bayard, Thomas and Kimberly Elliott(1994), *Reciprocity and Retaliation in U.S. Trade Policy* Institute for International Economics.

IEA(2016), *Key World Energy Statistics*,.

IMF(2016), *International Financial Statistics Yearbook.*

Raphael F. Perl(2001), "Terrorism, the Future and U.S. Foreign Policy," *CRS Issue Brief for Congress*, Sep. 19.

UNCTAD(2000, 2002, 2007, 2016), *World Investment Report.*

US Bureau of Census(2016), *U.S. International Trade in Goods and Services.*

USITC(2016), "Antidumping and Countervailing Duty Orders in Place." (www.usitc.gov/trade_remedy/documents/orders.xls).

USTR(2016), *Economic Report of the President.*

WTO(2001, 2010, 2014, 2016), *Trade Policy Review: United States.*

WTO(2016), *World Trade Statistics Review.*

WTO(2016), *Trade Profiles.*

WTO(2016), *World Tariff Profiles.*

제9장 거시경제와 산업구조

Bureau of Economic Analysis(2016), "Value Added by Industry"(2016. 11. 3).

FRB(2016), Economic Research of Data.

U.S. Department of Commerce, Bureau of Economic Analysis(2016). Data

US Bureau of Census(2016), U.S. *International Trade in Goods and Services.*

US Bureau of Census(2016), *U.S. International Transactions* (2016. 12. 15).

US Bureau of Labor Statistics, *Economic News Release*(2012. 12. 19).

US CEA(2016), *Economic Report of the President.*

US Department of Commerce(2016), *Survey of Current Business.*

USDA(2015), Foreign Agricultural Service.

World Bank(2017), *World Department Indicators.*

WTO(2016), *World Trade Statistical Review.*

제10장 농업

옥규성·김남두(2011), 「북미지역경제」 제7장, 한국방송통신대학교 출판부.

Bruce Gardner(2002), *American Agriculture in the Twentieth Century,* Cam-bridge: Harvard University Press.

Bureau of Labor Statistics(2016), Consumer Price Index(CPI) for Food.

Bureau of Labor Statistics(2016), Producer Price Index for Farm Products.

James M. MacDonald & Bruce W. Marion(2016), " The Agriculture," In James Brock (Ed.), *The Structure of American Industry,* 13th ed., Waveland Press, Inc.

Mark Winston(2002), *Travels in the Genetically Modified Zone,* Cambridge: Harvard University Press.

USDA(2014), *Agricultural Resource Management Survey.*

USDA(2014), National Agricultural Statistics Service.

USDA(2014), National Agricultural Statistics, Census of Agriculture.

USDA(2016), Foreign Agricultural Service.

WTO(2016), *World Trade Statistical Review*(Table A14).

제11장 석유산업

대한무역투자진흥공사KOTRA(2016), 주요산업동향 www.kotra.go.kr

옥규성·김남두(2011), 「북미지역경제」 제8장, 한국방송통신대학교 출판부.

한국은행(2015), 「국제경제분석」, "미국 셰일오일 산업의 현황과 지속성장 가능성" (2015. 5. 19).

American Petroleum Institute(2016), *Basic Petroleum Data Book*, 34(February). (www.api.org)

Stephen Martin(2016), "The Petroleum Industry," In James Brock (Ed.), *The Structure of American Industry,* 13th ed., Waveland Press, Inc.

Steven A. Schneider(1983), *The Oil Price Revolution,* Baltimore: Johns Hopkins University Press.

U.S. Energy Information Administration(2016), (http://www.eia.gov).

U.S. Energy Information Adminstration(2016), *Petroleum Supply Annual.*

U.S. Energy Information Adminstration, *Today in Energy* (March 15, 2016).

US Bureau of Census(2016), *U.S. International Trade in Goods and Services.*

제12장 자동차산업

옥규성·김남두(2011), 「북미지역경제」 제9장, 한국방송통신대학교 출판부.

James P. Womack, Daniel T. Jones, and Daniel Roos(1990), *The Machine That Changed the World.*
James W. Brock(2016), "The Automobile Industry," In James Brock (Ed.), *The Structure of American Industry,* 13th ed., Waveland Press, Inc.
Lawrence J. White, *The Automobile Industry Since 1945* (1971);*Automotive News,* Market Data Book, (Various years).
Lawrence White(1971), The Automobile Industry since 1945, Cambridge: Harvard University Press.
Michael A. Cusumano, *The Japanese Automobile Industry* (1985).
US Bureau of Census(2015), *U.S. International Trade in Goods and Services.*
Ward's Automotive Yearbook(2013), U.S. Light Vehicle Sales by Segment.
Wikipedia, "Automotive industry by country", (wikipedia.org).

제13장 전력산업

옥규성·김남두(2011), 「북미지역경제」 제10장, 한국방송통신대학교 출판부.
American Public Power Association (APPA) (2016), 2015-2016 *Annual Directory and Statistical Report.* (www.appanet.org)
APPA(2016), "America's Electricity Generation Capacity 2016 Update".
Diana L. Moss(2016), "The Electricity Industry," In James Brock (Ed.), *The Structure of American Industry,* 13th ed., Waveland Press, Inc.
Federal Energy Regulatory Commission(2016), Statistical Data (www.ferc.gov)
Richard Munson(2005), *From Edison to Enron,* Westport, CT: Praeger.
U.S. Energy Information Administration(2017), (www.eia.gov/eletricity).
U.S. Energy Information Administration(2017), *Annual Directory and Statistical Report*
------(2017), "Monthly Energy Review January 2017"
U.S. Energy Information Administration(2017), *Electric Power Monthly,* August 2014.
U.S. Energy Information Administration(2017), *Electricity Market Module,* April 2007.
U.S. Energy Information Administration: www.eia.doe.gov

제14장 항공운송산업

옥규성·김남두(2011), 「북미지역경제」 제12장, 한국방송통신대학교출판부.

Air Carrier Association of America.

Air Transport Association.

Alfred E. Kahn(2004), Lessons from Deregulation: *Telecommunications and Airlines After the Crunch,* Washington D.C.

Bureau of Transportation Statistics(2016), Data Elements.

Bureau of Transportation Statistics, Department of Transportation(2016), "Airport Snapshots."

Office of Aviation Analysis(2014), U.S. Department of Transportation, *Domestic Airline Fares Consumer Report*, February 2014.

Regional Airline Association(2014), *Annual Report.*

The Wall Street Journal, February 12, 2013.

US Department of Transportation, "Dominant Hub Fares," January 2001.

William G. Shepherd & James Brock(2016), " The Airline Industry," In James Brock (Ed.), *The Structure of American Industry,* 13th ed., Waveland Press, Inc.

제15장 통신서비스산업

옥규성·김남두(2011), 「북미지역경제」 제11장, 한국방송통신대학교 출판부.

Adapted from David Gelles, "In Wake of Telecom Consolidation, Few Deals Are Left," *The New York Times*, June 5, 2014.

FCC(2016), "Voice Telephone Service: Status as of June 2015."

FCC(2016), *Annual Report and Analysis of Competitive Market Conditions.*

James McConnaughey & Rafi Goldberg(2016), " The Telecommunication Industry," In James Brock (Ed.), *The Structure of American Industry,* 13th ed., Waveland Press, Inc.

National Telecommunications and Information Administration.

The Wall Street Journal, June 18, 2013.

Thomas L. Fuedman(2005), The World is Flat, NewYork: Farrar, Strauss, and Grroux.

제16장 보건의료산업

옥규성·김남두(2011), 「북미지역경제」 제13장, 한국방송통신대학교 출판부.

AMA(2013), *Physician Characteristics and Distribution in the U.S.*

American Hospital Association, *Hospital Statistics* (Chicago: Health Forum LLC), various years.

Centers for Medicare and Medicaid Services, National Health Statistics Group(2016). *National Health Expenditure Accounts (NHEA).*

Gonathan Cohen(2007), *Sick: The Untold Story of America's Health Care Crisis,* Harper Collins.

John Goddeeris(2016), " The Health Care Industry," In James Brock (Ed.), *The Structure of American Industry,* 13th ed., Waveland Press, Inc.

Kaiser Family Foundation(2014), *2014 Employer Health Benefits Survey* (http://kff.org/private-insurance/report/2014-employer-health-benefits-survey).

OECD(2015), *OECD Health Data.*

Paul J. Feldstein(2012), *Health Care Economics,* 7th ed.

찾아보기

ㄱ

ㄴ

ㄷ

ㄹ

ㅁ

ㅂ

ㅊ

ㅋ

ㅌ

ㅍ

ㅎ

【저자약력】

■ 김남두

(현) 강릉원주대학교 국제통상학과 교수

(학력) 서울대학교 경제학과 졸업

미국 뉴욕주립대학교(SUNY at Albany) 경제학 박사

(경력) 산업연구원(연구위원, 미국구주연구실장)

대외경제정책연구원(연구위원, 통상정책연구실장)

재정경제원 관세심의위원

인제대학교 무역학과 교수

(저서 및 논문)

- 한국무역론(공저, 한국방송통신대학교출판부, 2012)
- 국제통상론(공저, 한국방송통신대학교출판부, 2009)
- 보호무역의 비용분석(대외경제정책연구원, 1996)
- "Welfare Improving Tariff Changes: A Case of Many Goods and Many Countries," *Journal of International Economics*, Vol. 26, 1989.
- *Measuring the Costs of Visible Protection in Korea*, Institute for International Economics, 1996. 등

■ 옥규성

(전) 한국방송통신대학교 무역학과 교수

(학력) 서울대학교 경제학과 졸업

미국 University of North Carolina at Chapel Hill 경제학 박사

(저서 및 논문)

- 세계경제론(공저, 한국방송통신대학교출판부, 2005)
- 국제통상론(공저, 한국방송통신대학교출판부, 2009)
- "Government Policies, Industrial Structure and Performance in Korea, 1972-1984," Doctoral Dissertation (1989). 등

미국경제론

초　판 1쇄 발행 —— 2017년　2월 28일
초　판 2쇄 발행 —— 2018년　2월　5일
지은이 ——김 남 두 · 옥 규 성
펴낸이 ——전 두 표
펴낸곳 ——도서출판 **두남**
서울시 강동구 성내로6길 34-16 두남빌딩
신 고: 제25100-1988-9호
TEL: 02) 478-2065~7, 2311
FAX: 02) 478-2068
E-mail : dunam1@unitel.co.kr
http://www.dunam.co.kr

정가 26,000원

ISBN 978-89-6414-731-3　93320